Y2 42729

Paris
1862

Hoffmann, Ernst Théodor Wilhelm

Contes nocturnes

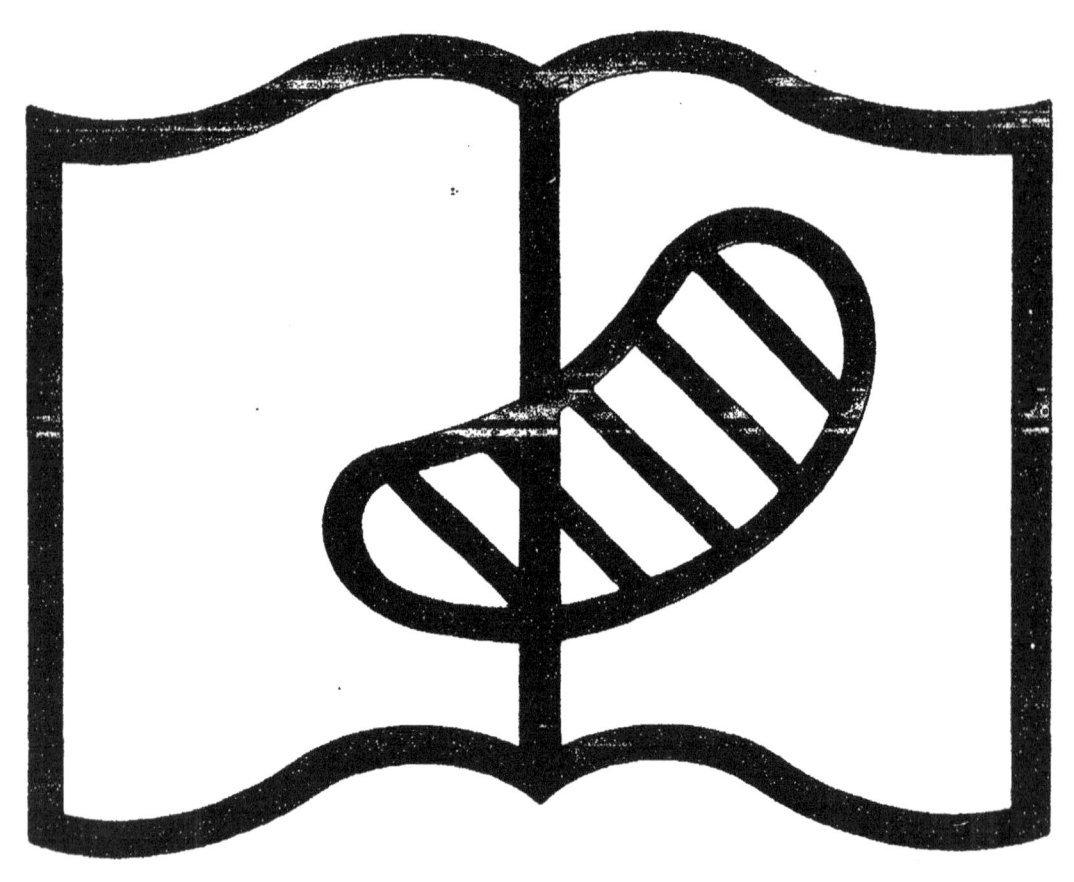

Symbole applicable
pour tout, ou partie
des documents microfilmés

Original illisible

NF Z 43-120-10

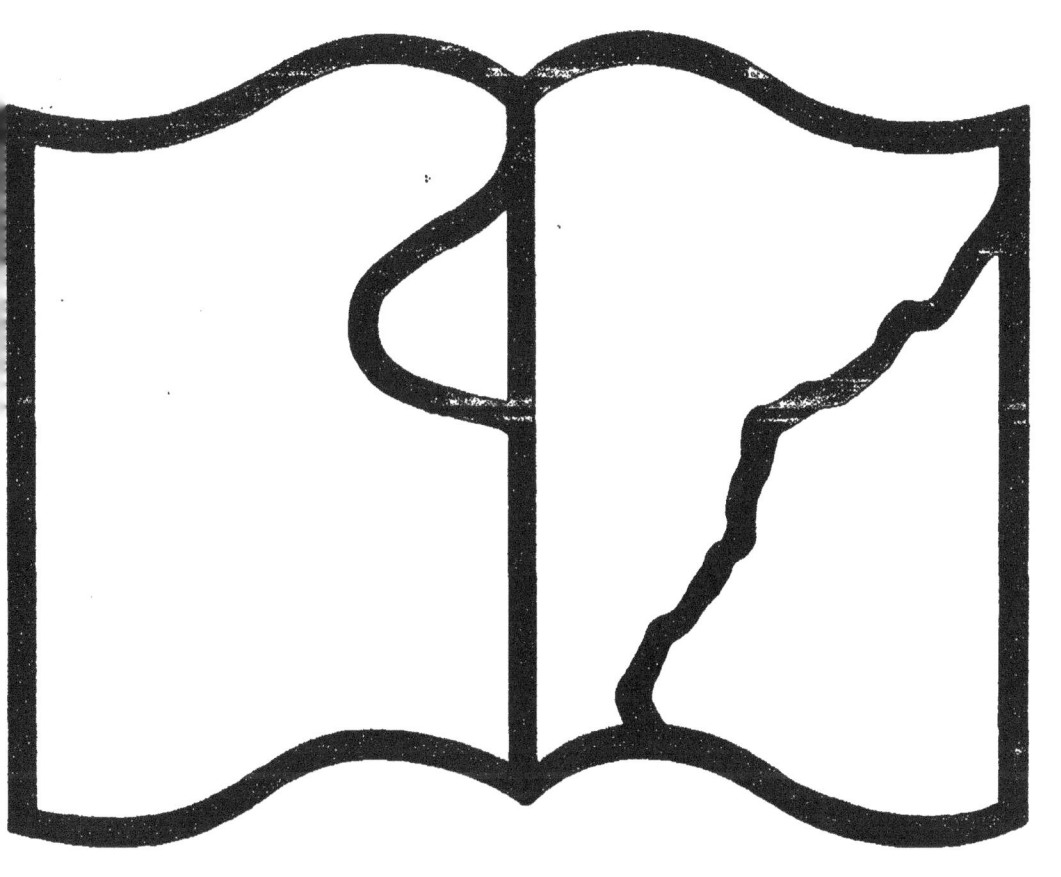

Symbole applicable
pour tout, ou partie
des documents microfilmés

Texte détérioré — reliure défectueuse

NF Z 43-120-11

CONTES NOCTURNES
DE
HOFFMANN

TRADUCTION NOUVELLE

PAR P. CHRISTIAN

VIGNETTES DE GAVARNI

PARIS
MORIZOT, LIBRAIRE-ÉDITEUR
3, RUE PAVÉE-SAINT-ANDRÉ-DES-ARTS, 3

CONTES NOCTURNES

DE

HOFFMANN

TRADUCTION NOUVELLE

PAR P. CHRISTIAN

VIGNETTES DE GAVARNI

PARIS

MORIZOT, LIBRAIRE-ÉDITEUR

3, RUE PAVÉE-SAINT-ANDRÉ-DES-ARTS, 3

CONTES
NOCTURNES

PARIS. — IMP. SIMON RAÇON ET COMP., RUE D'ERFURTH, 1

LE CHEVALIER COQ.

FRANG-GALL.

CONTES NOCTURNES
DE
HOFFMANN

TRADUCTION NOUVELLE

PAR P. CHRISTIAN

VIGNETTES DE GAVARNI

PARIS
MORIZOT, LIBRAIRE-ÉDITEUR
3, RUE PAVÉE-SAINT-ANDRÉ-DES-ARTS, 3

1862

A

M. CAMILLE DOUCET

OFFICIER DE LA LÉGION D'HONNEUR

CHEF DE DIVISION AU MINISTÈRE D'ÉTAT

Si Hoffman vivait encore, il m'envierait le plaisir de vous offrir ce volume.

Inscrire votre nom sur une œuvre, c'est la dédier à tous les nobles cœurs, à tous les esprits délicats.

P. CHRISTIAN.

Château d'Arcueil, 31 décembre 1860.

UN CŒUR EN LOTERIE.

LÉONHARD.

CONTES
NOCTURNES

UN COEUR EN LOTERIE

I

En 179... dans la nuit de l'équinoxe d'été, M. Tusmann, secrétaire de la chancellerie royale à Berlin, sortait d'un café où il avait coutume de passer chaque soirée, et se dirigeait vers son logis, rue de Spandau.

C'était un personnage fort réglé, qui tirait ses bottes dès que sonnaient onze heures à l'église de Saint-Nicolas, avec une telle exactitude, qu'au dernier coup de l'horloge il avait la tête sur l'oreiller.

Comme il allait rentrer chez lui, un bruit assez étrange l'arrêta court.

Au pied de la tour en ruines de la vieille Maison de Ville il aperçut, à la clarté d'un réverbère, une figure maigre et longue, enveloppée d'un manteau noir.

Cette figure frappait à coups redoublés sur la porte d'un

marchand de ferrailles, et se reculait de temps en temps pour regarder aux fenêtres de la tour.

« Cher monsieur, dit à cette figure le secrétaire de chancellerie, vous regardez là-haut fort inutilement. Cette tour n'est plus habitée que par les rats et les hiboux; quant au magasin de ferrailles, il est fermé depuis longtemps.

— Respectable monsieur Tusmann...

— *Secrétaire de chancellerie*, si vous le voulez bien, interrompit Tusmann, surpris d'entendre son nom dans la bouche d'un inconnu.

— Mon brave monsieur Tusmann, reprit l'autre, sans s'arrêter à l'interruption, je n'ai nulle envie d'entrer chez le marchand de ferrailles; mais c'est aujourd'hui l'équinoxe d'été, et je veux voir la *fiancée*. Je fais ce bruit pour qu'elle s'éveille, et je ne crois pas qu'elle puisse tarder à paraître. »

La voix de l'inconnu avait quelque chose de si lugubre, que le pauvre secrétaire de chancellerie frissonna de tous ses membres.

En ce moment, le premier coup de onze heures retentit à l'église voisine: un craquement pareil à celui de pierres qui se détachent se fit entendre au sommet de la tour, et une jeune femme vêtue de blanc apparut au milieu d'une ogive.

Tusmann resta interdit: ses oreilles bourdonnaient, ses yeux voyaient trouble, et ses jambes flageolaient.

« Eh bien! monsieur Tusmann, qu'avez-vous donc? reprit l'inconnu. Je voulais voir la *fiancée*; me voilà satisfait; mais il paraît que vous ne l'êtes guère.

— En vérité, monsieur, je ne sais où j'en suis.

— Et moi, je ne comprends pas qu'un homme versé dans la connaissance des vieux livres et des antiquités ne sache pas que quand un *initié* frappe à onze heures, dans la nuit de l'équinoxe d'été, à la muraille de cette tour, la fille qui deviendra dans l'année la plus heureuse fiancée de Berlin lui apparaît à cette fenêtre ogivale que vous regardez encore d'un air ébahi.

— Quoi! mon digne monsieur, s'écria Tusmann, serait-il possible...

— Tout est possible, répliqua son interlocuteur; mais si

vous en voulez savoir davantage au sujet de la *fiancée*, allons prendre un verre de punch au nouveau cabaret de la place Alexandre. »

Le secrétaire de chancellerie était, comme je l'ai dit, un homme très-réglé dans ses habitudes. Il allait bien chaque soir au café, pour feuilleter les gazettes à côté d'un pot de bière, mais il s'abstenait de vins et de liqueurs. Aller au cabaret lui semblait donc indigne de sa position sociale, mais il fut entraîné de force par l'inconnu, et un peu aussi par le démon de la curiosité.

En entrant dans le cabaret, ils n'y trouvèrent qu'une seule personne, assise près d'une table isolée, sur laquelle pétillait un grand verre de vin du Rhin. C'était un vieillard au regard profond, portant barbe grise et le costume israélite d'un siècle quelconque.

Le compagnon improvisé de Tusmann était un grand homme sec, d'à peu près cinquante ans. Les lignes de son visage, son nez aquilin, sa bouche fine et distinguée, et ses vêtements taillés sur les patrons du moyen âge, lui donnaient une physionomie assez convenable, et propre à rassurer M. le secrétaire de chancellerie.

Il fit un signe d'intelligence au personnage assis près de la table isolée.

« Eh ! comment vous va ? lui dit-il ; vous êtes rare comme la pluie au fort de l'été.

— Mais, Dieu merci, répondit le vieillard ; je vais assez bien, et les jambes ne fonctionnent pas trop mal...

— Tant mieux ! tant mieux ! reprit l'inconnu. Holà ! garçon, une bouteille de vieux vin de France ! Cela est moins échauffant et plus réparateur que le punch, eu égard à votre situation morale et physique, poursuivit-il en jetant un coup d'œil narquois au secrétaire de chancellerie.

— Monsieur le conseiller privé, vous êtes bien...

— Au diable vos qualifications et vos cérémonies ! s'écria l'inconnu. Je ne suis point conseiller privé, quoique ce soit, par le temps qui court, un titre fort commun. Je suis tout simplement orfèvre, et l'on me nomme Léonhard.

— Je m'en doutais, pensa Tusmann ; l'allure et le costume

de ce gaillard-là seraient trop déplacés chez un fonctionnaire de l'État. »

Tous deux prirent place à côté du vieillard, et la conversation s'engagea. Tusmann, échauffé par quelques verres de vin généreux, se trouva bientôt fort à son aise, et joyeux comme un étudiant.

« Dites-moi donc, monsieur Tusmann, lui demanda Léonhard, pourquoi vous parûtes si effaré lorsque la *fiancée* s'est montrée à la fenêtre de la tour? Vous pouvez parler sans gêne, il n'y a personne de trop.

— Ah! monsieur, s'écria le secrétaire de chancellerie, comment n'aurais-je pas été saisi d'un tel événement dans ma situation actuelle? Sur le point d'épouser moi-même une fort agréable demoiselle, jugez de l'intérêt que je pouvais avoir à connaître si c'est elle qui se montrerait comme la plus heureuse fiancée de la ville.

— Oui-dà, interrompit le vieillard, monsieur veut donc se marier? Tant pis! un tel projet sied mal à une laideur comme la vôtre. »

Tusmann resta stupéfait, bouche béante.

« Mon Dieu! dit Léonhard, ne vous fâchez point de cette saillie de mon vieil ami; son intention n'est pas de vous blesser. Mais, au surplus, il y a bien quelque chose de vrai dans sa remarque un peu trop hardie, et vous me semblez d'un âge qui frise la cinquantaine.

— Je n'ai pas encore ma quarante-neuvième, répliqua Tusmann, rouge de colère.

— Bon! bon! je ne m'y oppose pas, continua Léonhard; mais votre projet n'en est pas plus sage. Vous me semblez un homme rangé et paisible; une femme vous fera tourner la tête.

— Pensez-vous donc, objecta le secrétaire de chancellerie, que je n'aie pas mûrement réfléchi à l'importance d'une pareille résolution? Rassurez-vous, cher monsieur; j'ai consulté à cet égard tous les auteurs anciens et modernes qui ont écrit sur le mariage; et entre mille conseils qu'ils m'ont offerts, j'ai trouvé une excellente route à suivre. Voici, par exemple, un petit livre relié en parchemin, et traduit du latin de maître Thomasius, qui enseigne l'art difficile de conduire les sociétés humaines. Ce grand philosophe traite, au chapitre septième, la question de la famille. J'y ai lu avec satisfaction qu'il ne faut pas trop se hâter de prendre femme, attendu que les unions prématurées usent le corps et l'esprit. J'y ai lu encore des avis pratiques, en vertu desquels j'entoure de soins la demoiselle qui m'est promise, mais sans lui faire une cour exagérée, et sans l'adorer à la façon des jeunes gens, vu que la femme est un être imparfait, qu'il importe de conduire gravement, sans lui permettre de soupçonner nos faiblesses.

— A merveille, monsieur Tusmann. Je rends grâce au sage Thomasius des lumières qu'il vous a procurées. Mais pourrait-on vous demander, sans indiscrétion…

— Permettez, reprit le secrétaire de chancellerie, qu'avant de répondre à votre question projetée, je vous demande moi-même si c'était bien réellement mademoiselle Albertine Voszwinkel que j'ai entrevue ce soir à la fenêtre de la tour?

— Qu'est-ce à dire? s'écria Léonhard d'une voix tonnante; qu'y a-t-il de commun entre vous et Albertine Voszwinkel?

— Mais… mais… c'est tout simplement… ma future, répondit Tusmann presque pétrifié.

— Ah çà! vous êtes donc fou ou endiablé? Quoi! vous épouseriez Albertine, vous, misérable gratte-papier? Gardez-vous, sur votre vie, d'une pareille pensée, si vous n'avez pas envie d'être étranglé avant la fin de cette nuit! »

Le secrétaire de chancellerie était, de sa nature, un homme plus qu'inoffensif. Cependant, grâce au vin qu'il avait sablé ce soir-là, il se montra d'une énergie presque téméraire.

« Eh! qui donc êtes-vous, qui prétendez régenter ma conduite? s'écria-t-il en bondissant. Auriez-vous la sotte vanité de m'intimider, ou vous conviendrait-il de me disputer la possession de mademoiselle Voszwinkel? Et s'il vous a plu de jouer, pour m'effrayer cette nuit, une scène de fantasmagorie, osez-vous bien supposer que je serai votre dupe? Ah! non pas, mon maître; ôtez-vous cette croyance, et cherchez ailleurs des gens assez simples pour céder à vos balivernes.

— Tout beau, tout doux, monsieur le secrétaire de chancellerie ! Ne prenez pas feu comme de l'amadou, reprit Léonhard en ricanant. D'ailleurs vous pourriez trouver ici des gens qui auraient peu de chose à faire pour apprivoiser votre audace d'occasion. »

Et en achevant ces mots, Léonhard, par un artifice ignoré, apparut aux yeux de Tusmann avec une tête de renard, et se mit à glapir en montrant les dents.

Le pauvre secrétaire pâlit et retomba sur son banc.

Le vieillard, témoin de cette métamorphose, sourit très-paisiblement.

« Maître Léonhard est quelquefois plaisant, dit-il à Tusmann, mais en fait de tours magiques, j'en connais de meilleurs.

— Je serais curieux d'en voir un échantillon, répondit Léonhard, qui reprit aussitôt sa figure ordinaire. Peut-on savoir, mon vieux, de quel prodige vous allez accoucher? »

Le vieillard sortit de sa poche une rave noire, et la coupa en roulettes très-minces qu'il étala sur la table. Puis, chaque fois qu'il frappait une de ces roulettes du tranchant de son couteau, elle se changeait en un beau ducat neuf qu'il jetait à l'orfévre; mais dès que celui-ci y portait la main, le ducat éclatait comme un pétard et tombait en cendres. Il renouvela dix fois cette expérience. M. le secrétaire de chancellerie, épouvanté de se voir en compagnie de deux magiciens, prit son chapeau, et gagna la porte du cabaret.

Arrivé dans la rue, il entendit les deux maudits pousser un éclat de rire vraiment satanique, et ne se crut en sûreté que quand il se fut enseveli sous ses matelas, de peur que le diable ne vînt lui tordre le cou entre deux draps.

II

Maître Johannes Wacht avait rencontré l'orfévre Léonhard sous des auspices beaucoup plus favorables.

Maître Wacht était un jeune peintre, d'une réputation

déjà florissante. Certain jour, qu'assis sur un banc de la promenade publique, il dessinait un groupe d'arbres avec beaucoup d'attention, l'orfévre vint à passer, jeta un coup d'œil sur son travail, et dit en lui frappant l'épaule :

« Mon cher, vous faites là une singulière ébauche ; ce sera tout ce que voudront les amateurs, excepté des troncs d'arbres et du feuillage. »

L'artiste rougit de colère.

« Qu'y voyez-vous donc autre chose? s'écria-t-il d'une voix brève et tremblante.

— Mais, reprit Léonhard, à travers ces ombrages que vous vous efforcez de copier, il me semble voir s'agiter, avancer et fuir tour à tour des figures de jeunes filles, puis des animaux bizarres, puis des fleurs de toute espèce, excepté celles de notre pays.

— Eh bien, ne comprenez-vous pas, répliqua maître Wacht, que le peintre, en méditant son œuvre, peut laisser son esprit s'égarer dans le riche domaine de la fantaisie, et créer des images qui ne sont perçues et senties que par des organisations plus délicates que celles du vulgaire? Vous voyez, dites-vous, des jeunes filles, des animaux bizarres, des fleurs inconnues scintiller à travers mon groupe d'arbres? J'en suis charmé ; cela prouve que j'ai réussi.

— A la bonne heure, mon jeune ami, dit Léonhard. Je m'étais toujours douté que maître Johannes Wacht ne serait pas un copiste ordinaire des merveilles de la nature.

— Comment, vous savez mon nom? Eh! depuis quand me connaissez-vous? interrompit vivement l'artiste.

— Depuis plus longtemps que vous ne pensez, répondit l'orfévre. Je vous ai bercé, tout enfant, dans mes bras, et vous acceptiez fort gracieusement, à cette époque, les friandises que je vous apportais en venant visiter votre digne père. Puis, je partis pour un long voyage. A mon retour, j'appris avec plaisir que votre famille, cédant à vos dispositions naturelles, vous avait envoyé à Berlin pour étudier les arts à l'école des plus célèbres professeurs. Mais tout en vous félicitant de vos progrès, laissez-moi vous prévenir en ami que vous êtes lancé à bride abattue sur le chemin de la folie.

— Bah!... s'écria le jeune peintre, étourdi de ce compliment, et ne sachant s'il devait rire ou se fâcher.

— Oui, oui, la folie, c'est bien le mot, reprit tranquillement l'orfèvre. Votre père avait fait tirer jadis votre horoscope, et il en est résulté pour vous l'alternative de devenir un grand artiste ou un fou complet. Mais vous pouvez choisir entre ces deux avenirs. Si vous désirez la gloire, il faut au plus tôt vous déshabituer d'une originalité dangereuse. Nous vivons dans un temps où la bizarrerie n'est plus acceptée pour du génie. »

Léonhard continua d'entretenir le jeune maître, en lui développant les grandes théories de l'art, avec une logique si animée que Johannes Wacht, ravi de trouver un homme qui pensât si largement, lui demanda son amitié en jurant de suivre ses conseils comme ceux d'un second père.

A quelques jours de cette rencontre, le conseiller de justice, Melchior Voszwinkel, gravement assis dans le jardin botanique, s'efforçait d'allumer, l'un après l'autre, plusieurs cigares qui ne voulaient pas brûler. Son impatience bien légitime s'exhalait en plaintes virulentes contre le directeur de la fabrique de tabac de Hambourg. Maître Wacht passa près de lui, et tirant de sa poche un étui à cigares, le pria d'en accepter un, assurant que les siens étaient les meilleurs de l'Europe.

Le conseiller accueillit la politesse du jeune peintre avec une satisfaction visible.

« Je vous remercie mille fois, lui dit-il, et je pousserai peut-être la liberté jusqu'à vous en demander un second, quand j'aurai fumé celui-ci qui me paraît excellent. »

Maître Wacht s'inclina, et le conseiller l'invita à s'asseoir auprès de lui pour accepter un verre de bière. L'artiste ne se fit pas prier. De l'autre côté de la petite table était assise une belle jeune fille, que maître Wacht reconnut presque aussitôt pour l'avoir vue récemment arrêtée en extase, au musée de peinture, devant un de ses tableaux.

« C'est ma fille Albertine, » dit en souriant le conseiller de justice.

Maître Wacht rougit et ne répondit pas.

En ce moment, Albertine laissa, par mégarde, glisser à terre un de ses gants. Comme elle s'inclinait pour le relever, maître Wacht s'empressa d'en faire autant par galanterie ; leurs fronts se heurtèrent, et la jeune fille poussa un cri de douleur.

Le malheureux artiste, désespéré de sa maladresse, se leva de table, et prit la fuite comme un insensé, au milieu des rumeurs des voisins qui avaient vu cette petite scène. On s'empressa autour d'Albertine, et grâce aux flacons d'essence, elle fut presque aussitôt remise de son accident.

Maître Wacht, honteux comme un renard qui a laissé sa queue dans un piége, allait devant lui d'un pas rapide, la tête en feu, les yeux hagards ; il croyait lire sur tous les visages un reproche ou une moquerie. Cependant, trois ou quatre jours plus tard, il hasarda de reparaître au jardin botanique, sans s'avouer à lui-même qu'il ne serait point fâché d'y retrouver Albertine.

Par un heureux hasard, ou plutôt par la Providence des amours naissants, les premières personnes qu'il rencontra furent le conseiller et sa fille. Albertine devint rouge comme une cerise en apercevant le jeune homme ; et elle dit quelques mots tout bas à l'oreille de son père, qui, saluant aussitôt maître Wacht avec un sourire bienveillant, lui demanda son nom et son état. Sur la réponse de l'artiste, mademoiselle Albertine se hâta de le féliciter, avec beaucoup d'aisance, sur le talent qui distinguait ses derniers paysages.

« Ainsi donc, monsieur est peintre ? ajouta le conseiller. Je vous en fais mon sincère compliment, et je suis ravi des éloges que ma fille donne à vos productions ; car elle a un sentiment exquis des beaux-arts, à ce que tout le monde assure. Je suis aussi, à vrai dire, quelque peu connaisseur, et je vous engage à marcher à pas de géant dans cette noble carrière. »

Maître Wacht était fort embarrassé de sa contenance devant la jolie fille du conseiller. Le ciel le tira d'affaire en amenant fort à propos quelques personnes de connaissance. Il salua, et voulut s'éloigner, le cœur tout plein de sensations inconnues ; mais le conseiller le retint, et lui demanda un cigare.

Tandis qu'il s'approchait d'une lanterne pour avoir du feu, l'artiste s'enhardit jusqu'à offrir son bras à Albertine, et le conseiller le pria lui-même de leur tenir compagnie jusqu'à la ville.

Lorsque Johannes Wacht revit son ami Léonhard, l'orfèvre n'eut pas de peine à surprendre le secret de sa préoccupation. Mais loin de l'encourager dans son amour, il lui représenta que ses soupirs s'envolaient dans le vide, attendu qu'Albertine était depuis longtemps promise au secrétaire de chancellerie Tusmann.

A cette nouvelle imprévue, l'artiste pâlit.

« Pauvre ami, dit Léonhard, voudriez-vous sérieusement épouser Albertine Voszwinkel?

— Ah! s'écria maître Wacht, plutôt mourir mille fois que de la voir passer dans les bras d'un autre!

— Eh bien, calmez-vous d'abord, reprit l'orfèvre. Nous tâcherons que ce désagrément ne vous arrive pas. »

Le lecteur a vu, dans le premier chapitre, comment Léonhard dressa ses batteries contre le projet matrimonial de M. le secrétaire de chancellerie.

III

M. Tusmann était un homme de petite taille, fort chauve, et de tournure un peu trop grotesque pour un fonctionnaire. Son costume répondait à ce physique, et il ne sortait jamais sans avoir ses poches lestées d'une bibliothèque de vieux livres en tout format. Sa mémoire, d'une prodigieuse étendue, était meublée de citations qu'il intercalait à tout propos dans ses phrases.

Le conseiller de justice Voszwinkel était son ancien camarade d'études. Tusmann avait vu naître et grandir Albertine, et les deux amis avaient formé ensemble le projet de resserrer les nœuds de leur vieille affection par le mariage de la jeune fille. Voszwinkel aimait à se persuader que Tusmann n'exigerait pas une grosse dot, et cette persuasion ne contribuait pas peu à lui faire envisager ce parti comme très-avantageux. Cependant, lorsqu'à la dix-huitième année d'Albertine, il osa mettre sur le tapis cette grande affaire, le secrétaire de chancellerie resta tout d'abord stupéfait d'une pareille responsabilité. Devenir, à quarante-huit ans et plus, l'époux d'une belle fille de dix-huit, lui semblait le comble de la témérité. Et cependant, tant est grande la vanité qui couvre les faiblesses humaines, il s'apprivoisa bientôt avec cette idée, et hâta de tous ses vœux l'accomplissement d'un avenir qui s'annonçait sous des auspices fort piquants.

Mais le lendemain de la nuit fatale où il avait rencontré, près du beffroi de la Maison de Ville, l'orfévre Léonhard et son diabolique affidé, le pauvre Tusmann accourut dans un état déplorable chez le conseiller Voszwinkel.

« Hélas! mon Dieu! que vous est-il arrivé? » s'écria celui-ci, en voyant son futur gendre si pâle et si défait.

Le secrétaire de chancellerie tomba tout essoufflé dans les bras d'un fauteuil.

« Ah! mon cher conseiller, dit-il avec effort, je viens de la rue de Spandau; j'avais en poche mon précieux Thomasius, et j'ai battu le pavé de long en large depuis minuit jusqu'au jour. Maintenant je n'y puis plus tenir. »

Et il se mit à raconter, dans le plus grand détail, les circonstances de son entrevue avec l'orfévre, au cabaret de la place Alexandre.

« Bon! je vois ce que c'est, interrompit le conseiller avec un sourire narquois; nous avons laissé cette nuit notre gravité ordinaire au fond de deux bouteilles de vin du Rhin, et le sommeil de l'ivresse a produit son cauchemar.

— Quelle désobligeante supposition faites-vous là? reprit Tusmann.

— Eh bien, supposons, si vous le préférez, que vous avez donné dans le piége de quelques malins saltimbanques, qui se sont moqués de votre simplicité.

— Impossible! car je n'ai pas fermé les yeux après les avoir quittés, et les plus odieuses mésaventures m'ont empêché de rentrer chez moi. Figurez-vous qu'en sortant du cabaret de la place Alexandre, je me trompai de route en voulant regagner mon logis, ce qui m'entraîna à repasser auprès de la tour en ruines qui surmonte notre vieille Maison de Ville. Tout à coup (*horresco referens*) une clarté infernale resplendit à travers les ogives délabrées de la tour. Je levai les yeux, et je vis, mais très-distinctement, je vous le jure, mademoiselle Albertine, votre fille, valsant avec un jeune homme inconnu. Oui, mademoiselle Albertine Voszwinkel en personne, et en robe de noces. « Mademoiselle ! lui « criai-je fort ému, que faites-vous donc à cette heure en « pareil lieu?... » Mais à peine avais-je proféré cette exclamation, si pleine d'honnêteté, qu'un spectre hideux, débouchant d'une rue voisine, se jette entre mes jambes, et les emporte avec un éclat de rire satanique ! et voilà le pauvre secrétaire de chancellerie tombé dans la fange, et implorant d'une voix lamentable le secours des gardiens de nuit contre l'audacieux voleur de ses jambes. Je ne sais comment cela se fit, mais le spectre revint sur ses pas, me jeta mes jambes à la tête et disparut de nouveau. La clarté mystérieuse de la vieille tour s'était évanouie; le silence le plus profond régna tout à coup dans la rue déserte ; et je voulus en profiter pour gagner mon logis. Mais au moment d'introduire la clef dans la serrure, ne vois-je pas se dresser, entre moi et la porte, un autre Tusmann, un autre moi-même, qui me regarde avec des yeux effarés ! Je recule épouvanté, et je me trouve dans les bras d'un inconnu qui me serre à m'étouffer. « Ah ! « monsieur le gardien de nuit, » lui dis-je, croyant m'adresser à un de ces respectables protecteurs de la sûreté des citoyens, « veuillez chasser ce faux Tusmann, pour que le « véritable puisse se retirer en paix dans ses foyers ! — Êtes-« vous fou? » me répond l'inconnu. Je le regarde, et je reconnais l'orfévre Léonhard. « Ah ! cher monsieur, m'é-« criai-je, pour l'amour de Dieu ! délivrez-moi du sort que « vous m'avez jeté cette nuit. Faites cesser les prestiges que « vous avez accumulés autour d'un pauvre secrétaire de « chancellerie qui va perdre la raison ! — Vous retrouverez « le calme, dit Léonhard, aussitôt que vous aurez formelle-« ment renoncé à devenir l'époux d'Albertine. — Mais c'est « une odieuse machination, repris-je avec une énergie dont

« je ne me croyais guère capable. Eh bien, faites de moi ce
« que vous voudrez ; je ne renoncerai qu'avec la vie à la
« charmante fille de mon ami Voszwinkel ! » A ces mots,
l'orfèvre, furieux, me donna un coup de poing si violent,
que je tournai plusieurs fois sur moi-même comme une toupie ; et en reprenant ma fixité, je me trouvai à cheval sur la
statue équestre du Grand-Électeur. Le factionnaire dormait,
heureusement ; ainsi ma triste situation resta cachée dans
l'obscurité, et j'eus le temps de descendre de ce maudit
piédestal, au risque de me rompre les os. J'achevai la nuit à
errer comme une âme en peine ; l'aurore seule m'a rendu
un peu d'assurance... et me voici.

— Folies ! absurdités ! rêves creux d'un cerveau malade !
Je ne sors pas de là, répliqua Voszwinkel. Vous vous êtes
grisé comme un Suisse, et vous avez vu des fantômes à travers les vapeurs du vin. Que ce soit donc pour vous, mon
cher, une bonne leçon ! Au surplus, si vous prétendez soutenir qu'il y a quelque chose de réel dans vos hallucinations,
l'inconnu trouvé par vous au café Alexandre ne peut être que
le juif Manassès. Ses rapports avec l'orfèvre Léonhard, leur
association dans les expériences d'une science dont nos lois
proscrivent la culture comme impie, me sont connus depuis
longtemps ; je les surveille, en ma qualité de magistrat, et,
tôt ou tard, ils compteront avec la justice. J'espère, au
reste, mon cher secrétaire, que vos sottises de cette nuit
n'ont pas à tel point détraqué votre cervelle, que le mariage
arrêté entre nous ne puisse plus comme autrefois combler
vos vœux. Vous ne redoutez pas sérieusement, je pense,
l'apparition du diable en cette affaire ; car je serais en ce cas
forcé de reconnaître que vous avez recours, pour amener
une rupture, à des subterfuges bien indignes d'un homme
sage et délicat.

Tusmann protestait de son inaltérable amour pour mademoiselle Voszwinkel, lorsque la sonnette se fit entendre, et le
juif Manassès arriva fort à propos pour éclaircir les événements de la nuit passée.

« Voilà, s'écria Tusmann éperdu, voilà le vieux magicien
qui découpait des raves, et les changeait en ducats d'or !

Et se levant brusquement, il voulait prendre la fuite.

Voszwinkel le retint, et en sa présence interrogea Manassès sur la scène du cabaret.

« Je ne sais ce que veut dire monsieur, répondit le juif avec un sourire ironique. Il entra hier soir dans le cabaret de la place Alexandre avec l'orfèvre Léonhard ; il se grisa, ou du moins il but outre mesure, et s'en alla fort peu solide sur ses jambes et la tête battant les murs.

— Eh bien, avais-je raison tout à l'heure ? dit le conseiller au secrétaire de chancellerie. En vérité, mon cher, si vous tenez à épouser ma fille, il faut commencer par vous corriger d'un vice si révoltant. »

Le pauvre Tusmann retomba sur son fauteuil, en bégayant des phrases inachevées.

« Je crois que vous ferez bien d'aller dormir, » ajouta Voszwinkel.

Il obligea le secrétaire de chancellerie de se couvrir chaudement d'une pelisse qu'il lui prêta, et le fit accompagner chez lui par un domestique.

« Quelles nouvelles m'apportez-vous ? » dit-il au juif Manassès, après le départ de Tusmann.

Celui-ci fit une grimace assez singulière et répondit que M. Voszwinkel ne se doutait sûrement pas de l'excellente nouvelle qu'il lui apportait. Son neveu, Benjamin Manassès, homme fort riche, et créé tout récemment baron à Vienne, arrivait d'Italie pour demander la main de mademoiselle Albertine dont il avait entendu faire le portrait le plus flatteur. Benjamin était un jeune homme de la dernière élégance, à nez aquilin comme celui des plus beaux types d'Israël, habile sur le violon et le clavecin, poëte facile et abondant, parleur spirituel et infatigable, et, par-dessus tout, polyglotte.

Le conseiller n'entendit pas cette énumération de brillantes qualités. Les écus du beau Benjamin papillotèrent dans sa cervelle, et le grave magistrat commençait à penser que l'oncle juif n'était pas absolument un gibier de potence, puisqu'il avait des écus et un neveu baron.

« Ce parti pourrait être assez avantageux, dit-il à Manassès. Mais vous ne songez pas à l'obstacle qu'oppose la religion...

— N'est-ce que cela? s'écria le vieux juif. Eh bien, mon neveu est épris de votre fille, et je ne doute pas qu'il ne se résigne à recevoir quelques gouttes d'eau sur le nez, pour effacer toute difficulté. Pensez mûrement à la proposition que j'ai eu l'honneur de vous faire; je reviendrai un de ces jours avec notre jeune baron pour connaître ce qu'il vous aura plu de décider. »

Les écus de Benjamin se retracèrent encore une fois à l'esprit de Voszwinkel; mais il ne pouvait se résoudre à sacrifier son inclination pour M. le secrétaire Tusmann. Il se rappela sa parole, et prit la ferme résolution d'y rester fidèle.

IV

Un matin, mademoiselle Albertine découvrit que le portrait de son respectable père était une croûte dénuée de toute ressemblance. Elle employa toute son éloquence pour lui faire prendre en aversion ce tableau, et pour lui persuader que M. Johannes Wacht, qui avait produit des œuvres si remarquables, serait un jeune homme charmant s'il voulait bien se charger de refaire le portrait de l'auteur de ses jours.

« Mais, ma fille, dit le conseiller de justice, tu comptes donc pour rien les prétentions de tous ces artistes! Il faut leur jeter des poignées d'or pour le moindre travail, et encore ne peut-on parvenir à les satisfaire. »

Albertine assura son père que Johannes Wacht avait autant de désintéressement que de génie, et le décida finalement à aller trouver le jeune peintre.

Maître Wacht, d'abord un peu surpris, fut ravi d'apprendre que c'était à Albertine qu'il devait cette bonne fortune inespérée. Il sauta à pieds joints par-dessus tous les calculs d'intérêt, et s'empressa de déclarer qu'il serait trop honoré de reproduire les traits du respectable conseiller, pour consentir à accepter le moindre salaire, ni même une indemnité pour ses débours.

« Mais, objecta Voszwinkel, vous ne savez pas que je voudrais posséder mon portrait en pied et de grandeur naturelle ?

— Tant mieux ! s'écria maître Wacht ; vous venez au-devant de mes désirs. C'est ainsi seulement que je comprends une œuvre d'art. »

A ces mots, le conseiller, pleurant de joie, se jeta au cou de l'artiste, et prit jour immédiatement pour la première séance.

La ruse amoureuse d'Albertine venait de réussir au delà de toute espérance. Le conseiller, à son retour, ne cessa d'élever aux nues la noblesse de sentiments qui distinguait le jeune peintre, et il permit à sa fille de lui broder une bourse en perles d'or avec un chiffre en cheveux ; il pensait que c'était le seul moyen qu'il pût avoir de reconnaître délicatement le procédé de son *jeune ami* maître Wacht, et il ajouta qu'il se chargeait de toute responsabilité à l'égard de ce cadeau, si le secrétaire Tusmann en était mécontent.

Albertine, qui ne savait rien encore des projets de son père sur sa personne, ne comprit pas ce que M. Tusmann avait à voir en pareille affaire, et ne songea même pas à risquer une question sur ce chapitre.

Le même jour, maître Wacht fit porter son chevalet et sa boîte de couleurs chez Voszwinkel, et le lendemain il se mit à l'œuvre.

Il esquissa un petit homme rond et jovial dont la physionomie se rapprochait plus ou moins de celle du conseiller ; mais la ressemblance était assurée par une lettre cachetée que Voszwinkel tenait à la main, et sur l'enveloppe de laquelle on lisait en gros caractères : « A monsieur le conseiller de justice Melchior Voszwinkel, à Berlin. »

Il fallait évidemment beaucoup de mauvaise volonté pour soutenir que le personnage porteur d'une lettre à cette adresse pût être autre que M. le conseiller.

Voszwinkel fut si charmé de cette idée, qu'il trouva le portrait plus qu'admirable, et supplia l'artiste, qui ne demandait pas mieux, de faire aussi le portrait d'Albertine.

Cette fois la besogne alla moins vite. Maître Wacht esquissait, effaçait, recommençait mille fois, sans paraître jamais satisfait de lui-même. Les séances se prolongèrent si loin, que le conseiller, fatigué d'y assister pour surveiller sa fille, s'abstint tout à coup de cette espèce d'esclavage. L'amour prit sa place, et bientôt les plus doux serments d'éternelle fidélité s'échangèrent entre les deux jeunes gens. Mais un jour le diable s'en mêla.

Maître Wacht venait de jeter son pinceau pour tomber lui-même aux genoux d'Albertine, dont il couvrait les mains de baisers brûlants, lorsque la porte s'ouvrit, et Tusmann apparut comme la tête de Méduse.

Le pauvre secrétaire de chancellerie faillit tomber à la renverse.

Les deux amants ne s'aperçurent de son apparition qu'au moment où il recueillit toutes ses forces pour s'écrier : « Mais, mademoiselle, avez-vous perdu l'esprit? La nuit vous allez danser dans la tour en ruines de la Maison de Ville avec un jeune homme inconnu, et le jour, à la face du ciel, j'en trouve un autre à vos genoux, disant, sur mon âme, des choses inqualifiables. Est-ce donc ainsi que se comporte une fiancée? »

Maître Wacht s'était replacé vivement en face de son chevalet; il avait repris ses pinceaux et l'attitude d'un homme fort occupé.

Quant à Albertine, elle s'était redressée au mot de *fiancée* prononcé par M. Tusmann.

« Fiancée! fiancée! que prétendez-vous dire, monsieur, et de qui parlez-vous, s'il vous plaît?

— Mais de vous-même, angélique créature! Votre père m'ayant promis votre main, j'ai quelque droit, je le répète, de trouver étrange que...

— Il n'y a, monsieur, d'étrange ici que votre langage. Je ne croirai jamais que mon père ait pu consentir à disposer de ma personne à mon insu. Vous sortez sans doute encore de quelque cabaret, où vous avez laissé votre raison. Nous savons, mon père et moi, ce qu'il faut penser de votre conduite. Ne comptez donc en aucune façon sur mon assentiment à vos projets fantastiques. »

Tusmann voulut insister dans sa justification. « Ne m'avez-vous pas, s'écria-t-il, promis vous-même de m'épouser, lorsque vous m'apparûtes un soir par la fenêtre de la tour en ruines qui surmonte la Maison de Ville ! Et pourtant, nonobstant une promesse si sacrée, je vous ai vue, cette nuit-là, valser dans la tour avec un jeune homme inconnu... »

Albertine, piquée au vif, ne lui laissa pas le temps de poursuivre.

« Sortez, lui cria-t-elle, sortez d'ici !

— Non, reprit Tusmann avec exaltation, je ne puis sortir avant que vous ne m'ayez assuré...

— Au diable le lourdaud ! l'ivrogne ! » interrompit à son tour maître Wacht, qui, depuis le commencement de cette scène, sentait le sang bouillonner dans ses veines.

Et d'un bond il saisit au collet Tusmann, lui barbouilla trois ou quatre fois le visage avec un pinceau, puis le fit rouler comme une toupie d'escalier en escalier.

M. le conseiller de justice Voszwinkel rentrait chez lui au moment où, de cascade en cascade, le pauvre Tusmann arriva dans ses bras. En apprenant de la bouche du secrétaire de chancellerie le récit de sa ridicule mésaventure, Voszwinkel entra dans une violente colère, et traînant son ami par la main, il le ramena de force dans la chambre où se trouvaient maître Wacht et Albertine.

« Qu'est-ce à dire ? Est-ce ainsi qu'une fille bien élevée se conduit envers l'homme auquel il plaît à un père de la fiancer ?

— Moi, la fiancée de cet homme ! jamais ! s'écria Albertine pâle de frayeur, car elle n'avait jamais vu son père en pareille agitation.

— Point de grimaces ; il faut obéir !...

— Mais je hais, je déteste, j'abhorre cet homme ! Je ne serai jamais à lui, je le jure ! »

A ces mots, brisée par l'effort qu'elle venait de faire, la jeune fille défaillit. Maître Wacht ouvrit ses bras pour la recevoir, et ne put s'empêcher de la presser sur son cœur, malgré la présence de Tusmann et du conseiller.

Voszwinkel, indigné de ce qu'il regardait comme un outrage envers son autorité paternelle, s'élança vers sa fille, et l'arracha de l'étreinte amoureuse du jeune peintre.

« Misérable barbouilleur de toiles, lui cria-t-il, oses-tu bien pousser ton infâme audace jusqu'à prétendre à la main de ma fille unique? »

Maître Wacht, outré de l'injure dont il était l'objet, fut sur le point de se livrer à quelque violence : il allait peut-être abîmer le conseiller sous les débris des meubles, lorsque la scène fut subitement interrompue par la voix sonore de l'orfévre Léonhard, qui parut fort à propos sur le champ de bataille.

A son aspect, le secrétaire Tusmann, saisi à son tour d'une terreur irrésistible, courut se réfugier derrière les rideaux de la fenêtre.

« Ne prenez pas tant de peine, cher monsieur Tusmann, lui dit en riant l'orfévre. Je ne vous veux aucun mal, et vous me semblez assez puni de vos ridicules fantaisies matrimoniales. Au surplus, je suis bien aise de vous déclarer que si vous n'y renoncez pas aujourd'hui même, de *bonne foi* et *pour toujours*, vous conserverez jusqu'au jugement dernier cette physionomie d'un beau vert feuille! qui vous convient à merveille.

— Je veux, en dépit de tous les diables, qu'il soit l'époux de ma fille. Je ne reconnais à personne le droit d'intervenir dans mes affaires de famille! criait le conseiller en frappant du pied. »

L'orfévre allait répondre, quand la porte s'ouvrit de nouveau.

Le juif Manassès parut en compagnie de son neveu, le baron Benjamin. Le jeune seigneur, sans accorder la moindre attention aux personnes qui étaient présentes, alla droit à Albertine. « Charmante et divine personne, s'écria-t-il, je viens sans cérémonie me jeter à vos genoux, ce qui n'est après tout qu'une façon de parler, et pour m'exprimer plus clairement et sans figure, je viens vous prier de m'accorder un baiser sur vos belles joues roses. »

En achevant ces mots, M. Benjamin voulut embrasser Albertine; mais par un prodige aussi rapide qu'inexplicable, son nez s'allongea tout à coup comme une flèche, et se heurta violemment contre la muraille, à côté de l'épaule de la jeune fille.

Le baron recula, frappé de surprise et d'épouvante, et son nez revint à ses proportions ordinaires.

Il voulut tenter un nouvel assaut contre mademoiselle Voszwinkel, mais le nez fatal s'y opposa de rechef, et force lui fut de renoncer à ses prétentions.

« Maudit sorcier ! grondait le vieux Manassès. Ah ! monsieur Voszwinkel, vous vous êtes donc ligué contre moi avec maître Léonhard ! Eh bien, soit, comme il vous plaira ; mais je vous donne ma malédiction, et vous en sentirez les effets sur vous et votre famille jusqu'à la génération la plus éloignée. Votre fortune tombera en ruines, et vous marcherez en haillons plus tôt que vous ne pensez, devant la face des proscrits d'Israël, qui vous repousseront à leur tour comme un lépreux. »

Après cette menace terrible, il se retira lentement avec son neveu, laissant maître Wacht et Albertine sous le poids d'un étonnement mêlé d'horreur.

V

Tout le ressentiment du conseiller de justice s'exhala contre le jeune peintre, auquel il attribuait le trouble qui venait d'agiter sa maison.

Il lui écrivit, le lendemain, une lettre fulminante, pour lui interdire à tout jamais l'accès de sa maison.

Le même soir, l'orfèvre Léonhard trouva maître Wacht en proie à un désespoir sans bornes.

« Voyez un peu, lui dit l'artiste en sanglotant, voyez où m'a conduit votre prétendue protection : en voulant me délivrer par des moyens extraordinaires de mon fâcheux rival, vous n'avez réussi qu'à m'ôter à jamais tout espoir d'obtenir Albertine. Je ne puis plus vivre ici, je veux partir; j'irai à Rome ensevelir les derniers jours de mon existence brisée !

— Ce n'est pas le plus mauvais parti que vous puissiez choisir, répondit tranquillement Léonhard. Avez-vous oublié ce que je vous disais quand vous me parlâtes pour la première fois de votre passion pour la fille du conseiller? Ne vous ai-je pas prouvé victorieusement qu'un jeune artiste avait le droit d'aimer, mais qu'il devait se borner à un amour idéal, sans jamais songer à étouffer son génie sous les chaînes du mariage. Si vous voulez qu'aujourd'hui je vous répète pour la dernière fois un bon avis, fuyez cette ville de séductions, mon cher Johannes; partez pour Rome avec une palette et des pinceaux; c'est à Rome que vous sentirez renaître en vous la sublime passion des beaux-arts, la seule qui soit digne d'un homme d'avenir.

— Tout ce que vous me débitez là est fort beau, s'écria maître Wacht, mais ce que j'y vois de plus clair, avant les lauriers dont je serai couronné quelque jour au Capitole romain, c'est que j'ai fait une sottise fort peu réparable, en vous confiant le secret de mon amour pour Albertine. J'avais besoin de trouver en vous un appui, et vous m'êtes contraire tout le premier. C'est d'un triste augure, et pourtant Dieu sait que, devant la simple possibilité d'obtenir un jour celle que j'aime, j'eusse consenti à m'expatrier pour toute une année. Je serais parti pour l'Italie avec un courage à toute épreuve...

— Est-ce bien vrai? interrompit Léonhard.

— Je le jure sur le salut de mon âme.

— Et si Albertine devenait votre fiancée, vous partiriez pour Rome, sans difficultés?...

— Je partirais avec le feu sacré!

— En ce cas, j'accepte votre promesse, et vous pouvez faire vos préparatifs de voyage; car dans trois jours vous serez, bien et dûment, et du consentement libre de tout le monde, le fiancé de mademoiselle Voszwinkel. Je sais le moyen de faire réussir cette grave affaire en dépit des rivaux, des envieux et des pères irrités. Laissez-moi agir.

VI

Le secrétaire de chancellerie Tusmann s'était retiré chez lui, en proie à la plus amère tristesse. La crainte de l'orfèvre Léonhard semblait élever une barrière de feu entre lui et Albertine. Il compulsait en vain ses livres les plus rares et ses manuscrits les plus indéchiffrables pour trouver un remède à opposer aux persécutions dont il se voyait l'objet ; les savants Thomasius, Strecchius et autres, restaient muets sur l'art de conjurer les mystifications qui accablent les amants malheureux.

Les pensées les plus incohérentes bouillonnaient dans sa tête, sa raison s'obscurcit un moment. Il bourra ses poches de vieux livres parcheminés, enfonça son large feutre sur ses oreilles, prit sa canne à bec de corbin, et se dirigea d'un pas rapide vers le jardin botanique, où, dans son transport, il comptait finir ses jours par un coup de désespoir. En arrivant au bord du bassin autour duquel se jouaient des poissons rouges, le pauvre homme s'arrêta un moment pour faire ses adieux à l'existence, à tout ce pâle univers qu'il allait abandonner. Puis, il jeta dans l'eau le *Traité* de Thomasius *sur le mariage*, pensant avec raison que ce livre lui devenait inutile ; puis, il lança encore dans l'abîme l'*Art de prolonger la vie*, par Hufeland ; enfin, il mesurait son élan pour suivre ses auteurs chéris, quand soudain un bras robuste l'arrêta court.

C'était le bras de Léonhard.

« Qu'est-ce à dire, monsieur Tusmann ? Êtes-vous fou ?

— Je suis désespéré ! s'écria le secrétaire de chancellerie, en secouant le bras qui venait de le retenir. Laissez-moi mourir tranquille, et réjouissez-vous de votre ouvrage sans insulter à ma misère.

— Voyons donc un peu s'il y a de quoi se livrer à de telles extrémités. Quel rapport y a-t-il entre votre amour pour mademoiselle Voszwinkel et l'envie si déplacée qui vous prend d'aller au fond de l'eau chanter les louanges de Dieu avec les grenouilles? Venez, venez; je me charge de rétablir l'équilibre entre vos facultés! »

Et bon gré mal gré, l'orfèvre Léonhard, moitié riant, moitié grondant, tira Tusmann par les basques de son habit, et l'entraîna loin de ce théâtre sinistre. « Allons, dit-il, au café de la place Alexandre; un punch flamboyant vous fortifiera le cœur. »

Tusmann eut beau résister, il fallut obéir.

En entrant dans la salle, il se cachait le visage avec son mouchoir, pour ne pas laisser voir ses traits altérés. Mais il n'y avait que deux inconnus assis à une table écartée.

« Pourquoi donc gardez-vous cette mine piteuse? demanda Léonhard. Je sais parfaitement que vous êtes amoureux fou d'Albertine, et que vous en deviendrez capable de toutes sortes d'extravagances, quoiqu'un homme grave comme vous êtes dût penser qu'à quarante-huit ans sonnés on est plus honorablement le père que l'amant d'une jeune fille. Toutefois, comme chacun en ce monde a ses lubies, je ne me soucie pas de prêcher dans le désert en cherchant à vous ramener sur le chemin du sens commun. Vous êtes donc parfaitement libre d'idolâtrer mademoiselle Voszwinkel. Seulement, en vertu du pouvoir que je possède et dont vous avez déjà vu quelques échantillons, je vous interdis d'aller chez elle jusqu'au prochain dimanche. Si vous vous avisez du contraire, prenez garde à vous. Là-dessus, cher monsieur Tusmann, portez-vous bien. »

L'orfèvre disparut, et se trouva presque au même instant dans le cabinet du conseiller Voszwinkel, qui ne fut pas médiocrement surpris d'une visite si inattendue.

« Que voulez-vous de moi à pareille heure? demanda-t-il à Léonhard.

— Vous êtes un homme vraiment digne de pitié, et je viens ici pour tâcher d'éloigner le coup qui vous menace.

— Que serait-ce, mon Dieu? s'écria Voszwinkel avec une cruelle anxiété. S'agirait-il d'une faillite qui m'adviendrait de Londres ou de Hambourg? Allez-vous m'annoncer la ruine de ma fortune?

— Rien de tout cela, reprit l'orfèvre. Mais répondez à une seule question. Êtes-vous toujours résolu de refuser la main de votre fille au peintre Wacht?

— Donner ma fille à un gâcheur de toiles? Dieu m'en garde!

— Maître Wacht avait, à vos yeux, de meilleures qualités, quand il consentait à faire gratuitement votre portrait et celui de votre fille.

— Fi donc! deux croûtes détestables que j'ai renvoyées à leur auteur.

— Prenez garde; si vous persistez dans de si mauvais procédés, maître Wacht pourrait bien se venger de vous.

— Eh! que peut faire, je vous prie, un étourneau de ce plumage à un homme comme moi, Melchior Voszwinkel, conseiller de justice, bourgmestre, etc., etc., etc.!...

— Ce qu'il peut faire? s'écria Léonhard; je vais vous le dire. Maître Wacht va couvrir de rides votre portrait, et il n'oubliera pas un seul des cheveux blancs que vous cachez si bien. Dans votre main, il mettra une lettre timbrée de Londres, vous annonçant une banqueroute. Et sur l'enveloppe tout le monde lira : A monsieur le conseiller aulique *manqué*, Melchior Voszwinkel; car il sait que vous vous êtes exténué en vains efforts pour obtenir ce titre honoraire que vous auriez acheté fort cher, si on eût voulu vous le vendre. De votre poche trouée s'échapperont des billets de banque, et des poignées d'or et d'argent, symbole de la perte que vos correspondants Campbell et compagnie, de Londres, viennent de vous faire subir. Enfin, votre portrait, ainsi caractérisé, figurera chez le marchand de vieilleries qui fait face au palais de la Bourse.

— Oh! ce serait une infamie! Que ce misérable croûton n'essaye pas de me jouer un pareil tour, car il y a des juges à Berlin! comme dit le proverbe.

— Oui, mais cent personnes auront vu le portrait avant que vous soyez prévenu de ce qui se passe. Le ridicule vous couvrira de la tête aux pieds; vos connaissances vous riront au nez, et votre crédit comme votre réputation pourront en souffrir plus que vous ne pensez.

— Le scélérat! je commence à le croire capable de tout. Il faut que mon portrait me soit rendu dès aujourd'hui; je le veux à tout prix.

— Vous ne songez pas que votre physionomie est admirablement facile à *croquer* en charge. Maitre Wacht vous fera lithographier; toute la ville vous achètera, les colporteurs d'images vous porteront au bout du monde.

— Mais offrez-lui de l'argent, de l'or, de ma part, afin qu'il renonce à ce projet.

— Eh! qu'a-t-il besoin de votre bourse! Maitre Wacht s'est toujours trouvé, par son talent, fort au-dessus du besoin; et j'ajoute qu'une tante, comme il y en a peu, vient de lui assurer, de son vivant, par testament fort régulier et encore plus inattaquable, une petite fortune de cinquante mille florins.

— Diable! diable! fit le conseiller Voszwinkel en aspirant une forte prise de tabac; tout ce que vous me dites là mérite réflexion. Je ne suis pas un loup, et je ne voudrais pas faire le malheur de ma fille. On dit, à tort ou à raison, que ce M. Wacht est un bon peintre; et j'ai toujours fait cas des arts. Si vous croyez que ce jeune homme puisse faire le bonheur d'Albertine, et si elle l'aime, eh! mais, mon Dieu, nous pourrions bien terminer cette affaire-là pour le mieux.

— Vous commencez donc à devenir raisonnable? répliqua Léonhard. Mais comment ferons-nous pour rendre au bon sens votre vieil ami de collége, le secrétaire de chancellerie Tusmann, que j'ai rencontré tout à l'heure au jardin botanique, et que j'ai sauvé d'une mort certaine?... Il allait, par chagrin d'amour, se noyer dans le bassin; et je ne l'ai retenu qu'à grand'peine au bord de l'abime, en lui représentant que son désespoir était prématuré; que, malgré les folies de mademoiselle Albertine et les impertinences de maitre Wacht, vous étiez un homme trop grave pour revenir sur une parole donnée avec toute la pompe de l'autorité paternelle. Si maitre Wacht épouse votre fille, le secrétaire de chancellerie ira se consoler avec les poissons rouges, et vous serez chargé d'un remords éternel. Toute la ville vous fuira comme un meurtrier, et le mépris public inondera le reste de vos jours. Tusmann est un homme pacifique, laborieux, estimé des chefs de l'administration. Dès qu'on aura le droit de vous accuser de son malheur, tous les fonctionnaires s'éloigneront de vous comme d'un être malfaisant, et les employés les plus subalternes, renchérissant sur l'animadversion générale, se croiront le droit de ne plus vous saluer. Votre fortune personnelle suivra de près la décroissance de votre valeur sociale, et tout ira de mal en pis, jusqu'à ce que la misère la plus infime vous réduise à l'abandon.

— Arrêtez! s'écria le conseiller; vous me feriez perdre la tête en continuant cet affreux tableau. Tusmann est un insensé, un animal sans esprit, sans raison; mais il a ma parole, et la parole donnée est sacrée. Vous voyez bien que mes bonnes dispositions à l'égard de votre jeune peintre sont paralysées par la force des choses. Je ne puis, vous en conviendrez, me condamner à perdre l'estime de mes concitoyens. Il faut que Tusmann soit l'époux d'Albertine.

— Et oubliez-vous le juif Manassès, qui veut vous affubler du baron Benjamin? Ne vous souvient-il plus des anathèmes de Manassès? Le vieux juif n'aura plus de repos qu'il ne soit parvenu à vous ruiner par tous les moyens que l'adresse humaine puisse imaginer. Tranquillité, fortune, honneur, rien de ce qui vous touche ne lui sera sacré. Vous voyez bien que de toutes parts mille dangers vous environnent, et que j'avais raison de m'écrier tout à l'heure que vous étiez un homme digne de pitié !.... »

Le pauvre Voszwinkel était hors de lui en écoutant la mercuriale effrayante de l'orfévre Léonhard. « Je suis perdu! s'écriait-il en marchant à grands pas d'un bout à l'autre de son cabinet. Pourquoi le ciel ou plutôt l'enfer m'ont-ils donné une fille? Pourquoi suis-je voué sans défense aux poursuites de trois hommes maudits? Je crois que je me donnerais au diable pour leur échapper!

— Il n'est peut-être pas besoin d'un pareil dévouement, reprit Léonhard; et j'ai un moyen plus sûr de vous tirer d'embarras.

— Lequel? au nom du ciel!

— Nous préparerons, si vous le voulez bien, trois cassettes. Dans l'une des trois sera enfermé un médaillon représentant les traits d'Albertine. Vous mettrez en loterie la main de votre fille. Celui des trois prétendants auquel le sort aura donné la cassette qui contient le médaillon deviendra l'heureux époux de mademoiselle Albertine.

— Quelle folie! Mais ne voyez-vous pas que les deux rivaux évincés resteront pour moi des ennemis acharnés, implacables?

— Non pas, s'il vous plaît; car je me charge d'arranger les choses de telle sorte que les trois amoureux soient parfaitement d'accord sur la légitimité des droits proclamés par le sort. Il faut que les deux futurs malheureux trouvent, dans leur cassette respective, ce qu'on appelle une fiche de consolation. Vous pouvez bien faire un petit sacrifice pour assurer le repos de votre existence.

— Je ferai tout ce que vous voudrez! mais soyez mon sauveur, et ne tardez pas davantage à me tirer de cette affreuse perplexité!

— Tranquillisez-vous donc, mon cher conseiller. Dimanche prochain, à midi, tout sera terminé d'une façon qui vous satisfera. »

VII

Albertine fondit en larmes quand son père lui apprit le bizarre projet de mettre son cœur en loterie. Elle se désespéra surtout en songeant que maître Wacht semblait l'avoir délaissée; car, depuis cinq ou six jours, il n'avait ni reparu, ni donné signe d'existence.

La veille du jour fixé pour l'épreuve des cassettes, elle pleurait toute seule, en accusant la cruauté de son père, lorsque Léonhard se trouva devant elle, sans qu'elle pût s'expliquer comment il avait pénétré dans sa chambre.

« Ne vous désolez plus, mon enfant, lui dit-il; je protège maître Wacht, qui n'a point cessé de vous aimer; c'est moi qui ai suggéré à votre père le secret d'éloigner deux prétendants qui vous sont odieux ; et je me crois assuré du succès. »

Mademoiselle Albertine se jeta aux genoux de l'orfèvre, dont elle connaissait l'art merveilleux, et le supplia de ne point abuser de sa douleur.

« Ce que j'ai dit est la vérité, reprit Léonhard. Mettez demain votre robe de noces, parez votre front de la couronne de fiancée ; soyez confiante et heureuse, et reposez-vous sur l'ami de maître Wacht. »

Après ces mots, il disparut comme un songe.

Le lendemain dimanche, à l'heure de midi, le vieux Manassès, avec son neveu Benjamin, le secrétaire de chancellerie Tusmann et maître Wacht furent introduits par Léonhard dans le salon du conseiller Voszwinkel.

Jamais Albertine ne leur avait paru si belle ; ils la saluèrent d'un cri d'admiration.

Sur une table couverte d'un riche tapis de Perse se trouvaient trois petites cassettes.

La première était d'or ; sur le couvercle était gravée une couronne de ducats avec cette inscription :

« *Mon choix t'assure la réalisation de ton vœu le plus cher.* »

La seconde cassette était d'argent ; on y lisait :

« *Mon choix te donnera plus que tu n'oses espérer.* »

La troisième cassette était de simple ivoire, avec cette légende :

« *Mon choix te promet la félicité que tu rêves.* »

Albertine prit place sur un fauteuil. Le conseiller Voszwinkel s'assit auprès d'elle. Manassès et Léonhard se tenaient à l'autre bout du salon.

On tira au sort le rang des prétendants. Le secrétaire de chancellerie Tusmann devait choisir le premier. Les deux autres furent priés de passer dans un cabinet voisin, pour ne point gêner la liberté de son choix.

Il s'approcha de la table, contempla longtemps les trois cassettes, lut et relut les légendes. Il choisit la cassette d'argent : « *Mon choix te donnera plus que tu n'oses espérer*, murmurait-il en épelant les syllabes de l'inscription. Assurément dans l'état douloureux où mon âme est plongée depuis quelques jours, j'avais assez perdu l'espérance pour qu'il me soit permis de m'y rattacher, et de confier mon bonheur à cette consolante inscription. Mon choix est modeste, c'est un gage de sûreté. »

Albertine, se levant aussitôt, lui présenta la clef de la cassette d'argent.

Tusmann s'empressa de l'ouvrir avec un frisson. Il y trouva un petit livre doré sur tranche, dont toutes les pages étaient d'une entière blancheur.

Il pâlit et poussa un cri douloureux. « C'est donc une mystification, disait-il. Adieu, adieu! cette fois tout est fini pour moi, et je n'ai plus qu'à me noyer très-sérieusement. »

Et il se précipitait vers la porte du salon.

« Doucement, doucement donc, lui dit Léonhard en le retenant; le trésor que vous semblez dédaigner est infiniment plus précieux que vous ne sauriez vous le figurer. Faites-moi le plaisir de mettre ce petit livre dans votre poche.

Tusmann était plus mort que vif. Il obéit machinalement.

« Fort bien, reprit l'orfèvre. Pensez au titre du livre que vous seriez le plus aise de posséder.

— Hélas! dit Tusmann avec un profond soupir, j'ai jeté aux poissons rouges du jardin botanique mon fameux et rare *Traité* de Thomasius *sur le mariage :* c'est un ouvrage que je ne retrouverai jamais.

— Il est dans votre poche, » continua Léonhard.

Le secrétaire de chancellerie tira aussitôt le petit livre à tranche dorée, l'ouvrit, et faillit tomber de son haut en lisant sur la première page le titre complet du *Traité* de Thomasius. L'ouvrage était bien entier, et imprimé en caractères fort doux à l'œil.

« Remettez-le maintenant dans votre poche, reprit Léonhard, et pensez à quelque autre volume précieux. »

Tusmann, souriant d'un air incrédule, pensa au livre de Johannes Beer, intitulé : *Le grand combat des héroïnes Mélodia et Harmonica, qui finirent par se réconcilier après maintes perfidies.*

« Cherchez dans votre poche. »

Le secrétaire de chancellerie tira de nouveau le petit livre à tranche dorée, qui lui offrit tout au long le poëme de Johannes Beer, enrichi de notes, de scholies et de commentaires dans toutes les langues du monde savant.

« Eh bien, poursuivit Léonhard, ne vous ai-je pas donné un véritable trésor? Vous n'avez plus besoin d'user vos poches sous un fardeau de volumes en tous formats. Vous possédez actuellement une bibliothèque universelle en un petit volume qui pourrait se cacher dans votre gousset de montre. »

Le pauvre Tusmann, émerveillé, alla s'asseoir dans un coin du salon, et, sans plus songer à tout ce qui se passait autour de lui, il se mit à faire voyager le petit livre enchanté d'une poche dans l'autre; et chaque fois sa figure s'épanouissait, en créant par un seul acte de désir les ouvrages les plus anciens comme les plus modernes, les plus rares comme les plus répandus.

« Voilà un heureux qui ne nous donnera plus d'inquiétudes, dit Léonhard à Voszwinkel. Appelons-en un autre. »

C'était le tour de M. le baron Benjamin. Il sortit du cabinet en prenant des poses de gentilhomme à la mode, et braqua son binocle sur les deux cassettes dont le choix lui restait. Sa nature israélite éclata devant la couronne de ducats qui ornait la boîte d'or, et il la prit sans hésitation, l'ouvrit, et y trouva une petite lime d'acier.

« Damnation ! s'écria-t-il en fronçant le sourcil, qu'ai-je à faire d'un pareil instrument?

— Auriez-vous par hasard un ducat tout neuf dans votre gilet? demanda l'orfèvre.

— Eh bien? reprit Benjamin.

— Prenez cette lime, et frottez-en légèrement le cordon. »

Benjamin exécuta cette opération avec une habileté qui prouvait chez lui une longue habitude. A sa grande surprise, plus il frottait, plus il faisait tomber de parcelles d'or, moins le ducat s'emblait s'altérer. Il renouvela cette expérience avec un égal succès sur une dizaine d'autres ducats, et remplit en un clin d'œil la petite cassette de limaille d'or.

A ce spectacle, Manassès devint pourpre de colère.

« Rends-moi cette lime! cria-t-il à son neveu; c'est un

instrument de mon invention ; elle est l'œuvre d'un secret magique, pour lequel j'ai vendu mon âme au diable, il y a plus de trois cents ans. Rends-la moi, ou je t'étrangle !

L'oncle et le neveu se débattirent quelque temps avec furie. A la fin, le vieux Manassès resta le plus fort, s'empara de la lime, chassa son neveu du salon à grands coups de pied, et, courant s'établir dans un coin, il se mit à limer des écus de toute valeur, avec une attention qui le rendit aveugle, sourd et muet.

« Nous voilà délivrés de ce rongeur, dit Léonhard à Voszwinkel. Appelons notre jeune artiste. »

Maître Wacht accourut, tout tremblant d'émotion ; mais déjà Albertine venait d'ouvrir la cassette d'ivoire, et lui présentait en rougissant son portrait. Le jeune homme, suffoqué par la joie, tomba aux pieds de sa fiancée.

« Mes enfants ! s'écria Voszwinkel, c'est Dieu qui le veut ! venez sur mon cœur : je vous unis.

— Halte là ! s'écria Léonhard, maître Wacht a fait un pacte avec moi : je me suis engagé à éloigner ses rivaux, sous la condition qu'avant d'être l'époux d'Albertine, il irait passer une année à Rome pour y créer un chef-d'œuvre. Je réclame l'exécution de sa promesse. »

Il fallut bien consentir à cette séparation. M. Melchior Voszwinkel déclara que, pour la rendre moins pénible, il autorisait les deux fiancés à correspondre de la manière la plus suivie.

Mais l'absence du jeune peintre avait à peine duré six mois, que les lettres d'Albertine devenaient plus rares et moins tendres. Elle finit par ne plus écrire. Il est peut-être permis d'attribuer ce refroidissement gradué à la présence d'un élégant référendaire qui avait obtenu l'accès de la maison du conseiller Voszwinkel.

Peut-être qu'Albertine ne dédaignerait pas l'amour discret du beau référendaire, s'il parvenait à obtenir un poste éminent. L'idéal s'efface si vite devant l'ambition d'une vie dorée ! Le cœur de la femme est si variable !

LE SPECTRE FIANCÉ

I

« Par mon patron saint Hubert, disait à sa vieille compagne le vieux Bertram, forestier du Val-d'Enfer, vieux domaine de la forêt Noire, la plus vieille des merveilles germaniques, — par tous les saints du paradis, chacun ne sait-il pas que depuis trente ans, je fais mon bonheur de te complaire, en tout ce que permettent le bon sens et le devoir d'un chrétien? Mais, vrai Dieu, pour cette fois, ton idée fixe, ma pauvre Anne, est pour le moins aussi folle que le caprice de notre fillette, et je ne serai jamais disposé à lui passer de pareilles fantaisies.

— Mais, bon ami, répondait doucement la forestière, Catherine ne serait-elle donc pas aussi heureuse avec Wilhelm, le greffier du bailli, qu'avec le chasseur Robert! ce pauvre Wilhelm est si doux, si honnête garçon!...

— Oui, mais pas plus chasseur qu'une linotte! interrompit Bertram. Or, depuis deux siècles, ma charge de forestier a passé de père en fils dans ma famille. C'est une noblesse comme une autre, et je n'y veux pas renoncer de mon vivant. Puisque le ciel m'a refusé un fils, il faut que mon gendre puisse me remplacer, et sache se tirer avec honneur du coup d'épreuve dont le résultat est la transmission de mon emploi, pour lequel je commence à vieillir. Au reste, je ne tiens pas à Robert ; trouve, pour Catherine, un autre chasseur qui vaille celui-là, et, foi de Bertram, s'il a le coup d'œil juste et la main sûre, je serai son beau-père ; mais ne me parle plus de ton gratte-papier. »

La mère Anne, qui aimait le jeune greffier, allait commencer une longue apologie de son protégé ; mais le forestier prit son fusil et s'en alla vers la forêt.

II

A peine eut-il tourné le coin de la maison de chasse, que Catherine fit voir sa jolie tête blonde.

« Eh bien, bonne mère, s'écria-t-elle d'une voix palpitante, as-tu réussi ?... »

Et elle se jeta joyeusement au cou de la forestière.

« Hélas ! pauvre enfant, dit la mère, ne te réjouis pas ! Ton père est un digne homme ; il t'aime comme la prunelle de ses yeux, mais il ne te donnera qu'à un chasseur. C'est décidé, c'est irrévocable ! »

Catherine pleura ; elle voulait mourir de chagrin plutôt que d'appartenir à un autre que son Wilhelm. La mère, tour à tour tendre et grondeuse, s'efforça de la consoler, et finit par pleurer avec elle.

On résolut de livrer un nouvel assaut à la dureté du forestier. Au plus fort de ce hardi projet, la porte s'ouvrit : Wilhelm parut.

« Pourquoi, ma belle Catherine, as-tu les yeux rouges et gonflés de pleurs ?

— Hélas ! Wilhelm, hélas ! dit la petite en sanglotant, cherche une autre fiancée ; mon père veut me donner au chasseur Robert, parce qu'il pourra lui succéder dans son emploi. Ma mère n'a pu le fléchir; il n'y a plus d'espérance; mais je jure de mourir plutôt que de trahir nos serments.

— Pauvre Wilhelm, ajouta la vieille mère, Dieu sait combien nous t'aimons; le forestier, malgré son idée fixe, rend lui-même justice à tes bonnes qualités. Pourquoi n'es-tu pas chasseur!...

— N'est-ce que cela? s'écria Wilhelm, dont une vive rougeur empourpra le front et les joues; consolez-vous, bonne mère; et toi, ma belle Catherine, essuie tes larmes, tout n'est pas perdu. Je ne suis pas plus maladroit qu'un autre; j'ai fait, dans le temps, mon apprentissage chez mon oncle, le maître forestier Finsterbuch, et n'ai quitté mon fusil pour la plume que, grâce à mon parrain, le bailli, dont je pourrais bien, quelque jour, tenir la place avec honneur. Mais que m'importe le bailliage, si, pour l'obtenir, il faut que je renonce à ma Catherine? Si tu n'as pas plus d'ambition que ta mère, si le forestier Wilhelm peut te rendre aussi fière de ton choix que *monsieur* Wilhelm, le futur *bailli*, tout est dit: je prends la carnassière pour ne plus la quitter. »

Un doux sourire anima les yeux de la jeune fille; elle prodigua les plus douces caresses à son promis.

« Donne-moi un fusil, s'écria Wilhelm enivré d'amour; je cours rejoindre ton père dans la forêt. Je lui donnerai, en l'abordant, le bonjour du chasseur, et je gage qu'avant peu de jours, le fameux Robert ne sera plus si haut placé dans son estime. »

Les deux femmes pleines d'espérance, firent de leur mieux la toilette du jeune homme, et l'accompagnèrent bien loin de leurs vœux les plus ardents.

III

« C'est un fier garçon que ce Wilhelm, s'écria le forestier en rentrant au logis après sa tournée quotidienne. Qui se serait jamais douté que d'un greffier de bailliage pût sortir un bon chasseur! Pardieu! c'est dit, dès demain je verrai

M. le bailli, et lui déclarerai qu'il y aurait crime de lèse-chasse à priver ce domaine d'un franc tireur. Le brave Kuno, mon ancêtre, trouvera en lui un digne successeur. »

La blonde Catherine tressaillit de joie en écoutant ces paroles si peu espérées.

« Bon père, dit-elle au forestier, en prenant sa voix la plus câline, dis-moi donc l'histoire du brave Kuno, notre ancêtre. »

C'était flatter le faible du vieux Bertram. Sans deviner tout ce qu'il y avait d'adresse féminine au fond de cette prière, il recommença pour la centième fois son histoire favorite.

« Kuno, dit-il en passant ses gros doigts calleux dans la soyeuse chevelure de sa belle enfant, Kuno était mon bisaïeul. C'est lui qui bâtit cette maison, et qui exerça, le premier, la charge de forestier dans ces domaines. Ce n'était pourtant qu'un pauvre écuyer au service du seigneur de Wippach, qui lui voulait du bien et l'emmenait toujours avec lui dans ses courses.

« Un jour, à une grande chasse que le duc avait ordonnée, les chiens firent lever un cerf sur lequel était garrotté un homme qui jetait des cris déchirants.

« Il existait alors, parmi les nobles propriétaires, un barbare usage, qui consistait à lier le braconnier sur un cerf, et à l'exposer ainsi à toutes les tortures de la faim, de la soif, et des mutilations horribles occasionnées par la course de la bête emportée dans les bois.

« La colère du duc fut sans bornes à l'aspect d'un si odieux spectacle. Il fit à l'instant cesser la chasse, et promit une forte récompense à celui qui aurait le courage et l'adresse de tirer sur le cerf; mais il jura, par contre, de bannir, privé de ses biens, le maladroit qui blesserait l'homme ; car il voulait prendre vivant cet infortuné, pour connaître l'auteur du cruel traitement dont il était victime.

« Aucun des nobles ne se sentait en veine d'essayer un coup si difficile.

« Enfin, mon bisaïeul Kuno, le pauvre écuyer (celui dont tu vois l'image suspendue au-dessus du foyer, à la place d'honneur), Kuno dit au duc : « Très-noble seigneur, si vous

« le permettez, je tenterai le coup avec l'aide de Dieu. Si je
« le manque, vous prendrez ma vie, car je n'ai rien ; mais
« ce malheureux me fait pitié, et je risquerai volontiers mes
« jours pour son salut. »

« Cette humble assurance plut au duc. Il ordonna à Kuno de tenter sa bonne fortune, sans lui parler de menaces, pour ne pas intimider son bon cœur.

« Kuno prit son arme, remit sa balle à la garde des saints, et fit feu sans viser longtemps.

« Le cerf tomba, et l'homme fut relevé sans autre mal que les égratignures faites à ses membres nus par les ronces et les buissons.

« Le duc donna la charge de maître forestier au brave Kuno, et ordonna qu'elle serait héréditaire parmi ses descendants.

« Plus tard, les envieux du bonheur de Kuno persuadèrent au duc que son merveilleux coup de fusil n'était qu'une œuvre diabolique. Le duc, après y avoir mûrement réfléchi, décida, pour faire taire les jaloux, que chaque descendant de Kuno serait tenu, pour être admis à la survivance, de faire un coup d'essai dont le seigneur du domaine serait le juge. Les difficultés d'une pareille épreuve peuvent varier à l'infini : je fus obligé, pour mon compte, d'abattre la bague qu'un oiseau de bois tenait dans le bec en se balançant au haut d'un mât. Jusqu'ici, nul de notre famille n'a manqué le coup de maîtrise. Dieu veuille, enfant, que ton Wilhelm ne soit pas moins heureux, car je le verrais, avec plaisir, entrer dans la famille, puisque tu l'aimes. »

IV

Le beau Wilhelm était, depuis quinze jours à peine, compagnon de chasse du vieux Bertram, lorsque les fiançailles des deux amants furent accordées, à condition qu'elles resteraient secrètes jusqu'au jour où l'épreuve qui devait désigner le successeur du forestier serait accomplie.

Wilhelm était heureux, et si heureux, qu'il en perdit le coup d'œil, au point de manquer avec une maladresse désolante les plus grosses pièces de gibier.

Le vieux Bertram ne tarda pas à s'en apercevoir, et sa figure se rembrunit; et de fait le pauvre Wilhelm n'avait pas de chance : tantôt c'était son arme qui ratait, d'autrefois il touchait un tronc d'arbre au lieu d'un lièvre ou d'un chevreuil; et, lorsqu'au retour il vidait sa carnassière, il s'y trouvait plus de corbeaux que de perdrix, et plutôt un chat qu'un lapin.

Le forestier d'abord riait du bout des dents. Mais il finit par se fâcher, et Catherine désolée ne pensait plus qu'avec terreur au jour de l'épreuve qui approchait.

Wilhelm cependant ne se décourageait pas; mais le sort était plus fort que lui. Un de ses derniers coups de feu avait tué une vache dans un pré, et failli tuer le gardien.

« Je soutiens, dit un soir Rodolphe, le piqueur, qu'on a jeté un sort à Wilhelm. Il se passe ici des choses surnaturelles, et il faut absolument trouver quelque moyen de détruire le charme. »

Le forestier fit taire un langage que tout brave chasseur regarde comme criminel envers Dieu.

« Ne sais-tu pas, dit-il à Rodolphe, ce qu'il faut à un bon chasseur?

— Trois choses, répondit le piqueur : un coup d'œil juste, un bon fusil et un chien.

— Eh bien, répondit le vieux Bertram, quiconque a ces trois choses, peut défier tous les charmes du monde, à moins d'être maladroit ou ignorant.

— Permettez, maître Bertram, s'écria Wilhelm piqué au vif; voilà mon arme, et je défie qu'on y trouve un défaut. Quant à mon coup d'œil et à mon savoir, il ne m'appartient pas de me louer moi-même; mais je crois connaître le métier de chasseur aussi bien qu'un autre, et pourtant il me semble parfois que mes balles ne vont plus droit, et qu'un vent malin les emporte en sortant du canon. Dites, que puis-je, que dois-je faire? Je suis prêt à tout!

— C'est fort extraordinaire, murmurait le forestier assez embarrassé de la réponse qu'il pourrait faire.

— Crois-moi, Wilhelm, interrompit Rodolphe, c'est comme je te l'ai dit : il y a un maléfice en cette occurrence. Mais trouve-toi, vendredi prochain, à minuit, au carrefour du Val-d'Enfer ; trace un cercle avec une baguette ou une épée ensanglantée, bénis-le à trois reprises, avec les gestes du prêtre, en prononçant le nom de Samiel.....

— Tais-toi, malheureux, gronda Bertram ; sais-tu bien quel est ce nom que tu oses prononcer ? C'est celui d'un des serviteurs de Satan : Dieu t'en préserve et moi aussi ! »

Wilhelm fit un signe de croix et ne voulut rien entendre de plus, malgré les paroles de Rodolphe. Il passa la nuit à nettoyer son fusil, interrogea chaque ressort, et retourna, dès que le jour parut, tenter une meilleure chance.

V

Le gibier bondissait dans les bois. Wilhelm ajuste à dix pas un chevreuil, mais l'amorce seule brûle deux fois ; au troisième essai, le coup part, et l'animal n'est point touché.

Alors le pauvre amoureux se jette le visage contre terre, et se livre aux accès d'un furieux désespoir.

Tout à coup, un bruissement de feuilles se fait entendre, le taillis s'ouvre, et un vieux soldat, à jambe de bois, s'avance clopin clopant.

« Holà ! mon beau chasseur, crie-t-il à Wilhelm, pourquoi cette vilaine humeur ? L'amour te trompe-t-il ? Est-ce ta bourse qui souffre ? Voyons, prête-moi une pipe de tabac, et causons. »

Wilhelm lui donna de fort mauvaise grâce ce qu'il demandait, et l'homme à la jambe de bois s'étendit sur l'herbe.

Ils vinrent à parler de chasse, et Wilhelm raconta ses mésaventures.

L'invalide se fit montrer le fusil, l'examina d'un air connaisseur, et déclara que cette arme était sous l'influence d'un sort magique.

« Tu ne tireras plus un seul coup passable, mon garçon, et

si le sort t'a été jeté selon toutes les règles de l'art des maléfices, tu seras malheureux avec toutes les armes que ta main touchera. »

Wilhelm voulait faire l'incrédule, mais l'inconnu lui offrit aussitôt la preuve de ce qu'il avançait.

« Nous autres invalides, lui dit-il, nous connaissons plus d'une histoire merveilleuse qui ne nous étonne pas. Comment s'y prendraient les soldats téméraires qu'aucun danger n'arrête, et qui enlèvent leur homme au milieu de tourbillons de fumée où l'œil est incapable de pénétrer, s'ils ne connaissaient d'autre art que celui de lâcher une détente? Tiens, voilà une balle, par exemple, avec laquelle tu toucheras juste, parce qu'elle a des vertus particulières qui résistent à toute magie ; essaye, tu ne manqueras pas »

Le chasseur chargea son fusil et chercha un but.

Un grand oiseau de proie planait au-dessus de la forêt, comme un point dans l'espace.

« Tire cet épervier, » cria la jambe de bois.

Wilhelm éclata de rire, car l'oiseau se trouvait à une hauteur où l'œil distinguait à peine.

« Eh! tire donc! répéta l'invalide; je parie ma jambe de bois que le coup sera heureux. »

Wilhelm fait feu : le point noir s'abaisse, et l'épervier tombe en se débattant sur la mousse qu'il tache de sang.

« Tu ne t'étonnerais pas de ce succès, reprit l'invalide, si tu étais un vrai chasseur. Ce n'est pas un chef-d'œuvre d'art que la fabrication de ces balles ; c'est un simple enfantillage qui ne demande guère qu'un peu de cœur et d'adresse, car il faut que la besogne s'accomplisse de nuit. Je t'apprendrai gratuitement ce secret-là quelque jour, si nous nous rencontrons ; mais aujourd'hui je ne puis, je suis pressé. Essaye, en attendant, quelques-unes de mes balles, car tu m'as l'air incrédule encore. Bonne chance, et au revoir ! »

A ces mots, la jambe de bois donna une poignée de balles à Wilhelm et se traîna plus loin.

Le jeune chasseur était stupéfait. Il essaya une seconde balle, et atteignit de nouveau un but presque invisible.

Il en reprit une des siennes, et manqua le point le plus proche.

Il voulut alors rejoindre l'invalide, mais il ne le trouva plus dans la forêt, et fut obligé de se contenter de l'espérance de le revoir.

VI

La maison forestière retentit de cris joyeux au retour de Wilhelm, qui pliait sous le poids du gibier. Le père Bertram le félicita chaudement, et Catherine voulut savoir comment il était redevenu si heureux en chasse.

Wilhelm détourna la tête avec un peu d'embarras, et pressé de questions, il accusa un défaut de son fusil, dont il ne s'était pas d'abord aperçu.

« Tu vois, bonne mère, dit Bertram à sa femme, que le sort était dans le canon du fusil de notre brave Wilhelm, et ton lutin, qui jeta le portrait de mon aïeul Kuno sur le plancher, n'était qu'un clou rongé de rouille. »

Wilhelm demanda ce qui s'était passé.

« Rien, répondit le vieillard; le portrait est tombé par terre au moment où sept heures sonnaient, et comme personne n'y avait touché, la mère Anne croit que l'esprit de Kuno est revenu.

— A sept heures!... » répéta Wilhelm.

Et il se souvint que la jambe de bois l'avait quitté à cette heure-là.

« Sans doute que le moment était mal choisi pour un revenant, » dit Bertram en frappant doucement la joue de sa femme. Celle-ci hocha la tête, en souhaitant qu'il n'arrivât point malheur aux êtres qu'elle aimait.

Wilhelm alors changea de couleur. Il résolut de ne pas se servir de ses balles, et de n'en réserver qu'une seule pour le jour de l'épreuve, afin de ne pas perdre son bonheur par la malice d'un ennemi. Mais le forestier le força de l'accompagner à la chasse; et, pour ne pas l'irriter ou exciter ses soupçons, il fut obligé de se servir de ses balles sûres.

VII

En peu de jours il s'y habitua tellement, qu'il ne songeait plus à y trouver du mal. Il parcourait sans cesse la forêt, dans l'espoir de rencontrer l'invalide, car sa provision de balles s'était réduite à deux ; et, s'il voulait faire honneur au coup d'épreuve, il lui fallait la plus grande économie. Il refusa d'aller chasser, la veille du jour où l'on attendait le forestier en chef; car il était possible que le maître de sa destinée demandât un essai préalable avant le coup définitif.

Mais, un soir, l'intendant des chasses du comté commanda un fort envoi de gibier pour la cour ducale, et annonça l'arrivée de son maître à huit jours de là.

Un abîme s'ouvrait aux pieds du malheureux Wilhelm. Maintenant, le voilà forcé d'aller à la chasse, et de sacrifier au moins une de ses balles. Il jura que rien ne le séparerait de la seconde, destinée au coup d'épreuve le jour de ses noces.

Le vieux Bertram s'emporta, en voyant Wilhelm ne rapporter qu'un seul cerf pour butin. Le lendemain, sa colère ne connut aucune mesure, lorsque Rodolphe revint avec une grande quantité de gibier, et Wilhelm les mains vides.

Il menaça de le renvoyer et de retirer sa parole, s'il ne rapportait pas deux chevreuils au moins.

Catherine supplia Wilhelm de ne pas penser à elle, et de porter toute son attention à la chasse.

Wilhelm retourna dans la forêt, le cœur navré. Catherine était perdue pour lui de toute façon, et il ne lui restait que le triste choix de la manière dont il détruirait son bonheur.

Pendant qu'il balançait, une troupe de chevreuils se montra à sa portée. Il prit machinalement sa dernière balle; elle semblait peser un quintal à la main du malheureux. Il allait la remettre dans son sac, décidé à conserver son trésor à quelque prix que ce fût, lorsqu'il aperçut l'invalide dans l'éloignement. Alors il laissa rouler la balle dans le fusil, tira, et deux beaux chevreuils tombèrent. Il n'y prit pas garde et courut à l'invalide : mais celui-ci avait disparu et ne se retrouva point.

VIII

Le père Bertram fut satisfait de Wilhelm; mais celui-ci demeura plongé dans un morne silence, dont il fut impossible, même aux caresses de Catherine, de l'arracher. Le soir, il était assis tout pensif dans un coin de la chambre, lorsqu'il fut interpellé par Bertram, qui discutait depuis longtemps avec Rodolphe.

« Tu ne souffriras pas plus que moi, lui dit le vieux forestier, qu'on parle mal de la mémoire de mon ancêtre Kuno, ainsi que fait Rodolphe. Si les anges ont prêté leur secours au malheureux attaché sur le cerf, et au brave Kuno pour le délivrer, nous ne devons pas nous en étonner, car l'Écriture sainte nous offre de tels exemples; mais je ne permettrai pas qu'on parle ici du pouvoir de Satan. Kuno mourut paisiblement entre les bras de ses enfants; et celui qui s'est donné au malin esprit n'a pas à espérer une fin si heureuse. J'en sais un terrible exemple, dont j'ai été témoin près de Prague, en Bohême. Il y avait alors à Prague un garçon fort téméraire, appelé Georges Schmid. Il aurait fait un brave chasseur; mais son étourderie était si grande, qu'il tirait toujours à côté du but. Comme nous ne cessions de le narguer, il jura que, sous peu, il tirerait mieux que tous les chasseurs des environs.

« A peu de jours de là, un étranger vint heurter à la porte, et nous avertit qu'un homme gisait, mourant, sur le chemin. Nous fûmes prêts à l'instant pour le secourir, et nous trouvâmes Georges étendu par terre, sans connaissance, couvert de sang et de blessures, comme s'il sortait d'un combat de chats sauvages. Transporté à la maison, et de là à Prague, il avoua, avant de mourir, qu'il avait voulu mouler des balles *sûres* avec un autre chasseur. Ces balles-là *ne devaient ja-*

mais manquer leur but; mais comme Georges avait omis quelque chose pendant l'ouvrage, le diable l'avait mis dans l'état où on l'avait trouvé. »

Wilhelm demanda en tremblant en quoi Georges avait manqué pendant l'œuvre, et s'il était avéré que Satan fût toujours de part en semblables entreprises.

« Qui donc, si ce n'est lui? répondit le forestier. Je sais qu'il y a des gens qui voudraient y faire intervenir les puissances de la nature, les étoiles, la lune; je n'enlèverai la foi de personne, mais je soutiendrai toujours que c'est une œuvre satanique.

« Georges a déclaré qu'il était allé au carrefour du Val-d'Enfer, avec un vieux chasseur des montagnes, vers minuit. Là, ils tracèrent un cercle avec une lame ensanglantée, et l'entourèrent d'ossements dérobés aux cimetières. Le chasseur avait instruit Georges de ce qu'il avait à faire. Il s'agissait de commencer à verser le plomb fondu dans le moule dès que la cloche sonnait onze heures, de se hâter de former soixante-trois balles, ni plus ni moins, et de se garder que minuit sonnât pendant l'opération. Ensuite, il ne devait prononcer aucune parole, ni sortir du cercle, quoiqu'il se passât du reste, autour de lui, tout ce qu'il y a de plus étrange. Mais, en récompense, il obtiendrait soixante balles, qui toutes porteraient juste : *trois seulement pouvaient manquer leur but.* Schmid commença l'œuvre ; mais il vit, dit-il, des spectres si effroyables, qu'il s'élança hors du cercle en jetant des cris perçants, et tomba privé de sentiment. Il ne revint à lui que sous la main des médecins et à la voix des prêtres.

— Que Dieu préserve tout chrétien des pièges de Satan ! murmura la forestière en se signant avec effroi.

— Georges avait-il réellement fait un pacte avec Satan? demanda Rodolphe.

— Je ne l'assurerai pas, dit le vieux Bertram ; car il est dit dans les saints livres : « Ne jugez pas, afin de n'être pas « jugé. » Mais il n'en est pas moins vrai que c'est une mauvaise action que celle d'un homme qui entreprend des choses où Satan a prise sur lui. L'ennemi n'arrive que trop tôt de lui-même, sans qu'il faille l'appeler et faire un pacte avec lui. Un chasseur, craignant Dieu, n'a pas besoin de charmes, et Wilhelm en a obtenu la preuve : son fusil et l'art l'ont servi, sans qu'il eût besoin de balles enchantées. »

Là-dessus, le forestier alla se reposer, et laissa Wilhelm en proie aux plus cruelles angoisses. Celui-ci se jeta en vain sur sa couche ; le sommeil fuyait de ses yeux, et son imagination troublée créait des images fantastiques : tantôt, c'était l'invalide, Georges, Catherine, l'envoyé du duc, exigeant le coup d'essai, qui s'offraient à lui ; d'autres fois, il voyait le malheureux Schmid évoquant les esprits ; tantôt Catherine, qui le suppliait d'un œil mourant, pâle et défigurée ; et tantôt la jambe de bois qui riait d'un rire sardonique. Il se voyait lui-même pris à l'épreuve ; il visait, tirait... et manquait le but. Catherine perdait connaissance, le père le maudissait, et l'invalide lui offrait de nouvelles balles ; mais il était trop tard, un second coup lui était refusé.

La nuit s'écoula dans ces pénibles agitations. Est-ce involontairement qu'il se trouva au point du jour dans la forêt, à l'endroit où il avait trouvé l'invalide ?

L'air du matin rafraîchit son front brûlant, et des sophismes l'aidèrent à se calmer. Comment, se disait-il, suis-je assez fou pour croire que, si je ne m'explique pas un mystère, il doive pour cela avoir sa source dans le mal ? Ce que je voudrais obtenir est-il donc si peu naturel qu'il me faille le secours des démons ? L'homme dompte des animaux féroces et les force à l'obéissance ; pourquoi ne se rendrait-il pas aussi bien maître d'un métal brut qui ne reçut que de sa main le mouvement et la force ? La nature est si riche en phénomènes que nous n'expliquons pas ! Pourquoi sacrifier mon bonheur à des préjugés ? Je n'évoquerai pas d'esprits ; mais je réclamerai les forces mystérieuses de la nature, lors même que je ne saurais les comprendre. Allons chercher le vieil invalide, et si je ne le trouve pas..., eh bien, j'aurai plus de courage que ce Georges qui était guidé par une vaine témérité : je le suis, moi, par l'amour.

Mais l'invalide ne se retrouva point, malgré toutes les recherches de Wilhelm. Alors le malheureux, dont les jours de repos étaient comptés, jura qu'il se rendrait, la nuit prochaine, au val d'Enfer.

IX

Le soir venu, Wilhelm se munit de plomb, de charbon et d'un moule, afin de s'esquiver dès que le souper commun serait terminé. Il allait s'éloigner en souhaitant une nuit calme au forestier ; mais celui-ci le retint, et lui dit d'une voix émue : « Cette nuit m'effraye. Je ne sais, mais il me semble qu'un malheur m'attend ; reste près de moi, mon brave Wilhelm ; je ne veux pas que tu t'inquiètes pour cela, c'est une simple précaution que je demande à ton amitié. »

Catherine s'offrit aussitôt pour veiller auprès de son père, ne voulant pas laisser ce soin même à son fiancé ; mais le vieux Bertram la renvoya doucement, en l'assurant qu'il ne serait calme qu'auprès de ce dernier. La jeune fille recommanda alors son père aux soins de Wilhelm, et y mit tant d'instances et de tendresse, qu'il n'osa pas trouver de prétexte pour manquer à ses ordres, comme il se l'était proposé. Il se consola, en remettant à la nuit suivante l'exécution de son projet.

Bertram fut calme dès l'heure de minuit, et dormit si bien jusqu'au matin, qu'il fut, à son réveil, le premier à rire de ses vagues terreurs.

Il voulait même aller à la forêt, mais on l'en dissuada.

Wilhelm n'avait plus qu'une seule idée fixe, celle de retrouver l'invalide. Ce fut encore en vain qu'il le chercha ; aussi prit-il, en désespoir de cause, la résolution bien ferme de se rendre au carrefour sans nouveau délai.

Lorsqu'il revint à la maison de chasse, Catherine le reçut à la porte avec une mine riante qui lui promettait une nouvelle inattendue. Elle le caressa, lui annonça une visite amie et voulut la lui faire deviner ; mais Wilhelm la repoussait en cherchant un prétexte pour retourner vers la forêt, quand un vieillard en uniforme de chasse vint lui tendre les bras.

C'était l'oncle du pauvre Wilhelm, le maître forestier Finsterbusch.

Wilhelm retrouva en lui tous ses charmants souvenirs de première jeunesse ; ses sombres pensées disparurent devant ces images de bonheur, et ce ne fut qu'au son de la cloche qui tintait minuit, qu'il frissonna tout à coup, en se rappelant l'œuvre qui aurait dû s'accomplir.

Il jura qu'elle le serait dans la nuit qui lui restait, celle du lendemain.

Son émotion ne put échapper au vieillard qui, dans sa bonté, l'attribuant à la fatigue, alla jusqu'à demander pardon à son neveu de l'avoir retenu si longtemps.

« Ne me reproche pas, dit-il à Wilhelm, l'heure que je t'ai fait perdre, tu en dormiras mieux. »

Qu'il était loin de soupçonner le dard qu'il enfonçait dans le cœur du malheureux Wilhelm, tout bourrelé de craintes pour le présent et pour l'avenir !

X

La troisième et dernière soirée touchait à sa fin. L'œuvre magique s'accomplit dans la nuit, car le jour suivant était fixé pour l'épreuve.

Anne et Catherine avaient arrangé et orné la maison, afin de recevoir dignement leurs hôtes, et, le soir venu, l'appartement avait un air d'élégance tout à fait séduisant.

La mère alla recevoir Wilhelm à son retour de la forêt, l'embrassa en lui donnant pour la première fois le nom de fils, et Catherine ne lui cachait plus la tendresse qui brillait dans ses beaux yeux. La table du festin se trouvait chargée de tous les mets que préférait Wilhelm, et le vieux Bertram y ajouta quelques flacons de vin, conservés depuis longtemps.

« Notre jour de fête est célébré ce soir, dit-il à Wilhelm, car demain nous ne serons ni seuls, ni libres. Jouissons de ces heures tranquilles aussi gaiement que si c'étaient les dernières de la vie. »

Il embrassa tout le monde, et sa voix émue s'éteignit dans les larmes.

« Je pense cependant que ces jeunes gens seront plus contents encore demain, ajouta la mère Anne en souriant.

— Dieu le veuille, bonne femme, reprit Bertram. Eh bien, que ces enfants se réjouissent donc à l'avance. Le pasteur est invité pour demain, et si Wilhelm tire bien... »

A ces mots, un cri de Catherine, accompagné d'un bruit étrange, interrompit le forestier.

Le portrait de Kuno était tombé de nouveau, et le coin du cadre avait blessé le front de la jeune fille.

Le clou parut n'avoir pas été solidement fixé, car il roula par terre avec des parcelles de muraille.

Le forestier accusait la négligence de tout le monde et s'inquiétait beaucoup de la blessure de sa fille; elle l'assura cependant qu'elle ne souffrait pas, et que son cri n'avait été poussé que par la peur.

Mais Wilhelm était bouleversé, et le fut bien plus en contemplant la pâleur mortelle et le front saignant de Catherine. Il l'avait vue ainsi, pendant l'horrible nuit qu'il avait passée peu de jours avant, et toutes les cruelles images qui l'avaient torturé vinrent alors se grouper autour de lui. Son projet nocturne lui revint en mémoire et se trouva fort ébranlé; il avala plusieurs verres de vin, et, n'en ayant pas l'habitude, ressentit bientôt une sauvage exaltation qui le décida à tenter son œuvre de maléfices.

Neuf heures sonnèrent.

Le cœur de Wilhelm battait convulsivement dans sa poitrine; il chercha un prétexte pour s'éloigner. Mais comment oser quitter sa fiancée, la veille de ses noces?

L'heure s'écoulait vite, et il souffrait d'horribles angoisses auprès de Catherine.

Dix heures sonnèrent.

Il n'y avait plus à reculer. Le jeune chasseur quitta brusquement sa fiancée, sans adieu, et il avait déjà gagné l'enclos qui entourait la maison de chasse, lorsque la vieille forestière, qui le suivait, lui demanda sévèrement compte de son départ. Wilhelm prétendit avoir laissé dans la forêt une magnifique pièce de gibier, qu'il ne voulait pas abandonner à la dent des bêtes fauves. Vainement la mère Anne le supplia de ne pas avoir tant à cœur, dans un pareil moment, la perte d'un peu de gibier qui se remplacerait si aisément ; vainement Catherine, qui était survenue, palpitante d'inquiétude, essaya-t-elle ses plus douces caresses, car une crainte vague la guidait dans ses instances : — Wilhelm repoussa presque durement les deux femmes, et disparut dans les ténèbres qui couvraient la forêt.

XI

De lourds nuages chassés par le vent se traînaient sous le ciel, et ne laissaient paraître la lune que de temps en temps entre leurs déchirures. L'atmosphère se chargeait de vapeurs qui prenaient les formes les plus bizarres, et le paysage était tantôt tout noir, tantôt éclairé par la clarté rougeâtre de la lune. Les bouleaux et les érables à l'écorce blanchâtre se balançaient comme des spectres, et le peuplier aux feuilles d'argent semblait un long fantôme couvert de voiles transparents.

Wilhelm frissonnait ; il songea un moment à revenir sur ses pas ; il s'arrêta, hésita ; mais, connaissant par expérience l'usage des balles sûres, pourquoi hésiterait-il davantage à s'en procurer ?

La lune, perçant tout à coup les nuages, parut dans tout son éclat.

Les bras de Wilhelm s'étendirent vers la maison de chasse ; un coup de vent écarta les branches et lui montra la fenêtre de Catherine ; il s'élança... et resta.

Puis une fièvre ardente fit bouillonner son sang ; ses cheveux se hérissèrent, ses dents claquèrent. Il courait plutôt qu'il ne marchait. Les nuages couvrirent de nouveau la lune, et il s'enfonça dans l'épaisseur des bois et des ténèbres.

Le voilà au carrefour. Le cercle se trace ; il range rapidement les ossements et les crânes de morts. L'obscurité devient plus profonde, les nuages s'amoncèlent dans les airs, et la clarté rougeâtre des charbons est bientôt la seule qui éclaire cette scène sinistre.

La cloche annonce de loin le troisième quart de l'heure. Wilhelm pose une cuiller de fer sur les charbons ardents, y jette du plomb et trois balles qui avaient déjà servi, et prononce les paroles attribuées aux francs chasseurs.

La forêt s'anime subitement. De temps à autre la clarté du feu fait voltiger des chouettes et des chauves-souris qui retombent lourdement et éblouies auprès du feu, où leurs cris sourds semblent interroger les débris humains épars dans le cercle. Leur nombre s'accroît toujours, et l'on dirait que des formes indistinctes d'animaux et de monstres humains courent çà et là parmi les oiseaux de nuit. Le courant de l'air se joue de leurs corps vaporeux et les pousse en tous sens, comme des brouillards rasant le sol. Une seule de ces ombres demeure toujours près du cercle, et fixe de doux et tristes regards sur Wilhelm; elle lève de temps en temps vers le ciel ses mains décharnées, et fait entendre de faibles gémissements. Les charbons du réchaud où le plomb fond menacent de s'éteindre toutes les fois que l'ombre lève ses mains au ciel; mais un énorme hibou déploie ses ailes et ranime le feu.

Wilhelm croit un instant reconnaître les traits de sa mère dans ceux du fantôme.

L'heure sonne de nouveau.

Onze coups se font entendre, et la figure blanche s'éloigne en gémissant. Les chouettes battent des ailes contre les ossements et leur font faire le plus horrible, le plus étrange concert. Wilhelm s'accroupit auprès de ses charbons, et commence son ouvrage : au dernier coup de la cloche, la première balle tombe du moule.

XII

Tout demeure calme : les oiseaux et les ossements son silencieux.

Alors une vieille hideuse apparaît sur le chemin; elle avance, en boitant, vers le cercle; elle est entourée d'ustensiles de ménage en bois; les hiboux, attirés par le cliquetis rauque des objets suspendus à sa ceinture, se mettent à voleter autour d'elle.

Elle se baisse pour saisir les ossements, mais le feu des charbons semble les défendre, et elle retire ses doigts tout brûlés. Elle trotte autour du cercle et engage Wilhelm à lui donner un crâne en échange de ses cuillers de bois; des chants sourds et moqueurs sortent de sa bouche édentée, et viennent glacer Wilhelm. Il demeure pourtant calme, et continue rapidement son travail. Il lui semble reconnaître la vieille : c'est une pauvre folle qui avait naguère parcouru la contrée dans cet accoutrement bizarre, et qu'on avait enfermée dans un hospice d'aliénés. Il doute cependant de la réalité de sa présence; enfin, elle jette par terre toutes ses provisions en le menaçant de malheur, et disparaît dans les bois.

Des pas de chevaux, des bruits de roues, des claquements de fouets ébranlèrent alors le silence des ténèbres : une chaise à six chevaux s'avance rapidement, et des hommes à cheval l'entourent. Le premier crie à Wilhelm de se ranger; celui-ci lève les yeux et voit des flots d'étincelles jaillir sous le pied des coursiers; les roues réfléchissent des clartés phosphoriques; il comprend que la magie se mêle de cette apparition, mais il continue bravement son travail.

« Holà! place! » crie, en se précipitant à toute bride, le premier des cavaliers.

Toute la masse, chevaux et voiture, se précipite vers le cercle. Wilhelm se jette la face contre terre. Alors tout l'attirail fantastique s'élève dans les airs, fait plusieurs fois le tour du cercle, disparaît dans un tourbillon qui arrache les branches des arbres, et les disperse au loin dans le bois.

Il se passa du temps avant que Wilhelm pût se remettre de sa frayeur. Il essaya pourtant de continuer sa besogne.

Une cloche tinta dans le lointain.

Au troisième coup, le pauvre chasseur tressaillit. Au quatrième, toute sa force l'abandonna; il attendit avec d'horribles angoisses.

Les quatre quarts qui précèdent l'heure étaient sonnés, et l'heure n'arrivait pas. Wilhelm tira sa montre : elle ne marquait que la demie : le son de cloche n'était donc encore qu'une illusion satanique. Il remercia Dieu dans le secret de son cœur, et reprit son moule.

Rien ne bougeait, et les balles se formaient, lorsqu'un énorme sanglier s'élança, en grondant, du plus épais des taillis. Wilhelm se leva, prit son fusil, et pressa la détente ; mais le coup ne partit pas. Le monstre avançait toujours : Wilhelm tira son couteau de chasse, et se mit en défense ; le sanglier disparut comme une fumée noire.

XIII

Soixantes balles étaient prêtes.

Wilhelm regarda autour de lui ; sa poitrine était moins oppressée. La lune reparaissait à travers les nuages, lorsqu'une voix pleine d'effroi appela Wilhelm du fond des bois.

C'était la voix de Catherine. Il la vit paraître elle-même : elle fuyait, et se retournait en tremblant. La vieille la suivait avec peine, en avançant ses mains osseuses et tentant de saisir les vêtements flottants de la jeune fille. Catherine fait un dernier effort pour fuir... mais à l'instant, l'invalide à la jambe de bois paraît et lui ferme le passage ; ses genoux se dérobent sous elle, elle va tomber au pouvoir de la vieille mégère.

Wilhelm, éperdu, perd toute prudence, tout souvenir de sa dangereuse position ; il jette le moule avec la dernière balle, et va franchir le cercle pour secourir sa fiancée, lorsque la cloche sonne minuit.

Tous les fantômes disparaissent ; les oiseaux sinistres s'envolent à tire d'aile, et dispersent en fuyant les ossements épars. Les charbons s'éteignent, et Wilhelm, anéanti, se jette sur la mousse en soupirant.

Alors s'approche lentement un cavalier monté sur un coursier noir ; il s'arrête devant le cercle fatal.

« Tu as bien soutenu, dit-il, ta dernière épreuve : que demandes-tu de moi maintenant ?

— Rien de toi ! s'écrie Wilhelm. Ce que j'ai désiré, je me le suis procuré moi-même.

— Mais par mon secours, répliqua l'inconnu, et j'en veux ma part.

— Elle ne t'appartient pas, lui crie encore Wilhelm ; je ne t'ai pas appelé à mon aide. »

Le cavalier fait entendre un éclat de rire sépulcral.

« Tu es plus téméraire que je ne vis jamais tes pareils, dit-il au jeune chasseur. Ne discutons pas, je suis pressé. Ramasse tes balles : soixante pour toi, trois pour moi. SOIXANTE T'OBÉIRONT, TROIS TE NARGUERONT. Au revoir. Tu trouveras bientôt le mot de cette énigme. »

Wilhelm se détourna.

« Je ne veux pas te revoir ni te connaître, dit-il en tremblant ; qui que tu sois, laisse-moi !... »

Le cavalier sombre tourna bride, s'en fut à quelque distance, et de là, se tournant vers Wilhelm :

« Ton effroi, lui crie-t-il, tes cheveux qui se dressent sur ton front prouvent que tu me connais. Oui, je suis celui que tu as deviné, celui que dans le ciel on nomme avec *horreur*, et sur la terre avec *tremblement*. »

Il disparut à ces mots, et les arbres sous lesquels il s'était arrêté, penchèrent aussitôt leurs branches mortes sur la terre calcinée.

XIV

« Au nom du Dieu de miséricorde, qu'as-tu fait, Wilhelm? s'écrièrent Catherine et sa mère, lorsqu'il rentra, pâle et défait, au milieu de la nuit. Tu as l'air de sortir de la tombe.

— C'est l'air du soir qui m'a saisi, répondit le fiancé ; j'ai la fièvre.

— Wilhelm, dit gravement le forestier, tu viens de faire dans la forêt quelque étrange rencontre. Ne cherche pas à me cacher la vérité; pourquoi ce soir as-tu si fort insisté pour t'en aller? »

Le jeune homme se troubla sous le regard sévère du vieux forestier. Il avoua qu'une chose extraordinaire s'était passée sous ses yeux; mais il demanda neuf jours de grâce avant de s'obliger à la révéler.

« C'est bien, mon fils, dit Bertram. Dieu veuille qu'il n'y ait pas quelque grave péché dans ce silence que vous voulez garder. »

Wilhelm alla tristement s'enfermer dans sa chambre, et là il se mit à réfléchir au passé, et à l'avenir qui le menaçait si prochainement.

« Dieu me protégera, se disait-il. Et puis je ne me servirai que d'une seule balle, oui, d'une seule, et pour un noble but. Puis-je donc reculer lorsqu'il s'agit de mon amour! »

Cette pensée lui rendit un peu de force, et après une nuit d'insomnie, il retrouva du calme au soleil levant.

XV

Ce jour-là survint l'envoyé du duc, chargé d'assister à l'épreuve redoutable qui devait faire nommer le successeur du forestier Bertram.

Il demanda qu'une chasse fût improvisée, pour mettre les tireurs en haleine.

Wilhelm voulut s'excuser, mais le vieux forestier lui lança un regard dans lequel il y avait tant de reproche, et une si sévère interrogation sur les mystères de la dernière nuit, que le pauvre garçon, tout tremblant, ne trouva pas une parole pour se dispenser de suivre les chasseurs.

Catherine était fort triste, sans pouvoir s'expliquer les funestes pressentiments qui l'agitaient. Elle demanda à son père s'il ne serait pas possible de renvoyer à un temps plus éloigné l'épreuve définitive.

« Hélas! dit le père, je le voudrais, mais je n'en ai pas l'autorité. »

Et il embrassa sa fille en pleurant.

Le pasteur arriva joyeux et félicita tout le monde. Il engagea la jeune fiancée à essayer sa couronne de mariage.

La mère Anne l'avait serrée dans un coffre de chêne, et en voulant ouvrir ce coffre avec trop de précipitation, sa main, agitée par un mouvement convulsif, brisa la clef dans la serrure.

On envoya un enfant chez la marchande de fleurs. Comme on lui avait recommandé d'apporter la plus belle couronne, il ne s'expliqua pas à la marchande, et se fit donner ce qui brillait le plus : — c'était une couronne de mort, destinée à une vierge, où les branches de myrte s'entrelaçaient à des feuilles d'argent.

La mère et la fille pâlirent sous l'impression de ce fatal présage. Elles tentèrent bien de se dérober l'une à l'autre leur cruelle inquiétude; mais leur sourire ne put les abuser : on eût dit qu'elles avaient compris.

On brisa la serrure du coffre pour échanger les couronnes, et on se hâta de placer la fleur d'oranger dans les cheveux de Catherine.

Les chasseurs revinrent de fort bonne heure. L'envoyé du duc déclara qu'il renonçait au coup d'essai, après avoir été témoin de l'adresse incroyable de Wilhelm.

« Et pourtant, ajouta-t-il en s'adressant au jeune chasseur, pour ne point déroger à l'antique usage de nos forestiers, je vous prierai, mon ami, d'abattre cette colombe noire que voilà perchée sur la gouttière de la maison de chasse.

— Au nom de Dieu, ne tire pas ! s'écria Catherine. J'ai rêvé cette nuit que j'étais une colombe, que ma mère m'attachait un collier, puis tu vins, et je n'ai plus vu que ma mère couverte de sang. »

Wilhelm, qui avait déjà visé l'oiseau, redressa vivement son fusil.

Mais le vieux Bertram riait de ce qu'il appelait une superstition. Il ordonna à Wilhelm de faire feu.

Le coup partit...

Au même instant, Catherine tomba dans les bras de sa mère, avec un cri déchirant.

« Folle ! » s'écria Bertram.

Et il se retourna pour la relever. La pauvre fille avait la tête fracassée.

Wilhelm se jeta à genoux, en s'arrachant les cheveux.

A ce moment, l'invalide à la jambe de bois sortit de la foule, et s'approchant du malheureux chasseur, lui dit tout bas : « SOIXANTE T'OBÉIRONT, MAIS TROIS TE NARGUERONT. »

L'envoyé du duc et le pasteur de la contrée s'efforcèrent en vain de consoler les pauvres parents. La mère Anne eut à peine rendu les derniers devoirs à sa fille qu'elle mourut de douleur, et le vieux Bertram la suivit bientôt dans la tombe.

Quant à Wilhelm, il fit une grave maladie, et on craignit longtemps pour sa raison.

XVI

Le printemps était revenu. Les fleurs renaissaient dans la vallée, et les jeunes filles joyeuses couraient dans les prés avec leurs beaux fiancés. Les noces se succédaient à l'église, et Wilhelm avait fait comme les autres. Cédant aux conseils du pasteur, il s'était décidé à ne pas vivre seul sur la terre. Le souvenir de Catherine s'effaçait peu à peu de sa mémoire. Il oublia le serment qu'il avait juré de vivre sans famille, et d'enfermer son âme dans les désolations d'un amour brisé. L'été n'était pas achevé que Wilhelm s'était marié !

Mais à peine le prêtre avait-il béni son union, que le jeune chasseur sentit le remords s'allumer dans son cœur. L'image de Catherine expirante se dressa comme un spectre lamentable au foyer de son ménage. Le dernier cri de sa fiancée retentissait sans cesse à son oreille. Il comprit trop tard, le malheureux, que rien ne pouvait le délier du serment qu'il avait trahi. Les exhortations paternelles du pasteur ne parvenaient pas à calmer les terreurs secrètes qui l'obsédaient. Dans ses nuits privées de sommeil, il avait des visions cruelles, au milieu desquelles la voix de Catherine lui reprochait amèrement son oubli. Cette voix mystérieuse le poursuivait en tous lieux, malgré lui, comme un présage de fatale malédiction.

Un désespoir sombre et morne minait les ressorts de sa jeunesse; une pensée incessante lui remontrait partout, jour et nuit, que la mort de sa fiancée était son ouvrage, et demandait vengeance au ciel contre lui. Il devint de jour en jour plus triste et solitaire. Plus d'amour, plus de jeux, plus d'applaudissements dans les exercices des chasseurs; on ne le voyait nulle part; il vivait au village comme un étranger, oubliant tout, pour ne plus songer qu'à sa fiancée morte.

La peine, la douleur, les angoisses et le remords ne le quittaient pas plus que son ombre; et partout ce remords le suivait, comme un mauvais ange, comme un gnôme d'enfer voué à sa poursuite.

Ne sachant plus comment se soustraire à sa désolation, le pauvre Wilhelm monta un jour à cheval, et se mit à courir au galop, par monts et par vaux, par plaines et par forêts, pour échapper à son remords.

Alors, passa par les airs, le *féroce chasseur*, avec sa meute enragée qui le relance éternellement à travers les nuages chargés d'éclairs.

Les aboiements de la meute infernale, les hennissements des chevaux, les cris des piqueurs, les hurlements des bêtes fauves ébranlèrent les forêts. Wilhelm tressaillit au milieu de sa course solitaire; il enfonça l'éperon dans les flancs de son cheval, qui l'emporta comme la foudre à travers l'espace.

Tout disparaissait avec une rapidité surnaturelle aux yeux de Wilhelm glacé d'effroi. Marais, forêts, étangs, rivières, tout galopait autour de lui; et le *féroce chasseur* et l'armée enragée étaient toujours à ses côtés, invisibles et menaçants. Partout et toujours, il entendait gronder dans la feuillée et haleter de fatigue les chiens qui lançaient les bêtes fauves.

Puis s'éleva une tempête formidable. Les vents mugirent comme des taureaux furieux dans l'épaisseur des halliers, toute la forêt s'inclina et se tordit sous l'effort des éléments; les arbres se fendaient; le tonnerre éclatait, coup sur coup, à la gauche de Wilhelm; il y avait dans toute la nature un désordre affreux. La foudre tomba dans une clairière au moment où le cavalier fugitif la traversait, et l'éclair dévorant sillonna les flancs de son coursier. Le malheureux animal fit un bond immense, poussa un hennissement de douleur, et tomba expirant sur les bruyères flétries.

Wilhelm, sombre et désespéré, se releva de cette chute, à demi brisé par le choc électrique. Après une longue pause d'insensibilité, il reprit ses sens, frappa de sa botte le tronc d'un arbre déraciné par l'orage, et sentit qu'il vivait encore, qu'il était bien *lui-même*. Il passa la main sur son front, comme pour y chercher sa pensée perdue : son front était ardent comme la fournaise d'un forgeron.

Et voilà qu'une lueur subite, tremblotante et blafarde, éclaira, tout près de lui, la fente d'un rocher, et une voix se fit entendre qui lui dit :

« Suis-moi !...

— Oui, répondit Wilhelm en frémissant ; oui, qui que tu sois, vivant ou mort, mortel, ange ou démon, je te suivrai. »

Il arma son fusil, et se mit à marcher du côté où la voix l'avait appelé.

XVII

La lumière mystérieuse glissa devant lui, descendit par une large crevasse, et sautilla de marche en marche, le long d'un escalier humide et suintant, qui semblait s'enfoncer jusqu'au cœur de la terre.

Wilhelm la suivait en silence, l'âme oppressée d'un lugubre pressentiment.

L'homme et la lumière descendaient à distance toujours égale ; l'air devenait de plus en plus épais ; la lumière semblait s'éteindre ; puis des rires et des gémissements confondus semblaient provenir d'un lieu éloigné. Le chasseur, à plusieurs reprises, voulut s'arrêter ; mais une force irrésistible l'entraînait malgré lui, plus loin, toujours plus avant...

Enfin, il parvint à un endroit où il y avait une porte basse et étroite ; et à travers les jointures de cette porte, une lueur pâle arriva jusqu'au chasseur.

Il poussa la porte, et elle s'ouvrit avec un bruit funèbre.

C'était une salle immense. Il y avait là tous les morts que Wilhelm avait connus. Leurs grands squelettes étaient assis dans de grands fauteuils de chêne noir. Ils devisaient entre eux des choses qui se passaient sur la terre. Les uns riaient d'un rire creux et convulsif qui faisait claquer leurs dents comme des castagnettes ; les autres pleuraient ; d'autres criaient, dansaient, hurlaient de joie.

Tout cela se heurtait avec des grincements fantastiques.

Au milieu de la salle était debout un blanc squelette de jeune fille ; ses mains décharnées pressaient un bouquet flétri. Autour de son crâne blanc flottaient des cheveux blonds, doux comme de la soie ; et sur ses cheveux elle portait une couronne de roses blanches, aussi blanches que la blancheur de ses os.

Quand Wilhelm parut, elle le vit des yeux de son âme. Elle ne dit rien, mais elle se retourna.

Et alors il y eut un rire démoniaque dans toute la salle ; il se fit des applaudissements, des craquements d'os et des sifflements, comme si l'on jetait de l'eau sur du feu, et une grande flamme, pâle et froide, enveloppa l'ossuaire.

Le squelette de la jeune fille vint au-devant de Wilhelm, et ses yeux sans prunelles braquèrent leurs cavités sinistres sur le pauvre chasseur.

Il reconnut Catherine, son ancienne fiancée.

Il voulait fuir, mais le fantôme se pendit à son cou amoureusement ; ses ossements se balancèrent pour prendre le mouvement de la valse ; et Wilhelm, fou de terreur, se sentit soulevé de terre, et entraîné dans une valse d'abord lente et mesurée, puis, peu à peu, et par degrés, plus accélérée, plus rapide, plus infernale.

Les autres squelettes s'écartaient pour faire place, et applaudissaient. Parvenus au fond de la salle, les deux valseurs ne furent pas arrêtés par la muraille, qui se fondit comme un brouillard. Les clairières de la forêt étaient pleines de morts qui entrèrent en danse. Et la valse allait toujours, et Wilhelm et Catherine tournoyaient dans l'espace, sans toucher du pied la terre, et tous deux oscillaient comme des cadavres de pendus tournent au vent du soir, quand il fait craquer les poutres d'un gibet, en rase campagne.

Les deux valseurs tournèrent ainsi jusqu'au chant du coq.

Le lendemain, des bûcherons qui se rendaient à leur travail trouvèrent le chasseur mort au pied d'un arbre.

Des feuilles de roses blanches jonchaient le sol autour de lui.

A quelques pas gisait la carcasse de son cheval, que des loups affamés achevaient de ronger.

LE VIEUX TORBERN

I

Par une belle journée de juillet, pleine de soleil et d'azur, tout le peuple de Gothaborg était assemblé sur le port.

Un riche navire, arrivant des Indes orientales, avait jeté l'ancre : le pavillon de Suède flottait à son mât de beaupré; une foule de batelets se jouaient sur le golfe aux eaux bleues, et le canon de Mastuggetorg tonnait à grand bruit parmi les échos de la mer lointaine.

Les négociants de la compagnie des Indes se promenaient sur la jetée, en calculant les bénéfices que leur vaudrait cet heureux voyage, et toute la ville de Gothaborg se réjouissait du surcroît de prospérité commerciale dont elle allait devenir le théâtre.

L'équipage du navire descendit à terre avec la cargaison. Des musiciens l'accueillirent par une aubade magnifique, et le précédèrent, au milieu des acclamations générales, jusqu'au faubourg de Haga, où un banquet splendide avait été préparé. Le festin se termina par un grand bal, auquel les demoiselles de la ville ne prirent pas le moins de plaisir.

Un seul matelot, beau garçon d'une vingtaine d'années, ne partageait pas la gaieté universelle. Il se tenait à l'écart sur un banc, à la porte de l'hôtellerie.

Plusieurs de ses camarades vinrent à lui.

« Eh bien, Elis Frobom, te voilà encore à rêver ? Est-ce que ta maussade folie ne te quittera jamais ? Un garçon morose comme toi ne sera jamais un bon marin. Tu as du courage, c'est vrai ; mais tu ne sais ni boire ni chanter, et tu empiles tes ducats comme un avare : cela te portera malheur. Allons, viens te divertir avec nous, ou que le diable marin te torde le cou ! »

Élis Frobom tressaillit, prit un verre d'eau-de-vie que lui offrait un de ses camarades, et l'avala d'un trait.

« Tiens, Joens, répondit-il, tu vois que je sais boire ; quant à mon aptitude au métier de la mer, le capitaine peut en juger mieux que vous autres. Mais vos orgies ne m'inspirent qu'éloignement, et au surplus, ma conduite à terre ne regarde personne.

— Bon, bon, nous savons que tu es Norwégien, et que les gens de ton pays sont sinistres comme les oiseaux de nuit. Mais nous allons te mettre aux trousses quelqu'un qui te fera bien lever le pied. »

Deux minutes après, une des plus jolies filles du banquet vint s'asseoir à côté d'Elis. Cette jeune fille était douée d'une physionomie ravissante et d'un regard plein de séduction.

« Elis, lui dit-elle, pourquoi donc fuyez-vous vos camarades ? Pourquoi cette tristesse après un long voyage, après tant de dangers, et au moment où vous revoyez le sol de la patrie ? »

Elle lui prit la main.

Le matelot frissonna, saisit la jeune fille par la taille, et la pressa sur son cœur avec un mouvement convulsif.

« Hélas ! dit-il avec amertume, il n'y a pour moi ni joie ni bonheur. Allez, belle enfant, retournez au milieu de cette fête ; chantez, riez, dansez, et laissez à sa rêverie le pauvre Elis. Sa présence vous rendrait bientôt aussi triste que lui. Mais tenez, vous êtes jolie, et votre démarche auprès de moi m'a touché. Je veux vous faire un petit présent. »

Elis, à ces mots, tira de son gilet deux ducats tout neufs, et les glissa dans la main de la jeune fille, avec un beau mouchoir des Indes qu'il lui mit au cou.

Elle se leva; une larme furtive brillait dans ses yeux noirs; elle posa les ducats sur le banc.

« Gardez cet or, dit-elle, mais je conserverai ce mouchoir en souvenir de vous. L'année prochaine, quand vous reviendrez de voyage, vous ne me reverrez plus.

Au lieu de rentrer dans l'hôtellerie, la jeune fille s'enfuit en pleurant, et disparut au coin d'une rue déserte.

Elis retomba dans sa mélancolie. Les échos de la fête redoublaient.

« Hélas! se dit-il en soupirant, je voudrais être enseveli au fond d'une mer inconnue! Je ne puis plus supporter la vie!

— Jeune homme, répondit tout près de lui une voix grave et dure, vous avez donc été bien malheureux ou bien coupable, puisque l'existence vous est à charge, quand vous êtes encore plein de vigueur et de jeunesse? »

Le matelot se retourna et vit un vieillard, en costume de mineur, debout, les bras croisés, et appuyé contre une palissade. Il y avait dans le regard de cet homme une expression de sauvage bienveillance. Elis entra en conversation avec lui. Il lui raconta que son père, qui était pilote, avait péri dans une tempête; que ses frères étaient morts à la guerre, et qu'il était resté seul au monde, chargé d'une mère pauvre et infirme qu'il nourrissait de sa paye de matelot. « Au retour de ce voyage, dit-il en sanglotant, nous avions fait une si rapide et si heureuse traversée, que les armateurs du navire nous ont compté une gratification généreuse. J'accourais, les poches pleines d'argent, pour embrasser ma mère et lui donner, selon mon habitude, tout ce que j'avais gagné. Je ne l'ai plus trouvée, elle était morte pendant mon absence. J'ai maintenant le cœur brisé; mon état me fait horreur; je sens qu'au lieu de courir le monde, j'aurais dû rester au pays et travailler pour soutenir ma mère. Mes camarades m'ont entraîné ici malgré moi. J'espérais puiser dans l'ivresse l'oubli momentané de mon chagrin; mais je n'ai pu réussir, et je

LE VIEUX TORBERN.

LE VIEUX MINEUR.

suis venu m'asseoir sur ce banc pour songer au moyen d'en finir avec ma destinée.

— Du courage, jeune homme, reprit l'ouvrier ; il faut continuer vos voyages ; le temps guérira la blessure de votre cœur. Les vieilles gens finissent tous par mourir ; un peu plus tôt, un peu plus tard, tout le monde y passe. Votre mère était pauvre : Dieu l'a rappelée à lui pour qu'elle fût plus heureuse.

— Hélas ! comment pourrais-je vivre sur mon navire ? Mes camarades tournent ma tristesse en ridicule, et je n'ai plus la force de résister à leurs sarcasmes. Autrefois, j'aimais les voyages, et je faisais mon métier comme un autre, dans le calme et dans la tempête. Au retour, j'amusais ma mère par le récit de toutes les choses merveilleuses que j'avais vues ; mais dans quel but, aujourd'hui, continuerais-je un genre d'existence qui me rappellerait sans cesse la perte que j'ai faite ? Qui trouverais-je en revenant pour se réjouir de mon retour ? Personne ! Je suis seul, seul pour toujours !

— Écoutez, reprit le mineur, vous êtes un brave jeune homme. Il y a longtemps que je vous observe à votre insu ; j'ai entendu vos paroles, et j'ai vu vos actions. Vous avez un bon cœur. Il est possible, après tout, que le métier de marin ne vous convienne plus. Renoncez-y plutôt que d'y persévérer à contre-cœur. Mais, pourtant, vous ne pouvez pas vivre sans travailler. Eh bien, voulez-vous un conseil ? Allez à Falun ; faites-vous mineur. Vous êtes jeune, robuste, intelligent ; il y a en vous l'étoffe d'un bon ouvrier ; vous serez apprenti, vous deviendrez maître, et l'avenir se fera de lui-même. Si vous revenez le gousset garni, placez votre argent, et dans quelques années, vous pourrez avec cela et d'autres économies acheter un champ, et avoir une famille. Faites-vous mineur.

— Que me conseillez-vous ! s'écria Elis, que je renonce au soleil, à l'air, à toute la nature, pour m'enfermer vivant dans un tombeau ?

— Ah ! voilà bien comme sont tous les hommes ! Et croyez-vous, mon brave, que l'argent gagné sur la terre, en trafiquant de toute façon, vaille mieux que la paye des rudes travaux d'un mineur? Croyez-vous que notre existence souterraine ne parle pas autant à l'imagination d'un homme énergique, et ne soit pas aussi noble que celle des êtres qui végètent à la surface de la terre? Vous ne vous doutez pas de nos travaux. »

Le vieux mineur raconta longuement au matelot la description des mines de Falun, les procédés d'exploitation, et les richesses qu'enfermait cette montagne fameuse. Elis l'écoutait avec attention; mais plus le vieillard étalait aux yeux de son imagination les merveilles du règne minéral, plus le jeune homme se sentait oppressé par une espèce de fascination qui lui faisait éprouver douloureusement les sensations d'un être captif dans le centre du globe, et destiné à ne plus revoir la lumière des cieux, à ne plus respirer l'air vital.

« Maintenant que vous savez, ajouta le vieillard, à quel genre de vie nous sommes voués, consultez-vous, et si vous avez du cœur, nous nous reverrons à Falun. »

Et il s'en alla, sans saluer Elis Frobom.

II

Le bruit de l'hôtellerie s'éteignait par degrés. Les matelots, gorgés de bière et d'eau-de-vie, s'étaient retirés successivement; quelques-uns dormaient sous les tables, au milieu des pots brisés. Il était si tard qu'Elis ne pensa plus à retourner dans sa demeure; on lui céda un galetas dans l'hôtellerie.

A peine avait-il la tête sur l'oreiller, qu'un songe descendit sur ses paupières fatiguées.

Il lui sembla qu'il fendait les vagues de l'Océan sur un vaisseau rapide; puis un grand nuage noir s'étendit au-dessus de sa tête; ce qu'il avait pris pour la mer était une substance transparente et lumineuse, au sein de laquelle le vaisseau se fondit peu à peu comme une masse de cire.

Elis se sentit entraîné au fond de l'abîme qui était pavé de cristal, et une voûte en pierre noirâtre s'arrondit au-dessus de lui. Poussé par une force irrésistible, il voulut marcher mais, aussitôt, la substance brillante qui l'entourait se mit à osciller comme des vagues, et du sol de cristal s'élevèrent des plantes et des fleurs métalliques, diaprées des plus riches couleurs.

A travers le cristal, Elis distinguait la racine de ces plantes, et en plongeant ses regards dans les profondeurs les plus lointaines, il aperçut des myriades de jeunes filles admirablement belles qui se tenaient enlacées. C'était de leur cœur que jaillissaient les racines des plantes et des fleurs, et chaque fois que ces blanches vierges riaient, une mélodie ravissante roulait en longs échos jusqu'à la voûte, et les plantes et les fleurs grandissaient et s'épanouissaient.

Une immensité d'amour inonda le cœur d'Elis. « Oh ! laissez-moi venir au milieu de vous ! » s'écria-t-il, en tendant les bras vers les belles jeunes filles.

Sa voix résonna comme un coup de tonnerre ; le sol de cristal s'enfonça sous ses pieds, et il se trouva bercé dans une mer lumineuse.

« Eh bien, Elis Frobom, est-on si mal dans les mines de Falun ! » lui cria une voix un peu rauque, qu'il reconnut aussitôt.

C'était le vieux mineur du faubourg de Haga.

Pendant qu'il le considérait avec surprise, le vieillard se changea en colonne d'airain.

Elis fut saisi d'épouvante.

Au même instant, une gerbe de lumière s'éleva du fond de l'abîme, et au centre de cette clarté apparut une femme de haute stature et parfaitement belle.

« Prends garde à toi, Elis Frobom, dit une voix ; il est encore temps de remonter sur la terre des hommes ! »

Le jeune matelot, en proie à une sensation ineffable de désirs et de volupté, se trouva dans les bras du mineur qui avait repris sa première forme. Il leva les yeux en haut, et, par une ouverture de la voûte, il entrevit un ciel nocturne, parsemé d'étoiles. Une voix douce l'appela par son nom. Il crut d'abord que c'était sa mère, mais il distingua bientôt une figure de jeune femme, penchée sur la brèche de la voûte, et qui le suppliait de revenir.

« Porte-moi là-haut, dit Elis au vieillard ; je ne veux pas renoncer à la vie de la terre.

— Prends garde ! réfléchis encore, répondit le mineur. Tu as déjà senti de l'amour pour la reine des mines de Falun. Ne veux-tu pas lui appartenir à jamais et partager son empire ? »

Elis baissa les yeux, contempla de nouveau la belle femme qui souriait en se balançant sur des nuages lumineux, et il lui sembla qu'il se fondait et s'alliait à une roche de métal. Il poussa un cri, et s'éveilla dans la petite chambre de l'hôtellerie.

« Ma pauvre tête déménage, pensa-t-il en touchant tous ses membres pour s'assurer qu'il ne rêvait plus. Le vieux mineur m'a raconté tant de choses curieuses sur les mines de Falun, qu'il n'est pas étonnant que tout cela m'ait bouleversé la cervelle. Je ne veux plus dormir, de peur de retourner dans ce pays infernal, d'où je pourrais bien ne pas revenir. »

Il se leva, sortit de l'hôtellerie pour respirer l'air de la nuit, et se dirigea lentement vers le port.

Chemin faisant, il pensait à sa mère avec une tristesse adoucie, puis l'image de la jeune fille qu'il avait rencontrée la veille lui revint en mémoire, et il désirait instinctivement la revoir. Puis il se prenait aussi à craindre une opposition nouvelle du vieux mineur ; son rêve l'avait plongé dans une perplexité fort douloureuse.

En arrivant au port, il regarda au fond de l'eau. L'hallucination de son sommeil durait encore ; il lui sembla que les flots du golfe se cristallisaient, que les vaisseaux fondaient, et que les nuages du ciel allaient s'arrondir en voûte. Peu à peu, son esprit retomba sous la puissance du songe, et il revit la femme mystérieuse dont l'aspect avait produit sur ses sens une excitation si bizarre.

Alors, il crut entendre une voix secrète lui conseiller d'abandonner la mer et sa chanceuse existence. Il s'imagina que les mines de Falun lui offriraient une existence toute neuve, tout embellie de prestiges merveilleux, et, fuyant la société de ses camarades de bord, il sortit de la ville.

En franchissant la porte qui mène sur la route de Gelfe, il

coudoya un homme de haute taille qui le dépassait par la rapidité de son pas. Il crut reconnaître le vieux mineur, et voulut le suivre, mais sans parvenir à le joindre. « Je suis sur le chemin de Falun, pensa Elis, et cet homme est un guide que la destinée m'envoie. »

A plusieurs reprises, il vit de loin la figure du mineur sortir des taillis qui bordaient la route, faire quelques pas devant lui, et disparaître.

Après plusieurs journées d'une marche pénible, il découvrit dans le lointain deux grands lacs entre lesquels s'élevait par tourbillons une colonne de fumée noirâtre. A mesure qu'il avançait, des pointes de clochers et des toits sombres semblaient sortir de terre ; le fantôme du mineur, grandi comme un géant, lui apparut de nouveau, et de la main lui indiqua la colonne de fumée. « Je suis à Falun ! » s'écria Elis.

Les paysans qu'il interrogea lui dirent en effet que le bourg qu'il apercevait entre les lacs de Kunn et de Warpaun était Falun, et qu'en ce moment il gravissait le Guffrisberg, dont les cavités recélaient des mines immenses.

Le jeune homme oublia sa lassitude et reprit courage. Mais quand il arriva devant l'ouverture de la grande mine, creusée parmi d'énormes rochers, il se sentit glacé d'une terreur secrète.

III

Des ruines sauvages, creusées par un travail séculaire, formaient un vaste cirque, au centre duquel s'abîmait une galerie noire comme une bouche d'enfer. Pas un brin d'herbe n'apparaissait parmi tous ces blocs de granit qu'on eût dit amoncelés par la foudre ou par une vieille révolution du globe. Des pierres métalliques, des scories enveloppées d'une vapeur sulfureuse et suffocante encombraient l'entrée de la galerie.

Quelques ouvriers, au visage noirci, sortirent au-devant de lui. Elis les prit pour des génies malfaisants et s'enfuit avec horreur. « O mon Dieu! s'écria-t-il, quand il se crut assez loin de ce sinistre théâtre, les tempêtes de la mer ne sont-elles pas moins effrayantes que le séjour funèbre dans lequel je suis venu m'ensevelir vivant! Puis-je renoncer à l'aspect du ciel, aux charmes de la belle nature, à la douce haleine du printemps, pour devenir à mon âge un reptile souterrain? Non, jamais je ne m'y déciderai. Je passerai cette nuit à Falun, et demain l'amour me reverra sur le chemin de Gothaborg.

En cherchant une auberge, il arriva sur la grande place et trouva une foule de mineurs portant des flambeaux, et qui se dirigeaient, musique en tête, vers une maison d'assez confortable apparence. Un homme vénérable en sortit, et promena sur le cortége des regards empreints de sollicitude et de bienveillance. Cet homme se nommait Pehrson Dahlsjo; c'était le magistrat de la population des mineurs, et il possédait une vaste concession de terrain contenant des mines de cuivre et d'argent. Ce jour-là, il venait de clore l'assemblée périodique dans laquelle se jugeaient les différends des ouvriers; une fête populaire terminait cette solennité, par un festin simple mais abondant, dans la maison de Dahlsjo.

Elis, en voyant de plus près les habitants de Falun, fut obligé de s'avouer qu'ils n'avaient pas l'air de fantômes ni de génies infernaux; leur taille était belle, imposante; leurs traits annonçaient la vigueur et la santé, et leur joie, moins bruyante que celle des matelots de Gothaborg, inspirait un sentiment plus profond de bien-être et de dignité humaine.

Quelques-uns d'entre eux, le voyant étranger, s'approchèrent de lui avec une simplicité bienveillante, et l'invitèrent à prendre part à la fête qu'offrait Pehrson Dahlsjo.

Au milieu du festin, quelques jeunes ouvriers entonnèrent un chant national qui célébrait les bienfaits que l'art des mineurs verse sur les royaumes, et le charme pittoresque mêlé à leurs travaux. Mais ce qui produisit sur Elis la plus puissante impression, ce fut de voir la jolie fille de Pehrson Dahlsjo, la ravissante Ulla, faire les honneurs de la fête avec une grâce naturelle qui doublait l'éclat de sa beauté. Il lui sembla qu'un rayon de flamme venait de percer son cœur, et il se souvint vaguement d'avoir vu dans son rêve la même figure de jeune fille qui l'avait appelé du haut de la voûte. L'amour fit ce que le courage n'avait pu tenter. Elis résolut de se fixer à Falun. Mais, quand il réfléchit que lui seul était étranger dans cette réunion joyeuse, que nulle main n'était là pour serrer la sienne, nul regard pour le saluer, nulle voix pour lui souhaiter la bienvenue, il retomba tout à coup dans une profonde tristesse, et se repentit d'avoir fait le voyage de Falun.

La jeune fille, en courant autour des tables avec sa cruche d'argent pour verser la bière aux convives, passa près de lui. « Monsieur, lui dit-elle, je crois que vous êtes étranger dans ce pays; vous êtes matelot, si j'en puis juger par votre costume. Mais ici, tout le monde est bien accueilli dans la maison de mon père. Prenez donc place à table, il n'y a ici pour vous que des amis. »

Elis se crut transporté dans le paradis terrestre; en même temps, le vieux Pehrson Dahlsjo, s'avançant à sa rencontre, lui prit la main, et lui demanda avec bienveillance par quel hasard il se trouvait à Falun. Le jeune matelot lui raconta ses aventures, mais sans parler de ses rêves, et ajouta qu'il était venu embrasser l'état de mineur à Falun, et qu'il était prêt à se mettre au travail.

Pehrson Dahlsjo fixa sur lui un regard austère, comme s'il eût voulu lire au fond de son âme. « Avez-vous bien pensé, lui dit-il, à la résolution que vous m'annoncez? Savez-vous quel rude apprentissage vous est réservé? La puissance du règne minéral use les forces et la vie du mineur, s'il laisse errer son courage, et s'il abandonne son esprit au regret de l'existence extérieure à laquelle son devoir est de renoncer. Prenez garde d'avoir cédé, en venant ici, à un caprice imprudent. Si, néanmoins, vous arrivez avec une volonté sérieuse, j'ai besoin de quelques ouvriers, et je vous emploierai volontiers. Dès demain, tenez-vous prêt à descendre dans la mine. »

La pensée de voir Ulla tous les jours causa une si grande joie à Elis, qu'il se hâta d'accepter l'offre de Pehrson comme un bienfait du ciel. Il ouvrit son cœur aux plus douces espérances, et protesta de son énergie et de sa bonne volonté pour tous les travaux qui lui seraient ordonnés.

Pehrson Dahlsjo présenta son nouvel ouvrier aux mineurs assemblés, et les pria de le recevoir parmi eux avec amitié. Une salve d'applaudissements salua cette déclaration. Le premier chef d'atelier félicita le nouveau venu, et, lui versant un grand verre de bière, commença aussitôt une instruction très-étendue sur les devoirs et les travaux de sa profession. La belle Ulla circulait toujours autour des tables, servant à boire aux uns, échangeant avec les autres de charmantes plaisanteries, et les animant tous à se réjouir. Elle eut aussi pour Elis un regard amical, et le pria de se considérer, non plus comme un étranger, mais comme un enfant de la maison. Ses paroles transportèrent l'âme du jeune matelot dans un monde de félicités mystérieuses ; mais il n'osa répondre. Le vieux Pehrson contemplait, d'un air satisfait, la pose sérieuse et la discrétion du jeune homme.

IV

Elis sentit son cœur battre avec violence quand, e lendemain, à l'aube du jour, il se retrouva à l'entrée de la mine, revêtu du costume d'ouvrier, les pieds alourdis par de gros souliers ferrés, et les bras chargés des outils de son nouvel état.

Le chef d'atelier l'encourageait. Ils descendirent d'étage en étage au fond des galeries souterraines, à l'aide d'échelles étroites et qui oscillaient à donner des vertiges. Le jeune matelot, si habile à grimper sur des vergues, s'étonnait de n'avoir plus le pied sûr et de trembler à chaque mouvement.

Quand le chef d'atelier lui eût montré sa tâche, il se mit à l'œuvre avec ardeur, soutenu par le souvenir de la belle Ulla. Il oublia bientôt les terreurs de la vie qui s'ouvrait devant lui, et les fatigues d'un labeur auquel il n'était pas accoutumé.

Grâce aux puissances que communique l'amour, il acquit en peu de temps une grande habileté. Le vieux Dahlsjo, instruit de ses progrès, le traitait chaque jour avec plus d'amitié, et l'encourageait comme un fils bien plus que comme un ouvrier ordinaire.

Ulla ne dissimulait point son penchant pour lui, et lui donnait des témoignages d'affection. Plus d'une fois, à l'occasion de certains travaux dangereux, elle le conjurait, les larmes aux yeux, de veiller à sa sûreté et de ne point commettre d'imprudence. Chaque soir, à la sortie des mines, elle accourait, les yeux brillants de bonheur, et avait toujours en réserve pour Elis une cruche de bière choisie ou quelque mets délicat.

Un jour, Pehrson Dahlsjo lui annonça que bientôt il aurait acquis des économies suffisantes pour acheter une part d'exploitation à son compte, et que, dans cette nouvelle position, il ne saurait manquer de trouver à se marier avantageusement, attendu qu'aucun maitre de mines ne refuserait sa fille à un travailleur si honnête, si assidu et si estimé.

Elis fut sur le point d'avouer aussitôt l'ardent amour qu'Ulla lui avait inspiré. Mais une crainte invincible lui ferma la bouche; il cacha son secret dans son cœur et soupira.

Quelque temps après, comme il travaillait au fond de la mine, au milieu d'une épaisse vapeur à travers laquelle sa lampe jetait à peine assez de clarté pour suivre le filon de métal, il entendit un bruit sourd qui paraissait venir du fond d'un puits.

Les travaux d'excavation n'ayant pas encore été poussés si loin, il eut peur. D'où pouvait s'élever ce choc singulier de coups de marteau, puisqu'il se trouvait seul à l'extrémité de la dernière galerie?

Cependant, des sons creux et sourds se rapprochaient de plus en plus. Tout à coup une ombre noire se dressa à côté d'Elis, qui reconnut avec une surprise mêlée d'effroi le vieux mineur de Gothaborg.

« Bon courage, Elis Frobom, lui cria l'apparition. Comment te trouves-tu de ce métier? »

Elis allait lui demander comment il se trouvait là, quand le mineur asséna sur la roche un si violent coup de marteau, qu'il en jaillit une gerbe d'étincelles, suivie d'un fracas pareil au roulement du tonnerre.

« Stupide ouvrier, reprit le vieux mineur, tu travailles mollement. Le prince des métaux ne t'accordera jamais aucune découverte heureuse. On dirait que tu bats de la paille, au lieu de tailler la roche vive. Je sais que tu ne t'es fait mineur que pour parvenir à épouser la fille de Pehrson Dahlsjö; mais prends garde, pauvre fou, que le prince des métaux ne te brise les membres. Ulla ne sera jamais à toi, quoi que tu fasses; ainsi tu peux tout aussi bien laisser là tes outils inutiles et retourner à Gothaborg. »

Elis bouillonna de colère en entendant ces paroles: « Que viens-tu faire ici? cria-t-il au vieux mineur. Ne suis-je pas libre dans la mine de mon patron, et un autre que lui a-t-il le droit de critiquer ma besogne? Sors d'ici, mauvais génie, ou prends garde toi-même que je ne te pile les os avec ce marteau. »

Et, en disant cela, Elis brandissait déjà son outil. Mais le vieux mineur poussa un cri moqueur et disparut avec l'agilité d'un oiseau de nuit.

Elis se crut paralysé; il s'assit sans force sur la terre; une sueur froide coulait de son front.

Le chef d'atelier qui survint releva son courage abattu. « Allons, lui dit-il, mon garçon, te voilà pâle comme un spectre. Qu'est-il donc arrivé? La vapeur du soufre t'a fait mal au cœur : bois un coup d'eau-de-vie, cela te remettra. »

Elis prit la gourde, et, quand il se fut un peu réconforté, il raconta au chef d'atelier ce qui s'était passé, et de quelle manière il avait rencontré le vieux mineur à Gothaborg.

Le chef d'atelier secoua la tête d'un air soucieux : « Elis Frobom, tu as vu le vieux Torbern, et ce que tu m'as raconté me prouve que ce n'est pas un être fantastique. On dit que Torbern vivait à Falun, il y a plus d'un siècle. C'était un homme fort habile dans sa profession; personne ne savait mieux que lui découvrir des filons inconnus dans les flancs de la montagne. Mais il n'avait ni femme ni enfant, ni même une demeure à Falun. On le voyait rarement sortir de la mine où s'écoulait sa vie, et les gens du pays, ne comprenant rien à son humeur, s'imaginèrent qu'il avait fait un pacte avec la puissance mystérieuse qui préside à la formation des métaux dans le sein de la terre. Malgré les avertissements de Torbern, les mineurs, poussés par le désir du gain, ne craignirent pas d'étendre sans précaution les galeries souterraines, superposées jusqu'à une telle profondeur qu'il s'ensuivit un éboulement terrible. Depuis cette époque, on n'a point revu Torbern, et tout porte à croire qu'il a péri sous les ruines. A divers intervalles, plusieurs ouvriers prétendirent qu'il leur avait apparu pour leur donner d'excellents conseils et leur indiquer des filons précieux. Souvent il est venu ici des jeunes gens comme toi, prétendant qu'un vieux mineur les avait engagés à se rendre à Falun. Cette circonstance se renouvelait toutes les fois que nous manquions de bras. Je veux croire que tu m'as dit la vérité. Il est probable, en ce cas, qu'il se trouve ici un gisement fort riche à exploiter. Mais il est fâcheux que tu te sois pris de querelle avec ce vieux Torbern : je t'engage à travailler avec précaution. »

V

Quand Elis Frobom revint le soir à la maison de Dahlsjo, la belle Ulla ne courut pas au-devant de lui comme autrefois. Elle était pâle, et auprès d'elle souriait un beau jeune homme, qui tenait sa main en lui adressant les protestations les plus affectueuses.

Elis, agité d'un pressentiment funeste, les fixa d'un regard sombre.

Pehrson Dahlsjo le conduisit dans une chambre voisine.
« Mon enfant, lui dit-il, je t'ai traité jusqu'ici comme mon fils, et maintenant tu peux le devenir tout à fait. Le jeune homme que tu viens de voir se nomme Eric Olawsen ; c'est un négociant de Gothaborg à qui je vais donner ma fille. Elle partira avec lui ; mais toi, tu ne me quitteras plus. Eh bien !

tu pâlis ! est-ce que tu ne seras pas heureux de vivre auprès de moi ? Voudrais-tu m'abandonner quand je n'aurai plus ma fille pour consoler ma vieillesse ?... »

Elis Frobom avait le cœur brisé. Il se leva sans répondre, et courut se réfugier dans la mine, pour crier et pleurer à son aise. « Torbern ! Torbern ! me voici ! Tu avais raison, le bonheur n'est pas sur la terre ; et maintenant je ne veux plus y remonter ! Viens à moi, maintenant ! je serai ton ouvrier, ton esclave, jusqu'à la fin de mes jours ! »

Mais le vieux mineur ne parut pas.

Elis alluma sa lampe, et resta frappé de surprise en voyant un filon de diamant mis à nu à la place même où il avait travaillé tout le jour sans s'en apercevoir.

Tout à coup, une clarté resplendissante inonda la galerie, dont les parois semblèrent changées en pur cristal. Son rêve de Gothaborg lui revint en mémoire. Elis revit la plaine immense diaprée de fleurs métalliques ; puis il revit les vierges souterraines, et leur belle reine, qui lui avait inspiré un désir d'amour si puissant. Elle le prit par la main, et l'attira sur son sein ; il défaillit...

Quand il reprit ses sens, Pehrson Dahlsjo et le chef d'atelier se trouvaient devant lui. Inquiets de son absence, ils l'avaient cherché partout.

« Imprudent jeune homme ! s'écria le père d'Ulla, quelle anxiété tu nous as causée ! Viens vite ! la nuit est sombre, et il est l'heure du repos. De bonnes nouvelles t'attendent là-haut. »

Elis ne répondit pas, et se laissa emmener.

« Fou que je suis, reprit Pehrson en arrivant à la maison ; ne devais-je pas me douter de ton amour pour ma fille, et puis-je vouloir autre chose que son bonheur ? Elle m'a tout avoué, et, pour connaître tes véritables sentiments, j'ai imaginé l'histoire de cet Eric Olawsen. Tranquillisez-vous, mes enfants, vous serez l'un à l'autre, et nous ne nous quitterons pas. »

Elis, au comble de la joie, se jeta avec Ulla aux genoux du bon vieillard. Le jour des noces fut fixé, et tous les mineurs furent invités à un grand repas pour célébrer les fiançailles.

Mais, au milieu de l'allégresse générale, Elis devint sombre. Le souvenir de Torbern le troublait; les visions de la mine se retraçaient à sa pensée. Il sentait au dedans de lui une souffrance indéfinissable, et promenait sur les convives des yeux égarés. Ulla le considérait avec anxiété. Tout le monde le supplia de faire connaître la cause du chagrin qui l'oppressait. Elis fit le récit des apparitions qui l'avaient tourmenté; mais aucun raisonnement ne parvint à calmer le désordre de ses esprits.

Quand il retourna dans la mine, tout lui parut changé. Les plus riches filons de minerai s'ouvraient d'eux-mêmes à ses regards. Il travailla avec une ardeur nouvelle, et tout son bonheur était là. Son amour s'était métamorphosé en passion pour les métaux. Il se moquait de la maladresse de ses compagnons, qui usaient leur force sur des matières vulgaires, tandis qu'il découvrait à chaque coup de marteau des trésors capables d'acheter un royaume. Puis il parlait de paradis merveilleux, de vierges dont le sourire faisait éclore des fleurs de rubis, et d'une reine admirablement belle dont il était aimé.

Le chef d'atelier le regardait tristement. « Cher monsieur Pehrson, disait-il au vieux Dahlsjo, ce pauvre garçon est perdu! Torbern l'a ensorcelé, et tout ceci ne peut que finir par une catastrophe.

— Bah! bah! répondait Pehrson, je sais ce que c'est. Notre Elis est amoureux fou de ma fille. Je veux bien vite terminer ce mariage, c'est le meilleur remède à la folie d'amour. »

VI

La fête de Saint-Jean arriva.

Elis frappa de bonne heure à la porte d'Ulla. Elle lui ouvrit, et recula terrifiée devant son fiancé.

Il était en habit de noces, mais pâle comme un spectre et un feu sinistre s'exhalait de son regard.

« Ma bien-aimée, dit-il d'une voix creuse, nous touchons

au moment de goûter une félicité parfaite. Au fond de la mine où je travaille se trouve un filon de *chlorit* et de *glimmer* enchâssée dans une couche d'*almandia* de la plus belle couleur cerise, sur lequel est tracée l'histoire de notre vie en signes symboliques. C'est le présent de noces que je veux t'offrir; et lorsque, unis par les liens sacrés du mariage, nous mêlerons nos regards dans ce miroir merveilleux, nous verrons comment nos cœurs sont enlacés avec les rameaux magiques qui germent du cœur de la reine des métaux. Laisse-moi tirer du sein de la terre cette pierre précieuse qui sera ton plus bel ornement. »

Ulla, désolée de cette exaltation qu'elle ne comprenait point, s'efforça de retenir son fiancé; mais il s'échappa de ses bras et disparut.

Déjà le cortège s'était rassemblé pour conduire les jeunes époux à l'église de Kopparberg. Midi sonna; Elis ne parut point.

Tout à coup on vit accourir des mineurs effrayés, qui annoncèrent que les galeries des mines de Dahlsjo venaient de s'écrouler avec un bruit de tonnerre.

« Elis! Elis! tu es perdu! » s'écria Ulla, qui tomba évanouie.

On courut au lieu du sinistre. Mais tous les secours étaient inutiles; toutes les recherches furent infructueuses. On ne put retrouver aucune trace d'Elis Frobom.

VII

Cinquante ans après ce fatal événement, des mineurs, en déblayant les matériaux d'une mine écroulée, découvrirent le corps d'un beau jeune homme qui s'était pétrifié dans l'acide nitrique.

On eût dit à le voir qu'il dormait d'un profond sommeil. Ses vêtements élégants n'étaient pas endommagés, et le bouquet de fleurs qu'il portait sur sa poitrine avait conservé ses fraîches couleurs. Mais personne ne se souvenait de l'avoir connu. Pehrson Dahlsjo était mort depuis bien des années, et sa fille avait fui la maison paternelle.

On allait donc emporter le cadavre pour le déposer dans le cimetière de Falun, lorsqu'on vit arriver une petite vieille tout éplorée, qui sautillait sur des béquilles.

« C'est la mère Jean ! » s'écrièrent les mineurs. On ne la connaissait dans ce pays que sous ce nom, parce que tous les ans, à la fête de la Saint-Jean, elle venait se lamenter, à la même heure, sur le même amas de roches et de scories entassées ; mais elle ne parlait jamais à personne.

« Elis Frobom ! Elis Frobom ! mon pauvre fiancé ! » dit-elle en pleurant. Puis elle s'accroupit auprès du cadavre en le couvrant de baisers délirants. « Vous ne me connaissez pas, reprit la pauvre femme en s'adressant aux spectateurs, stupéfaits de cette scène douloureuse. Vous ne connaissez pas Ulla Dahlsjo, qui fut, il y a cinquante ans, la fiancée d'Elis Frobom ? J'ai fui la maison de mon père, après l'épouvantable malheur qui m'a ravi mon bien-aimé, et j'ai rencontré le vieux Torbern qui m'a promis que je le reverrais avant de mourir. Sa prédiction s'est accomplie. Nous sommes réunis pour l'éternité ! »

A ces mots, elle expira sur le cadavre en le serrant dans une dernière étreinte. Mais on s'aperçut qu'elle ne touchait plus qu'un monceau de cendres.

On les ensevelit religieusement, et tous deux reposent ensemble dans l'église de Kopparberg.

LE PHILOSOPHE ANGORA

Mon ami Hitzig vint un soir me trouver, et me dit.
« Cher Hoffmann, tout ce qu'il y a de huppé dans Berlin
raffole de tes contes. Paye donc tribut à ta bonne chance, il
ne t'en coûtera qu'une bonne action. »

Une bonne action ! C'était me prendre par mon faible. Je
suis toujours, en me couchant, plein d'excellentes intentions
et de projets vertueux. Le mal est que j'ai la mémoire courte.

Oreste répondit à Pylade-Hitzig en écorchant ces affreux
vers qui valurent jadis à un grand lyrique une petite pension
de Louis XIV :

> Me voici, Seigneur, me voilà !
> Pour vous servir que faut-il faire ?
> Parlez !... Et dussiez-vous vous taire,
> L'univers vous obéira !...

« Va donc, mon brave Hitzig, ne te gêne pas : veux-tu ma
bourse ou ma tête ?

— Merci, dit Pylade. Je veux seulement deux lignes de
préface pour les œuvres inédites d'un jeune écrivain qui n'a

besoin que de se faire un nom pour aller d'un saut à la postérité.

— Ah diable ! c'est grave...

— Bah ! reprit Hitzig, est-ce que tu crains une concurrence ?

— Fi donc ! m'écriai-je. Je dis que c'est grave pour le jeune homme, voilà tout. Au surplus, le soleil luit pour tout le monde. Amène-moi ton protégé, et nous le doterons d'un libraire, dussé-je payer moi-même l'imprimeur.

— Eh bien, répliqua mon ami d'un air vainqueur, battons le fer pendant qu'il est chaud ! »

Et tirant de l'immense poche de sa houppelande un gros rouleau de paperasses qu'il jeta sur la table : « Voilà, s'écria-t-il, le manuscrit dont tu seras le parrain. Quant à l'auteur... »

Ah, mon cher public, devinez donc le nom d'auteur que Hitzig me souffla dans l'oreille !... Et si vous jetez votre langue *aux chiens*, comme disait en français de cour madame de Sévigné, apprenez, si vous le pouvez sans tomber avec moi des nues, que cet auteur, unique en son espèce, n'était rien moins qu'un superbe *angora*, devenu docteur ès-lettres en fréquentant les gouttières de l'Académie royale !

J'étais abasourdi.

Hitzig riait sans bruit, comme doivent rire les bienheureux, et toisait, par-dessous ses lunettes, la longueur de mon nez.

Foi de Hitzig, la chose était curieuse.

Allons, me dis-je, je me croyais un peu fort en fantasmagorie ; un matou m'a détrôné !... Après tout, puisque le cheval Pégasus est, de temps immémorial, le patron des poëtes, pourquoi un chat ne serait-il bon qu'à manger des souris ? L'homme a-t-il donc le monopole du progrès ? Croire cela, ce serait une hérésie du bon sens. Laissons Dieu mener la machine ronde, il s'y entend mieux que nous, et ne désespérons pas de voir bientôt Asinus, coiffé du bonnet de toutes les facultés, nous dire le dernier mot des sciences exactes.

Là dessus, et sans rancune à l'égard des bêtes, nous allâmes, dès le même soir, Hitzig et moi, porter l'œuvre féline à

M. Dümmler, bibliopole de la mode prussienne, sous les Tilleuls.

J'en reçus bientôt les *épreuves*; et ce fut alors une autre histoire. Jamais fouillis plus extravagant n'avait défié la patience d'un correcteur. Ce n'était, de page en page, qu'enchevêtrement de lambeaux décousus, dont le fil ne se retrouvait nulle part.

Après avoir cent fois maudit l'angora et Hitzig, et ma peine perdue, je finis par découvrir que le chat *Murr* avait déchiré un manuscrit de son maître, pour se servir des feuillets en guise de buvard. Il résultait de là que des fragments de la biographie du fameux maître de chapelle *Jean Kreisler* se confondaient, à plein hasard, avec les méditations philosophiques du matou; et, soit malice, soit inadvertance, le compositeur avait tout imprimé pêle-mêle.

Comme on fabrique chaque jour de plus mauvais livres avec plus de soins, j'ai jugé piquant de n'en dire mot au respectable M. Dümmler.

Cette nouvelle édition, publiée à la demande de toute l'Europe savante, prouve une fois de plus qu'un gâchis typographique peut, aussi bien qu'un chef-d'œuvre, créer d'emblée le succès d'un auteur.

I

Plusieurs capitales du vieux monde se disputent l'honneur d'avoir produit tel ou tel homme célèbre. Quant à moi, pauvre chat, je ne sais si ce fut une cave ou un grenier qui me servit de berceau.

J'entrai dans la vie, les yeux fermés, comme tous mes pareils. Il me souvient seulement, comme d'un songe presque effacé, que des petits cris aigus se firent entendre autour de moi dans ce moment solennel.

Un peu plus tard, quelque chose me saisit par le milieu du corps, et me révéla le premier instinct dont la prévoyante nature gratifie les êtres de mon espèce.

De mes petites pattes veloutées sortirent de fines griffes, qui s'accrochèrent bravement à l'objet de ma crainte que je sus plus tard être une main d'homme.

La main se hâta de me secouer sur le parquet, en appliquant deux claques étourdissantes sur ma petite figure encore privée de moustaches.

Cette aventure me fit réfléchir sur la *cause* et l'*effet*. J'avais griffé, on m'avait battu. Je rentrai mes griffes dans le fourreau. Cette détermination pourrait passer pour un trait de bon caractère, mais ce n'était en vérité que la prudence du faible.

Quelques instants après, la même main me reprit avec ménagements, et me plongea le nez dans un liquide fort doux, que je me mis à lapper sans que personne me l'eût appris : second bienfait de la nature. J'ai su depuis que c'était du lait tiède qui me fit grand plaisir.

Après ce festin frugal, je me sentis couché sur un duvet moelleux ; ma satisfaction fut si complète, qu'elle éprouva le besoin de se traduire par des accents de gratitude ; et je m'avisai de miauler pour la première fois.

Tel fut mon début dans la carrière de la civilisation.

Je ne tardai pas à improviser un nouvel exercice, en remuant ma petite queue naissante, avec toute la coquetterie dont j'étais capable. Ainsi, miauler et frétiller de la queue furent mes deux manières d'exprimer toutes mes sensations d'enfance : joie et douleur, inquiétude ou satisfaction.

A quelque temps de là, un merveilleux changement s'opère dans mon état physique : mes yeux s'ouvrent, je vois la lumière.

Ma première impression fut la peur. A l'aspect de tous les objets inconnus dont je me voyais entouré, je poussai un miaulement plaintif.

Alors parut devant moi un petit homme, vieux et maigre, habillé d'une robe de chambre à dessins bizarres. Cette vision me causa une telle épouvante, que je sautai de mon lit de duvet pour m'enfuir de toute la vitesse de mes petites pattes.

L'homme se baissa en me regardant avec une douceur qui m'enhardit. Il me prit dans ses mains, et je ne m'avisai pas cette fois de jouer des griffes; ma mémoire était là pour m'avertir de ne plus risquer une pareille inconvenance. Mon maître, car j'étais bien au pouvoir de ce monsieur, me posa devant une écuelle de lait, dont je me régalai avec une véritable reconnaissance. Il parut si enchanté de mon appétit, qu'il me dit beaucoup de choses infiniment encourageantes, mais auxquelles je ne compris pas un mot, car la langue humaine m'était encore inconnue.

Je ne saurais vous donner de grands détails sur mon maître. J'ai seulement deviné, plus tard, que c'était un homme très-versé dans les sciences, et un mécanicien distingué; tous les gens qui venaient le visiter lui prodiguaient des égards et ne lui parlaient qu'avec les formes les plus choisies.

Je ne vis que deux personnes admises à le traiter avec intimité, et qu'il autorisait à lui dire : *mon cher*; l'une était un homme grand et mince, à nez de perroquet, avec des culottes vert-pomme; l'autre, une femme grassouillette, à cheveux encore très-noirs pour son âge mûr, et dont tous les doigts étaient ornés d'anneaux de prix.

Malgré sa position éminente dans le monde savant, maître Abraham n'habitait qu'une pauvre chambre sous les toits, par la fenêtre de laquelle je hasardai mes premières excursions dans le grenier voisin.

L'aspect du grenier me causa un profond ravissement. Oui, je n'en puis plus douter, c'est dans un grenier que j'ai dû recevoir la vie. Tous mes sentiments, toutes mes affections, tous mes rêves se rattachent au grenier. Mon noble instinct pour les lieux élevés m'en est un sûr garant. O grenier! où tant de fois j'ai pu voler, tantôt une andouillette, tantôt une barde de lard; grenier qui m'a livré tour à tour le pigeon ou le rat dont je fais mes bombances, tu es la plus généreuse, la plus libérale des patries!...

II

…. Dans ma jeunesse, quand je commandais un régiment de dragons prussiens, j'avais la noble habitude de rosser mes pages toutes les semaines, et mes officiers se chargeaient de faire schlaguer mes cavaliers. C'est un régime qui enseigne parfaitement aux soldats à être battus sans avoir vu les ennemis, et il résulte de cette morale en action qu'ils se battent comme des lions à la guerre, pour prendre leur revanche sur la peau des étrangers. Eh bien, dites-moi franchement, père Abraham, si vous ne mériteriez pas d'être un peu schlagué pour avoir si mal dirigé les solennités de ma fête grand-ducale? Comment pourriez-vous justifier ce pétard infernal qui a mis le feu à mon toupet; la chute de mon héritier présomptif dans un bassin; la cruelle nécessité où s'est trouvée la grande-duchesse de fuir en pet-en-l'air à travers les allées bouleversées de mon jardin? Hélas! qui pourrait énumérer tous les sinistres de cette nuit fatale! Or çà, maître Abraham, qu'en dites-vous, s'il vous plaît?

Et sans attendre aucune réponse, le grand-duc prit sa canne, son chapeau, et sortit en bousculant les meubles.

Six mois après cette bourrasque, le pauvre Abraham, déchu du titre de surintendant des menus plaisirs, contait sa peine à son jeune ami Jean Kreisler, maître de chapelle en expectative, qui arrivait d'un long voyage artistique à travers l'Allemagne. Jean Kreisler aimait son clavecin, mais il adorait mademoiselle Julia, fille d'honneur de la grande-duchesse de Sieghartzweiler, et la protection de maître Abraham, favori de la cour, lui avait permis d'espérer, tôt ou tard, le succès de ses vœux. Il arrivait donc dans la ville ducale avec les plus charmantes illusions de la jeunesse. Les gazettes avaient parlé de lui comme d'un virtuose du plus haut mérite, et il attendait d'un concert organisé par son ami dans le palais même du prince un triomphe dont son mariage avec la belle Julia serait le prix.

Ce beau rêve était presque détruit par la destitution d'Abraham. Mais Jean Kreisler avait bon cœur; au lieu de se plaindre en égoïste, il s'efforçait de consoler.

« Non vraiment, disait Abraham en se frappant le front, c'est à n'y point survivre! une fête pour laquelle j'avais dépensé tant d'imagination !

— Mais le diable en personne s'en est donc mêlé? s'écria Kreisler. Car, enfin, je t'ai vu cent fois à l'œuvre, et tu sèmes, quand tu veux, des merveilles...

— Ah! mon cher, je m'étais surpassé; mais, comme tu dis, le diable a tout brouillé. Figure-toi que le lieu principal de la fête était un théâtre élevé sur la pelouse qui fait face au château. Les seigneurs de la ville devaient y représenter une allégorie assez stupide pour être applaudie avec fureur : c'était l'œuvre de Son Altesse. Un génie partirait du château à un signal donné, et fendrait les airs dans la direction du théâtre, en portant des flambeaux pour éclairer la marche de la famille grand-ducale. Toutes les lumières, cachées par des paravents, ne devaient paraître qu'au moment où les Altesses feraient leur entrée triomphale dans la salle de spectacle. Je fis mille efforts pour expliquer au duc les difficultés qui s'opposaient à la création d'un mécanisme si compliqué; mais monseigneur prétendit que son idée était éminemment heureuse, et qu'il fallait l'exécuter sous peine d'encourir sa disgrâce. Désespéré d'un insuccès trop probable, je livrai au machiniste du théâtre le soin de se distinguer par la fabrication du génie lumineux. Je croyais mettre ainsi ma responsabilité à l'abri.

« Au moment fatal où la famille sérénissime sortait du château, on vit, en effet, une espèce de mannequin grimaçant, vêtu de la livrée du prince, et armé de deux torches de cire, se détacher du belvédère. Mais cette malencontreuse machine était sûrement trop lourde, car, à quelques toises du point de départ, elle s'arrêta tout à coup et fit la cabriole, la tête en bas et les pieds en l'air. Les torches renversées coulèrent en gouttières ardentes; la première goutte échauda le nez du grand-duc, qui eut néanmoins le courage héroïque de ne pas crier, pour sauver son idée. Le génie se balançait à ses fils de fer, et la cire fondue arrosait abondamment les costumes du cortége ; mais personne n'osait se plaindre, par respect pour les convenances. Ces incendiés étaient à peindre, avec leurs sourires désespérés ; on eût dit des diables en paradis. Sur un signe de Son Altesse, les tambours et les fifres commencèrent un vacarme affreux pour étouffer le bruit des grincements de dents. Les valets criaient à tue-tête : « Vive le grand-duc ! vive Sa gracieuse Altesse la « grande-duchesse ! » Il y avait de quoi faire rire aux éclats un fils de famille déshérité.

« Le maître des cérémonies, monté sur des soliveaux fort courts, qui supportaient à grand'peine son énorme ventre, ne put tenir jusqu'à la fin sous les flocons de cire brûlante, et fit un saut prodigieux pour se mettre à l'abri ; mais ses pieds s'embarrassèrent dans les cordes tendues par le machiniste pour guider le vol du génie. Il tomba le nez contre terre, en jurant comme un possédé.

« Pour châtier une telle irrévérence, le génie, désarçonné par la secousse, tomba à son tour sur le dos du maître des cérémonies. Les torches s'éteignirent, et la confusion la plus désastreuse se mit dans le cortége qui se dispersa en hurlant. Pour épargner au grand-duc le chagrin de montrer la figure qu'il devait faire en ce moment, je me gardai bien de démasquer les lumières de la salle de spectacle, et je laissai à toute l'honorable société le temps de se réfugier dans les coins les plus sombres du parc.

« Des flambeaux ! des flambeaux ! » criait Son Altesse.

« Il fallut obéir.

« Aussitôt que la lumière éclaira cette déroute, les courtisans, honteux, cherchèrent à se rallier tant bien que mal. L'intendant du palais s'éleva dans cette circonstance à la hauteur de sa dignité ; l'ordre, grâce à ses soins actifs, se rétablit en quelques minutes. Le grand-duc monta alors avec sa famille sur un trône champêtre qui dominait l'assemblée de ses nobles sujets. A peine était-il assis, que, par un mécanisme moins dangereux, toute l'assistance se vit inondée d'une pluie de fleurs. Mais la fatalité semblait prendre à tâche de troubler toute la fête. Un lis de la plus grande beauté vint tomber juste sur le gros nez du duc, et la poussière échappée de sa corolle le teignit d'un jaune vermillonné qui lui prêtait l'aspect de la plus étrange caricature.

« J'avais choisi le moment de cette pluie parfumée pour nouer le fil de tous mes prestiges.

« Ta bien-aimée Julia et la jeune princesse étaient assises un peu en arrière de madame la grande-duchesse, et j'avais l'œil fixé sur elles. Dès que les tambours et les fifres jugèrent à propos de reprendre haleine, je fis tomber sur les genoux de Julia un bouton de rose caché dans un énorme bouquet de myrte, et une douce symphonie lui offrit le compliment le plus mystérieusement langoureux qu'il soit possible de rêver. Cette symphonie, de ta composition, cher Kreisler, fut exécutée avec un ensemble ravissant par plusieurs cors distancés dans un lointain convenable.

« Un léger cri de surprise échappa à la belle Julia ; elle pressa le bouquet sur son cœur ; et, se penchant vers la jeune princesse, lui dit à demi-voix : « *Il est de retour !...* »

« La jeune princesse embrassa Julia en s'écriant : « Non ! « non ! c'est impossible ! »

« Le duc, tournant son nez jaune, cria : « Silence ! » puis il reporta ses yeux sur le programme, dont il suivait l'exécution avec la mine d'un régent de collège qui fait réciter une leçon. Spectateurs et acteurs ne savaient quelle contenance faire devant la figure jaune du maître mécontent.

« Or, pendant que tout le monde se concentrait dans une égale préoccupation, je faisais jouer, dans le lointain, des transparents allégoriques en l'honneur de la belle Julia. Les mélodies que tu avais créées pour elle se succédaient avec un charme toujours croissant. Mais tu manquais à cette réunion, mon cher Jean ; toi pour qui je prodiguais tant d'efforts dévoués, tu n'étais point là pour jouir de ta gloire, et pour cueillir les douces fleurs de l'espérance. Cependant Julia avait tout compris ; mais elle ne semblait accueillir ces hommages mystérieux que comme des souvenirs qui n'ont plus de puissance sur la vie réelle.

« Après la représentation de l'opéra grand-ducal, la princesse prit le bras de Julia et l'entraîna dans les avenues du parc, tandis que les seigneurs conduisaient les dames au buffet. C'est le moment que je m'étais promis de saisir pour frapper un coup décisif. Mais, hélas! je le répète, tu n'étais point là, pauvre Jean! ta présence aurait peut-être déconcerté la fatalité. Frissonnant d'impatience et de dépit, je courus visiter les apprêts du feu d'artifice qui devait terminer la fête. En levant les yeux au ciel, j'aperçus à l'horizon un de ces petits nuages fauves dont la présence annonce un orage nocturne. Je sentais la nécessité de précipiter le dénoûment. Au même instant, dans cette petite chapelle gothique, dédiée à la Vierge, et que tu connais, à l'extrémité du parc, j'entends les musiciens, cachés par moi, chanter en chœur ton *Ave maris stella*. J'approche, et je vois Julia avec la jeune princesse, agenouillées sur des prie-Dieu, dans l'attitude d'une virginale contemplation. Et tu n'étais point là, pauvre Kreisler, pour profiter d'une si radieuse occasion de te déclarer, à la faveur des hallucinations de la musique. Le chef-d'œuvre que j'avais si artistement ménagé demeurait sans fruit...

— Eh bien, maître Abraham! s'écria Kreisler, l'œil en feu, la poitrine haletante...

— Eh bien! me dis-je, que tout finisse donc par un désordre affreux! Vienne l'orage! vienne le diable! Je ne puis plus y tenir!

«A mon signal, quatre boîtes d'artifice éclatent dans les airs. Aussitôt toute la cour se précipite au-devant de ce nouveau spectacle. Les bombes, les soleils, les girandoles, les chandelles romaines commencent aussitôt leur concert. Le chiffre de la grande-duchesse s'épanouit au plus haut des cieux, dans une pluie d'étoiles rouges, bleues, vertes et or; mais encore plus haut, le nom de Julia s'enflamme au milieu d'une blanche auréole. J'ordonne alors d'allumer le bouquet, au centre duquel sa charmante image va resplendir. Le bouquet monte vers les nues, les crève, et voilà qu'en même temps les éclats de la foudre ébranlent les vieux chênes du parc; le vent siffle en rafales furieuses, et les trompettes que je fais sonner sur tous les points mêlent des fanfares guerrières à l'artillerie des cieux. J'avais fait tendre les cordes d'une harpe éolienne au-dessus de la grande pièce d'eau. La tempête, passant à travers cet orgue gigantesque, faisait vibrer des sons fantastiques, épouvantables. On eût dit que le monde allait finir. Toute la cohue de la fête avait fui sous un torrent de pluie, dans un désarroi que je ne saurais peindre. Que Son Altesse ait brûlé son toupet ; que l'héritier présomptif se soit égaré parmi les poissons rouges du bassin ; que la grande duchesse ait perdu son cotillon, c'est la faute du ciel, non la mienne.

— Mais c'était merveilleux ! s'écria Kreisler.

— Une demi-heure après, reprit Abraham, un profond silence, une obscurité complète avaient remplacé l'ouragan. Puis la lune se leva lentement derrière les grands arbres du parc. Le souffle embaumé des nuits d'été caressait les taillis ébranlés, et frôlant les cordes éoliennes, en tirait des soupirs mélancoliques et plaintifs. Je palpitais d'émotion, je pensais à toi, mon cher Jean, à toi qui avais manqué à une soirée qui pouvait être décisive pour ton amour.

« A la fin, lassé du mouvement que je m'étais donné en pure perte, n'apercevant plus ni grand-duc, ni courtisans, ni valets, ni lumières autour du château, je songeais à me retirer, lorsque arrivé au milieu du pont qui sépare le parc de la ville, je me retournai encore pour voir une dernière fois ces magnifiques ombrages, tout à l'heure si tourmentés, maintenant si paisibles, et sous lesquels la lune, en se jouant, semblait animer des milliers de fées blanches.

« Tout à coup, un petit cri douloureux, pareil au vagissement d'un enfant abandonné, se fait entendre auprès de moi. Je me penche au-dessus de la rampe du pont, et j'aperçois un petit chat qui s'efforçait de grimper après les arcades, pour échapper à la mort. Je descends au bord de l'eau, à mes risques et périls, et je recueille mon jeune protégé, sans me souvenir de l'antipathie que j'ai toujours eue pour les chats, qu'on accuse si généralement de perfidie, de vols et de gourmandise effrénés. Je sauvai donc ce matou, et je m'honore de cette action désintéressée.

« Rentré chez moi, je me hâtai de gagner mon lit ; mais j'étais à peine livré aux douceurs du premier somme que des cris plaintifs me réveillèrent en sursaut. J'avais oublié mon petit chat dans la poche de mon habit. Je courus le délivrer de cette incommode habitation dans laquelle il étouffait ; mais, en récompense de ma charité, il débuta par m'égratigner de toutes ses forces. J'eus un moment l'envie de lancer l'ingrat par la fenêtre, mais la raison prit heureusement e dessus, et j'eus honte de ma mauvaise pensée. Depuis ce jour, j'ai prodigué à mon chat les soins les plus dévoués, et je puis dire aujourd'hui qu'il est le plus agile et le plus spirituel de son espèce. Il ne lui manque, pour être un chat hors ligne, que de pouvoir s'appliquer à des études musicales transcendantes. Comme je ne désespère point de le voir arriver quelque jour à ce brillant résultat, j'ai résolu de te confier son education. Murr, c'est ainsi que je le nomme, pourra te faire honneur plus que cent élèves princiers...

— Ah çà, interrompit Kreisler, la disgrâce t'a-t-elle rendu fou ?...

— Mais non, mais non ; j'ai mon idée, et je t'en cède le profit. Ne dédaigne pas mon écolier de gouttières : je suis sûr qu'après avoir fait connaissance tu seras le premier à lui accorder quelque estime. Prends au moins la peine de le voir. »

En achevant ces mots, maitre Abraham se leva, ouvrit la porte, et montra à Kreisler un chat couché en cercle sur le paillasson et profondément endormi.

C'était un fort beau chat, fourré de noir et de gris et pourvu d'une queue magnifique. Les lignes de son front semblaient tracer des caractères cabalistiques, et sa robe, d'un poil luisant et fin, brillait comme un tissu cuivré aux rayons du soleil.

« Murr ! Pst ! pst ! fit Abraham.

— Krrr ! krrr ! » répondit maitre chat, qui étendit ses pattes, bâilla, se leva lentement en faisant le gros dos, et écarquilla les deux yeux les plus flamboyants du monde. Kreisler fut obligé de convenir qu'il y avait un charme inexplicable dans la figure et la prestance de Murr ; que son cervelet, passablement développé à l'œil nu, pouvait se prêter à l'assimilation des hautes sciences, et que sa barbiche, malgré son jeune âge, pouvait déjà lui valoir quelques titres anticipés à la considération des siècles futurs.

« Holà, maître Murr! beau paresseux, cria de nouveau le père Abraham, tu dors comme un chanoine, sans songer à faire ta toilette pour paraître en société avec plus d'avantages. »

Murr ne se le fit pas dire deux fois, et, fléchissant avec aisance sur son train de derrière, il promena ses pattes veloutées derrière ses oreilles et sur les côtés de sa petite gueule, puis il miaula d'un air de joyeuse satisfaction.

« Murr, reprit Abraham, mon jeune ami Jean Kreisler, le célèbre maître de chapelle, veut bien se charger de ton éducation. »

Le chat fixa sur Kreisler une prunelle bienveillante, sauta sur la table près de laquelle étaient accoudés les deux amis, passa de là sur les épaules de Kreisler; puis, ressautant à terre, il frotta doucement son dos contre les jambes de son nouveau maître, comme pour lui témoigner par ce manège sa future affection...

« Vive Dieu! s'écria le maître de chapelle, je crois en vérité qu'il ne manque à ce chat que la parole. »

III

..... S'il arrive à quelque chat privilégié de lire un jour sur sa gouttière des fragments de mon *Essai biographique*, je ne doute pas que l'exemple de ma vie studieuse ne le ravisse en extase.

Maître Abraham, mon premier pédagogue, suivit le conseil de la nature en laissant mon organisation se développer elle-même, en se bornant à m'inculquer quelques axiomes fondamentaux de la vie sociale, et en m'appliquant pour unique règle de conduite certaine baguette d'osier dont je ne perdrai jamais le souvenir. Plus d'une fois, il est vrai, je voulus me soustraire par la fuite à un mode d'éducation si peu en rapport avec mes goûts; mais ma passion pour la science me retint dans son cabinet. D'ailleurs la culture de l'esprit tue chez l'homme la passion de l'indépendance. Pourquoi n'en serait-il pas de même chez les bêtes!

Abraham disciplinait mes instincts à coups de baguette. Quand ils furent modifiés à sa guise, la civilisation m'étreignit dans son réseau; et, alors, au lieu de voler du rôti ou des saucisses, je m'avisai de voler les manuscrits de mon maître, sans trop savoir d'abord dans quel but je commettais ce larcin peu nourrissant.

Aujourd'hui, je rends grâce à mon maître de sa conduite. C'est par la vertu des coups de baguette que je passai peu à peu de la fougue de la première jeunesse à la maturité de l'âge mûr, et que je me mis à réfléchir avec quelque succès sur la physiologie des êtres animés, tandis qu'un si grand nombre de mes pareils, livrés au déréglement de leurs appétits, ont déshonoré leur existence, avant de la finir dans quelque piège, ou par certaines boulettes.....

IV

..... Quiconque a visité l'auberge de la petite ville de Sieghartsweiler, a entendu parler du prince Irenaüs. Cette bicoque est renommée dans le pays par ses truites saumonées, et plus encore par le séjour habituel d'un grand-duc entouré d'une cour brillante.

Le prince Irenaüs possédait jadis une principauté fort agréable sur les confins de laquelle s'élevait la cité dont je viens de parler. De la terrasse du château, il pouvait, avec une lunette médiocre, embrasser toute l'étendue de son domaine.

Un beau jour que le prince Irenaüs était allé se promener au delà de ses frontières, il ne retrouva plus, au retour, sa principauté.

Le grand-duc voisin avait jugé à propos de l'enclaver d'un trait de plume dans son propre domaine; et l'usurpateur, pour consoler l'illustre dépossédé, lui fit cadeau d'une assez belle propriété dont il dépouilla sans façon un misérable roturier enrichi.

Le prince Irenaüs résolut de cultiver les lettres et les arts pour faire diversion aux souvenirs de sa puissance déchue. Il créa une cour savante à Sieghartsweiler, et, pour mieux s'illusionner, il voulut conserver, à titre honorifique, tous les grands officiers de son règne évanoui. Il distribua des places, des décorations, accorda des audiences, et donna des fêtes auxquelles il conviait une douzaine de hobereaux dont les quartiers nobiliaires avaient été soigneusement vérifiés. Les braves citoyens de Sieghartsweiler s'enorgueillissaient de cette ombre de grandeur, et s'avisèrent de donner au prince Irenäus le titre de *grand-duc honoraire*.

Jamais titre ne fut mieux justifié. Irenäus jouait son rôle avec une gravité qui lui conciliait tous les suffrages ; et sa petite cour l'imitait avec une comique exactitude. Son ministre des finances *honoraire* portait dans la ville un front soucieux et méditatif, comme si sa noble cervelle eût été préoccupée des plus hautes questions de budget. Ses fonctions se bornaient pourtant à régler le mémoire du blanchisseur de Son Altesse, à échanger une berline disloquée contre un char-à-bancs d'occasion, et à d'autres menus détails, qu'il traitait avec une remarquable importance, et de l'air d'un homme dont la moindre négligence pourrait amener une catastrophe dans les affaires de l'État.

L'Égérie de la cour était madame la conseillère Benzon, veuve entre deux âges, qui étalait encore quelques débris de beauté. Cette dame ne jouissait pas, à vrai dire, d'un blason tout à fait incontestable ; mais elle avait su prendre sur le grand-duc *honoraire* un ascendant irrésistible. Sa fille Julia occupait auprès de la princesse Hedwige le poste de demoiselle d'honneur, et l'adroite conseillère avait su exploiter si bien cette position, que son autorité en tirait un surcroît de puissance.

La princesse Hedwige offrait un contraste des plus frappants avec son frère le prince Ignaz, dont le caractère semblait voué à une enfance perpétuelle.

L'influence de madame la conseillère était balancée jusqu'à un certain point par le personnage avec lequel le lecteur a déjà fait connaissance, maître Abraham, revêtu du titre de directeur des plaisirs du grand-duc *honoraire*. La façon dont il s'introduisit dans la maison du prince Irenaüs mérite d'être rapportée.

L'altesse défunte, qui avait mis au monde le prince Irenaüs, était un homme fort simple pour sa naissance. A son avènement, il avait compris que les moindres réformes pourraient déranger les rouages de la machine gouvernementale, et, pour mettre ses sujets à l'abri des malheurs inséparables de la meilleure révolution possible, il n'avait trouvé rien de mieux que de laisser toutes choses dans leur ancien état. Par ce moyen, son duché ressemblait à ces femmes dont la réputation est d'autant meilleure que personne ne s'occupe d'elles. La cour conserva sa gravité d'étiquette, qui ne fut jamais dérangée que par le penchant bizarre du prince pour tout ce qui sentait, de près ou de loin, l'aventure et le mystère. Ce prince-là était une contre-épreuve du kalife Haroun-el-Raschid; il aimait à parcourir incognito la ville et les campagnes, pour chercher quelque aliment à sa passion dominante; il s'habillait, pour ces expéditions, en bon fermier du voisinage. Cette allure lui convenait infiniment mieux que la roideur de l'habit brodé; nul ne se fût avisé de flairer le prince sous une capote de ratine marron.

Certain soir, le prince, ainsi déguisé, sortit du château par une avenue de tilleuls qui le conduisit à une petite maison champêtre, habitée par la veuve de l'ex-cuisinier de Son Altesse. Il rencontra, près de cette maison, deux hommes enveloppés jusqu'aux yeux de longs manteaux, et qui en sortaient avec précaution. La nuit était sans étoiles: le prince se cacha dans un massif de feuillage pour épier l'entretien des deux inconnus.

« Cher frère, disait l'un, il faut, une fois pour toutes, que tu sortes de ta bêtise ordinaire. Il faut que cet homme disparaisse avant que le prince ait ouï parler de lui.

— Frère, répondit l'autre, laisse-moi faire; je ne suis pas plus bête que tant d'autres, et je réponds qu'avec quelques pièces d'or nous parviendrons à nous délivrer de cet homme dangereux. Au surplus, le prince..... »

Ici l'éloignement couvrit la voix des deux interlocuteurs, et le prince ne put saisir la fin de leur conversation; mais il avait reconnu à leur accent son maitre des cérémonies, accompagné du capitaine des chasses.

Il se hâta de frapper à la porte de la maison, pour prendre des renseignements sur l'inconnu dont on voulait se débarrasser.

Il apprit bientôt que ce mystérieux personnage se nommait Abraham, et qu'il demeurait chez la veuve; que c'était un escamoteur fort habile, un physicien passé maître en fait de prestidigitation; que ce grand homme, jouissant d'une réputation européenne, possédait en outre des certificats délivrés par les plus hautes puissances étrangères, et qu'il se proposait de donner dans le pays quelques représentations. « Deux seigneurs de la cour qui sortent d'ici, ajouta la veuve, ont assisté à quelques-unes de ses expériences, qui leur ont paru si étranges, qu'ils ont pris la fuite, comme si le diable en personne se fût mis à leurs trousses.

La curiosité du prince se trouvait excitée au plus haut degré. Il se fit introduire auprès de maître Abraham, qui le reçut comme un visiteur attendu, et s'enferma pendant plusieurs heures avec lui.

Nul ne sait ce qui se passa entre eux. Le prince ne le quitta qu'au point du jour, et, de retour au château, donna des ordres immédiats pour y préparer l'installation de maître Abraham dans un appartement qui communiquait par une porte secrète avec le cabinet de M. le grand-duc.

A dater de ce jour, le maître des cérémonies et le capitaine des chasses perdirent beaucoup de la faveur de leur maître. Ces deux estimables fonctionnaires s'exilèrent de la cour peu de temps après, et maître Abraham occupa bientôt le premier rang parmi les importants du pays. La confiance qu'il s'attira devint telle, que Son Altesse ne se permettait plus le moindre acte de pouvoir sans l'avoir consulté.

A la mort de cet honnête prince, son fils Irenaüs lui succéda et maître Abraham quitta ses États. La nouvelle Altesse n'ayant pas hérité des fantaisies paternelles, se souciait peu d'avoir pour favori un nécromancien. Mais plus tard l'ennui gagna monseigneur Irenaüs. Longtemps ses démarches pour retrouver Abraham furent infructueuses; ce ne fut qu'après sa dépossession du pouvoir souverain, et lorsqu'il eut créé à Sieghartsweiler sa petite cour artistique et littéraire, qu'un hasard y amena maître Abraham, et jamais hasard n'avait été plus heureux...

V

.... Il avait fait, tout le jour, une chaleur étouffante, et j'avais lourdement sommeillé sous le poêle de mon nouveau maître.

Vers le soir, un vent frais souffla par la fenêtre entr'ouverte. Je m'éveillai, plus dispos, et l'envie de jouir des beautés de la nature m'inspira l'idée de faire une promenade sur le toit. A peine avais-je montré mon nez sur la gouttière, qu'une délicieuse harmonie partie du grenier voisin fit palpiter mon cœur d'une douce émotion. Une force mystérieuse, irrésistible, m'attira de ce côté, et j'y pénétrai par une espèce d'œil de bœuf dont la vitre était brisée.

J'y trouvai une superbe chatte blanche qui m'adressa un coup d'œil plein de séductions. Je m'assis en face d'elle, à petite distance, et j'essayai de miauler sur le même ton, pour lui exprimer mes sympathies. Il paraît que mon essai réussit parfaitement, car la jolie chatte vint, d'un bond, se placer à mes côtés. Surpris de sa pétulance, je fis une retraite en arrière, apprêtant mes griffes pour repousser une attaque, dans le cas où la chatte serait une ennemie; mais l'honnête créature, après m'avoir fixé un instant, s'écria, dans la langue que Dieu nous a donnée : « Cher petit, c'est donc toi que je retrouve, après une si longue séparation !

— Madame, lui dis-je avec émotion, je n'ai pas l'honneur de vous connaître.

— Ah ! poursuivit-elle, ces yeux, ces traits, cette fourrure noire et grise ne me rappellent que trop les traits du perfide qui me délaissa malgré la promesse d'un amour éternel ! Je ne le revis qu'une fois : c'était à l'heure de ta naissance, et l'infâme voulait te dévorer !

— Chère maman, m'écriai-je, n'accuse pas mon père d'un instinct qui est le partage des dieux mêmes. Saturne, dans l'Olympe antique, ne voulut-il pas manger ses propres enfants ? Mais Jupiter fut sauvé par une admirable supercherie maternelle, et j'ai eu le sort du grand Jupiter.

— Quoi! mon fils, osez-vous défendre votre père contre les justes ressentiments de celle qui a tant souffert pour vous donner le jour ? Ah! mon enfant, ne sois pas ingrat envers moi; sache que sans mon dévouement ton père n'eût fait de toi qu'une bouchée. Il m'a fallu te protéger à coups de griffes, te cacher tantôt à la cave et tantôt au grenier. Ton père, devenu furieux, m'abandonna, et je ne l'ai jamais revu. Cependant j'éprouve encore un saisissement de tristesse toutes les fois que je pense à lui. Il était si beau ! Je cherchai des consolations dans l'accomplissement de mes devoirs maternels ; mais, hélas ! un surcroît de malheur m'était réservé. Un soir, au retour d'une promenade, je ne te retrouvai point. Tu m'étais enlevé par des mains inconnues. Mais, aujourd'hui, grâce au ciel, tu m'es rendu : viens que je te presse sur mon cœur ! »

Les plus tendres caresses succédèrent à cette explication. Ma mère me demanda une foule de détails sur mes aventures. Je satisfis sa curiosité et ne manquai pas d'étaler toutes les finesses de mon éducation.

Mais, à ma grande surprise, Mina ne fut guère éblouie de mes qualités. Elle ne craignit même point d'affirmer que ces qualités dont je semblais si fier ne me conduiraient dans l'avenir qu'à de tristes mécomptes. Elle me donna par-dessus toutes choses le conseil de ne jamais révéler à maître Abraham les trésors de mon intelligence, de peur que, voulant spéculer sur un chat savant, il ne me condamnât à un dur esclavage. « Oui, si jamais, dit-elle, ton maître soupçonnait que tu sais lire et écrire, il ferait de toi un misérable copiste ; et ce qui te procure aujourd'hui une distraction, se changerait bientôt en labeur accablant, sans compter les coups qui seraient probablement ta plus sûre aubaine. »

Mina causa encore longtemps sur les dangers de ma situation actuelle ; plus tard, en y réfléchissant, je fus obligé de reconnaître que toutes ses idées à cet égard étaient fondées sur une parfaite expérience de la vie.

Elle m'apprit à son tour qu'elle vivait chez une vieille femme qui avait à peine de quoi manger. Touché de cette misère, je me promis d'apporter à ma mère une tête de poisson que j'avais réservée de mon dernier repas. Mais qui peut se flatter d'expliquer les petitesses du cœur d'un chat ! Fatalité de la gourmandise ! Au moment où je montais sur le toit, tenant à la gueule ma tête de poisson, le fumet qui s'en exhalait me séduisit à tel point que, mon cœur se desséchа tout à coup comme un vieux parchemin, et... je croquai l'offrande de la piété filiale.

Comme j'achevais d'en avaler la dernière fraction, j'entendis ma mère miauler douloureusement : elle m'appelait. Un sentiment de honte me fit cacher dans le coin le plus obscur de la chambre de mon maître. J'eus un cauchemar épouvantable. Ma mère affamée m'apparut en songe, maudissant mon égoïsme, et prête à succomber d'inanition. Le vent qui soufflait dans le tuyau du poêle, les craquements des meubles, le frottement des papiers de mon maître, tout semblait me reprocher mon indigne action.

Je résolus, pour l'expier, d'inviter la pauvre Mina à partager le lait de mon prochain déjeuner. Cette honnête pensée rendit le calme à mon âme, et je m'endormis du sommeil des justes.

Du reste, ma faute est le fruit des idées sociales. Que voit-on dans le monde ! Chacun y cherche pour soi-même des têtes de poisson à dévorer, sans s'inquiéter de son voisin.

VI

..... Peu de temps après que le prince Irenaüs fut installé dans son état microscopique de Sieghartsweiler, la princesse Hedwige se promenait avec la belle Julia dans le parc du château pour assister au poétique spectacle du soleil couchant.

La forêt immobile semblait se baigner dans une brume d'or; les arbres et les buissons, fatigués d'une chaude journée, attendaient impatiemment la brise du soir qui devait les raviver; le silence qui régnait partout n'était interrompu que par le murmure des ruisseaux.

Les deux jeunes filles arrivèrent au bord de la grande pièce d'eau. « Entrons, dit Hedwige, dans la cabane du pêcheur; de là nous jouirons à notre aise de cette belle soirée. »

Julia regrettait de n'avoir pas un album pour dessiner les scènes magnifiques qui se déroulaient devant elle.

Tout à coup elles entendirent éclater des sons si rauques et si sauvages, qu'on ne pouvait raisonnablement les attribuer qu'à un musicien venu de l'enfer.

La princesse et Julia sortirent de la cabane et prêtèrent l'oreille à un chant qui parcourait, avec une bizarre énergie, toute l'échelle des tons, depuis le plus doux jusqu'au plus criard.

Julia et la princesse s'approchèrent doucement derrière les charmilles, et aperçurent un étranger, vêtu de noir, qui leur tournait le dos.

Cet homme, assis sur un quartier de roche, s'escrimait pour monter une espèce de mandoline au ton sur lequel il voulait chanter. « Damnation! s'écria-t-il, je n'en viendrai donc jamais à bout! Tantôt c'est trop haut, et puis trop bas! Mandoline du diable! »

Et, jetant sur son pauvre instrument des regards furieux, comme s'il eût été près de le briser en mille pièces : « Ah çà, dit-il encore, maudite capricieuse, ne pourrait-on savoir en quel coin de ta carcasse gît ton obstination? Je voudrais te briser sur la tête du stupide ouvrier qui t'a construite! »

Les jeunes filles, toutes surprises et presque effrayées, se tenaient toujours cachées, et osaient à peine respirer.

« Il faut convenir, reprit l'inconnu, que les instruments à cordes ne conviennent qu'à des pâtres pour faire sauter leurs chiens. »

Et, jetant loin de lui sa mandoline, il se leva brusquement, et s'éloigna d'un pas rapide, en passant tout près de la cachette des jeunes filles, sans les voir.

« Eh bien ! s'écria Julia avec un joyeux éclat de rire, que dis-tu, Hedwige, de ce mystérieux original ?

— Je dis, reprit Hedwige palpitante de colère et d'émotion, je dis qu'on a grand tort de laisser notre parc ouvert aux fantaisies du premier venu.

— Mais n'est-ce pas le chemin le plus court pour traverser le pays ? dit Julia. Je ne vois pas, d'ailleurs, pourquoi le prince ne permettrait pas aux habitants de Sieghartsweiler de venir s'y délasser de leurs travaux. Quel mal font-ils ?

— Eh ! ne vois-tu pas à quels dangers peut nous exposer ce libre parcours de notre propriété ? Ne peut-on craindre, qu'un jour ou l'autre, quelque brigand...

— Allons, ne veux-tu pas ressusciter les quarante voleurs des *Mille et une Nuits* et toutes les histoires de vieux châteaux ? Pour ma part, je dois t'avouer qu'une petite aventure ne serait pas mal venue pour rompre la monotonie de cette forêt éternellement solitaire.

— Non, Julia, répliqua Hedwige, je ne puis me défendre d'une secrète horreur, à l'idée de cet inconnu. Je ne sais pourquoi je me figure que j'ai déjà vu cet homme au milieu de quelque affreux événement. Peut-être n'est-ce qu'un rêve dont les impressions presque effacées se raniment ; mais enfin...

— Tu deviens folle ! s'écria Julia ; je ne vois dans ce pauvre diable, avec sa mandoline, qu'un malheureux insensé, tout au plus, qui mérite mieux d'inspirer pitié que frayeur. Si nous allions ramasser son instrument ?

— Non ! non ! Par tous les saints ! ne le fais pas ! »

Mais déjà la belle Julia s'était élancée dans le taillis, d'où elle rapporta la mandoline.

La princesse examina attentivement l'instrument délaissé, qui paraissait être fort âgé par sa structure et par cette inscription : *Stefano Pacini fec. Venet.* 1532.

Julia frôla de ses doigts roses les cordes de la mandoline, et s'étonna des accords qu'elle en tirait sans peine. Elle chanta une ballade italienne, et l'accompagnement ne laissa pas échapper une seule fausse note.

Le dernier écho se perdit dans un craquement des broussailles, et voilà que, d'un saut, l'inconnu se retrouva devant les deux jeunes filles.

Hedwige poussa un cri d'effroi, mais Julia ne perdit pas toute contenance.

L'inconnu était un homme de trente ans, vêtu de noir, et d'un maintien distingué; seulement ses habits étaient couverts de poussière. Il paraissait arriver de loin. Ses cheveux, ébouriffés et chargés de feuilles de pin, faisaient supposer qu'il avait longtemps erré dans le plus épais de la forêt.

« Par quelle fatalité, mademoiselle, dit-il à Julia d'une voix douce, ma présence fait-elle taire les sons divins que vous mêliez aux accords de mon instrument devenu si soumis, si parfait dans vos mains charmantes?

— Monsieur, répondit Julia, j'ai commis une faute en ramassant cette mandoline qui ne m'appartient pas. Je lui ai ravi quelques sons par une coupable curiosité; mais ne nous en veuillez point. Reprenez-le, je vous prie, et oubliez notre indiscrétion. »

A ces mots, elle lui présenta la mandoline.

« Mademoiselle, reprit l'inconnu, cet instrument est d'une rare perfection; mais sous mes doigts inhabiles il est devenu sans valeur. Tout à l'heure, vous en avez su tirer des accords célestes. Veuillez donc le conserver, puisque vous seule connaissez sa vertu merveilleuse.

— Non, monsieur, je ne le puis, ni ne le dois.

— Eh bien, je le reçois de vos mains comme un trésor sans prix; vous l'avez touché, je ne m'en séparerai plus! Pardonnez-moi aussi, je vous prie, ma fantastique apparition qui n'a pu vous donner de moi qu'une fâcheuse idée. Veuillez voir qu'après tout je suis en costume de présentation assez satisfaisant. Je me proposais de paraitre à Sieghartsweiler où je ne suis pas tout à fait inconnu; j'y compte même plusieurs amis. J'aurais pu obtenir une audience du prince Irenäus, et paraitre devant vous avec un cérémonial convenable, mais dans un parc, la chose était difficile. Ah! si j'étais magicien, si je pouvais métamorphoser un brin d'herbe en seigneur de la cour de votre respectable père, il me prendrait immédiatement par une basque de l'habit, et vous dirait avec toute la grâce possible : « Mesdames, j'ai l'honneur de vous présenter monsieur *un tel*. » Mais, dans la situation présente, que dire et que faire ? Pardonnez-moi, belles dames, pardonnez-moi ! »

En achevant ces mots, il se jeta aux genoux des jeunes filles.

La princesse, hors d'elle-même, entraîna Julia, en criant d'une voix étouffée :

« Ah ! mon Dieu ! ma chère ! c'est un fou ! Nous sommes perdues ! »

En fuyant de toute la vitesse de leurs pieds légers, elles gagnèrent le perron du château, et tombèrent presque évanouies devant madame la conseillère Benzon.

« Qu'y a-t-il donc ? qu'avez-vous ? » demanda la conseillère.

Hedwige ne trouvait pas une parole. Julia, plus maîtresse d'elle-même, raconta la scène du parc, en ajoutant que l'inconnu ne lui paraissait pas être un fou, mais un écervelé fort plaisant.

Madame Benzon se fit répéter plusieurs fois ce récit, exigea les plus minutieux détails sur le physique de l'étranger, et s'écria : « C'est bien lui, en vérité !

— Qui donc ? demanda la princesse avec stupeur.

— Oh ! calmez-vous, chère Hedwige, reprit la conseillère ; cet inconnu n'est nullement fou, et, malgré son algarade, j'espère que, quand il vous sera présenté plus régulièrement, vous daignerez lui faire grâce.

— Dieu me garde de jamais le revoir !

— Mais, ma chère, dit Julia, je ne conçois pas une antipathie...

— Je ne le reverrai de ma vie ! Son nom, madame Benzon, son nom, je vous prie ?...

— J'allais vous expliquer toute cette histoire, » reprit tranquillement la conseillère...

VII

..... Je me sentis pris, le lendemain, d'un accès de misanthropie singulier. La cave, le grenier, les gouttières, tous les lieux enfin où je pouvais rencontrer des êtres de mon espèce me devinrent odieux. Confiné sous le poêle, je ne revis plus Mina, et j'évitai toute occasion d'en entendre parler.

Résolu de me livrer tout entier à l'étude des sciences et à vivre en chat philosophe, je grimpai sur les rayons de la bibliothèque, et j'en tirai au hasard le premier bouquin qui se trouva sous ma patte. Après l'avoir feuilleté d'un bout à l'autre, j'en pris un second, et continuai ce procédé de manière à acquérir en assez peu de temps une teinture générale des choses dont s'occupait mon imagination.

Au milieu de ce travail assidu, de nouvelles épreuves m'attendaient.

Mon maître reçut un jour la visite d'un jeune homme que j'avais déjà vu, et qui me caressait avec les égards dus à un chat distingué. Mais ce jour-là, un monstre noir et à grands poils accompagnait ce monsieur. Saisi d'effroi, je poussai un miaulement de détresse, et d'un saut je gravis le bureau de mon maître, qui me prit sur ses genoux, et m'enveloppa prudemment de sa robe de chambre.

« Eh! mon Dieu! n'ayez pas peur, dit le jeune homme; mon griffon ne fait jamais de mal aux chats. Posez Murr sur le plancher, et je vous garantis qu'ils seront bientôt d'accord. »

Mon maître alors voulut me mettre à terre, mais je m'attachai si bien des dents et des griffes, qu'il renonça à faire pour cette fois l'épreuve d'une amitié de chien à chat. Encouragé par sa protection, je m'assis sur mon derrière, en remuant la queue pour tenir en respect mon estimable adversaire.

Celui-ci prit place en face de ma position retranchée, me regarda d'abord avec fierté, et fit entendre un sourd grognement. Puis, lorsqu'il m'eut jugé peu disposé à commencer le combat, il devint plus traitable. Je balançai moi-même ma queue avec une activité moins belliqueuse, et la joie du griffon se révéla tout à coup par des frétillements précipités.

Nos âmes se comprirent. Comment, me disais-je, ai-je pu si mal juger de prime abord cet honnête étranger? Que prouvent donc ses aboiements et ses cabrioles, si ce n'est un bon et jovial caractère? Il a, j'en suis sûr, des sentiments qui le rendent tout à fait digne que je lui fasse quelques avances.

Je sautai de ma chaise à terre; j'allai gravement le flairer. Il me rendit cette politesse de fort bonne grâce. Un instant après, il exprima discrètement le désir de ronger un os de poulet qui se trouvait sur une assiette. Je me hâtai de l'inviter à faire comme chez lui. Il s'en acquitta avec tant de sans-gêne, que je m'applaudis de ne m'être pas trop livré en lui découvrant une côtelette dérobée le matin au déjeuner de mon maître et cachée sous le buffet. Après la collation, nous étions les meilleurs amis du monde, et, quand il prit congé, nous nous séparâmes avec mille protestations de cordialité.

Au moment du départ, je remarquai avec indignation que mon maître et le jeune homme riaient aux éclats de nos adieux. Il faut que les humains soient étrangement corrompus pour trouver ridicule un acte de fraternité!

Je ne rêvais plus qu'à mon griffon, en qui il me semblait à chaque instant reconnaître quelque nouvelle qualité. Lorsqu'il revint, je m'étudiai à apprendre sa langue. Mon ami Ponto se montra plein de complaisance pour m'aider à surmonter toutes les difficultés de la linguistique des chiens.

Mais je ne saurais abandonner les souvenirs du jeune âge sans faire part au lecteur de l'événement qui marqua cette transition. Les jeunes chats y trouveront une leçon.

Né pauvre de parents honnêtes, échappé à la mort dès le berceau, par miracle, je m'étais vu tout à coup transporté au sein de l'aisance, dans un sanctuaire des belles-lettres, où je pouvais vaquer sans obstacles au soin de mon développement intellectuel. J'allais franchir la limite qui sépare la médiocrité du génie, quand tout à coup survint un ignoble douanier, pour exiger le tribut que tout mortel doit à la civilisation. Le griffon Ponto fut la cause de ma catastrophe, affreux malheur qui m'eût à jamais perdu, sans le secours de mon vénérable aïeul, qui n'était autre que le célèbre Hinz de Hinzenfeld, le premier ministre du Chat-Botté.

Ayant appris suffisamment la langue de mon ami Ponto, je prenais plaisir à l'entretenir de mes découvertes dans le domaine de la science. Je ne lui cachai rien de mes talents extraordinaires. Il se montra indifférent à toutes mes communications. Rien n'égalait la légèreté et l'insouciance de ce griffon; il se bornait à sauter par-dessus un bâton et à rapporter la casquette de son maître.

Or, pendant une de nos causeries, le malheureux Ponto fit un bond, et...

VIII

..... « Mais savez-vous bien, maître Kreisler, dit madame Benzon, que la princesse Hedwige est furieuse de l'inconvenance que vous avez commise en vous conduisant auprès d'elle, dans le parc, comme un véritable fou ! En vérité, vous êtes inexcusable. Si la bonne Julia n'avait plaidé votre cause, vous auriez eu à vous repentir chaudement de cette escapade. Grâce aux efforts de Julia, la princesse veut bien consentir à vous souffrir en sa présence. Vous allez maintenant, je l'espère, me faire connaître les motifs qui vous amènent ici, vous, maître de chapelle titulaire du grand-duc voisin? »

En écoutant ces dernières paroles de madame la conseillère Benzon, Kreisler était devenu rêveur. « C'est, dit-il, une assez fade histoire et bien peu digne d'être racontée, que vous me demandez là. Quand la princesse Hedwige eut la fantaisie de me prendre pour un fou, j'étais en route pour faire des visites, et je venais voir un personnage qui n'est rien moins que le grand-duc lui-même.

— Dans cet équipage? s'écria la conseillère.

— Chacun, dit Kreisler, voyage à sa façon; mais si vous ne croyez pas à mon projet de visites, vous pouvez supposer qu'il est permis à un artiste de s'égarer dans les forêts, pour admirer la belle nature et unir ses chants à ceux des oiseaux. Du reste, puisque vous habitez ces lieux, mon empressement s'explique. Ne vous dois-je pas un souvenir de tendre reconnaissance? Vous m'avez autrefois connu pauvre, isolé, sans avenir, et c'est vous qui m'avez dévoilé toutes les ressources que Dieu a cachées dans l'âme de certaines femmes. Votre demeure devint mon asile; vos paroles m'encouragèrent à ne plus douter de ma destinée. Eh bien! madame, sachez donc aujourd'hui la vérité.

« Je n'étais ni pauvre, ni abandonné quand vous m'avez connu. Mais mon âme était en proie à un amour infini pour un objet que j'ignore encore, et que je cherche sans relâche, presque sans espoir de le rencontrer. Ce vague désir d'un bonheur idéal, peut-être irréalisable, me poursuit dès ma première enfance; il me faisait fuir les jeux de mes jeunes camarades et rechercher l'ombre des bois pour y pleurer des larmes solitaires. Plus tard, il me fallut apprendre à dissimuler mes sensations pour ne point paraître ridicule; et je me souviens de l'état affreux dans lequel je me trouvais, lorsque, entouré de joyeux amis, je voyais tous les objets de la vie m'apparaître sous des voiles de deuil. Je me croyais déporté dans un immense désert, dont aucune puissance humaine ne pourrait me délivrer. La musique seule avait le don de faire parfois une diversion fugitive à mes chagrins.

— J'ai toujours pensé, interrompit la conseillère, que la musique exerçait sur votre système nerveux une excitation pernicieuse. Si l'on exécute devant vous le chef-d'œuvre d'un grand maître, vos traits s'altèrent, vous soupirez, vous éclatez en sanglots...

— Oh! chère dame, reprit Kreisler, à cet égard-là je suis bien changé. L'étiquette qui règne à la cour du grand-duc a bridé la liberté de mes impressions. Je puis désormais tout entendre avec un calme parfait; mon métier de maître de chapelle a cela de bon pour mon tempérament, qu'il l'a blasé sur tout.

— En ce cas, dites-moi donc au plus vite quelle aventure vous a éloigné de la capitale; car les circonstances de votre apparition dans le parc semblent révéler une fuite précipitée.

— Nullement; j'ai suivi mon penchant vagabond, voilà tout. Dégoûté de la servilité de mes fonctions, j'ai pris congé sans tambour ni trompette, avec ma mandoline sous le bras. Puis, me demandant où j'irais, je me suis rappelé qu'il y avait à Sieghartsweiler un mien ami, maître Abraham, qui m'avait naguère écrit pour m'engager à le visiter; j'ai pris la route de Sieghartsweiler, et me voilà.

— Comment! vous connaissez ce vieil original?

— C'était l'ami de mon père, et il me servit de précepteur. Maintenant, madame, que vous connaissez la très-simple histoire de mon arrivée au château, j'espère que vous voudrez bien dépouiller mon personnage de ce qu'il pourrait avoir d'offusquant pour les yeux de la princesse Hedwige. Du reste, je ne regrette pas cette petite mésaventure, puisqu'elle m'a procuré un délicieux plaisir, celui d'entendre chanter la belle Julia.

— Vraiment, cher monsieur Kreisler, vous trouveriez un mérite réel dans la méthode de ma fille? J'en suis charmée, car elle peut apprendre d'un maître comme vous beaucoup de choses, et je regarde comme décidé que vous vous fixerez ici, au moins pour quelque temps.

— Madame... » dit Kreisler.

Au même moment, Julia parut dans tout l'éclat de sa beauté. En apercevant le maître de chapelle, elle poussa un léger cri de surprise...

« Ma fille, dit madame Benzon, il est temps que je vous apprenne quel est ce singulier inconnu qui a fait si grande peur à la princesse Hedwige... »

IX

..... Sauta sur ma dernière page manuscrite... la saisit avec ses dents et l'emporta en courant comme un lièvre. Je restai stupéfait.

Quelques jours après, le jeune maître de Ponto nous fit

une nouvelle visite. Ce monsieur, que j'ai su se nommer Lothario, était professeur au gymnase de Sieghartsweiler. Il jeta un coup d'œil scrutateur autour de lui, et, m'apercevant, pria mon maître de me faire sortir.

« Pourquoi? dit Abraham ; je croyais que vous n'aviez pas d'aversion pour les chats, et que vous accordiez à Murr une estime particulière.

— Justement, reprit Lothario ; j'ai à vous dire certaines choses qu'il ne doit pas entendre.

— Vous êtes bien bizarre aujourd'hui. Allons, Murr, laissenous. »

On m'ouvrit la porte d'une autre chambre.

Il fallut obéir; mais j'avais remarqué que la porte de cette pièce n'était pas hermétiquement fermée; je revins sans bruit me cacher sous le dernier rayon de la bibliothèque, à portée de tout voir et de tout entendre.

« Eh bien, disait mon maître, quel est donc ce fameux secret que mon chat ne doit pas entendre?

— Convenez, mon cher, répondit Lothario, que vous avez voulu tenter une incroyable expérience.

— Laquelle?

— D'apprendre à lire, à écrire et à penser, à une bête.

— A une bête?

— A votre chat.

— Perdez-vous l'esprit?

— Si peu, que voici des vers de Murr. Des vers improvisés par lui, griffonnés par lui. Tenez, lisez vous-même. »

C'était un sonnet mélancolique, un sonnet de ma composition. Je fus tenté de sauter au visage du misérable dont la trahison allait me condamner à l'esclavage tant redouté. La prudence me retint, pendant que mon maître se pâmait de rire.

Voilà ce qui était écrit : « L'amour volage pompe le suc de toutes les roses et les abandonne après les avoir fanées. J'entends de toute part des plaintes se mêler aux accents du plaisir, et je demande, au milieu des misères qui se cachent sous tant de fausses joies, si je rêve ou si je suis éveillé. De la cave au grenier, tout cède au pouvoir de l'amour. Mais au fond de la plus douce ivresse repose la satiété. Rien ne survit au fragile bonheur que procurent les chatteries les plus séduisantes. Fuyons donc ces trompeuses amorces, et réfugions-nous sous le poêle avec le griffon, notre ami... »

—Ah! parbleu, interrompit mon maître, je vois bien ce qu'il en est : vous avez voulu faire une débauche d'esprit, sous le nom de mon chat, et c'est une politesse que vous prétendez me faire. J'y suis sensible ; mais je ne vois pas, encore une fois, où vous voulez en venir. »

Lothario, repliant la page manuscrite, assura mon maître que son chien lui avait dernièrement apporté cette œuvre remarquable; que, frappé de la singularité de l'écriture, il s'était assuré que nul autre que Murr n'avait pu tracer de pareils caractères, et n'eût-il fait que remplir l'humble fonction de copiste, il s'en était acquitté de façon à mériter toutes sortes d'éloges. « Au reste, ajouta-t-il, désireux d'éclaircir un fait si capital pour la science, j'ai épié en votre absence ce maître chat, et je l'ai surpris dans votre grenier, assis devant une petite table sur laquelle il s'escrimait glorieusement dans l'art de la calligraphie. Tantôt, comme un vrai poëte de mansarde, il s'ébouriffait les moustaches avec ses griffes, prenait des poses rêveuses; tantôt il trempait sa patte dans une large écritoire et badigeonnait le papier en miaulant de plaisir quand il avait trouvé une pensée ou une rime. J'ai trouvé dans ce même grenier divers volumes qui sûrement ont disparu de votre bibliothèque.

—Au diable le maudit matou qui vole mes livres! » s'écria mon maître furieux.

Et, se levant aussitôt, il alla vérifier ses rayons. Je sortis alors de ma cachette. En m'apercevant, il fit un saut en arrière, comme si mon regard l'eût magnétisé.

« Eh bien, mon cher, fit le professeur d'un air narquois, êtes-vous convaincu?

— Murr, me dit mon maître en me menaçant de l'index, si j'acquérais la certitude que, renonçant aux mœurs des matous ordinaires qui se contentent de voler du rôti, tu te sois mis en tête de dévaliser ma bibliothèque pour en porter les débris aux rats et aux souris, je te corrigerais d'importance!

A cette menace, je baissai la tête et je m'accroupis sur mes pattes de devant, dans l'attitude du calme et d'une bonne conscience.

« Mais, au fait, je suis bien bon de m'inquiéter de vos balivernes, mon cher Lothario. Regardez donc cette honnête figure de chat, et dites-moi s'il peut être capable d'unir le rôle de pédant à celui de fripon ? »

Rassuré par ces bonnes paroles, je fis, à plusieurs reprises, un krrr! de satisfaction, et je terminai mes gentillesses par le gros dos le plus séduisant.

Lothario, vexé de l'incrédulité d'Abraham, me jeta mon sonnet à la face ; et pour mieux tromper les assistants, je me mis à jouer avec le feuillet, comme s'il n'eût été, pour moi, d'aucune valeur.

« Vous voyez bien, dit mon maître, que votre griffon n'a pas fait une trouvaille, et que mon chat ne s'est rendu coupable d'aucun essai littéraire. Il n'y a pas un poëte ici-bas qui ne se montrât plus jaloux de défendre ses productions.

— Vous êtes averti, reprit le professeur. Le reste vous regarde. »

Quand ils se furent séparés, je croyais tout péril évanoui. Mais combien je me trompais! Mon maître prit à tâche d'épier, dès ce moment, toutes mes actions. Il eut soin de fermer la pièce qui renfermait ses livres, et ne me permit plus de dormir sur sa table de travail.

Retombé dans une profonde mélancolie, je repris, comme par le passé, mes promenades de la cave au grenier. Je me mis à étudier l'influence qu'exerce sur les individus de notre espèce l'invention des souricières, et je ne tardai guère à reconnaître combien l'usage de pareilles machines nuit au développement des jeunes chats. Tout occupé de ces pensées, j'écrivis en secret une brochure fort curieuse sur les souricières dans leurs rapports avec la physiologie féline. Ce travail était conçu dans des vues d'utilité générale, et sans examiner, en le faisant, si la postérité ne m'accuserait pas un jour d'avoir démenti mes principes, en perdant à de vaines utopies un temps que j'aurais mieux employé à la chasse des souris.

X

.....Jean Kreisler passa fort gaiement cette soirée. Il écouta même, avec patience, la lecture d'une assommante tragédie. L'auteur lui ayant demandé ce qu'il pensait de son œuvre, le maître de chapelle en fit l'éloge le plus ampoulé avec un sang-froid qui pétrifia l'auditoire.

« En vérité, cher Jean, lui dit un petit conseiller privé, après le départ du poëte, je ne conçois pas l'aplomb avec lequel vous louez de si détestables rapsodies. Je m'attendais à chaque instant aux éclats de votre mauvaise humeur, et ma surprise a été extrême de vous voir impassible ou plutôt presque satisfait. Il fallait au moins conseiller à ce monsieur de faire de larges coupures dans sa maudite besogne.

— A quoi bon? répondit Kreisler. Les longueurs qu'il aurait supprimées d'un côté, il les eût rajoutées plus loin. Les vers des poëtes d'aujourd'hui ressemblent à des queues de lézard : coupez-les, elles repoussent. Du reste, je dois vous avouer que je n'ai pas entendu un seul mot de la déclamation de monsieur l'auteur tragique. Je faisais dans ma cervelle des promenades fantastiques; j'assistais à des orages, à des roulements de tonnerre mystérieux; puis il me semblait me retrouver à l'âge de douze ans, dans le jardin de mon oncle, que je voyais revêtu de la plus mirobolante robe de chambre à ramages qui se puisse imaginer. Pendant que vous souffriez mortellement du babil emphatique du poëte, maître Abraham s'amusait, dans un coin, à découper des silhouettes en papier qu'il faisait jouer sur le mur. Il avait pris aussi e parti le plus sage.

— Ainsi, reprit le conseiller privé, les souvenirs de votre enfance étaient assez puissants pour vous soustraire aux ennuis de cette lecture? Je vous en félicite sincèrement, et j'avoue qu'il me serait infiniment agréable d'être admis à la confidence de ce qui s'est passé d'intéressant dans les années fleuries de votre première jeunesse. Ne voudriez-vous me faire aucune part de ces réminiscences? »

Kreisler regarda le conseiller d'un air ébahi, comme un homme qui s'éveille en sursaut à l'apparition d'une figure inconnue.

— Mon cher, dit-il, le jour de la saint Chrysostome, en l'an 1700 et tant, naquit un individu doué du sexe masculin, avec deux bras, deux jambes et une tête, comme une personne naturelle. Le père de ce nouveau venu mangeait en ce moment une soupe aux fèves, et fit un tel saut de joie, que la soupe, bouleversée par la brusquerie du mouvement, lui éclaboussa tout le visage. La mère poussa un tel éclat de rire, qu'un joueur de luth qui chantait sous les fenêtres vit casser, par la secousse imprimée à l'air, toutes les cordes de son instrument. Privé de son gagne-pain, et furieux, l'artiste ambulant s'écria de tous ses poumons que de sa vie l'enfant ne saurait déchiffrer un peu proprement le moindre grimoire musical. Le père s'essuya le visage, et dit : « Mon fils s'appellera Jean. » Le musicien de la rue...

— Ah çà, cher Kreisler, interrompit le conseiller, faites-moi grâce de ces paroles écrasantes. Je ne vous ai demandé que de me laisser lire amicalement dans le livre de votre existence passée. Ma curiosité ne vient que du vif intérêt dont je me sens animé à votre égard. Vos bizarreries me feraient penser que votre vie n'a été qu'un enchaînement de choses étranges.

— Vous vous trompez, reprit Kreisler : ma jeunesse s'est écoulée dans la monotonie la plus accablante ; elle est semblable à une bruyère aride...

— C'est impossible ; je devine tous les trésors cachés dans votre singulière organisation. Allons, laissez-vous tenter par l'attrait si doux qui s'attache au récit des souvenirs.

— Oui, dit maître Abraham en achevant de déchiqueter un capucin. Ouvrez-nous votre âme, cher Kreisler ; mais surtout point de poétiques mensonges ! car, en vérité, vous êtes vendu corps et âme au démon du mensonge ; je n'en veux pour preuve que votre prétention d'avoir parlé philosophie et métaphysique à l'âge heureux où les petits enfants savent à peine bégayer le nom de leur nourrice.

— Eh ! mes chers amis, répondit Kreisler, pourquoi vouloir nier les prodiges d'une intelligence précoce? Maître Abraham fait allusion, dans le reproche qu'il m'adresse si gratuitement, à une histoire de ma vieille tante, que je veux vous raconter. Je vous parlais tout à l'heure d'une soupe aux fèves et d'un joueur de luth...

— Et maintenant, s'écria le conseiller, vous allez vous moquer de nous; je m'y attendais.

— Nullement, reprit Kreisler. Mais il faut que j'en revienne à mon joueur de luth. La plus jeune sœur de ma mère était passionnée pour cet instrument dont elle savait tirer le parti le plus merveilleux. Le musicien dont je viens de vous parler avait été son maître. C'était un petit homme, fort laid, bancal et tortu, qu'on nommait M. Turtel. Il avait, si j'ai bonne mémoire, une perruque blanche très-râpée, une culotte jaune-serin et un manteau écarlate. Un jour que je me plaignais de n'avoir point encore vu ma tante Sophie, l'élève de M. Turtel, ma gouvernante me porta dans une chambre où elle était au lit: mais un petit vieillard, assis à son chevet, se leva brusquement, et nous mit à la porte. Quelques moments après, on fit ma toilette, et on me porta dans une autre maison où j'entendis plusieurs personnes répéter que ma tante Sophie était dangereusement malade, et que j'aurais pu gagner son mal, si l'on m'eût laissé auprès d'elle. Quelques jours plus tard, on me ramena dans la maison de mon père, et je courus vers la chambre de ma tante Sophie: — elle était vide! Ma mère me dit en pleurant que la chère tante *reposait pour toujours.*

«J'étais trop jeune pour comprendre bien clairement le sens de ces paroles. Mais je frémis encore au seul souvenir de l'impression que j'en ressentis. Il me semble qu'en ce moment la mort même passa sur mon front et l'effleura de son aile glacée. Je perdis sur-le-champ ma gaieté enfantine. Je me laissai tomber au pied de ce lit désert, puis je m'assis sur une petite chaise pour réfléchir aux terribles paroles que je venais d'entendre. Les témoins de ma tristesse muette en furent très-attendris, à ce que j'appris plus tard; on craignit même que ce chagrin n'eût des résultats dangereux pour ma santé, car je passai plusieurs semaines plongé dans une sombre apathie, mangeant à peine, et restant des heures entières immobile. La mort de ma mère, qui survint à peu d'intervalle, ne me causa pas une douleur plus forte que celle de ma tante Sophie. Mon père m'abandonna alors aux soins de son frère.

« Le reste de mon enfance s'écoula dans une aridité de sensations désespérante. Je pense aujourd'hui qu'un mauvais père vaut encore mieux que le meilleur tuteur, et je m'indigne surtout contre ces stupides parents qui parquent leurs enfants dans des pensions où toutes les éducations de natures si diverses sont étriquées sur le même modèle.

« De là datent mes défauts ou mes imperfections. Mon oncle me livra sans contrôle aux fantaisies de quelques maîtres, et me priva de la société des enfants de mon âge pour ne rien déranger dans la solitude maussade où il se plaisait à vivre. Je ne me souviens que de trois occasions où mon oncle prit garde à moi. Chaque fois il me gratifia d'un soufflet. Cela fait un total de trois soufflets à enregistrer dans mes comptes de tutelle. Pour ne point fatiguer votre attention, je ne vous raconterai que la circonstance qui me valut la seconde de ces gratifications. — Mon oncle possédait une assez riche bibliothèque dans laquelle il me laissait fureter à loisir. Le premier livre qui me tomba sous la main n'était autre que les *Confessions* de J. J. Rousseau. Je dévorai cet ouvrage, qui n'a pourtant pas été écrit pour l'éducation des enfants de douze ans, et cette lecture est loin de m'avoir été profitable. Ce qui me frappa le plus dans cette biographie excentrique de l'écrivain français, ce fut de lire que Jean-Jacques, sans aucune notion de musique, mais inspiré par son génie, s'était un jour étendu sur son lit, les rideaux clos, et s'était mis en tête de composer un opéra ; et que, par un merveilleux résultat d'une sublime volonté, il avait complètement réussi. Possédé de la fureur d'imiter un si beau modèle, je profitai d'un jour d'automne que mon oncle avait choisi pour faire une promenade aux champs ; je m'enfermai dans sa chambre dès qu'il fut sorti ; je m'étendis sur son lit et je tirai les rideaux.

« Après avoir vainement attendu l'inspiration, je finis par

m'endormir profondément, et ne fus tiré de cet état délicieux que par des voix de détresse qui criaient au feu !

« Une épaisse fumée remplissait la chambre et faillit m'étouffer. Au milieu du nuage nauséabond qui entourait le lit, j'aperçus mon oncle arrachant les rideaux, demandant des seaux d'eau pour éteindre l'incendie, et faisant à lui seul plus de bruit que tous les voisins accourus. Il me demanda comment j'avais mis le feu à son lit. Je lui répondis gravement que j'avais voulu, à l'imitation de J. J. Rousseau, composer un opéra en rêvant; que du rêve j'avais passé au sommeil, et que j'ignorais tout le reste.

« Là-dessus, mon oncle m'appela imbécile et m'appliqua le soufflet dont j'ai eu l'honneur de vous parler. Depuis ce moment, j'ai eu en horreur la méditation musicale. Du reste, je suis resté convaincu que je n'avais pas été battu à cause de l'incendie, mais en haine de mes dispositions de *maestro* en herbe. Cependant mon oncle me faisait apprendre la gamme; seulement il n'avait d'autre but que de m'occuper, et lorsque mes maîtres l'informèrent que j'étais devenu un croque-notes passable, il se contenta de sourire du bout des lèvres et de dire : « Vraiment, j'en suis fort aise.

— Au reste, interrompit maître Abraham, je crois que la vocation de Kreisler n'est pas fort ancienne, et qu'il eût pu aussi bien devenir conseiller de justice, ou toute autre chose.

— C'est possible, reprit Kreisler, et je me le dis moi-même quelquefois, en songeant à un frère de mon oncle, dont le portrait, en robe judiciaire et de grandeur naturelle, faisait l'orgueil du salon de famille. Mais tu sais mieux que personne, cher Abraham, que, si le diable a voulu que je fusse musicien, c'est toi qu'il a chargé de m'ensorceler, car..... »

XI

..... Ne serait-il pas, après tout, presque possible que mon chat fût doué de certaines facultés excentriques, telles que les suppose mon ami Lothario? Si, dans ce cas, je le mettais en cage, je pourrais gagner gros en le faisant voir aux savants et aux amateurs de curiosités, moyennant une honnête rétribution. Il y a mieux, je pourrais l'utiliser, à mon profit, en qualité de secrétaire intime. J'y penserai sérieusement.

Ces paroles de maître Abraham me remirent en mémoire les prédictions de ma mère, et, pour combattre la destinée qui me menaçait, je résolus de cacher avec soin mes petits talents. Je ne lisais et n'écrivais plus qu'aux rayons de la lune, en bénissant la Providence, qui accorde à mon espèce le privilège de voir clair dans la plus profonde obscurité. Cette faculté me permit de continuer clandestinement mes études.

Toutefois, au milieu de mes progrès, je me sentais souvent assailli par un dégoût pareil à celui d'un excès de nourriture. Je me couchais alors sur mes manuscrits, je dédaignais de continuer les plus intéressantes recherches; je fuyais les entretiens de mes amis, les agréables rendez-vous de la cave et des gouttières. Mon maître m'avait pris, de son côté, dans une sorte d'aversion qui, chaque jour, se manifestait davantage. Un jour que, perché sur sa table de travail, j'avais trempé le bout de ma queue dans l'écritoire, d'où je semais sur les meubles et le plancher une foule de taches capricieuses, il me chassa de la chambre à grands coups de manche à balai.

Arrivé dans la cour, et condamné sans doute à y coucher sans souper, j'y rencontrai un autre chat, et crus pouvoir partager avec lui certain rogaton qu'il s'était approprié je ne sais où. Deux ou trois coups de griffes accompagnèrent son refus de m'accorder le moindre secours. Et pourtant, si je ne me trompe, ce chat barbare me tenait de près par des liens d'étroite parenté; c'était mon oncle, et j'ai pu m'en convaincre à ses traits de famille très-accentués.

Découragé par cette vie de tribulations, j'amenai mon maître à déplorer lui-même le changement qui s'était opéré dans mon intelligence. Le fait est que j'étais parvenu à une époque de transition, époque critique et dangereuse qui dévore parfois chez les hommes un espace de plusieurs années, mais qui, dans l'espèce féline, se borne à quelques semaines. Voici un fait qui se rattache aux souvenirs de cette période de ma vie.

Il y avait, dans la cour de notre logis, une grande machine roulante, garnie à l'intérieur de coussins douillets, sur lesquels j'allais souvent faire de longs sommes. Je fus tiré de cette précieuse quiétude par une secousse violente qui fut suivie d'un roulement effroyable. Je me hâtai de sauter dehors par une ouverture dont le vitrage était baissé ; aussitôt des cris perçants m'écorchèrent les oreilles. Des voix répétaient avec un accent de menace : Au chat ! au chat !...

Assailli de coups de pierres et de débris de légumes, je gagnai heureusement un soupirail. Quand le calme se fut rétabli, je risquai de quitter cette cachette ; mais, hélas ! j'étais dans un carrefour ; des rues inconnues s'ouvraient devant moi et se perdaient aussi loin qu'un regard de chat peut aller. Une foule de visages que je n'avais jamais vus ajoutèrent à mes anxiétés si naturelles. Figurez-vous encore les aboiements des chiens de toute espèce, le piétinement des chevaux, le fracas des charrettes, et le cliquetis d'armes d'une troupe de soldats marchant à la cadence du tambour et des fifres, et vous aurez une idée de mes angoisses. Perdu au milieu de ce monde que jusque-là j'avais regardé de si haut, je pris avec précaution un petit sentier le long des maisons, et j'eus bientôt la satisfaction de rencontrer quelques citoyens de mon espèce. Je voulais entamer avec eux un échange de politesses, mais ces impertinents me lancèrent des regards fauves et passèrent sans me rendre mon salut. Voilà bien la jeunesse d'aujourd'hui, et comme les gens de mérite sont écrasés par l'insolente médiocrité ! Je pensais que les hommes seraient plus attentifs à mon air distingué, et je fis entendre quelques miaulements dignes d'un chat de bonne société.

Un beau jeune homme aux longs cheveux bouclés laissa tomber sur moi un regard qui me parut très-affectueux, et m'appela : Mies, mies ! en faisant claquer ses doigts d'une manière fort encourageante.

Je m'approchai en remuant doucement la queue pour lui témoigner ma gratitude ; mais, au moment où je pensais recevoir de lui quelque caresse, il me tira la queue si brutalement, que je ne pus me dispenser de pousser un cri furieux. Ma détresse parut lui faire éprouver un si vif plaisir, qu'il aurait sans doute recommencé, si d'un double coup de griffe je ne lui eusse mis en sang les mains et la figure. Je l'entendis aussitôt appeler ses chiens avec rage. Bien m'en prit de m'esquiver. D'un bond désespéré, je brisai à tout hasard une vitre au rez-de-chaussée, et je roulai dans une petite chambre, avec deux ou trois pots de giroflée. Une femme qui brodait près de là s'élança vers le manche à balai, et me barra le passage, dans le dessein de m'assommer. Mais l'éclat de mes yeux lui causa un tel saisissement, que l'arme meurtrière resta immobile dans ses mains. Je filai entre les jambes d'une personne qui ouvrit la porte, par un hasard providentiel, et le bonheur voulut que je me retrouvasse de nouveau sur le pavé de la rue.

Épuisé d'émotions, je gagnai tristement l'angle d'un impasse désert; mais une horrible faim mit bientôt le comble à mes tribulations.

Tandis que je me livrais à la douleur, j'aperçus une jeune marchande, assise devant une table chargée de saucisses fort appétissantes. Elle sourit en me voyant; je crus devoir l'intéresser par des câlineries qu'elle me rendit en riant. J'en profitai pour attirer du bout des dents la plus humble des saucisses, mais la jeune femme poussa un cri, en s'armant de son chasse-mouches. Mon élasticité me sauva encore de ce danger, et j'eus la chance mille fois bénie d'emporter ma chère saucisse assez loin de là pour m'en régaler à loisir.

Après cette collation, je me rattachais à l'espoir d'une vie plus heureuse; mais, hélas! la nuit glacée vint raviver les tristesses de mon abandon; et la faim, calmée pour trop peu d'heures, déchira de nouveau mes entrailles. Oh! combien je maudis la fatale curiosité qui m'avait entraîné à voir le monde! Anéanti par le chagrin, je ne songeais plus qu'à me laisser mourir, quand une voix bien connue frappa subitement mon oreille? « Murr, pauvre Murr, d'où viens tu? »

Je levai la tête et j'aperçus mon ami Ponto.

Sa rencontre me fit du bien; et je m'empressai de lui raconter les malheurs qui n'avaient cessé de me poursuivre depuis mon entrée dans le monde. Je comptais sur sa pitié. Il éclata de rire à la fin de mon récit.

« Pauvre niais! me dit-il, cela t'apprendra à monter en berline comme pourrait le faire un honnête griffon. Ah! maître Murr, tu vois où t'a conduit ton orgueil scientifique. Tu fais des vers, et tu ne sais pas retrouver ton chemin dans les rues. Eh bien! si moi, dont tu méprisais l'ignorance du haut de la bibliothèque de ton maître, je voulais me venger de ta vanité, je crois que tu n'irais pas très-loin sans te faire assommer proprement. Mais je ne veux pas abuser de ta situation. Tu meurs de faim, viens souper avec moi. »

L'honnête griffon prit les devants en faisant mille cabrioles, et je me trainais derrière lui, la mine fort piteuse, en rêvant à la vérité de ses observations. Mais qu'on juge de mon effroi lorsque....

XII

... Voulez-vous savoir comment maître Abraham avait pris une influence notable sur les dispositions du jeune Kreisler, et par quelle catastrophe son digne élève s'était vu réduit à courir les champs pour devenir maître de chapelle?

Il y avait à Gonionesmuth, lieu de naissance de Kreisler, un incomparable original. Il se nommait Abraham Liskov, et exerçait la profession d'organiste. Tantôt il adorait son état, tantôt il en parlait avec un souverain mépris, et passait si rapidement de l'une à l'autre manière de voir, qu'on eût été fort embarrassé de décider quelle était sa véritable façon de penser.

La famille Kreisler témoignait à Liskov une haute considération et le traitait comme un artiste hors ligne, en regrettant sincèrement que ses excès de bizarrerie lui causassent un peu de tort dans l'esprit de la société. C'était un jour de fête, chaque fois qu'il venait accorder le clavecin; on se plaisait à exciter son étrange humeur; et Kreisler ne fut pas le dernier à prendre goût aux saillies du brave organiste que son oncle lui répétait sans cesse.

Cette sympathie se changea en vénération, la première fois que le jeune Kreisler entendit l'orgue de la cathédrale, touché par des mains si savantes, et quand il sut que ce magique instrument était l'œuvre de M. Liskov. Il se figurait qu'un artiste si sublime était nécessairement un Apollon pour la beauté ; aussi sa surprise ne fut-elle pas médiocre, un jour que son oncle lui fit remarquer dans la rue un petit homme décharné, fort piètrement vêtu de ratine, et lui apprit que c'était là M. Abraham Liskov. En passant près de ce personnage coiffé de travers et perché sur des jambes de coq, le malicieux Jean ne put réprimer un éclat de rire.

M. Liskov se retourna, fit un salut grotesquement sérieux à l'oncle de Kreisler, et poursuivit sa route.

« Diable, fit l'oncle, on dirait que M. Liskov est piqué au vif par la sotte espièglerie de mon neveu. Mais il doit heureusement venir un de ces jours pour accorder le clavecin, et j'espère que nous ne cesserons pas d'être bons amis. »

M. Liskov vint dès le lendemain; mais, avant de se mettre en besogne, il voulut que le petit Jean lui donnât un spécimen de son savoir-faire en battant une gamme sur le clavecin. On fit asseoir l'enfant sur une chaise exhaussée par une pile convenable d'in-folio, et M. Liskov se plaça gravement à l'extrémité de l'instrument. Le petit musicien en herbe, un peu troublé de ce cérémonial, se tira fort mal de l'épreuve. Tout à coup on le vit disparaître sous la caisse du clavecin : l'organiste avait tiré violemment la chaise par le pied pour culbuter l'enfant, et prenant dans sa poche un marteau d'acier, il se mit à frapper si fort sur le malheureux clavecin, qu'on eût dit qu'il voulait le mettre en pièces.

« Êtes-vous fou, maître Liskov? » s'écria l'oncle.

Le petit Jean, qui s'était relevé tout en pleurs et fort en colère, fit tomber si rudement le couvercle du clavier, que l'organiste eut à peine le temps de retirer sa tête. « Cher oncle, s'écria-t-il, ce n'est pas ce méchant homme qui a fabriqué l'orgue de notre église. Celui-là n'est qu'un fou et un enragé ! »

L'oncle fut stupéfait du courage de l'enfant. M Liskov impassible, se contenta de dire : « Vous avez là un singulier petit gaillard ! » Puis il tira d'un petit sac les outils de sa profession et se mit à réparer très-activement le clavecin.

A partir de ce moment, l'organiste prit en bizarre affection le petit Jean. Il revint le voir presque chaque jour, et sut bientôt exercer sur lui un ascendant prodigieux. Il parlait souvent du père de Jean qui avait été son ami d'enfance, et qu'il se plaisait à exalter par des comparaisons peu obligeantes pour l'oncle tuteur. Il se moquait surtout des mauvais principes de solfége que l'oncle avait inculqués à son neveu. Un jour qu'il discourait sur ce sujet avec une extrême volubilité, il s'arrêta tout à coup au milieu d'une phrase.

« Eh bien, maître Abraham, qu'avez-vous donc ? » demanda Jean.

L'organiste parut s'éveiller comme d'un songe : « Mon ami, répondit-il, te rappelles-tu le jour où je t'ai fait faire la culbute sous le clavecin, et où je voulais briser l'instrument que tu tourmentais si cruellement pour mon oreille ?

— Ah ! ne m'en parlez plus ! s'écria l'enfant.

— Oui-da, reprit M. Liskov, tu n'étais alors qu'un petit croque-notes, et je n'aurais jamais espéré que tu pusses faire le moindre progrès. Allons, joue-moi sur ton orgue de bois un hymne d'église. Je ferai aller le soufflet. »

Cet instrument singulier, inventé par Liskov, avait des tuyaux de carton, et rendait des sons d'une délicieuse douceur.

Jean se mit joyeusement à l'œuvre, et commença l'hymne : *Misericordias Domini cantabo*. Quand il eut fini, l'organiste le prit dans ses bras avec enthousiasme et lui dit : « C'est parfait, mais si je n'avais dirigé le soufflet de l'orgue, tu n'aurais rien fait de passable. Maintenant cherche un souffleur qui t'aime comme je t'aime ! Quant à moi, je pars pour toujours. Adieu !!! »

Et il s'en alla les larmes aux yeux. Il rouvrit la porte et dit encore : « Jean, si ton oncle cherche son gilet à fleurs rouges, dis-lui que je l'ai emporté pour m'en faire un turban, et me présenter convenablement coiffé au Grand-Turc. Adieu ! adieu !!! »

Et à compter de ce moment, chacun se demandait à Gomonesmuhl ce qu'était devenu maître Liskov. L'oncle disait quelquefois : « J'avais toujours pensé que cet original disparaîtrait tôt ou tard comme une comète. Au reste, mon clavecin est en bon état pour longtemps. »

Le petit Jean Kreisler sentait un vide énorme dans sa vie depuis la disparition de l'organiste. La ville lui semblait déserte, et pour se consoler, autant que possible, avec son orgue à tuyaux de carton, il chercha un autre ami qui en fît aller le soufflet. Mais son oncle jugea qu'il ferait mieux de partir pour la résidence, où il apprendrait à brouiller du papier dans les bureaux du tribunal civil.

Kreisler parvint plus tard à la dignité de greffier. Or, un jour qu'il demandait à une belle dame ce qu'elle pensait de l'honorable poste auquel il se voyait parvenu, la dame lui répondit : « Monsieur Kreisler, quand on est comme vous êtes le plus enthousiaste des musiciens, je ne conçois pas qu'on sacrifie la religion de l'art aux grimoires abrutissants de la chicane.

— Pardieu ! vous avez raison, » s'écria Kreisler.

Et sur-le-champ il mit ses bottes de voyage, fit à la belle dame les adieux les plus attendrissants, prit son chapeau et partit.

La dame avait glissé dans la poche du jeune homme un titre en bonne forme de maître de chapelle du grand-duc qui s'était approprié la principauté du prince Irenæus.

Cette belle dame était tout simplement la conseillère Benzon.....

XIII

..... Ponto s'arrêta devant la marchande de saucisses dont j'avais si fort excité la colère par mon larcin. Arrivé près de la table, il se mit à faire l'exercice sur ses pattes de derrière avec tant de gentillesse que la jeune fille l'appela. Il posa sa tête sur ses genoux, lui lécha les doigts et fit si bien que la jolie marchande, qui m'avait paru si peu charitable, lui offrit sa plus belle saucisse. Ponto eut l'honnêteté de me l'apporter, car je m'étais tenu prudemment à l'écart, de peur de quelque nouvelle malencontre. Quand j'eus soupé, grâce à ses bons offices, il m'offrit gracieusement de me conduire chez maître Abraham.

« Ah! cher Ponto, lui dis-je en trottant à ses côtés, tu sais bien mieux que moi te tirer d'affaires. Je n'aurais jamais pu obtenir le même lopin de la marchande de saucisses; mais je dois t'avouer que les moyens dont tu t'es servi me semblent assez peu dignes d'un caractère élevé; la flatterie qui s'humilie est un rôle au-dessus de mes forces. Je ne pourrais jamais prendre sur moi d'agir avec tant de souplesse. Dès que j'ai bien faim, je ne comprends qu'une chose, c'est de grimper sur la chaise derrière mon maître, et de miauler tout simplement pour l'avertir de mes besoins; je lui rappelle ainsi que son devoir est de me fournir la pâtée. »

Ponto me répondit par un de ses éclats de rire ordinaires : « Pauvre Murr, me dit-il, tu es sans doute un chat fort savant, mais tu ne comprends rien aux affaires de la vie, et tu pourrais, malgré toutes tes belles connaissances, crever d'inanition, comme un chat de gouttière estropié. Au reste, les gens qui ont faim ne pensent pas comme ceux qui ont le ventre bien garni. Tu vois que je m'entends assez bien à divertir les hommes par mes tours d'adresse. Il est bien juste aussi que j'emploie ce talent à me procurer quelques douceurs. Si la jeune fille avait eu un peu d'esprit, elle eût compris que j'en voulais à ses saucisses; mais elle a eu la prétention de croire que je cabriolais uniquement pour me rendre agréable. Eh bien, presque tous les hommes sont ainsi faits. Il faut les flatter pour en obtenir ce qu'on veut; et ce que tu appelles flatterie, humiliation, n'est que l'art d'exploiter leurs passions.

— Tu es bien fait pour vivre dans le monde, répondis-je en soupirant. Je ne suis qu'un pauvre sauvage, et je ne me souviens pas encore, sans étonnement, du jour où je te vis rapporter un morceau de gigot à ton maître, le déposer à ses pieds, et attendre qu'il te permit de le dévorer.

— Et sais-tu quel a été le fruit de mon obéissance? Ton maître et le mien, charmés de cet exercice, m'abandonnèrent en récompense une pleine assiette de rogatons, dont tu ne trouvas point mauvais de prendre ta bonne part, malgré ta rigide philosophie. Si j'avais manqué de soumission, je n'eusse pas obtenu la même gracieuseté. Tu dois donc comprendre qu'il faut consentir à de petits sacrifices d'orgueil pour assurer son bien-être. Certes, si je trouvais en quelque coin un aloyau ou un chapon mal surveillé, je n'hésiterais pas à en faire mon profit; mais il n'est pas naturel d'agir ainsi en public. Il faut être honnête dans les petites choses. Il n'y a que les grands voleurs qui ne soient pas toujours pendus.

Je réfléchis profondément aux axiomes de Ponto. J'avais étudié le principe : qu'il faut faire à autrui ce qu'on voudrait qui nous fût fait à nous-mêmes, et je m'étonnais un peu de la morale élastique de mon ami. Je pensai aussitôt que les services qu'il venait de me rendre n'avaient peut-être d'autre mobile que son intérêt personnel, et je lui avouai franchement mes soupçons à cet égard.

« Allons donc, cerveau creux! me dit Ponto. A quoi peux-tu m'être bon, et qu'ai-je à craindre de toi? Je ne suis pas jaloux de ta science inutile, et si tu t'avisais de quelque maléfice, d'un coup de dent je te mettrais hors d'état de me nuire. »

Cette apostrophe m'effraya d'autant plus qu'en ce moment passa près de nous un grand lévrier qui salua mon compagnon comme une vieille connaissance, et échangea avec lui quelques paroles à voix basse, en me lorgnant du coin de l'œil. Je me serrai contre le mur, fort inquiet. Mais le lévrier s'éloigna et Ponto revint à moi. Nous continuâmes notre chemin.

« Quel est ce chien respectable? lui demandai-je.

— Je crois vraiment, reprit-il, que tu as eu peur de mon brave oncle Scaramuz. N'est-ce pas assez d'être chat, sans te montrer couard?

— Mais que diable avait-il donc à me regarder de travers, et que disiez-vous si mystérieusement?

— Parbleu! dit Ponto, ce cher oncle est maussade comme

toutes les vieilles gens ; il s'est étonné, en passant, de me voir en compagnie d'un matou, société fort au-dessous des êtres de mon espèce. Je lui ai fait ton éloge ; mais il m'a positivement défendu de te présenter dans nos assemblées, et je lui dois cette marque de déférence. »

Certes, si j'avais eu ce moment quelques notions positives sur les hautes dignités de mon aïeul le chat botté, qui fut l'ami intime du roi Gottlieb, je n'eusse pas manqué de faire valoir aux yeux de Ponto la considération que ma société pouvait faire rejaillir sur lui-même. Mais je n'étais encore qu'un pauvre hère, fort au-dessous de Scaramuz et de Ponto.

Quelques pas plus loin, nous rencontrâmes un jeune homme qui faillit m'écraser du talon de sa botte, en reculant avec un cri de joie. Un autre jeune homme accourait à lui, et ils s'embrassèrent comme deux amis qui se revoient après une longue absence. Puis ils se séparèrent. Le premier suivit l'autre de l'œil assez longtemps, et entra dans la maison voisine. Une fenêtre s'ouvrit bientôt, et une belle jeune fille se montra sur le balcon, en compagnie du même jeune homme. Tous deux riaient de fort bon cœur en regardant du côté par où l'autre ami s'était éloigné.

Ponto leva les yeux, et fit entendre un sourd grognement.

« Qu'as-tu donc ? » lui demandai-je.

Nous fîmes encore quelques pas. Parvenus sur une place, Ponto s'arrêta tout court.

« Attendons un moment, me dit-il ; j'ai besoin de m'occuper un peu des deux jeunes gens que nous avons rencontrés tout à l'heure. Ce sont deux amis intimes que je connais fort bien, pour avoir entendu mon maître raconter souvent leur histoire. Celui qui a pensé t'écraser se nomme Formosus. Dans la belle maison que nous venons de voir, demeure un vieux président qui avait pris Formosus en affection toute particulière. Quelque temps après, Formosus devint pâle et souffrant. Le président, fort inquiet, finit par découvrir que le jeune homme était éperdument amoureux de sa fille. Peu flatté de la donner à un gendre sans sou ni maille, il eut cependant pitié de Formosus, et demanda à mademoiselle Ulrike s'il lui avait avoué ses sentiments. La belle rougit, et avoua avec modestie que, malgré la discrétion du jeune homme, elle avait deviné ses sentiments; elle ajouta même tout doucement qu'il ne lui déplaisait point. Le président réfléchit que sa fille n'étant plus de la première jeunesse, il ferait bien de la pourvoir, et résolut de l'unir à Formosus. Mais voilà qu'au moment où les voisins congratulaient les fiancés, survint un ami d'enfance de mademoiselle Ulrike, fort peu disposé à la voir passer dans les bras d'un autre. Cet ami-là se nommait Walter. Mais je ne sais trop, cher Murr, pourquoi je te parle d'un pareil sujet; un savant tel que toi peut-il rien comprendre à l'amour?

— Peut-être, répondis-je, n'ai-je jamais aimé dans le sens exact que tu attaches à cette expression; car, d'après ce que j'ai lu, l'amour est une maladie de l'âme, qui nous fait voir les objets tout autres qu'ils ne sont en réalité. Mais continue ton histoire: elle m'intéresse extrêmement. »

Ponto poursuivit ainsi :

« Walter se jeta dans les bras de Formosus en lui disant d'une voix éplorée : « Tu as à jamais détruit le bonheur de « mon avenir. Je pars pour ne jamais te revoir! »

A ces mots, il s'en alla vers la forêt voisine pour se tuer de désespoir. Mais il paraît que, dans son trouble, il avait oublié de charger ses pistolets. Il se borna donc à donner des signes de folie, ne mourut point, et se retira chez lui. Un beau jour, Formosus, qu'il n'avait pas revu depuis longtemps, arriva dans sa chambre, et le trouva à genoux, en contemplation devant un portrait d'Ulrike.

« Walter, s'écria-t-il, je ne puis me résoudre à te voir si malheureux; je te sacrifie mon amour. Je renonce à Ulrike, et j'ai prié son père de vous unir. Pour moi, je pars! adieu!»

Walter ne pouvait croire à la réalité de cette scène. Mais Formosus lui remit un billet du président qui l'invitait à venir en toute confiance faire agréer ses vœux, et il partit. Walter épousa Ulrike. Le président envoya à Formosus 12,000 florins, non pour l'indemniser, lui écrivait-il, mais pour lui donner une preuve d'estime, attendu qu'il avait sagement fait de sacrifier sa passion en faveur d'un ami pourvu d'un patrimoine assez rond et d'une belle place, deux conditions qui rendaient le mariage de mademoiselle Ulrike beaucoup plus sortable.

Formosus s'empressa de répondre qu'il n'acceptait le cadeau du président que pour le transmettre à une pauvre veuve qui vivait avec sa fille unique dans un village dont il donnait l'indication. Ses nobles intentions furent soigneusement remplies.

Peu de temps après, Walter écrivit à Formosus : « Reviens! Je ne puis vivre loin de mon meilleur ami. »

Formosus revint et prit possession de l'emploi de Walter, qui avait donné sa démission en sa faveur. Tout le pays admira la générosité mutuelle de ces deux amis, vraiment dignes des temps antiques.

« J'admire, en effet, dis-je à Ponto, leur belle conduite, animée par un si rare désintéressement.

— Doucement, reprit le griffon, ne t'échauffe pas si vite. Formosus n'était point d'abord, si j'en crois la chronique, démesurément épris des trente ans de mademoiselle Ulrike; car il partageait exactement ses soupirs entre elle et une jeune lingère assez appétissante. Lorsque les fiançailles lui donnèrent le droit de voir plus assidûment sa future, il démêla dans son caractère les germes mal déguisés d'une humeur qui promettait de devenir acariâtre. Il apprit en outre, tant les langues sont venimeuses! que la belle n'en était pas à son premier sentiment. Voilà le secret de sa rare générosité. »

Walter pouvait aimer avec un entraînement sincère, d'autant plus qu'il n'avait jamais vu Ulrike qu'à distance respectueuse, et parée de tous les colifichets qui déguisent une fille à marier.

Ulrike de son côté voyait d'assez bon œil ses deux prétendants, sans attacher beaucoup d'importance au choix qu'elle ferait de l'un ou de l'autre.

Walter avait un emploi lucratif, mais qu'il craignait de perdre à chaque instant, par suite de ses négligences habituelles et de quelques fredaines qui n'étaient pas restées ignorées. Il sut, en donnant sa démission fort à propos, colorer cette détermination de tous les traits d'un sacrifice à l'amitié.

Les 12,000 florins donnés par le digne président furent livrés à une vieille femme d'extérieur honnête, mais qui jouait fort habilement, selon les occurrences, le double rôle de mère ou de camériste de la jeune et piquante lingère. Elle remplit le rôle de mère pour accepter gracieusement les 12,000 florins, sur lesquels elle se réserva un droit de commission fort raisonnable, en remettant cette somme, en qualité de servante, à la maîtresse dont elle s'entendait si bien à gérer les affaires.

Au reste, Formosus et Walter savent parfaitement aujourd'hui à quoi s'en tenir sur la valeur de leur générosité mutuelle. Ils ont longtemps évité de se rencontrer pour ne pas s'accabler des témoignages de reconnaissance qu'ils se devaient, et tout à l'heure ils se sont embrassés comme deux Judas.

Au moment où Ponto finissait ce récit, le cri : Au feu! se fit entendre. Des tourbillons de flammes s'échappèrent de plusieurs fenêtres d'une maison voisine. Ponto prit la fuite, et moi, je grimpai lestement le long de l'échelle d'un pompier pour gagner les toits, où je me mis en sûreté.

XIV

« ..... Diable ! disait le prince Irenaüs, cette espèce d'original est tout à fait sans gêne. Il tombe ici comme une bombe, sans se faire annoncer et présenter, selon les règles de l'étiquette ; c'est un peu cavalier. Au surplus, j'avoue qu'il ne m'a pas trop déplu. Ne m'avez-vous pas dit, maître Abraham, que ce jeune homme a eu dans le monde une autre position que celle de musicien? »

Maître Abraham s'empressa de faire au prince l'éloge de son ami Kreisler, et ajouta que c'était un gaillard qui avait dîné avec des têtes couronnées, mais qui, pour des raisons que l'avenir dévoilerait peut-être, tenait à s'envelopper encore du plus strict incognito.

« C'est donc un noble en disgrâce? s'écria le prince Irenaüs. Qu'il soit le bienvenu au foyer d'une altesse dépouillée. Je veux respecter son mystère. J'aime excessivement le mystère. Rien ne me plaît davantage que l'histoire anecdotique des premiers temps qui suivirent la Révolution française ; les marquis faisaient de la cire à cacheter, et les barons tricotaient des bas. Mais, pour en revenir à votre M. Kreisler, madame la conseillère Benzon me l'a recommandé vivement; et, de la manière seule dont il porte son chapeau sous le bras, je gagerais que c'est un homme de qualité en déconfiture. »

Les bonnes dispositions du prince Irenaüs encouragèrent beaucoup les espérances de maître Abraham, qui comptait assurer à son protégé le bel emploi de maître de chapelle. Mais, quand il osa soumettre son projet, le prince Irenaüs jura qu'il n'en serait rien.

« Comment voulez-vous qu'en admettant à ma cour un jeune homme de bonne extraction j'en fasse un simple serviteur? Je pourrais le nommer directeur de mon spectacle; mais s'il est bon musicien, comme vous l'assurez, je m'en garderai bien. Je tiens aux idées de mon défunt père, qui prétendait avec raison qu'un fonctionnaire ne doit rien entendre aux choses dont il a la direction. Je recevrai donc votre M. Kreisler en qualité de maître de chapelle étranger; il y remplira le rôle de certain personnage de fort bonne souche, qui ne dédaignait pas de se cacher auprès de certain prince de ma connaissance, sous le masque d'un vil bateleur, pour le divertir par ses lazzis, à peu près comme faisait, dans l'antiquité biblique, le jeune David auprès du roi Saül. Mais je dois vous avertir, puisque vous lui portez un si vif intérêt, qu'il est urgent pour lui de se corriger de deux défauts. Le premier, c'est de me fixer lorsque je lui parle. Il me semble que j'ai un regard assez imposant pour faire baisser ceux qui le rencontrent. Ensuite, ce jeune homme a une façon de causer si singulière, qu'à réfléchir sur chacune de ses réponses, on serait tenté de croire qu'on vient de dire soi-même une bêtise. Ces petites irrévérences viennent probablement d'habitudes vicieuses que vous saurez réformer. »

Maître Abraham s'inclina en signe d'assentiment, et il

allait se retirer ; le prince Irenaüs le rappela pour lui parler de l'éloignement instinctif que la princesse Hedwige témoignait pour Kreisler ; la pauvre enfant avait une idée fixe : c'est que Kreisler pourrait bien s'être évadé de quelque maison de fous.

« Je vous prie, ajouta Irenaüs, de bien examiner l'état mental de votre protégé, afin de me rassurer à cet égard.

— Kreisler jouit de son bon sens comme moi-même, reprit Abraham, mais parfois il est enclin à certaines originalités qui n'inquiètent que ceux qui ne le connaissent pas. J'y veillerai. »

Maître Abraham allait de nouveau se retirer quand le prince le rappela encore pour lui demander d'où pouvait provenir l'antipathie que la première apparition de Kreisler avait produite sur Hedwige.

Abraham répondit que Kreisler, s'étant trouvé précisément dans un de ses accès d'originalité, avait pu exciter d'une manière fâcheuse, mais seulement momentanée, le système nerveux de la princesse.

« Je pense, répliqua le prince, que M. Kreisler n'était pas venu à pied, et que sa voiture l'attendait à la grille du parc. »

Maître Abraham riposta à cette attaque par l'exemple d'un grand capitaine de l'antiquité qui avait couru de Leipzig à Syracuse, à pied, sans faire ressemeler ses bottes ; il ajouta que, du reste, la berline de M. Kreisler avait dû nécessairement l'attendre hors du parc de Son Altesse.

Le prince Irenaüs parut fort tranquillisé par cette assurance.

XV

Pendant cette conversation, Kreisler, assis devant le clavecin de Julia, chez madame Benson, exécutait, au grand ravissement de la jeune fille, le récitatif de Clytemnestre, dans l'*Iphigénie* de Glück.

Le chant de Julia avait quelque chose de mélancolique et

presque mystérieux. On ne pouvait l'entendre sans être ému jusqu'à pleurer, et l'impression qu'on ressentait était si surhumaine, qu'un jour que la jeune fille chantait en présence du prince Irenaüs, Son Altesse se prit à soupirer, se leva, et vint lui baiser la main, chose dont le maître des cérémonies resta longtemps ébahi, car l'action du prince n'était pas prévue par les règles de l'étiquette ducale.

Ce jour-là, elle chantait, accompagnée par les mains savantes de M. Kreisler. L'auditoire faillit tomber en pâmoison de plaisir. Quand elle eut fini, tout le monde applaudit à outrance. Kreisler seul resta sur sa chaise, le front pâle, l'œil fixe. Julia lui demanda avec un doux sourire s'il était satisfait de l'exécution du morceau. Kreisler se leva, mit la main sur son cœur et voulut parler; mais la voix expira sur ses lèvres, et il courut cacher son désordre dans le coin le plus solitaire de l'appartement.

La conseillère avait eu beaucoup de peine à décider Hedwige à assister à cette soirée musicale. La jeune princesse fit si bien, que Kreisler ne put l'approcher, malgré tout le désir qu'il avait de rentrer dans ses bonnes grâces. Mais après l'exécution de la musique de Glück, elle se leva d'elle-même et alla parler au maître de chapelle dans le coin solitaire où il s'était réfugié. Elle lui demanda pourquoi il n'avait pas trouvé une seule parole pour exprimer à Julia les félicitations qui lui étaient dues.

« Madame, répondit Kreisler d'une voix creuse, il me semble que j'étais au ciel pendant qu'elle chantait. Les bienheureux n'ont que la sensation et le regard, ils ne trouvent point de mots pour exprimer ce que nulle langue humaine ne saurait peindre.

— Julia est donc un ange, dit Hedwige, puisqu'elle vous a ouvert les portes du ciel? »

Kreisler la regarda fixement, et ne répondit pas.

La princesse, troublée, changea de conversation.

« Je sais, monsieur, dit-elle, que vous donnez des leçons bien précieuses à cette chère enfant, et je vois qu'elle est destinée à faire, grâce à vous, de merveilleux progrès. Il me semble qu'avec un talent comme le vôtre vous pourriez faire aussi quelque chose de mon peu de savoir en musique... »

A ces mots, elle baissa les yeux, et rougit. La conseillère, qui s'était approchée, lui dit qu'elle était injuste envers elle-même; que son talent était fort remarquable; et Kreisler, encouragé par ce secours venu fort à propos, s'enhardit à prodiguer à Hedwige les éloges les plus délicats.

Hedwige l'écoutait avec une joie visible. Son écharpe de velours ayant glissé, Kreisler la releva et la lui présenta gracieusement. En la prenant, Hedwige effleura du bout des doigts la main de Kreisler : le pauvre maître de chapelle crut ressentir une commotion électrique, et faillit tomber à la renverse.

En ce moment, on entendit Julia commencer un nouveau chant.

« Cher monsieur Kreisler, dit-elle en s'interrompant, on veut à toute force que j'essaye ce beau duo que vous m'avez apporté dernièrement. Voulez-vous bien m'accompagner encore?

— Venez au clavecin, » dit madame Benzon en entraînant Kreisler.

Le pauvre jeune homme reprit sa place devant le clavier, sur lequel ses doigts couraient au hasard. Les paroles du fameux duo avaient été composées par lui avec un enthousiasme extrême. L'amour le plus ardent jaillissait de chaque note, et cependant le début, grâce à l'émotion de Kreisler, ne fut pas très-heureux. Mais bientôt tous deux reprirent leur assurance, et la chute finale du duo fut enlevée avec une perfection qui foudroya l'assemblée.

Tout le monde pleurait. La conseillère Benzon s'écria qu'elle n'avait jamais entendu pareil chef-d'œuvre.

Hedwige seule avait en apparence résisté à l'émotion générale. Auprès d'elle se trouvait assise une dame d'honneur, fort peu sensible, toujours aussi disposée à rire qu'à pleurer, et à qui la jeune princesse, pour laisser penser qu'elle ne faisait aucune attention à la musique, s'était étudiée à parler bas, mais avec affectation. Quand le duo fut achevé, cette dame se leva, les yeux ardents, et dit tout haut : « J'espère qu'il me sera permis d'exprimer aussi mon sentiment sur le morceau qui vient d'être exécuté. En rendant toute justice à la composition, je ferai une simple remarque, c'est que, dans une soirée où l'on se réunit pour passer quelques heures à se récréer, il est assez hors d'œuvre de faire une musique triste jusqu'aux larmes. Je vous confesse ma faiblesse, monsieur le maître de chapelle ; mais il me semble que vous auriez pu choisir des sujets qui ne me rendissent point malade. Vous pouviez, ce me semble, jouer, avec un égal succès, quelques cantates de Paesiello ou de Cimarosa, qui sont spécialement composées pour les salons.

— Madame, répondit Kreisler avec cet accent caustique dont il ne pouvait se défendre toutes les fois que sa bizarrerie était surexcitée, je sais bien qu'on apporte dans les réunions mondaines un cœur confit dans la glace, et qu'il est très-dangereux de faire le rôle d'incendiaire en pareil cas. Pardonnez-moi cette imprudence qu'il n'est pas impossible de réparer. Au feu! au feu! au feu!... »

A ces mots, il chercha vivement dans les cahiers de musique une partition de Paesiello, et, l'ouvrant sur le pupitre, il se mit à battre sur les touches du clavecin une ariette badine, en disant à Julia :

« Chère demoiselle, venez à mon secours pour éteindre l'embrasement que j'ai fait naître involontairement dans le cœur de ces dames. Chantez! chantez, pour éteindre le feu! »

L'ariette finie, Kreisler en commença une autre, sans donner à la société le temps de respirer. Julia était mécontente, car sa voix, malgré toute sa fraîcheur, convenait infiniment mieux aux morceaux pathétiques. Quant à Kreisler, il avait pris franchement l'allure la plus bouffonne qui se puisse imaginer. Il acheva sa seconde partition au milieu d'un éclat de rire général.

Kreisler, enchanté, voulut baiser la main de Julia; mais elle s'éloigna de lui d'un air boudeur, en disant :

« Je ne conçois vraiment rien à votre caractère. Comment peut-on passer avec une telle impassibilité du tragique au bouffon? Ne me demandez plus de chanter avec vous de pareilles pièces, si jolies qu'elles puissent être. Ne me le demandez plus, ou je vous haïr i toute ma vie! »

Kreisler allait répondre, mais la princesse éclata de rire et embrassa Julia avec une sorte de frénésie que le maître des cérémonies jugea peu convenable dans une personne de si haut rang; puis se tournant vers le maître de chapelle:

« Monsieur, lui dit-elle, me voilà tout à fait réconciliée avec vous. Je comprends parfaitement votre caractère, et je vous permets de baiser le bout de mon gant. »

Kreisler obéit, et sentit la même commotion électrique, un peu diminuée, il est vrai, par le contact du gant de soie. Il s'exécuta avec toute la dignité d'un ex-conseiller de justice. Puis, quand il se fut éloigné, il se reprocha son émotion, et se dit: « La princesse Hedwige n'est peut-être qu'une bouteille de Leyde qui fait des décharges au gré de sa fantaisie ducale. »

La princesse acheva la soirée en donnant libre cours aux accès de la plus pétillante gaieté. Madame Benzon en fut presque scandalisée, et ne put s'empêcher de lui dire à l'oreille :

« Mais, chère princesse, prenez donc garde ! vous vous émancipez, ce soir, au delà de certaines limites.

— En ce cas, répondit tout haut la princesse, allons nous coucher. »

XVI

..... Du haut des gouttières où je m'étais réfugié, je contemplais courageusement les progrès de l'incendie, lorsque apparut, à l'orifice d'un tuyau de cheminée, une de ces caricatures que les hommes appellent ramoneurs.

A peine m'eut-il aperçu qu'il me lança son balai, dont j'esquivai le coup par un saut fort leste, et je me trouvai dans un grenier, où je faillis m'évanouir de saisissement : je venais de reconnaître la maison de mon maître !

Tout à coup la porte s'ouvre, et maître Abraham, en robe de chambre, paraît, un seau d'eau à la main. Il m'aperçoit, et son regard brille de plaisir.

« Murr, pauvre Murr! qu'étais-tu devenu? rentre vite au logis, pauvre ami! »

Quand il se fut assuré qu'aucun danger ne menaçait son voisinage, il me prit dans ses bras et m'emporta dans notre chambre. A peine y étions-nous, qu'arriva Lothario suivi de deux personnes que je n'avais jamais vues.

« Maître Abraham! s'écrièrent-ils, sauvez-vous! le feu gagne votre toit! »

Mon maître répondit sèchement que les appréhensions irréfléchies étaient aussi redoutables que le danger même; qu'il avait la bonne habitude de ne jamais agir qu'avec poids et mesure, et qu'il s'en était toujours trouvé bien. Qu'au surplus, il se croyait le temps, quel que fût le péril, de mettre dans un coffre plusieurs effets indispensables, avec ses manuscrits. « Et avant tout, dit-il encore, il faut bien que je donne à boire et à manger à mon pauvre chat qui m'arrive je ne sais d'où. »

On se mit à rire, mais mon maître ne s'en soucia guère, et je fis grand honneur au festin frugal qu'il me servit. Lorsque je fus rassasié, il me fourra dans un grand panier avec une écuelle de lait, et m'ordonna d'y attendre les événements. « Le retour de mon chat, dit-il à Lothario, est une preuve de son affection, et pour rien au monde je ne voudrais me séparer de lui. »

Ces paroles me causèrent une vive satisfaction, en prouvant ma prédominance sur la foule des chats vulgaires. Je conçus une plus haute idée de mes talents naturels, et me persuadai que j'étais fort au-dessus même de Ponto qui pourtant m'avait été passablement utile.

Pendant que je faisais ces réflexions dans mon panier, de nouveaux cris se firent entendre :

« Sauvez-vous! la maison est en flammes!

— En ce cas, messieurs, dit Abraham à Lothario et à ses compagnons, veuillez bien rester tranquilles. Je vais revenir vous chercher tout à l'heure, et nous emporterons mon mobilier. »

Il sortit.

Cependant je commençais à trembler. La fumée gagnait la

chambre; le danger semblait approcher au galop. Si mon maître allait m'oublier dans cette fournaise, me disais-je avec angoisse, que deviendrais-je? Et qui sait si, jaloux de mes talents littéraires, que ce maudit Lothario lui a révélés, il n'aurait pas conçu l'affreux projet de m'enfermer dans cette prison d'osier pour me faire périr cruellement!

Comme je me désolais ainsi, maître Abraham rentra.

« Messieurs, dit-il, j'ai bien fait de ne pas trop me hâter, car le danger est passé. Prenez donc la peine de vous asseoir, et videz à ma santé un flacon de vin du Rhin, pendant que je vais regagner le toit pour verser encore quelques pintes d'eau sur les charbons. Mais voyons d'abord comment se porte mon cher Murr. »

Il ouvrit alors ma prison, me prodigua mille caresses, et m'offrit un moineau rôti au feu de l'incendie. Cette attention délicate me fit miauler de joie, et je me mis à fricoter dans mon panier, dont mon maître rabaissa le couvercle, mais sans m'enfermer de nouveau.

A peine fut-il parti, que Lothario vint m'examiner, et fit à ses deux compagnons des signes auxquels je ne compris rien; il leur parla ensuite à l'oreille. J'en pris quelque défiance.

« Pour moins que rien, reprit-il plus haut, je tordrais le cou à ce maudit chat qui a l'air de nous narguer.

— Et pourquoi lui faire du mal? » interrompit un des inconnus.

Le professeur raconta comme quoi je savais lire et écrire, et comme quoi j'avais l'outrecuidance de composer des poésies. Il ajouta qu'il tenait cette confidence de son chien Ponto.

A ces mots, les auditeurs se moquèrent de Lothario.

« Vous perdez la tête, lui dit l'un d'eux, et s'il était possible que ce chat fût véritablement doué des facultés merveilleuses que vous lui attribuez, je croirais que vous en êtes jaloux. Du reste, ce petit animal n'entrera jamais en concurrence avec vous pour une place de professeur.

— Sans doute, reprit Lothario avec humeur; mais il peut devenir écrivain, et trouver des libraires pour imprimer ses œuvres; et alors quelle mystification ne sera-ce pas pour l'espèce humaine!

8.

— Je ne vois pas, répliqua un des interlocuteurs, pourquoi un chat savant n'aurait pas le droit de faire profiter l'humanité du fruit de ses études. La seule précaution à prendre serait de lui rogner les griffes pour qu'il ne nous déchire pas quand il aura pris place parmi les gens de lettres.

— Fameuse idée ! » s'écria Lothario.

Et, se levant de table, il chercha une paire de ciseaux.

Figurez-vous mon atroce perplexité ! Je résolus aussitôt d'opposer la plus vigoureuse résistance à un pareil attentat, et de marquer au visage d'un coup de patte ineffaçable le misérable qui voulait me déshonorer.

Mais, au moment fatal, mon maître entra.

En le voyant, je culbutai le panier, et je courus me réfugier sous le poêle.

« Qu'avez-vous donc fait à mon chat ? » demanda maître Abraham.

Mais mes ennemis se turent. Ils étaient couverts de honte.

XVII

« ..... Je ne suis capable d'aucune attention sérieuse, dit la princesse à Kreisler, quand je ne suis pas seule avec mon maître, comme avec mon confesseur. L'étiquette est pour les grands une chaîne bien fatigante ; on devrait, du moins à la campagne, se permettre un peu de liberté. Si mon père était ici, je n'aurais jamais osé me trouver seule dans ma chambre avec vous. Recommençons maintenant, si vous le voulez bien ; vous verrez que je suis disposée à faire des progrès. »

Kreisler recommença.

Mais en dépit de toute sa patience et de tous ses efforts, la princesse se trompait toujours.

Elle se leva enfin, le visage en feu, courut à la fenêtre, et regarda dans le parc.

Kreisler crut s'apercevoir qu'elle pleurait. Il se mit au clavecin, et fit entendre, pour la calmer, une douce mélodie.

« Le soleil couchant est bien beau sur la cime dorée des grands chênes, » dit Hedwige sans se retourner.

Kreisler ne répondit pas.

« Ce séjour est d'une admirable poésie ! » continua la princesse d'une voix plus accentuée.

Kreisler se leva et s'approcha de la fenêtre.

« Oui, princesse, lui dit-il, ce parc est délicieux, surtout quand vous en faites l'ornement... »

Il s'arrêta court... La princesse était pâle comme une morte.

« Kreisler, dit-elle après une longue pause, je dois vous paraître bien folle ; mais il est temps que je vous déclare que c'est à vous que je dois mes souffrances. Elles datent du jour où je vous vis pour la première fois, auprès de la grande pièce d'eau. Mon effroi est le résultat d'un souvenir d'enfance. Il y avait, à cette époque, chez mon père, un peintre, nommé Ettlinger, qui a fait pour notre galerie plusieurs portraits de grand mérite. Le plus parfait est celui de ma mère. J'avais donné à cet artiste, qui se nommait aussi Léonhard, toutes mes affections d'enfant. Il y répondait par mille complaisances, dont mes parents se montraient fort touchés.

« Tout à coup je cessai de le voir. On me dit, longtemps après, qu'il était mort. Je fus longtemps inconsolable, et je voulais me persuader qu'on m'avait trompée et qu'il reviendrait tôt ou tard. Un soir que ma gouvernante m'avait laissée seule, je sortis de ma chambre, et j'errai dans les appartements du palais, sans savoir moi-même où je voulais aller.

« Soudain, voilà qu'une porte s'ouvre du côté de la chambre de ma mère : un homme s'élance, pâle, les yeux hagards, les cheveux en désordre : c'était Léonhard !

« D'où venez-vous ? lui criai-je avec terreur. Que vous est-il arrivé ? On m'a dit que vous étiez mort !

« Il me répond par un éclat de rire épouvantable. Je m'aperçois qu'il traîne à la ceinture un bout de chaîne brisée. Il se jette à mes genoux, en criant : « O ma petite princesse ! « tu voudrais que je te fisse des dessins pour t'amuser « comme autrefois ; mais il faut pour cela prier ta mère, qui « est si belle, de me rendre ma nature. Je ne suis plus le mi-

« sérable Léonhard Ettlinger, je suis le vautour rouge, et
« pour peindre, il me faut du sang! Je veux ton sang!... »

« A ces mots, il me prend dans ses bras, et je crois voir
briller un poignard dans sa main. A mes cris perçants, des
domestiques accourent; ils se jettent sur Léonhard, mais ce
malheureux les renverse. On entend dans l'escalier un bruit
de fers; un homme de haute taille parait et s'écrie : « Tu
« t'étais échappé, damné coquin, mais je te tiens! »

« A peine le pauvre fou l'eut-il aperçu, qu'il resta sans
force devant lui. Il se laissa enchaîner de nouveau, et suivit
son conducteur avec des hurlements lamentables.

« Vous comprenez facilement, Kreisler, l'impression que
produisit sur moi cette scène affreuse. On essaya de me calmer et de m'expliquer ce que c'est que la folie. J'ai gardé de
ce souvenir une horreur profonde, inexplicable, qui me bouleverse l'esprit chaque fois que je vois un être frappé de ce
malheur. Eh bien, vous ressemblez à ce Léonhard comme si
vous étiez lui-même, et vous me l'avez retracé avec une vérité frappante, la première fois que nous nous rencontrâmes.
Votre exaltation, vos yeux ardents, quelques paroles incohérentes qui vous échappèrent, ont ravivé subitement mes impressions effacées; et depuis que je vous connais davantage,
je ne puis parvenir toujours à dominer un reste d'épouvante. »

Kreisler était frappé de stupeur. Il songea qu'il avait craint
lui-même plusieurs fois d'être enclin à des accès de folie. Il
sentait intérieurement une horreur indéfinissable; il était
près de croire qu'il pouvait bien n'être autre chose que ce
funeste Léonhard.

La princesse continua :

« J'ai su que ce Léonhard aimait en secret ma mère, et que
cet amour, sans espoir, avait causé sa folie.

— C'est que l'amour de l'art, dit Kreisler en s'efforçant de
paraître calme, s'était évanoui dans le cœur de Léonhard.

— Que voulez-vous dire? s'écria la princesse en se retournant vivement vers Kreisler.

— Il y a en ce monde, reprit le maître de chapelle, les
hommes ordinaires et les artistes. Les premiers, quand ils

sont épris de deux beaux yeux, entourent l'objet de leur passion de cercles magnétiques, qui finissent, en se rétrécissant graduellement, par s'arrêter au diamètre de l'anneau du mariage. Quant aux artistes, leur amour est immense; mais on les regarde comme d'une nature trop idéale, pour craindre jamais de se laisser aller avec eux jusqu'à un vœu de mésalliance; on les encourage, sans songer à de fatales conséquences. Je m'étonne que le peintre Ettlinger soit devenu fou, car il aurait pu se borner à une passion platonique dans laquelle personne ne se fût avisé de se faire son rival.

Cette plaisanterie sarcastique du maître de chapelle ne fut pas comprise. La princesse était trop fortement préoccupée pour éplucher des mots.

« L'amour des artistes, dit-elle en se laissant aller sur un sofa, oh! oui, c'est quelque chose d'immense, de sublime, comme le ciel et la poésie. Mais ce n'est qu'un rêve. Être aimée ainsi!!!...

— Hélas! dit Kreisler, pourquoi le dénier? N'avez-vous pas sous les yeux un bien triste exemple des fruits d'un pareil amour? Voyez le peintre Ettlinger qui descend des hauteurs de son art pour aimer comme un homme ordinaire. N'a-t-il pas été foudroyé? »

Dieu sait où se serait étendue cette controverse qui commençait si bien, sans l'arrivée inattendue du prince Ignaz, frère d'Hedwige.

Le maître de chapelle bénit cet incident qui le tirait fort à propos d'une situation assez embarrassante.

XVIII

Le prince Ignaz entra en pleurnichant, une porcelaine brisée à la main. Ce pauvre principicule, quoique âgé de vingt ans, semblait condamné à une enfance perpétuelle. Il passait des heures entières à ranger des jouets sur une table. C'était son unique bonheur.

Le chagrin qu'il éprouvait en ce moment était dû à la pétulence d'un grand lévrier qui avait sauté sur la table et bouleversé les joujoux de la jeune altesse. Hedwige eut beaucoup de peine à le consoler, et n'y parvint qu'en lui promettant de remplacer la porcelaine cassée par un service complet qu'elle lui ferait venir de Nuremberg, patrie des jouets d'enfants les plus célèbres. Le prince Ignaz essuya ses larmes, et, apercevant Kreisler, lui demanda s'il avait d'aussi belles porcelaines. Kreisler s'empressa, pour le flatter, d'affirmer que la chose était impossible, attendu qu'il n'était pas aussi riche que Son Altesse.

Hedwige rougissait de l'imbécillité de son frère ; elle craignait quelque saillie de Kreisler, et lui sut un gré infini de sa réserve ; puis, pour détourner le pauvre enfant de sa ridicule idée fixe, elle le pria de mettre en ordre les livres épars sur ses rayons. Ignaz s'en réjouit, et se mit à les aligner avec beaucoup de soin, par rang de taille comme des soldats, et la tranche dorée en dehors.

La camériste de la princesse accourut alors en criant : « Son Altesse le prince Irenaüs, avec un étranger.

— Ah ! mon Dieu ! et ma toilette que j'ai oubliée ! » s'écria Hedwige en disparaissant sous une portière de damas.

Le prince Ignaz ne bougea point, mais Kreisler s'empressa d'aller au-devant de Sa Seigneurie qui mettait pied à terre au bas du grand escalier.

Irenaüs était accompagné d'un jeune homme au maintien roide, portant le costume éclatant de la garde napolitaine, avec force broderies et décorations.

« *Je vous salue, monsieur de Krœsel,* » dit le prince Irenaüs à Kreisler en l'apercevant. Il disait *Krœsel*, parce que, dans ces grandes occasions de fête ou de réception au château, il avait la manie de s'exprimer en français, et de ne pouvoir plus prononcer les noms germaniques.

L'étranger, princillon à tous crins, fit à peine à Kreisler une très-légère inclination de tête.

Blessé de sa morgue ridicule, le maître de chapelle se courba devant lui jusqu'à terre avec une gravité si grotesque, que le maître des cérémonies ne put s'empêcher de rire sous cape. Le princillon lança à Kreisler un regard de travers, et murmura le mot allemand *Hazenfusz*, qui n'a guère, chez nous, d'analogie qu'avec celui de *pied-plat*.

« Pour un officier aux gardes napolitaines, dit Kreisler, Sa Seigneurie n'écorche pas trop l'allemand. Mais je pourrai trouver l'occasion de lui souffler quelques mots du napolitain le mieux accentué. »

La voiture ducale, dont se servait Kreisler pour aller se promener à Siegartshoff, était au bas du perron. Au moment où il allait monter, pour porter plus loin le ressentiment de sa blessure, un valet accourut en sanglotant.

« Que diable as-tu donc? demanda Kreisler.

— Ah! monsieur! quel malheur! Le maître d'hôtel de Son Altesse va se tuer de désespoir, parce que le seigneur étranger demande à dîner, et que nous n'avons pas de coquillages à l'office pour préparer une salade italienne. Il voulait partir pour en aller chercher à la ville, mais le grand écuyer refuse de lui prêter un cheval.

— Eh bien! dit Kreisler, que M. le maître d'hôtel monte dans ma voiture. Je m'en irai à pied.

— Ah! monsieur Kreisler, s'écria le gâte-sauces, vous étiez digne de vivre sur un trône! »

Le soleil couchant versait ses brumes d'or sur les pelouses fleuries, tandis que Kreisler gagnait en rêvant le petit pont jeté sur un bras de la grande pièce d'eau, dans la direction de la cabane du pêcheur. En s'arrêtant sur la passerelle pour admirer les reflets lumineux qui s'éteignaient dans la nappe limpide, il crut y voir tout à coup l'image du peintre Ettlinger.

« Pauvre hère, lui dit-il, je t'apporte des nouvelles de la princesse que tu n'as pas vue depuis si longtemps. Apprends d'abord, cher fou d'amour, que la triste Hedwige n'a point perdu ton souvenir. Il faut que tu l'aies bien profondément émue, pour qu'elle souffre encore de sa blessure. Ne te fâche pas, si son illusion me prête ta figure. Mais voyons, monsieur Léonhard, tâchez donc de ne pas vous moquer de moi, en copiant tous mes gestes! Comment, tu oses continuer? Vrai Dieu! Si je ne craignais une pleurésie, je sauterais dans l'eau pour te rosser. »

Et le maître de chapelle s'en alla à grands pas, tout furieux, frapper à la porte de maître Abraham.

Maître Abraham lisait, assis près d'une petite table de sapin.

« Eh bien, qu'as-tu donc, Jean, mon ami?

— Rien, rien, dit Kreisler d'une voix étouffée. C'est, je crois, mon ombre qui est sortie du lac pour me narguer.

— Toujours fou, reprit son vieil ami. Voilà ce que c'est que de tuer la vie à rêvasser, comme tu le fais. Tu rencontres partout des visions, et rien n'est pourtant plus aisé que de prouver, quand il fait soleil, ou quand on allume un flambeau que chacun de nous est inévitablement lié à son ombre.

— Oui, et voilà comme vous êtes, toujours prêt à vous jouer d'autrui, s'écria le maître de chapelle. Vous préparez, vous aussi, des prodiges pour bouleverser l'esprit des bonnes gens, et vous ne voulez pas que des hommes de sens puissent lire des mystères à chaque pas dans les choses les plus naturelles.

— Naturelles! naturelles! murmura maître Abraham. Je vous trouve bien hardi de nier qu'en ce monde *rien ne se passe naturellement*. Vous aviez cependant jusqu'ici assez de respect pour mon art, quoique vous n'ayez pas été initié à ses combinaisons les plus cachées.

— Ah! voulez-vous parler de votre *fille invisible?*

— Sans doute, reprit Abraham, et c'est *elle* qui vous prouve que le prestige, en apparence le plus facile à expliquer, touche de fort près aux mystères les plus impénétrables.

— Possible, fit Kreisler, mais, en tout cas, vous ne m'avez jamais raconté le fond du mystère de cette fameuse fille invisible.

— Eh bien, aujourd'hui, je vais te le dévoiler, reprit maître Abraham.

— J'avais tué ma jeunesse à force de travail, en construisant les orgues de l'église de Gonionesmulh. « Courez, me dit « le médecin de la ville, allez par monts et par vaux, aussi loin « que vos jambes voudront vous porter; c'est le seul remède « qui pourra vous guérir. »

« Je partis, m'arrêtant de ville en ville, pour gagner l'argent nécessaire à mon voyage, en faisant partout des mécaniques et une foule d'ouvrages qui émerveillaient la curiosité générale. Je rencontrai un jour un homme nommé Séverino, qui se moqua de moi et de mes travaux, et qui me révéla de si singulières choses, que je partageai bientôt la croyance populaire qui lui attribuait un pouvoir diabolique.

« Ce qui faisait parler de lui partout, c'était sa *fille invisible*. Au milieu d'une chambre était suspendue une boule de cristal, et de cette boule sortaient les réponses les plus merveilleuses à toutes les questions qu'on lui adressait; et ces réponses étaient faites par une voix céleste dont le timbre frappait au cœur tous ceux qui l'écoutaient.

« Curieux de pénétrer le secret d'un si étrange spectacle, j'offris à Séverino de travailler pour lui; mais il semblait mépriser mes capacités, et se borna à me charger de lui faire un orgue hydraulique dont il avait besoin, disait-il, pour accompagner la voix de son oracle invisible.

« A quelques jours de là, je rencontrai dans la rue une foule considérable qui paraissait en rumeur. On me dit qu'un homme fort bien mis venait de se trouver mal. Je m'approchai, et reconnus Séverino qui fut transporté dans une maison voisine, où je le suivis. Un médecin, appelé aussitôt, lui donna les premiers secours qu'il réclamait. Séverino, en ouvrant les yeux, fixa sur moi un regard épouvantable, et qui annonçait sa mort prochaine. Ne pouvant parler, il porta sa main défaillante sur un trousseau de clefs serré dans ses vêtements, en me faisant signe de les prendre. J'obéis. « Ce sont, « lui dis-je, les clefs de votre demeure? » Il fit un signe affirmatif. J'allais continuer mes questions; mais il étendit ses mains comme quelqu'un qui veut faire des paquets.

« Cet infortuné, dit le médecin, désire peut-être que vous
« ramassiez les effets qui lui appartiennent, et que vous en
« soyez l'héritier, s'il meurt. »

« Séverino eut alors une crise violente, et retomba sans connaissance.

« Je courus à sa demeure, palpitant d'une curiosité singulière, et je me hâtai d'ouvrir avant tout le cabinet secret où il s'enfermait pour faire ses expériences. Un épais rideau voilait la fenêtre, et en face de la porte se trouvait une grande glace de Venise sur laquelle je jetai les yeux. Il me sembla alors que j'étais tout pénétré d'une sensation inexplicable, comme celle que communique un appareil électrique. Au même instant, la voix de la *fille invisible* sembla sortir de la boule de cristal suspendue au plafond, et laissa tomber ces paroles : « Mon père, vous ne me ferez plus de mal, car vous « êtes mort à cette heure ! »

« Je tirai vivement le rideau, mais je ne vis personne dans la chambre.

« Mon père, continua la voix, vous avez bien fait d'en-« voyer ici M. Abraham Liskov, car il ne vous laissera pas « sortir du tombeau. »

« Je laisse à penser de quelle frayeur je dus être saisi.
« Ma foi, dis-je tout haut, pour m'encourager comme les en-« fants qui ont peur, si je voyais du moins ici la moindre « fiole, je la briserais, et peut-être que le diable en sortirait « pour m'expliquer ce mystère. »

« Soudain je crus entendre des soupirs s'échapper d'une petite armoire pratiquée dans un coin du cabinet, et qui me semblait néanmoins trop exiguë pour servir d'habitacle à une créature humaine. Je l'ouvris cependant et j'y trouvai une jeune fille pelotonnée comme un ver, et qui me tendit les bras, avec le regard le plus doux du monde.

« Je voulus prendre sa main, mais le plus léger contact me fit éprouver une commotion électrique.

— Halte-là ! maître, interrompit Kreisler, que veut dire ce phénomène ? La première fois que je touchai par hasard la main d'Hedwige, j'ai éprouvé la même sensation.

— Diable ! dit Abraham, notre princesse appartiendrait-elle à la classe du *gymnotus electricus*, ou du *raja torpedo*, ou du *trichiurus indicus*, comme ma chère petite Chiara, ou comme cette souris qui donna un soufflet au savant docteur Cotcugno, quand il se mit en devoir de la disséquer, coupable irrévérence que tu ne tenteras pas, je l'espère, de te permettre envers la gracieuse Hedwige. Nous causerons de cela plus tard ; laisse-moi finir mon histoire.

« La jeune fille de l'armoire, me voyant effrayé, me dit fort doucement : « Ne vous fâchez pas, monsieur Liskov, je « ne donne de secousse électrique qu'une fois par jour. » Sans lui répondre, je la tirai de l'armoire, et je vis devant moi un petit être frêle et délicat, dont la stature n'annonçait guère qu'une dizaine d'années, bien qu'à voir ses formes développées on dût raisonnablement lui en prêter seize. La petite se jeta à mes genoux en pleurant et en s'écriant: « Grâce « à vous, monsieur, la pauvre Chiara ne sera donc plus mal« heureuse ! »

« Pénétré de compassion, je n'osais proférer une seule question pour approfondir ce mystère. Pendant que j'y rêvais, on apporta le cadavre de Sévérino. Dès que Chiara l'aperçut, elle ne pleura plus, et le regarda d'un air irrité. Les gens qui avaient apporté le mort chuchotèrent entre eux que ce pouvait être là la *fille invisible*. Lorsque tout le monde fut sorti, je rentrai dans le cabinet, où je trouvai Chiara dans une posture bizarre, en face de la glace, et marmottant en langue étrangère des paroles dont je ne pus saisir le sens. Je me souvins que c'était l'heure à laquelle Sévérino avait coutume de faire parler son oracle. Chiara s'endormit bientôt après d'un profond sommeil. Je la pris dans mes bras et la portai chez un voisin, où je fus la revoir le lendemain.

« Elle était calme et gaie, et en parfaite santé. Je hasardai alors de l'interroger en la caressant, et elle m'apprit qu'elle n'était autre qu'une petite bohémienne arrêtée un jour avec ses parents sur une place, par des archers de police qui voulaient les mener en prison. Sévérino vint à passer par hasard ; la jeune fille lui plut. « Veux-tu, lui dit l'enfant, que « je te prédise ta destinée ? »

« Sévérino la considéra avec plus d'attention ; une idée passa par sa tête, et, s'approchant du chef de la patrouille, il demanda s'il voulait lui laisser emmener la petite fille, au cas que ses parents y consentissent.

« Les bohémiens se hâtèrent de donner leur assentiment qui les débarrassait d'une bouche à nourrir, et l'officier consentit, moyennant dix florins, à laisser partir Chiara.

« Sévérino, qui méditait déjà sa spéculation de la *fille invi-*

sible, instruisit Chiara à jouer sa part dans ce rôle. Il employa le magnétisme pour agir sur ses sens et dominer sa volonté. Le hasard lui ayant appris qu'elle avait les facultés plus exaltées après avoir souffert, il la battait sans pitié avant de la magnétiser, et, afin de mieux dissimuler sa supercherie aux yeux des gens crédules, il habitua cette pauvre fille à passer des jours entiers, sans mot dire, cachée dans l'armoire où je l'avais trouvée. C'est ainsi qu'il la faisait voyager partout avec lui, dans une caisse où elle pouvait à peine respirer.

« J'avais trouvé dans le secrétaire de son tyran une somme considérable. Je l'employai à constituer une rente pour la pauvre Chiara, et je fis emporter chez moi tous les instruments qui avaient appartenu au charlatan. Tous ces préparatifs étant terminés, je confiai Chiara aux soins de l'obligeant voisin, qui consentait à la recueillir, et je continuai mon voyage. Après un an de pérégrinations, je voulais revenir à Gonionesmuhl, dont les orgues pouvaient d'ailleurs avoir besoin de réparations, mais le sort me destinait sans doute à la vocation de prestidigitateur, car il s'avisa de susciter un filou qui m'enleva toutes mes épargnes et me réduisit encore une fois aux seules ressources de mon travail. J'arrivai ainsi, tant bien que mal, jusqu'aux environs de Sieghartswieler.

« Un soir que je travaillais à raccommoder une tabatière à musique, ma porte s'ouvrit avec fracas, et je vis une femme se précipiter dans ma chambre en s'écriant : « Je ne puis « plus y tenir ; je mourrais s'il me fallait vivre éloignée de « vous ! soyez mon maître, et disposez de moi ! »

« Je levai la tête, j'ouvris les bras : c'était Chiara ! Chiara devenue une ravissante jeune fille.

« N'est-ce pas, monsieur Liskow, disait-elle, que nous ne « nous séparerons plus ? »

« Et aussitôt elle ouvrit une malle qu'un postillon venait d'apporter, et en tira cet in-folio que vous voyez.

« Tenez, poursuivit-elle, voilà ce qu'il y avait de plus pré« cieux dans l'héritage de Séverino, et vous l'aviez oublié. »

« Maintenant, cher Kreisler, je veux t'apprendre une fameuse vérité, mais jure-moi de ne la point trahir. Tu me dois cette discrétion pour l'art que je t'ai enseigné dans ton enfance, de croquer les poires du jardin de ton oncle après avoir attaché des poires de bois peint à la place des véritables...

— Je te le jure, dit Kreisler. »

« Eh bien, sache donc, reprit maître Abraham, que l'in-folio apporté par Chiara contenait tous les secrets de Séverino. « Il y a là, me dit-elle, la description de toutes les machines « à fabriquer pour faire parler l'oracle. Il n'y manque que la « voix, et je veux être pour vous la *fille invisible !*

« — Chiara, fis-je épouvanté, me prenez-vous pour une co- « pie de Séverino ?

« — Ne prononce plus jamais ce nom, reprit Chiara. Je « serai ta femme et nous ferons fortune. »

« Que te dirai-je de plus, Kreisler ? J'ai étonné le monde avec les prodiges de ma *fille invisible*. Tu sauras plus tard comment j'avais formé le projet de paraître à la cour de Siegharsweiler avec toute sorte de mystère. Je louai une chambre solitaire chez la veuve d'un ancien marmiton du prince. La cour ne tarda pas à entendre parler de moi. Le père du prince Irenäus me fit venir auprès de lui, et bientôt Chiara, qu'il ne vit jamais, me fit passer pour un génie extraordinaire. Elle demeurait cachée chez un de mes amis à Sieghartshoff, et nous ne nous voyions que dans la nuit, pour éloigner tous les soupçons, car ma fortune ne tenait qu'à la crédulité humaine ; une seule imprudence pouvait me ruiner. Cependant le vieux duc s'en alla dans l'autre monde, et moi, fatigué de mon genre de vie, je songeais à reprendre mon honnête métier d'organiste, lorsqu'un soir Chiara, qui devait jouer pour la dernière fois le rôle de la *fille invisible*, Chiara ne vint point. Je courus, au point du jour, à Sieghartshoff, en proie à une mortelle inquiétude. Chiara était partie. Je ne l'ai jamais revue. »

A ces mots, Abraham se leva brusquement, et s'en alla vers la fenêtre, comme pour cacher une larme.

Kreisler respectait le silence de ce triste souvenir.

« Il est tard, reprit Abraham. Tu ne peux retourner cette nuit à la ville. Reste ici... »

XIX

.... Mon maître avait passé toute la matinée à feuilleter un gros livre qu'il laissa ouvert sur son bureau au moment de sortir à son heure ordinaire. Enflammé d'un nouveau zèle pour mon instruction, je sautai sur sa chaise, et je lus que c'était le *Traité* du célèbre Johannes Kunisperger *sur l'astrologie*. En parcourant l'explication des signes du zodiaque, j'y reconnus toute l'histoire de ma vie. Ce souvenir m'engage à communiquer au lecteur quelque chose de plus de ma biographie.

Les premiers jours de mars venaient de ranimer la nature longtemps engourdie par l'hiver. Le soleil était doux et tiède, et, le nez à la lucarne du grenier, je rêvais aux sentiments inconnus jusqu'alors qui s'éveillaient dans certaine partie de mon être.

Tout à coup, je vis à quelque distance scintiller un regard qui me fit tressaillir, puis apparaître par une autre lucarne une figure blanche coiffée de noir. Cette figure sortit tout à fait sur le toit, et j'admirai une taille fine et souple, accompagnée des mouvements de queue les plus séduisants.

Comme si elle ne m'eût pas remarqué, la figure blanche ferma ses beaux yeux d'un vert d'émeraude et éternua.

Je frissonnai, mon sang bouillonna dans mes veines, et je poussai involontairement un miaulement langoureux.

La petite créature voulut bien alors me jeter un regard, et recula presque aussitôt avec une timidité qui me la rendit plus charmante. Un pouvoir invisible m'entraîna auprès d'elle ; mais, à mon premier mouvement, elle disparut.

Furieux de me voir ainsi méconnu, moi qui me piquais de délicatesse, je parcourus les toits comme un fou ; mais je ne la revis point.

Je rentrai fort triste, perdant l'appétit, le sommeil, et dégoûté de mes études.

Le lendemain, j'allai à la rencontre de ma belle inconnue.

Mais ce fut en vain. Il fallut rentrer encore au logis, la tête pleine de son image, que je croyais voir partout, jusque dans le poisson grillé que mon maître me donna pour mon souper.

Je cherchai enfin dans un livre le secret de ma maladie, et j'appris que j'étais amoureux. Une fois fixé sur ma situation, je compris tout ce qu'il fallait tenter pour arriver à mon but. Bientôt un irrésistible pressentiment me fit connaître que l'objet de ma passion devait être dans la cour. J'y descendis rapidement ; je ne m'étais pas trompé.

Mismis, ainsi se nommait mon enchanteresse, ne prit point la fuite ce jour-là. Je m'enhardis jusqu'à la prier de m'accorder sa patte.

« Téméraire, me dit-elle d'un ton presque menaçant, qui es-tu ? d'où me connais-tu ? S'il est vrai que tu m'aimes, ose en faire le serment. »

Le serment ! j'en fis mille ! Je pris à témoin le ciel, la lune et les étoiles.

« Eh bien, tu me plais, » dit Mismis ; et elle me tendit sa jolie petite tête. J'allais lui donner des preuves de ma tendresse, lorsque deux chats monstrueux s'élancèrent au-devant de nous, me renversèrent, m'abîmèrent de coups de griffes, et me traînèrent par la queue et les oreilles dans un ruisseau où je fus inondé d'eau bourbeuse.

Échappé à grand'peine de ce guet-apens, je me traînai chez mon maître extrêmement découragé.

« Bien, dit-il en me voyant, tu as voulu faire des tiennes, et tu as reçu une fière leçon ! »

Et là-dessus il me rit au nez d'une façon très-blessante pour mon amour-propre. Il prit ensuite un chaudron dans lequel il me plongea trois ou quatre fois, au risque de m'asphyxier. Après ce grand nettoyage, il m'enveloppa d'une couverture de molleton, et me fourra dans mon panier. La douleur et la colère m'avaient presque paralysé. Peu à peu cependant la chaleur me réconforta, et je me mis à rêver de vengeance, en détestant l'amour. Mais l'amour fut plus fort que mes dégoûts, et me fit oublier mes ressentiments.

Au lieu de redescendre dans la cour, où la retraite en cas d'attaque était trop longue à exécuter, je retournai sur le toit par le chemin du grenier. Arrivé sur la gouttière, je me mis à miauler une romance de ma composition. Misinis ne tarda pas à comprendre ce rendez-vous poétique. Elle m'exprima les plus vifs regrets du malheur qui m'était arrivé. Les deux chats, disait-elle, étaient ses cousins, qui avaient cru que je voulais indignement séduire leur parente.

« Murr, poursuivit-elle, j'ai appris que tu avais un bon maître, qui prend mille soins de toi. Veux-tu que j'aille partager ton bonheur? »

Mon ravissement, à cette proposition, ne saurait se décrire. Je crus voir les cieux s'ouvrir...

XX

..... Le père du prince Hector avait éprouvé la même adversité que le prince Irenaüs. Un beau jour, en s'éveillant, il s'était trouvé dépouillé de ses États.

Le prince Hector, peu disposé à vivre dans l'obscurité, voulut remplacer sa couronne par les lauriers de la gloire, et prit du service dans l'armée française.

Mais un soir, une joueuse de luth lui ayant chanté la ballade :

> Connais-tu le pays où les citrons mûrissent,
> Où croît l'orange d'or sous un feuillage obscur, etc.,

il se passionna pour l'Italie, et se rendit à Naples, où il devint général avec la rapidité que mettent les princes à faire fortune ou à tout perdre.

Lorsque son père mourut, le prince Irenaüs, ayant ouvert le livre généalogique des familles couronnées d'Allemagne, découvrit l'existence du rejeton de son ancien ami.

Il ferma le livre avec la vivacité d'un homme qui perçoit une idée soudaine, se bourra le nez de tabac d'Espagne, et se mit à réfléchir. Les richesses du prince Hector l'éblouirent; la réputation qu'il s'était acquise dans l'armée, ses alliances par sa famille avec des têtes royales, lui firent entrevoir la possibilité de son mariage avec Hedwige comme un coup de la plus haute diplomatie.

Sans perdre de temps, il lui expédia un chambellan porteur du portrait d'Hedwige, où l'on n'avait flatté que le teint. Car il est bon de faire observer que la jeune princesse, d'une pâleur un peu jaunâtre au jour, était ravissante à la clarté des bougies.

Le chambellan remplit sa mission avec une exquise sagacité. En voyant le portrait, le prince Hector fut d'abord enchanté, comme cela arrive dans tous les romans chevaleresques. Il s'empressa d'écrire au prince Irenaüs pour lui demander la main de son *incomparable fille*.

Le prince Irenaüs répondit que cette demande comblait ses vœux les plus chers, et qu'il priait le prince Hector, pour ne pas déroger aux usages et coutumes nobiliaires, d'envoyer un *mandataire* pour épouser *en bottes* sa fiancée.

Le prince Hector répondit à son tour qu'il allait se mettre en route pour venir *lui-même* aux pieds de sa divinité, ce qui contraria singulièrement Son Altesse Irenaüs qui était fanatique du cérémonial. Mais il se consola en s'occupant des préparatifs les plus solennels pour cette grande affaire qu'il se proposait de couronner en donnant à Hector la grande croix d'un ordre fondé par son illustre père, et dont il ne restait plus aucun membre.

C'est ce personnage qui s'était permis de risquer le mot *hazenfusz* en regardant de travers notre ami Kreisler dans le dix-huitième de ces feuillets embrouillés par la malice ou l'inadvertance d'un typographe berlinois.

En arrivant à Sieghartsweiler, le jeune prince voulait qu'on fît à Hedwige un mystère de son nom, afin qu'il pût, avant de l'épouser, s'assurer par ses soins qu'il en serait aimé.

Le prince Irenaüs prétendit que, dans les familles ducales, ces préliminaires ne sauraient être que malséants, et qu'il n'y avait que les petits bourgeois qui eussent besoin d'amour avant le mariage.

Le prince Hector fut ébloui des attraits de sa future, la première fois qu'il lui fut présenté. Le prince Ignaz lui demanda s'il y avait à Naples de belles tasses de porcelaine et combien il en possédait. Puis survint en grande pompe le prince Irenäus, qui le pria de vouloir bien assister à une réception solennelle dans le grand salon, et à laquelle avaient été conviés tous les nobles de Sieghartsweiler, affublés pour cette occasion de titres et de particules honoraires. Madame la conseillère Benzon et sa fille Julia n'avaient pas manqué d'y être invitées.

La princesse Hedwige, froide et contrainte, ne fit pas un accueil spécial au nouveau venu. Elle le questionna sur Naples et l'Italie, entra dans peu de détails, et, tandis que le prince Hector lui peignait sa flamme, elle se tourna vers Julia, l'embrassa tendrement, et se mit à causer avec elle de toutes sortes de colifichets de toilette.

Le prince Hector, un peu confus et rebuté, fixa sur Julia un regard de surprise. Celle-ci baissa les yeux et se retira près de sa mère.

Madame Benzon, s'approchant alors de la princesse, lui reprocha doucement le peu d'attention qu'elle accordait aux politesses du jeune étranger.

Hedwige, passant alors de sa réserve à un extrême enjouement, enivra le prince Hector des plus douces espérances.

On ouvrit le bal. Le jeune prince voulut essayer avec Hedwige une danse qui faisait fureur à Naples. Hedwige dansa avec frénésie, et voulut recommencer deux fois. A la troisième, le prince hasarda de la presser dans ses bras: elle tomba évanouie.

Cet incident jeta le plus grand désarroi dans la noble assemblée. Le prince Hector porta lui-même Hedwige dans une pièce voisine, où madame Benzon s'empressa de lui prodiguer des soins. Le prince affirma du reste que ce ne pouvait être qu'une indisposition de courte durée, causée par la fatigue et une certaine émotion. Effectivement, la princesse poussa un soupir, et ouvrit les yeux. Le prince accourut pour lui exprimer ses regrets du léger accident qui venait d'avoir lieu; mais Hedwige le repoussa avec horreur.

« Venez, venez, dit le duc Irenäus; ma fille est parfois sujette à des bizarreries inexplicables. Dieu sait sous quels traits effrayants vous lui aurez apparu quand elle rouvrait les yeux. Figurez-vous, cher prince, que tout un jour il lui prit fantaisie de me confondre avec le sultan, et qu'il me fallut, pour lui plaire, monter à cheval en pantoufles. »

Le prince Hector se mit à rire et demanda sa voiture.

XXI

Madame Benzon et Julia passèrent la nuit au château pour s'efforcer de triompher de la violente répugnance que témoignait Hedwige pour le prince Hector. Elles parvinrent par de douces paroles à calmer peu à peu son trouble et son exaltation. Elle leur dit qu'au milieu du bal son danseur avait pris tout à coup la forme d'un dragon qui avait voulu l'étouffer dans ses replis.

« Bah ! bah ! s'écria madame Benzon, vous vous raccommoderez avec lui comme avec Kreisler..

— Non, certes, reprit Hedwige, je ne reviendrai jamais de cette impression. Mais je ne voudrais pas qu'aujourd'hui ce bon M. Kreisler produisît sur mes sens l'effet de ce maudit prince Hector ! »

Le lendemain, madame la conseillère trouva Julia pâle, abattue et fort triste.

« Qu'as-tu donc, ma fille ? lui demanda-t-elle.

— Chère mère, dit la jeune fille, ne me ramène plus dans les bals du château toutes les fois que je devrai y rencontrer le prince Hector. J'ai conçu pour lui une aversion inexplicable. On dirait qu'il a un regard fatal, que je ne puis soutenir.

— Allons, pensa madame Benzon, que ferai-je entre ces deux ensorcelées ! De la part d'Hedwige rien ne m'étonne ; mais que ma fille partage ces folles idées ! je n'en reviens pas !

— O ma mère ! s'écria Julia, Hedwige est aussi sous l'empire d'une affreuse fascination que le prince exerce sur elle. Hier, quand elle m'embrassait, j'ai senti qu'elle avait la fièvre. Tu sais comme je déteste ces danses où il est permis aux hommes de nous serrer la taille ! eh bien, Hedwige pense comme moi, et cependant elle a voulu danser trois fois, et je voyais une joie infernale étinceler dans les yeux du prince Hector. Décidément, il m'ôtera son affection.

— Voyons, ma fille, ne sois pas injuste envers Hedwige, qui t'aime, et ne songe plus au prince puisqu'il te déplaît. Je ne veux pas que ta tranquillité soit troublée; et tu ne retourneras aux bals de la cour que quand tu le voudras. »

Madame Benzon engagea sa fille à prendre un peu de repos, et se retira.

Au réveil de la jeune fille, un doux rayon de soleil éclairait sa chambre toute remplie d'une odeur balsamique. Julia se retourna et vit sur le sofa un énorme bouquet de roses et de violettes. « C'est Kreisler qui me les a apportées, » pense-t-elle, et, attirant à elle le bouquet, elle le serra sur son cœur. Comme elle allait s'endormir de nouveau, le jeune prince Ignaz lui fit demander la permission d'entrer. Il venait lui montrer une corbeille remplie de porcelaines de la Chine. Il les rangea sur la table, et la bonne Julia se mit à jouer avec lui comme avec un enfant malade.

XXII

Vers le soir, elle était seule et recueillie.

La porte s'ouvrit, Hedwige parut devant elle, vêtue de blanc, et pâle comme une morte.

« Julia, lui dit-elle, dis-moi, si tu le veux, que je suis folle, mais aie pitié de ma souffrance. J'ai besoin de ton amitié et je viens chercher auprès de toi des consolations. Allons dans le parc, nous y serons seules pour causer en liberté. Le prince est allé à Sieghartsweiler. »

Les deux amies descendirent sous les grands chênes. A peine avaient-elles fait quelques pas, qu'elles aperçurent une clarté au fond des ombrages, et entendirent chanter des hymnes religieux.

« C'est la prière du soir, à la chapelle de la Vierge, dit Hedwige. Allons-y toutes deux. »

Quand elles arrivèrent à la chapelle, les paysans qui étaient venus prier commençaient à se retirer. L'autel et la statue étaient ornés de guirlandes fleuries. Elles s'agenouillèrent pour entendre chanter l'*Ave maris stella*, composé par Kreisler. Cette admirable mélodie les pénétra d'une douce mélancolie. Après la bénédiction du prêtre, elles se relevèrent, et se regardant toutes deux :

« C'était *lui*, dit Hedwige.

— C'était *lui*, » dit Julia.

Toutes deux s'étaient comprises...

La forêt s'illuminait des premiers reflets de la lune. Les jeunes filles s'éloignèrent de la chapelle, pendant que les chants semblaient mourir.

« Julia, dit Hedwige d'une voix pleine de larmes, la consolation et le bonheur n'habitent qu'au ciel. Je voudrais mourir, mais n'être pas ensevelie dans les caveaux de ma famille. Mes ancêtres se réveilleraient de leurs sépulcres pour me chasser.

— Que dis-tu ? s'écria Julia.

— Écoute, amie, je ne voudrais pas que tu eusses *tout* compris, et je te supplie de ne prendre ce que j'ai dit que pour le délire d'un esprit malade. Tu ne sais pas encore, comme moi, ce qu'il y a d'amer dans la vie. »

Julia fut obligée de soutenir la princesse prête à défaillir.

Comme elles arrivaient près du château, Hedwige aperçut sous des lilas une personne voilée de noir.

« La voilà !!! s'écria Hedwige; et, quittant le bras de Julia, elle courut vers l'inconnue, qui lui ouvrit ses bras en murmurant d'une voix étouffée : « Ma pauvre enfant, mon Hedwige ! »

La nuit était presque obscure; Julia ne put démêler les traits de l'inconnue, et s'arrêta tout interdite.

Après quelques minutes de caresses muettes, l'étrangère prononça quelques mots dans une langue étrangère, et, se tournant vers Julia : « Jeune fille, lui dit-elle avec autorité, cours au château, appelle les femmes de la princesse, et fais-la porter dans son appartement. Elle dort paisiblement, et elle se réveillera délivrée de son mal. »

Julia, de plus en plus surprise, obéit machinalement. En revenant avec les chambrières, elle retrouva Hedwige enveloppée de son mantelet et endormie.

L'étrangère avait disparu.

Le lendemain, Julia questionna la princesse sur cette apparition.

« Je ne sais que te dire, murmura Hedwige. Je n'ai vu cette personne qu'une seule fois dans ma vie. C'était à l'époque d'une grave maladie que je fis dans mon enfance; je la vis une nuit à mon chevet; elle m'endormit doucement, comme hier, et je m'éveillai guérie. Ne m'en parle plus, car tout ceci est mystérieux et m'épouvante. »

Les habitants du château furent très-surpris de trouver la princesse si promptement rétablie. Le médecin l'attribua gravement à l'intercession de la Vierge de la forêt.

La conseillère Benzon se dit : « *La vieille* est sûrement revenue..... »

XXIII

« ..... Tu m'aimes donc, adorable Mismis ? Oh ! répète-moi cette divine parole ! chante-moi, dans ton doux langage, quelque ballade digne de nos amours ! »

Pendant que nous mêlions nos miaulements les plus passionnés, un chat noir grimpé sur le toit se permettait d'épier notre bonheur.

« Camarade, lui criai-je, obligez-moi de vous retirer, si vous ne préférez que je vous arrache les yeux et que je vous jette dans la rue. »

Le nouveau venu se mit à protester de ses bonnes intentions, et voulut, pour preuve, chanter avec nous un épithalame en l'honneur de mon prochain mariage. Mais à peine avions-nous commencé, qu'une tuile énorme vint tomber comme la foudre au milieu de nous, et une voix enrouée cria : « Ces maudits matoux ne finiront-ils pas bientôt leur ramage infernal ! »

Chacun de nous, fort effrayé, disparut à l'instant par une lucarne différente.

Rentré dans mon logis et à l'abri de toute insulte, mon premier soin fut de dédier à Mismis un volume que je venais de terminer. Il me sembla que cette galanterie littéraire serait fort de son goût.

Pendant quelques jours, nous nous fréquentâmes honnêtement à la porte de mon maître, et nous fîmes de longues et tendres causeries sur le paillasson. Mais je ne tardai pas à m'apercevoir que la belle voisine n'était plus aussi décidée à passer ses jours avec moi. Je lui fis des reproches à propos de ce refroidissement qui m'affligeait. Elle protesta de sa fidélité, mais, en revanche, nos rendez-vous devinrent plus rares, c'est-à-dire qu'elle se montra d'une navrante négligence.

Un jour, le chat noir dont j'avais fait la connaissance sur le toit vint me rendre visite chez mon maître, et me demanda, en termes assez couverts, sur quel pied je vivais avec ma fiancée. Je crus deviner qu'il avait à me faire à ce sujet quelque révélation. Il m'apprit bientôt qu'un jeune et vigoureux chat, qui sortait d'une caserne où il avait mené joyeusement la vie militaire en faisant la guerre aux rats qui rongeaient le pain de munition, était venu s'établir dans notre voisinage, pour y vivre d'une pension qu'un gargotier lui soldait régulièrement en menus débris de viande et de poisson. Toutes les chattes étaient amoureuses de ce beau flambard qui les conviait à des galas splendides, et mon infidèle fiancée s'était laissé prendre à ses séductions. Toutes les nuits, à ce que m'affirma le chat noir, ils se donnaient des rendez-vous à la cave. « Je m'étonne, ajouta-t-il, qu'un chat spirituel comme vous êtes n'ait pas plus tôt flairé cette odieuse perfidie, et je me suis fait un devoir de venir vous prévenir en ami.

— O Muzius, m'écriai-je (c'était le nom du chat noir), je l'adore, cette infidèle Mismis. Je ne vivais que pour elle, et il est impossible qu'elle me traite si indignement. Tu n'es qu'un lâche calomniateur !

— Ne vous fâchez pas, cher Murr, reprit-il ; l'inconstance

est la vertu des femelles, surtout de celles de notre espèce.

— J'en mourrai !

— Si telle était votre intention, je pourrais vous faire cadeau de quelques boulettes excellentes pour cet usage. Mais vous ferez mieux, je crois, de vous venger par le mépris. Assez d'autres chattes aussi belles seront flattées de vos hommages. Pensez-y. Adieu. »

Quand il fut sorti, je roulai dans ma tête un superbe projet de vengeance contre le séducteur de Mismis. Je résolus de les surprendre, et, à la tombée de la nuit, j'allai m'embusquer sur le chemin de mon rival. Mais je fus cruellement châtié de mon imprudence, et presque mis en pièces. Mismis, qui, au premier bruit du combat, avait feint de se trouver mal, nous voyant bien aux prises, se sauva lestement.

« Hélas ! me dis-je, l'amour m'a fait traîner dans la fange, et le mariage me fait éreinter. Je ne veux plus ni de l'un ni de l'autre ! »

Le lendemain, lorsque mon maître ouvrit la porte, je ne fus pas médiocrement surpris d'apercevoir Mismis sur le paillasson. Elle venait s'informer de ma santé. Je ne daignai pas lui répondre, et je me livrai de nouveau, avec ardeur, à l'étude de la philosophie...

XXIV

« ..... Hedwige, maintenant, disait gravement Kreisler, semble calme et paisible. Mais c'est un volcan qui couve ses feux sous la neige. Elle donne le bras au prince Hector, à qui Julia sourit d'une manière charmante, tandis qu'il conte à sa fiancée des fleurettes détournées, mais qui n'en vont pas moins à leur adresse. — Dis-moi donc un peu, cher maître, toi qui sais tant de belles choses, par quel moyen je pourrais me changer en guêpe, pour piquer le cœur de cet être maudit ?

— Veux-tu m'écouter ? répondit maître Abraham. Un hasard dont il est inutile de te faire part m'a procuré les renseignements les plus exacts sur la vie du prince Hector. Je ne saurais mieux comparer cet homme qu'au serpent du paradis terrestre. Sous des formes séduisantes je sais qu'il cache une corruption profonde ; je sais encore qu'il projette un crime odieux et lâche contre l'innocente Julia.

— Vive Dieu ! s'écria Kreisler, monsieur le général napolitain ne se doute point qu'à côté de Julia veille un brave maître de chapelle, qui saura lui loger une balle dans la tête ou six pouces d'épée entre les côtes !

— Calme-toi, Kreisler, reprit Abraham. La violence n'est souvent qu'une sottise inutile. Je te donnerai d'autres armes. Hier, j'étudiais dans la cabane du pêcheur. Le prince et son aide de camp vinrent se promener tout près de là, sans me voir. « La princesse est belle, disait le prince, mais la petite
« Julia me paraît un morceau de roi. Il faut qu'elle soit à moi
« avant que j'épouse Hedwige ! La partie est difficile à jouer.
« Julia est une fille dévote ; mais précisément à cause de son
« innocence elle succombera tôt ou tard sous une tactique bien
« dirigée, et avec la persuasion qu'elle ne se donne à son vain-
« queur que par la volonté de Dieu. Mais comment pourrais-
« je la voir seule ?

« — Rien de plus aisé, dit l'aide de camp. Elle se promène
« souvent dans le parc, et vous comprenez... »

« A ces mots, les deux misérables s'étaient trop éloignés pour que je pusse entendre la fin de leurs plans diaboliques. Mais ils saisiront le premier moment favorable pour l'exécution de leur projet. Il faut donc que tu partes sur-le-champ pour Sieghartshof, et que tu sois en embuscade au moment où Julia viendra donner à manger aux cygnes de la grande pièce d'eau. » . . . .
. . . .

(Ici se trouve une lacune dans les feuillets. Cette lacune prive le lecteur des détails qu'il espérait sur les instructions et l'espèce d'arme que maître Abraham remit à Kreisler.)

XXV

Le même jour, au soleil couchant, Julia se rendit vers la grande pièce d'eau, et s'arrêta sur le pont, non loin de la cabane du pêcheur. Elle portait à son bras un petit panier rempli de pain blanc pour les cygnes.

Kreisler, caché dans un taillis, pouvait tout observer sans être vu, au moyen d'une excellente lorgnette.

Tandis que la jeune fille chantait en jetant du pain aux oiseaux du lac, le prince Hector s'approcha furtivement.

En le voyant si près d'elle, Julia fut saisie d'effroi. Mais le prince, profitant du moment, s'empara de sa main qu'il baisa vivement. Puis il voulut lui donner un baiser qu'elle refusa. Sans se tenir pour battu, le prince lui prit le bras, et voulut l'emmener doucement vers une avenue solitaire, en lui prodiguant les flatteries les plus outrées.

Tout à coup Kreisler, sortant du taillis, parut devant eux et salua profondément le prince Hector : « Quelle belle soirée, monseigneur, quel ciel pur et splendide !

— Qui est cet homme ? » demanda le prince avec hauteur.

En même temps Julia retira vivement son bras que tenait le prince, et, tendant sa main au maître de chapelle : « Que je suis heureuse de vous voir! lui dit-elle. Votre absence m'avait rendue toute chagrine.

— Ah! dit le prince en promenant des regards courroucés sur Julia et sur Kreisler, vous êtes M. *Krœsel?* Le prince Irenaüs m'a parlé de vous avec un vif intérêt...

— Béni soit-il, reprit Kreisler. Il ne ressemble pas à Votre Altesse, qui m'a gratifié du titre de *Hasenfusz, pied plat.*

— Vraiment, je vous trouve assez plaisant.

— Pas pour le moment, si vous voulez bien le permettre. Mais je voudrais bien aller à Naples, pour y faire la musique de quelques chansons de brigands. Voudriez-vous m'accorder vos lettres de recommandation ?

— Vous êtes, je le répète, un singulier original, et vous m'amusez infiniment. Au revoir.

— Pas encore, s'il vous plaît, dit Kreisler. Si vous voulez venir à la cabane du pêcheur, nous y trouverons un vieux clavecin, et je serais ravi que mademoiselle Julia consentît à chanter avec moi un petit duo, pour vous offrir un prospectus de mon talent.

— De tout cœur, cher monsieur Kreisler, » s'écria Julia.

Le prince se mordait les lèvres de fureur. Tous trois s'acheminèrent vers la cabane.

« Kreisler, disait tout bas Julia, dans quelle agitation êtes-vous donc?

— Tu dors, murmura Kreisler, tu dors sur des fleurs, tandis que le serpent va te faire, à ton insu, une plaie mortelle. »

Julia le regarda avec surprise, sans comprendre. On était arrivé à la cabane.

Le duo fut exécuté d'une manière admirable; le prince applaudit avec enthousiasme, couvrit de baisers les mains de Julia, et lui jura que jamais il n'avait rien entendu de si parfait.

Kreisler se leva en face du prince et lui dit froidement : « Il paraît que Votre Altesse méprise mon humble talent, puisqu'elle ne trouve pour moi aucune parole de satisfaction. Mais je m'en dédommagerai. Je suis très-fort en peinture, et je pourrais vous montrer le portrait d'un personnage dont la vie, remarquablement infâme, m'est connue de point en point : c'est une histoire curieuse que je pourrais encore vous raconter, pour vous divertir. »

Et tirant une boîte de sa poche, il l'ouvrit et présenta le portrait au prince Hector.

Mais à peine celui-ci l'eut-il entrevu, qu'il devint pâle, ses lèvres bleues tremblèrent; le cri : *Maledetto!* s'échappa de sa poitrine oppressée, et, se jetant hors de la cabane, il s'enfuit de toute la vitesse de ses jambes.

« Ah! grand Dieu! s'écria Julia, qu'avez-vous fait?

— Je viens, dit Kreisler, d'exorciser Satan lui-même.

— Kreisler! j'ai peur!... Que savez-vous du prince?

— Tout et rien, répondit gravement le maître de chapelle.

Je vous ai sauvée d'un danger que vous ne saurez jamais : soyez tranquille pour l'avenir, et ne m'interrogez pas. »

En ce moment arriva la conseillère Benzon, en proie à la plus extrême agitation. « Qu'avez-vous fait ? s'écria-t-elle à son tour. Le prince vient de passer près de moi, sans me remarquer. Il est dans un désordre furieux. Son aide de camp l'a rejoint ; ils ont échangé quelques paroles rapides, puis le prince est rentré au château. »

Julia raconta toute la scène qui s'était passée.

Kreisler refusa d'autres explications.

« Vous avez des secrets ? dit madame Benzon en jetant sur Kreisler un regard pénétrant.

— Madame, répondit le maître de chapelle, il est des choses qu'un honnête homme doit garder pour lui seul. »

Puis il reconduisit les dames jusqu'au château, les salua, et prit le chemin de Sieghartsweiler.

Quelques minutes après, on entendit un coup de feu dans la forêt.

La même nuit, le prince Hector quitta le château, annonçant son départ au prince Irenaüs, par une lettre ambiguë qui promettait un prochain retour.

Dans la matinée du jour suivant, le jardinier du château trouva, dans un taillis, le chapeau de Kreisler tout souillé de sang...

XXVI

... Plus d'une fois l'image de Mismis vint se replacer entre moi et mes plus graves sujets d'études. Je tombai dans une langueur déplorable. Pour m'arracher au mal qui me rongeait, je pris la résolution de rechercher mon infidèle ; mais à peine avais-je posé la patte sur la première marche de l'escalier, que la honte s'emparait de moi, et j'allais cacher sous le poêle mes souvenirs malheureux et les lâchetés de ma passion.

Nonobstant ces tribulations du cœur, ma santé ne dépérissait pas trop; mon ventre s'arrondissait noblement, et j'aimais à contempler dans la glace ma physionomie de bénédictin. Naguère je faisais encore des bonds joyeux pour une saucisse ou un os de poulet. Aujourd'hui j'étais grave et compassé comme un professeur de métaphysique. Toute ma pétulance s'était réduite à quelques miaulements, devenus fort rares, et mon maître ne fut pas le dernier à observer le changement notable de mes habitudes. « Diable! me dit-il un jour, tu tournes à l'obésité physique et intellectuelle; je ne te reconnais plus. Je crois que tu dors trop et que je te nourris trop bien. »

Je réfléchis sur cette remarque, et je ne tardai pas à me convaincre que ce que j'avais pris pour de la langueur amoureuse n'était rien moins que cette fatale maladie. Le bien-être dans lequel je m'étais exclusivement renfermé, et les deux écuelles de bouillie au lait et au beurre dont la servante de mon maître me régalait en cachette, matin et soir, avaient rapidement amené ma vénérable rotondité de chanoine. Je passais la meilleure partie des jours à sommeiller sur un coussin d'édredon, et l'image fantastique de Mismis suffisant au bonheur de mes rêves. Vainement je formais la résolution de lutter contre la graisse en passant des nuits au travail. La nature du chat est aussi faible que celle de l'homme, et je ne tardais pas à retomber dans mon apathie habituelle au seul aspect de la bouillie ou du coussin séducteur.

Un jour, j'entendis mon maître dire, en sortant, à quelqu'un : « Eh bien, soit; la société lui rendra peut-être un peu de légèreté. Mais si, dans leurs ébats, ils mettent ma chambre au pillage, ou s'ils me cassent quelque soucoupe, je les enverrai de compagnie au travers de la fenêtre. »

Quelques instants après, je vis arriver au logis mon ancien ami Muzius. Il entra d'un air fort impertinent. « Eh bien! me dit-il, vous êtes donc encore de ce monde? »

Et, sans attendre ma réponse, il se dirigea droit vers mon assiette, que son brutal appétit vida dans un clin d'œil. « Que diable devenez-vous donc? poursuivit-il après avoir mangé; pourquoi ne vous rencontre-t-on plus nulle part? »

Je répondis en peu de mots que la science suffisait à mes

désirs, et que je ne me souciais plus d'aller chercher ailleurs un bien-être illusoire, quand le confortable m'était assuré au logis.

« Vous avez effectivement une parfaite cuisinière, reprit Muzius en se léchant la barbe et s'asseyant auprès de moi. Je suis bien aise d'être venu vous visiter; car vous êtes en chemin de devenir stupide. Vous vivez beaucoup trop heureusement, permettez-moi de vous le dire; cela vous fera périr avant l'âge.

— Je vous croyais heureux, dis-je à Muzius.

— Merci, heureux! je ne le suis guère; car je vis de mon travail, en chassant les rats et volant quelques débris de lard que je fais passer au besoin sur le compte de ces voleurs. Aujourd'hui, je veux vous donner une preuve de dévouement, et vous conduire dans le monde.

— Y pensez-vous? Ignorez-vous donc les tribulations que m'attira un jour ma première sortie d'une voiture, et tout le mal qui me serait arrivé sans l'obligeance de Ponto?

— Ponto? un hypocrite fieffé, qui ne vous rendit service que pour se divertir aux dépens de votre embarras. Essayez donc de le fréquenter sur un pied d'égalité, et vous verrez comment il accueillera vos avances. Mon cher Murr, il faut quitter un peu vos livres, et vous lier d'amitié avec quelques chats distingués; votre esprit y gagnera.

— Voulez-vous bien, repris-je avec indolence, me faire le tableau des magnifiques avantages que vous me promettez? car je vous avoue que j'ai besoin de raisonner toutes mes démarches...

XXVII

..... La princesse Hedwige était debout, fort pâle, au milieu de la chambre; le prince Ignaz jouait avec elle comme avec une marionnette. Tantôt il lui levait le bras, qu'elle laissait retomber dès qu'il ne le soutenait plus; tantôt il la poussait en avant, et elle marchait; puis il la retenait, et elle s'arrêtait. Enfin il la fit tomber assise sur le sofa, et elle ne bougea plus.

Et le petit prince imbécile gambadait autour d'elle, en s'écriant que sa sœur était la meilleure personne du monde, et qu'elle ne le contrarierait plus comme autrefois.

Le médecin s'approcha du prince Ignaz, le prit par la main, et l'écarta vivement ; puis il porta Hedwige sur un lit, tira les rideaux, et dit à la grande-duchesse : « Ce ne sera pas dangereux ; mais il faut, pour le moment, que la malade ait un repos absolu. Je vous prie donc d'interdire à ce jeune homme l'entrée de l'appartement. »

Le prince Ignaz s'en alla de fort mauvaise humeur.

La duchesse, accablée d'angoisses, se jeta dans un fauteuil, auprès du lit de sa fille, et s'écria douloureusement :

« Qu'ai-je donc fait à Dieu, pour qu'il me traite aussi cruellement ? J'ai un fils condamné à une enfance sans fin, et voilà que ma dernière espérance, mon Hedwige, va peut-être mourir !

— Rassurez-vous, madame, reprit le médecin ; j'ai pleine foi dans la vertu des potions que j'ordonne pour la jeune princesse. J'ai observé déjà, dans ma longue carrière, bien des maladies du même genre, et j'ai pu me convaincre qu'avec un traitement convenable on parvenait à en triompher. La princesse Hedwige est douée d'un tempérament nerveux très-irritable. Son mal n'a d'autre origine qu'une violente émotion, qui l'a réduite à une espèce de catalepsie. Le prompt départ du prince Hector a pu... Vous me comprenez, madame ? Il y a de ces choses qu'une mère peut seule expliquer...

— Monsieur, dit la princesse en se levant avec orgueil, la fille du peuple cache les secrets de son cœur ; une fille du sang royal n'avoue son amour qu'au pied de l'autel, ou à quelques serviteurs de confiance, parmi lesquels le médecin ne doit pas être compté.

— Madame, le médecin est un second confesseur ; les mystères de l'âme lui appartiennent, pour le guider dans la voie des maux physiques que son art doit guérir ou du moins soulager.

— C'est bien, monsieur ; mais je ne dois pas croire aux suppositions gratuites que vous vous permettez à l'égard de ma fille. »

A ces mots, la duchesse se retira le front haut et le geste sévère.

« Pauvre femme ! se dit le médecin ; ne voudrait-elle pas me faire croire que l'argile dont se compose une princesse est d'une autre nature que l'argile dont sont bâties les simples bourgeoises ! Ainsi les princesses n'auraient pas de cœur. Ainsi un stupide courtisan refusait les bas de soie offerts à une reine d'Espagne, parce qu'il était, disait-il, criminel de supposer qu'une reine eût les pieds faits comme les autres femmes. Et pourtant, moi je gage, et je suis sûr que la maladie de la jeune princesse est tout simplement un mal d'amour. »

Le médecin, résumant dans sa pensée le départ inopiné du prince Hector et la surexcitation de la princesse Hedwige, en conclut qu'un amour violemment blessé par les circonstances avait déterminé chez elle l'invasion de la catalepsie.

La duchesse, malheureusement dominée par cette fatale étiquette princière qui étouffe les sentiments du cœur au profit de l'orgueil, se refusait à admettre des causes naturelles dont l'aveu eût hâté la guérison de sa fille. De là tout le mal.

XXVIII

Pendant la scène d'intérieur que je viens de raconter, d'autres événements se passaient autour du château.

Le maître des cérémonies prenait une pincée de tabac d'Espagne dans une petite tabatière d'or, en causant avec le chambellan du prince Irenæus. Tout à coup il offrit sa tabatière à son interlocuteur en lui disant :

« Les petits cadeaux entretiennent l'amitié. Veuillez donc accepter celui-ci comme témoignage d'un affectueux intérêt, sur lequel vous devez compter en toute circonstance.

Mais dites-moi donc un peu ce que vous savez à propos de cette promenade singulière de notre gracieuse Altesse.

— Merci du présent, reprit le chambellan, j'y suis on ne peut plus sensible, vu que la tabatière est d'un métal distingué.

« Figurez-vous que notre illustre maître est si affligé de la maladie de sa fille, qu'il avait passé toute la matinée à battre la caisse sur les vitres de son cabinet, comme un homme en proie à la plus fatigante préoccupation. Tout à coup il sonne avec violence ; il appelle.

« Me voilà ! monseigneur, lui dis-je en m'inclinant jusqu'à terre.

« — Allons, vite, me répond-il avec humeur, mon habit de promenade secrète. »

« Je m'empressai de lui apporter sa petite redingote grise, taillée sur le patron historique du grand Napoléon, et sans aucune broderie ni décoration. Il l'endosse avec une impatience visible.

« Faut-il suivre monseigneur ?

« — Non. »

« Toutefois je pensai qu'il était du devoir d'un fidèle serviteur de veiller de loin sur son maître, et je le suivis à distance respectueuse. Sa Seigneurie prit le chemin du parc qui conduit à la cabane du pêcheur.

— Chez maître Abraham ? s'écria l'huissier de cérémonie.

— Précisément. Alors, tranquillisé sur sa sûreté, je suis revenu.

— Sans rien savoir de plus ?

— Rien. Mais, si l'on voulait écouter ce qui se passe dans la cabane, elle a une fenêtre qui s'ouvre sur un taillis si épais, qu'il est facile de s'y cacher, pour tout observer, tout entendre, sans être découvert.

— Et si je vous priais...

— Je comprends, et j'y cours de ce pas, » dit le chambellan.

Mais à peine fut-il arrivé près de la cabane devant laquelle il fallait passer pour gagner le taillis, que le prince Irenaüs en sortit si rapidement, que le respectueux valet n'eut que le temps de saluer et d'entendre ces deux mots adressés par Son Altesse : « Dormez-vous ? »

Cette simple parole intrigua beaucoup M. le chambellan.

XXIX

À peine le prince avait-il quitté maître Abraham, que la conseillère Benzon, qui avait épié cette démarche mystérieuse, vint trouver le nécromant.

« Eh bien, lui dit-elle, Son Altesse est venue vous demander des conseils ? Vous êtes la colonne d'appui de la maison ducale.

— Comme vous en êtes l'étoile radieuse, belle dame, répondit maître Abraham.

— Ne plaisantez pas ainsi, reprit la conseillère ; l'étoile la plus brillante peut pâlir. En vérité, depuis quelques jours, une foule de tristes événements se succèdent au milieu de cette famille déchue, qui cherche en vain à ressaisir un rayon de splendeur fantastique au milieu d'une douzaine de courtisans ridicules. Le pauvre prince Irenaüs serait désolé du malheur de sa fille, s'il n'était pas devenu aussi insensible que les rochers de son parc.

— Vous ne croyez pas ce que vous dites, » observa maître Abraham.

La conseillère se mordit les lèvres. Elle comprit qu'Abraham venait de prendre une part de l'influence presque exclusive qu'elle avait exercée jusque-là au sein de la famille princière. Elle avait attaché une grande somme d'importance à la prochaine conclusion, par ses soins actifs, du mariage d'Hedwige avec le prince Hector. Elle redoutait de voir cette affaire commise à une autre intervention qui affaiblirait la sienne, en la faisant paraître un peu moins indispensable. La démarche du prince Irenaüs à la cabane lui causait une inquiétude qu'elle ne pouvait bien dissimuler.

Maître Abraham, fort expérimenté sur le chapitre des femmes, ne dit mot sur l'entretien qu'il avait eu avec le prince ; il marchait en silence à côté de la conseillère.

« Écoutez, lui dit madame Benzon, vous ne sauriez me reprocher la peine que j'éprouve en voyant le prince, qui m'accordait une entière confiance, vous choisir tout à coup pour confident, et ne prendre avis que de vous dans la circonstance si grave de la maladie de sa fille. Moi, je ne vous en veux aucunement à cause de cette préférence, d'autant plus que j'ai entendu votre conversation, et que je ne puis que donner les plus grands éloges à ce que vous avez dit. »

Maître Abraham éprouva un sentiment de pitié méprisante en voyant la conseillère user d'un pareil subterfuge pour surprendre ce qu'elle brûlait de savoir. Toute sa conversation avec le prince s'était faite à voix basse, pour échapper aux oreilles indiscrètes ; et il était sûr que rien n'avait pu être entendu du dehors.

« En ce cas, madame, répondit-il avec un sourire ironique, il est inutile que je vous fatigue du récit de ce qui s'est passé dans notre entrevue. Je suis ravi de votre sagacité et de votre zèle. »

Madame Benzon se sentit mortifiée ; mais elle eut l'adresse de dévorer son mécontentement.

Abraham devint rêveur ; et le mot : « Pauvre Jean ! » s'échappa de ses lèvres avec un soupir.

« J'espère, au moins, reprit la conseillère, que vous ne croyez point à la mort de Kreisler ? Ce chapeau teint de sang ne prouve rien. Quel motif aurait-il eu de se suicider ? D'ailleurs, on aurait retrouvé son cadavre. Au reste, je suis bien aise que cet extravagant soit parti. Il avait l'art de mettre partout le désordre.

— Comment pouvez-vous ainsi parler de celui qui fut si longtemps votre ami, votre protégé même ? Quel reproche peut-on lui faire, après tout ? Faut-il le vouer aux dieux infernaux, parce que son enfance fut tourmentée et sa jeunesse orageuse, parce qu'un bandit italien...

— Quelle idée avez-vous là ? s'écria madame Benzon. Du reste, si ce que vous supposez est vrai, ce ne serait que le châtiment du mal qu'il a fait à Hedwige ; car c'est de lui, vous le savez, qu'est venue cette secousse...

— En ce cas, le seigneur napolitain va vite en besogne.

Mais, puisque vous avez entendu ma conversation avec le prince, vous devez savoir que la jeune princesse tomba sans connaissance au bruit du coup de feu tiré dans le parc.

— Que puis-je vous dire? Brisons là. Il est parti; tout est pour le mieux, s'il plaît à Dieu. Sa présence était comme un sort attaché à la destinée d'Hedwige. »

Abraham se sentit indigné. « En vérité, madame, dit-il avec chaleur, je ne conçois pas votre aversion subite pour ce pauvre Kreisler. C'est sans doute sa supériorité naturelle qui vous offusquait dans le cercle étroit de vos habitudes quotidiennes.

— Maître Abraham! votre zèle devient fort indiscret. Que savez-vous de ma vie, de ses douleurs et de ses traverses? Mais je me tais sur ce qui me regarde. Privée de bonheur, je me dévoue à celui des êtres qui me sont chers. Si vous aviez formé le plan de me nuire, souvenez-vous que je suis encore assez puissante pour le déjouer à votre honte.

— Pauvre femme! ton cœur est vide, et tu veux bâtir un édifice impossible sur un terrain miné par la foudre. Mais prends garde que ce désespoir secret, que tu cherches à conjurer par l'impassibilité de ton front, ne te conduise à des folies qui perdront à jamais le bonheur de deux êtres innocents! Madame, je ne vous veux point de mal; mais vous savez fort bien que depuis que ma *fille invisible* m'a quitté... O Chiara! Chiara!...

— Quel nom prononcez-vous là? » s'écria la conseillère...

XXX

... Muzius m'expliqua longuement ce caractère de chat misanthrope auquel il me reprochait de me laisser entraîner. Il y avait du sens et de la raison dans ses réflexions; et je lui sus gré de l'intérêt personnel qu'il semblait me témoigner. Aussi m'empressai-je d'accepter la proposition qu'il me fit, à la fin de son discours, de me conduire, dès la nuit prochaine, dans une réunion de chats, au sein de laquelle il me promettait, par avance, mille agréments.

Mon maître entra sur ces entrefaites. Je lui fis, comme autrefois, mes caresses les plus délicates, et Muzius se montra également poli et attentif à son égard. Comme il remarqua aussitôt que sa chambre n'était pas en désordre, il parut fort satisfait; et, après nous avoir caressés : « Je veux, dit-il, récompenser votre bonne conduite. »

Aussitôt, nous conduisant au buffet de la cuisine, où nous le suivîmes avec grand appétit, il nous livra fort gracieusement la carcasse d'un poulet mangé la veille.

J'offris à mon camarade Muzius les meilleurs morceaux. Il parut fort touché de ma générosité, et me fit, après le dîner, les compliments les plus sincères sur ma bonté de cœur, que la misanthropie n'avait point gâtée.

Nous nous quittâmes, et mon ami s'en alla par la croisée ouverte sur le toit. Je revins m'accroupir sous le poêle, pour rêver paisiblement aux plaisirs que j'étais invité à goûter bientôt dans la société de mes semblables les plus distingués.

Longtemps avant minuit, je grattais à la porte pour prier mon maître de me l'ouvrir.

« Va te promener, cher Murr, me dit-il, je te souhaite une charmante soirée. »

A l'heure dite, Muzius se trouva au rendez-vous. Après avoir franchi plusieurs toits, nous nous arrêtâmes sur une terrasse plate, à la mode italienne, et nous fûmes accueillis avec des miaulements de joie par une douzaine de chats sans façon, au milieu desquels je me trouvai bientôt fort à l'aise. Muzius me présenta en faisant mon éloge, sans oublier celui de ma cuisine.

On mangea, on chanta, et on causa du meilleur accord. On but du punch à la santé des chats célèbres dans l'histoire du monde, et nous nous séparâmes fort tard, en promettant de nous revoir bientôt. Comme j'avais humé un peu trop de punch, je me sentais étourdi. Les toits semblaient danser sous mes pattes. Le brave Muzius eut l'obligeance de me reconduire au logis....

XXXI

« .... Mon excellent ami, combien je suis heureux d'avoir de tes chères nouvelles, » dit maître Abraham en serrant dans son pupitre une lettre qu'il venait de recevoir de Kreisler. Voici ce qu'elle contenait :

« Mon cher maître, mon chapeau tomba dans les buissons et je le suivis tout de mon long. Mais, l'instinct de la conservation m'avertissant que je n'étais pas mort, je fus d'un saut sur pied pour éviter un second pistolet qu'on me présentait à bout portant. J'eus le bonheur inouï de l'éviter, et, m'élançant sur mon adversaire, je lui plongeai le dard de ma canne dans le ventre.

« Après ce formidable événement, je pris ma course dans la direction de Sieghatsweiler; mais je me trompai de route dans les ténèbres, et, après avoir longtemps battu les sentiers, j'arrivai sur une colline où je tombai évanoui.

« Revenu à moi, grâce à l'air vif de la nuit, je sentis que j'avais perdu beaucoup de sang par ma blessure. Je la pansai assez habilement avec mon mouchoir, et je m'endormis sur la mousse, après avoir reconnu que toutes mes courses ténébreuses m'avaient ramené à peu de distance du parc de Son Altesse, au fond duquel je distinguais le château comme une masse noire accroupie entre les grands arbres.

« A mon réveil, le soleil était déjà haut dans le ciel. Je ne souffrais pas, j'étais dispos et léger. Je contemplai un moment le beau paysage qui se déroulait sous mes yeux, et de loin un plain-chant joyeux m'arriva à travers les haies d'aubépine. Je vis bientôt un estimable bénédictin à face rubiconde, gravissant la colline d'un pas égal. Je pensai qu'il venait s'abriter sous les marronniers qui m'avaient servi de chambre à coucher, et j'attendis avec plaisir.

« Il s'approcha enfin. Nous nous saluâmes comme deux bons chrétiens, et le révérend père s'assit sur une roche mousseuse pour vaquer à l'importante affaire de son déjeûner. Il tira de dessous son froc une nappe bien blanche qu'il étendit sur la bruyère, y déposa un pain frais et une volaille rôtie qu'il portait dans sa besace, et mit auprès une bouteille au large ventre, clissée d'osier, avec un gobelet d'argent.

« Par saint Benoît, mon bienheureux patron, s'écria le « moine, c'est bien vous que je trouve là, notre cher maître « de chapelle! Mais comment êtes-vous affublé? En quel équi- « page êtes-vous ici? Que vous est-il arrivé? Car si j'en juge « par les apparences, vous n'êtes pas en veine de joyeuseté! »

« Je ne me fis pas tirer l'oreille pour raconter au bon reli- gieux, en qui je reconnus le cellérier de l'abbaye de Kantzheim, le père Hilarius, préfet du chœur, l'aventure scabreuse qui m'avait conduit à crever le ventre d'un personnage malveillant; j'ajoutai, en manière d'éclaircissement, que ma victime pourrait bien être un prince Hector, ou quelqu'un de ses dignes limiers; car, à vrai dire, je n'avais pas eu le temps de m'y reconnaître. Mais que ferais-je à présent? Retourner à Sieghartsweiler me paraissait un parti peu prudent. — Conseillez-moi, cher père Hilarius.

« Le vénérable bénédictin parut méditer, prononça plusieurs fois dévotement le nom de saint Benoît, puis il s'écria : *Bibamus!* et vida son gobelet sans prendre haleine.

« Dès que le jus de la treille eut fait son effet, « Kreisler, « mon ami, me dit-il en faisant claquer sa langue entre ses « lèvres, mon premier avis est que vous preniez la peine de « vous asseoir et de partager avec moi le fruit de la géné- « rosité des bonnes âmes. Cette volaille est parfaite, et, « quant au vin, il est digne d'un maître de chapelle en va- « cances, tel que vous paraissez être. A votre santé! »

« Quand nous eûmes déjeuné, le père Hilarius m'offrit un dernier coup à boire en disant : « Frère, ne vous inquiétez « pas outre mesure du petit accident qui vous est arrivé. « Verser le sang d'autrui est un péché rémissible quand on « agit dans le cas de légitime défense, et c'est, je crois, votre « cas particulier; aussi je ne doute pas que notre respec- « table prieur ne vous accorde absolution et indulgence plé- « nière. *Ergo bibamus! vir sapiens non te abhorrebit, Do-*

« mine! Mon cher Kreiler, si vous retournez à la ville, vous
« courez grand risque d'être inquiété. Si vous accusez le
« prince Hector de guet-apens sur votre personne, on ne
« vous croira pas. Donc buvons encore pour tirer conseil des
« fumées de ce bocksbeutel. Tenez, voici mon avis. J'allais
« au couvent de *Tous-les-Saints* demander de la musique au
« préfet du chœur pour les prochaines fêtes; mais, puisque
« je vous ai trouvé, au lieu de cahiers notés, je vous emmène
« en qualité de musique vivante, et je vous présenterai à
« notre révérend père abbé, qui sera ravi de vous recevoir.
« Nous ne sommes ici qu'à une médiocre distance de Kantz-
« heim; votre blessure est assez légère pour que vous puis-
« siez faire le trajet à pied, sans péril; et vous trouverez
« chez nous un asile où nul ne viendra vous inquiéter. Le
« froc de bénédictin vous ira comme un gant, et je défie bien
« tous vos ennemis de venir vous dépister sous l'uniforme
« des soldats de Dieu. »

« J'acceptai avec joie l'offre amicale du père Hilarius, et nous arrivâmes à son abbaye pour l'heure du dîner. Afin d'éviter toute question désagréable, le père Hilarius dit à son abbé qu'ayant appris par hasard mon séjour à Sieghartsweiler il avait préféré m'amener, moi grand improvisateur, au lieu de musique écrite, attendu que j'étais moi-même un inépuisable magasin de partitions inédites.

« L'abbé Chrysostome félicita l'habile cellérier qui procurait une telle fortune au couvent; et je fus installé avec toutes sortes d'égards.

« Me voici donc, cher maître, dans la maison du bon Dieu, faisant répéter mes œuvres aux enfants de chœur et à la communauté. Je suis on ne peut mieux dans cette paisible solitude, il me semble que mon âme est devenue un vaisseau à l'ancre. L'homme imaginaire n'existe plus, et la vie positive, uniforme, vaut mille fois mieux que tous les rêves. Adieu, mon maître, ne m'oubliez pas. »

LE PHILOSOPHE ANGORA.

LE PÈRE HILARION EMMENANT KRESLER A L'ABBAYE.

XXXII

Maître Abraham se promenait sous les ombrages du parc, en méditant sur tous ces événements.

Une nouvelle péripétie venait d'éclater au château.

Le médecin criait au miracle.

La grande-duchesse disait qu'il en devait être ainsi selon ses prévisions.

Le prince grand-duc honoraire tempêtait contre les valets, qui avaient laissé traîner de la poudre à la disposition de M. Ignaz.

Pendant que tout le monde se donnait au diable pour deviner le secret de ce qui venait d'arriver, Hedwige, penchée sur le balcon, chantait en s'accompagnant avec la mandoline de Kreisler, qu'elle avait soigneusement conservée depuis leur première entrevue. Le prince Ignaz geignait, couché sur le sofa, et Julia râpait des pommes de terre sur une assiette d'argent.

Voici ce qui s'était passé.

Le prince Ignaz possédait, entre autres jouets, un canon de cuivre dont il se servait, toutes les fois qu'il pouvait se procurer de la poudre et du plomb, pour tuer des serins ou des chardonnerets. Il réunissait tous ses soldats de bois, formait un conseil de guerre dont il était le président, faisait comparaître le pauvre oiseau comme coupable de haute trahison contre Son Altesse, le condamnait à mort, et l'exécutait lui-même, après l'avoir attaché par la patte à un gros chandelier.

Ce jour-là, il s'était emparé d'une perdrix privée, avait volé de la poudre et du gros plomb dans la carnassière du capitaine des chasses, et voulait se hâter de mettre en scène sa petite tragédie, à laquelle il voulait que sa sœur assistât. L'ayant trouvée seule dans sa chambre, à demi couchée dans un grand fauteuil, il ferma la porte, attacha sa perdrix à un chandelier, selon sa coutume, chargea le canon jusqu'à la gueule, et tira. Mais, par malheur, et par suite de son ignorance, il avait laissé ouvert le papier qui contenait les munitions ; le coup de canon mit le feu à cette réserve, la détonation fut suivie d'une flamme énorme qui grilla les cheveux et les mains de M. Ignaz.

Tout le monde accourut au bruit ; on porta Hedwige évanouie sur son lit, et on courut appeler le médecin pour panser les blessures du prince imbécile.

Madame Benzon, accourue avec sa fille, était toute tremblante, lorsque Hedwige, poussant un long soupir, ouvrit les yeux et dit : « Est-il mort ?

— Oui, ma sœur, s'écria Ignaz. Je suis blessé, mais le coup a percé le cœur du condamné.

— Je le savais, dit la princesse en fermant de nouveau les yeux. J'ai vu le sang jaillir de sa poitrine.

— Hedwige, chère Hedwige ! me reconnaissez-vous ? » demanda la conseillère.

La princesse ne répondit que par un signe exprimant qu'elle voulait être seule.

« Hedwige, continua madame Benzon, Julia est ici, près de vous. »

A ces mots, la malade sourit faiblement. Julia s'inclina sur elle pour l'embrasser, et recueillit ces paroles : « Maintenant tout est fini. »

Julia, en se relevant, jeta un coup d'œil sur la table et aperçut les débris du misérable oiseau foudroyé. « Prince Ignaz, s'écria-t-elle les yeux en feu, vous avez des goûts odieux et cruels. Je vous avais souvent conjuré d'y renoncer ; vous n'en faites rien. Eh bien, je vous déteste, et je ne jouerai plus avec vous !

— Ah ! mon Dieu ! que je souffre ! » hurla le princillon.

En ce moment, le médecin parut avec un onguent qu'il déclarait souverain pour les brûlures princières. Mais Julia, le repoussant, ordonna qu'on lui apportât des pommes de terre, pour en faire une emplâtre d'autant plus efficace, disait-elle, que les gens de la ville, qui avaient les mains comme celles de tout le monde, se trouvaient toujours très-promptement guéris par ce simple spécifique.

Le médecin se retira fort mécontent de l'affront fait à sa science, et Julia se mit à râper les pommes de terre...

XXXIII

..... Je me roulais sur mon coussin d'édredon, sans parvenir à goûter un moment de repos. Ma cervelle était en ébullition. Je fus de longues heures à lutter contre ce délire qui m'était inconnu. Le moral était chez moi bien plus affecté que le physique. J'éprouvais un dégoût général, une aversion sans motif pour tout ce qui m'entourait. Je ne voyais partout que peines, inimitiés, douleurs cuisantes.

« Tu as riboté cette nuit, cher Murr, me dit mon maître en s'éveillant; car te voilà malade et accablé. Dors, si tu peux, maintenant; c'est le seul moyen de te guérir. »

Mais Muzius vint de bonne heure s'informer de la nuit que j'avais passée, et, apprenant mon état de souffrance, il me fit lever malgré moi. « Debout, cher camarade! me dit-il; tu as subi la première épreuve de la vie nouvelle dans laquelle tu dois entrer. Mais il ne faut pas céder au découragement; viens prendre l'air. »

Muzius avait déjà pris sur mon esprit un tel ascendant, que je ne pus résister à ses sollicitations. Je me levai, fort étourdi, et je le suivis sur le toit. Après quelques promenades, il me conduisit chez lui, et me força d'avaler un grand coup de ce même punch de chat qui m'avait si fort détérioré.

Le résultat fut plus heureux que je ne l'aurais cru. Une douce chaleur se rétablit dans mon estomac languissant, et mes forces ne tardèrent pas à se ranimer.

« Voilà ce que c'est, me dit mon ami, que de reprendre à propos *du poil de la bête.* »

A partir de ce moment, je retournai plusieurs fois dans les réunions de mes nouveaux camarades, et je partageai franchement leurs orgies sans m'en trouver davantage incommodé.

Un beau soir, je fis la rencontre du rival qui m'avait enlevé le cœur de Mismis. Ma colère se réveilla. Je m'avançai fièrement au-devant de lui pour lui reprocher l'offense qu'il m'avait faite. Les assistants applaudirent à mon courage. On fit cercle autour de nous, et nous nous livrâmes un duel acharné. Après nous être mutuellement blessés, mais assez légèrement, on voulut nous séparer en déclarant l'honneur satisfait. Mais mon adversaire m'avait mordu la queue, et je ne voulus céder à aucune remontrance.

Alors le combat recommença de plus belle, et, profitant d'une feinte qu'il ne sut pas prévoir, je lui sautai sur la croupe, et le mordis à la gorge avec une telle furie, qu'il en perdit la respiration, et tomba sans connaissance.

Cette fois on nous sépara de pleine autorité, et nous fûmes emmenés chacun d'un côté, pour recevoir les soins d'un habile chat qui avait appris son métier de guérisseur chez son maître, le chirurgien en titre de la résidence.

Muzius, enchanté de ma glorieuse conduite, m'embrassa avec effusion, et tous nos amis me félicitèrent à qui mieux mieux, en me reconduisant en triomphe chez mon maître. Mais, quand nous arrivâmes, il était endormi depuis longtemps. La porte était fermée, et il me fallut coucher sur le paillasson. Mes blessures me faisaient souffrir, et j'attendis en gémissant le retour de l'aurore.

Quand mon maître me trouva en cet état, il en parut fort sincèrement affligé, et me mit des éclisses autour des pattes. Je restai près de huit jours sur le flanc, consolé de temps en temps par les visites de Muzius.

XXXIV

... L'abbaye de Kautzheim était assise sur la crête d'une colline boisée, au milieu d'un ravissant paysage. Les étrangers de la plus haute distinction s'y rendaient de fort loin en pèlerinage. L'intérieur des bâtiments répondait à la magnificence des sites.

L'abbé Chrysostome en avait dirigé la décoration avec un goût exquis.

C'était un homme de quarante ans, d'une imposante physionomie, qui inspirait la vénération. Sévère pour lui-même, il professait envers les autres la plus affectueuse tolérance. Il ne repoussait pas les honnêtes jouissances de la vie, et conduisait ses religieux sans les enchaîner par les rigueurs étroites de la règle. Il avait un système approprié à toutes les organisations qui venaient se placer sous sa direction. Les plus avancés dans la voie de la perfection passaient leurs jours dans la prière et la contemplation. D'autres, moins mystiques, ne croyaient point offenser Dieu en fêtant les dons qu'il nous accorde, autour d'une table bien servie. Les uns vivaient dans une clôture très-régulière. Les autres faisaient de temps à autre quelques excursions dans les châteaux voisins, pour ne pas rompre trop durement avec les affections de la vie sociale. Une remarquable prédilection pour la musique les réunissait au chœur, fort exactement, pour chanter les louanges du Seigneur, et l'arrivée de Kreisler fut pour eux une fête.

Le maître de chapelle n'eut pas besoin de grands efforts pour se mettre à l'unisson de ces existences paisibles que ne troublait aucune privation. Il se livrait avec enthousiasme à toutes les inspirations de son art, qui trouvaient des cœurs toujours disposés à les applaudir.

Un soir, on venait de terminer dans l'église de l'abbaye la répétition d'une grand'messe qui devait être exécutée solennellement le lendemain. Kreisler jouissait d'un bonheur ineffable en se laissant aller aux mélancoliques impressions de son œuvre. Sa méditation le fit tomber dans une sorte de somnolence mystique.

Il se crut transporté à la fête de Pâques. La cloche venait d'appeler les religieux au chœur, pour la célébration de l'office divin. Assis au pupitre, il allait diriger l'exécution de la grand'messe. Tout alla bien jusqu'à l'*Agnus*. En ce moment, il aperçoit que les notes de sa partition ont disparu. Les feuillets du cahier sont entièrement blancs. Son bâton de maître de chapelle s'échappe de ses mains tremblantes. Les religieux étonnés le regardent, et attendent avec anxiété la fin de cette pause inattendue. Kreisler, éperdu, ne sait plus à quel saint se vouer pour sortir d'embarras. Il sent dans son âme la continuation de sa sublime composition ; mais les notes ne sont plus sous ses yeux, il ne peut continuer. Tout à coup un ange descend de la voûte sainte, se pose sur le pupitre, et chante l'*Agnus* d'une voix divine.

Cet ange, c'est Julia !

Le songe se brise. Kreisler se hâte de noter le chant céleste, dont toutes les vibrations lui sont encore présentes. Puis il retombe dans sa contemplation, jusqu'à ce que l'abbé Chrysostome vienne le rendre à la vie réelle, en lui frappant amicalement sur l'épaule.

« Eh bien ! cher Kreisler, lui dit-il, vous songez à la belle œuvre que vous avez écrite pour demain. Nous en sommes tous enchantés. »

Kreisler le regarda d'un air hagard, sans trouver un mot de réponse.

« Allons, poursuivit l'abbé en souriant, descendez un peu maintenant des hauteurs de l'art ; venez vous promener, et causons de choses ordinaires, pour détendre les ressorts de votre esprit. »

XXXV

Tous deux se dirigèrent vers le jardin du cloître.

« Je crois, continua le digne abbé, que vous ne vous trouvez point mal de la vie solitaire que vous menez avec nous depuis quelque temps ?

— Ah ! mon père, dit Kreisler, laissez-moi l'illusion causée par l'habit que je porte. Laissez-moi penser que c'est un songe qui n'est pas près de s'évanouir.

— Nul plus que moi ne serait heureux de vous conserver parmi nous. J'ai pour vous une amitié profonde ; et, sans parler de l'intérêt que j'aurais à vous garder, peut-être feriez-vous bien de vous fixer parmi nous. »

Cette ouverture épouvanta Kreisler.

« Écoutez-moi jusqu'à la fin, reprit l'abbé. On croit vulgairement, dans le monde, que le monastère est une sauvage prison. Vous avez pu juger du contraire. Vous voyez combien est douce la règle qui nous lie. Nous ne sommes pas des spectres de pénitence ; mais nous allons à Dieu par des voies paisibles. Quelques hommes, sans doute, viennent de temps en temps chercher ici un refuge contre les remords, ou une expiation de leurs désordres passés ; mais il y en a beaucoup plus qui n'y sont amenés que par le goût de la retraite, de l'étude, et d'une vie à l'abri d'orages. Vous êtes du nombre de ces hommes qui ont besoin de calme et de repos; pourquoi n'accepteriez-vous pas une place assurée parmi nous?

— Je vous comprends, dit Kreisler avec tristesse ; je sens la vérité de vos paroles : je ne suis pas fait pour vivre de la vie du monde tel que je le vois. Et cependant, vous l'avouerai-je, la perspective de finir mes jours dans ce tombeau des passions humaines me révolte malgré moi et m'épouvante. Je crains de manquer de résignation.

— Mais l'art, Kreisler, l'art divin, dont les secrets sont en vous, a-t-il besoin de résignation ? ne peut-il suffire, avec ses trésors, à la soif de votre âme ? Je ne vous parlerai point de l'amour, qui est le seul lien dont le monde puisse se servir pour vous enchaîner dans son sein. Mais de l'amour que reste-t-il, quand l'âme s'est blasée sur ses trompeuses promesses, si vites flétries ?

— Votre Révérence, s'écria Kreisler, en qui ce mot d'amour avait produit une secousse électrique, Votre Révérence me paraît dans l'erreur à mon égard. Je me sens encore, grâce à Dieu, dispos et vigoureux ! Je suis jeune ; et il me semble aussi qu'un habit noir ne me messied pas plus que ce froc vénérable. Ne puis-je pas rencontrer une fille de quelque savant et honnête professeur d'université, et lui faire agréer l'offre de mon cœur? L'ex-maître de chapelle d'un grand-duc est un parti fort convenable pour une jolie bourgeoise, ou pour une fille de meunier, portant collier de fins ducats. L'amour est un thème musical qui ne me déplaît point, et dans lequel je pourrais faire ma part d'un charmant duo. Je vous confesserai même que, dès l'âge de trois ans, j'avais déjà médité philosophiquement sur les agréments du ménage. Il est vrai que l'objet de ma flamme enfantine était âgé de trente ans ou plus, et n'a pu, par conséquent, tenir les promesses qu'elle m'avait jurées, de n'avoir que moi pour époux. Mais, depuis cette époque, l'amour m'a fait mille agaceries. Qu'on me donne des bas de soie, des escarpins, et une culotte de satin; et, si Votre Révérence daigne me le permettre, je danserai devant elle le menuet avec une grâce à faire tourner la tête à toutes les vierges nubiles de la contrée. Je suis fait et très-bien fait pour le mariage.

— Dieu merci, reprit l'abbé quand Kreisler, essoufflé, eut achevé cette tirade, je suis assez heureux pour n'avoir jamais subi la loi de ces passions chimériques dont vous parlez avec tant de feu. Mais brisons là, et reprenons les choses au point sérieux. N'avez-vous pas ouï parler, chez le prince Irenaüs, du peintre Léonhard Ettlinger?... »

Un sentiment d'horreur inexprimable, excité par ce souvenir, fit frissonner Kreisler de la tête aux pieds.

« Léonhard Ettlinger!...

— Calmez-vous, mon fils, dit l'abbé. Vous n'avez rien de commun avec ce pauvre fou; mais que son exemple vous serve de leçon. Vous marchez sur une pente plus dangereuse encore que celle où il s'est brisé. La fuite est votre seule ressource. Hedwige... »

Au nom d'Hedwige, Kreisler comprit que l'abbé devait être initié à tous les secrets d'intérieur de la famille du grand-duc honoraire. On savait peut-être qu'il s'était réfugié à l'abbaye. La vengeance de la mort du prince Hector pourrait l'en arracher. Il se hâta de raconter à l'abbé toutes les circonstances de ce drame tragique.

Le religieux, en l'écoutant, avait les yeux fixés vers le ciel, et ne répondait point.

Les cloches du couvent sonnèrent l'Angélus.

« Allons à la prière du soir, dit-il à Kreisler, après une pause; demain nous causerons plus longuement de ce qui s'est passé à Sieghartsweiler.

— Mon père, reprit Kreisler avec inquiétude, puisque vous

semblez tout savoir, dites-moi ce qu'est devenu le prince Hector?

— Le bruit court, dit l'abbé, que son aide-de-camp a été piqué dans la forêt par une guêpe... »

XXXVI

..... Nos agréables réunions sur les toits ne tardèrent pas à être troublées par un misérable chien, qui se faisait appeler Achille.

Il ne ressemblait guère au héros d'Homère.

C'était un dogue vulgaire, faisant le vil métier de chien de garde dans la cour de son maître. Malgré son insolence, plusieurs d'entre nous plaignaient généreusement sa captivité. Il paraît que nos cris joyeux fatiguaient son sommeil, car pour se venger il ameuta contre nous cinq ou six roquets de sa connaissance.

Les roquets, selon ses instructions, se mirent, une belle nuit, à répondre à nos concerts par des hurlements si intolérables, que le maître du logis s'en émut, et se leva, armé d'un fouet, pour les mettre à la raison. Mais ces viles créatures se traînèrent lâchement à ses pieds, et lui représentèrent qu'ils n'avaient aboyé que pour nous faire peur, et pour le délivrer lui-même de notre incommode voisinage.

Le maître les crut, et le chien de garde eut l'indignité de confirmer leur délation. Les domestiques eurent ordre de nous traquer et de nous assommer partout où ils nous rencontreraient. On nous tendit des piéges, dans l'un desquels mon ami Muzius se cassa une patte. Nos réunions furent supprimées, et je me vis réduit à retourner sous le poêle.

Quelques jours après survint le professeur Lothario, avec Ponto.

Je revis Ponto avec un vif déplaisir. Tous les chiens m'étaient devenus odieux. Je me cachai dans le poêle, et j'en tirai la porte sur moi.

Ponto ne prit pas garde à ma retraite, et son indifférence me blessa. Mais son maître s'informa de moi.

Maître Abraham répondit que depuis plusieurs jours j'étais peu casanier ; qu'on me rencontrait plus souvent sur les toits qu'au logis.

« Diable ! reprit Lothario, je serais assez porté à supposer que votre Murr s'est caché quelque part, pour écouter à son aise notre conversation.

— Bah ! bah ! s'écria mon maître, vous vous faites toujours de mon chat une idée saugrenue.

— Pas tant que vous croyez, dit Lothario. Du reste, j'ai beaucoup étudié, dans mes loisirs, cette classe d'animaux, et j'ai remarqué que l'éducation avait sur eux, à notre insu, une influence fort étendue. Voyez la différence qui existe entre les chats de gouttières, les chats de boutiques et les chats d'appartements. Leurs mœurs varient à l'infini, selon leur genre de vie. Comment voulez-vous que le chat d'un savant ne devienne pas érudit ? Je suis sûr que le vôtre nous écoute en quelque coin. Cherche, Ponto ! cherche !... »

Ponto fit le tour de la chambre et s'arrêta devant le poêle, où il se mit à aboyer.

« Il est dans le poêle, dit mon maître ; vous aviez raison. — Viens, Murr, viens ! Quelle triste figure fais-tu là ? »

Je sortis, couvert de cendres, et en voyant Ponto si luisant, si propret, j'allai bouder derrière le lit.

Lothario causa longtemps de moi avec mon maître, et de fréquents éclats de rire interrompaient leur entretien. Je ne songeais qu'à l'impolitesse de Ponto, qui ne s'approchait pas de moi, de peur, sans doute, de se salir.

« Eh bien, dit le professeur en prenant sa canne et son chapeau pour se retirer, il paraît que les roquets de notre voisin ont fait taire les criailleries nocturnes des chats de votre maison.

— Tant pis, répondit mon maître, si on eût laissé faire les chats, ils seraient peut-être devenus, avec le temps, d'excellents musiciens. J'ai pour principe qu'il ne faut jamais mettre obstacle au développement des vocations. »

Ponto suivit son maître sans m'accorder un regard d'adieu.

« Allons, Murr, me dit Abraham, quand nous fûmes seuls, j'espère que tu vas redevenir un honnête chat, rangé et coquet, comme autrefois. Si tu pouvais me comprendre, je t'exhorterais à t'amuser sans bruit, et à conserver ta bonne réputation. »

Je répondis par un miaulement agréable, et je vins frotter mon dos contre les jambes de mon maître.

« Que le diable t'enlève ! s'écria-t-il en me repoussant rudement. Ne pourrais-tu te nettoyer ailleurs ! »

Je tombai presque étourdi du coup que j'avais reçu.

Mon maître regretta ce moment de vivacité. Il me ramassa, m'épousseta et m'enveloppa dans un côté de sa robe de chambre, pour me peigner doucement.

Ma toilette achevée, je fus me mirer dans la glace, et l'admiration que je ressentis à l'aspect de ma nouvelle tenue me fit prendre en dédain les orgies qui m'avaient si fort séduit. Je me promis de reprendre un train de vie plus réglé, et de ne pas retourner dans les cendres du poêle.

La nuit suivante, il me sembla qu'une patte légère et douce grattait à la porte de la chambre.

C'était le président de nos anciennes réunions sur les toits.

« Mon cher Murr, me dit-il d'une voix plaintive, je t'apporte une triste nouvelle... »

XXXVII

« ..... J'ai de grands torts à me reprocher envers toi. Tu es ma meilleure amie et j'ai manqué de confiance en ton affection. Il faut que je t'ouvre mon cœur. »

Ici, la princesse s'arrêta. Les larmes étouffaient sa voix, et elle se jeta tout éplorée dans les bras de Julia.

« Chère Hedwige, dit la jeune fille, as-tu des secrets que je ne connaisse pas ? Oh ! parle, épanche tes chagrins sur le sein de ton amie, de ta sœur !

— Écoute, reprit Hedwige. Tout le monde ici veut que je sois malade, et pourtant je ne me suis jamais mieux portée.

L'accident qui m'est arrivé vous a tous consternés, et moi je pense que ces secousses électriques, qui paraissent arrêter momentanément le cours de la vie, me sont plus nécessaires que les remèdes qu'on s'obstine à me prodiguer.

— Pourquoi donc une pareille pensée?

— Quoi! serais-tu de l'avis de ceux qui me tourmentent?

— Non, et j'espère que cet homme odieux, ce prince Hector qui a voulu être le meurtrier de Kreisler, ne reviendra jamais.

— Jamais! oh non! je ne pourrais plus supporter sa présence. Pauvre Kreisler!

— Rassure-toi, Abraham assure qu'il est hors de danger... »

A ces mots de Julia, la princesse parut lutter contre une violente émotion, et se laissa tomber, épuisée, sur le sofa. Julia voulait appeler du secours, Hedwige s'y opposa.

« Reste près de moi, lui dit-elle. Je suis bien. Ne me quitte pas.

— Non, non, jamais!

— N'est-ce pas, ma chère Julia, tu ne l'aimes pas? Dis-le-moi franchement.

— Quelle singulière question! s'écria la jeune fille toute tremblante. Hedwige, que sens-tu toi-même en me faisant une pareille demande? Qu'est-ce que cet amour dont tu parles? Est-ce cette passion furieuse qui nous entraîne irrésistiblement vers la pensée d'un homme, qui nous ôte la raison, et fait pour nous le monde entier du dangereux objet de notre délire? Non, Hedwige, je ne ressens pas cette impression terrible. Mais, si ce que tu appelles amour est un penchant doux et calme, une affection réfléchie, justifiée par les qualités de l'être auquel elle s'attache, eh bien, oui, j'aime; j'aime notre bon Kreisler; son malheur et son éloignement m'attristent.

— Julia, pourrais-tu, sans souffrir, te figurer qu'il soit dans les bras d'une autre femme? »

La jeune fille rougit en répondant : « Je n'ai jamais pensé qu'il pût être dans les miens.

— Alors, tu ne l'aimes point! s'écria Hedwige. Mais il ne

reviendra pas, et je sais qu'il veut finir ses jours dans l'abbaye de Kantzheim... »

Julia se leva, les yeux pleins de larmes, et s'approcha de la fenêtre, puis elle prit son chapeau et fit quelques pas, pour sortir.

« Oh! ne me quitte pas, je t'en supplie, reprit la princesse avec exaltation. Ne me laisse point seule. Ne sais-tu pas que ce château, ce parc, sont pleins de mystères? Tiens, regarde ce pavillon qu'habitait le prince Hector; on croit que depuis son départ il est inhabité. Mais, tiens... Ne vois-tu rien à la croisée? »

Julia vit une ombre d'homme qui disparut aussitôt.

« Qu'y a-t-il en cela de surnaturel? dit-elle à Hedwige. C'est peut-être quelque valet. Il est facile, au reste, de s'en assurer.

— On l'a fait vingt fois, et sans trouver personne. Mais écoute: tu sais que j'ai parfois de longues insomnies. Il y a trois nuits que je vins respirer l'air à cette fenêtre, et j'ai distingué quatre hommes dont l'un portait une lanterne sourde. Il sont entrés dans le pavillon sans bruit, sans ouvrir la porte, et comme s'ils eussent percé les murailles. Un instant après, la croisée fut éclairée; je vis des ombres passer et repasser, puis tout redevint obscur. Enfin, une lueur éblouissante rejaillit au dehors, et je vis sortir des buissons un moine tenant d'une main un cierge et de l'autre une croix. Quatre hommes le suivaient, chargés d'un cercueil. A quelques pas, apparut un autre homme drapé dans un manteau noir. Le cortége s'arrêta, posa le cercueil à terre et le découvrit. Je me sentis défaillir d'épouvante. Quand je rouvris les yeux, j'aperçus à peine ces compagnons de la mort qui disparaissaient au fond de l'avenue, toujours précédés par le moine, et se dirigeaient par le sentier du parc qui conduit au monastère de Kantzheim. Depuis ce moment, j'ai revu plusieurs fois une ombre à la croisée. C'est peut-être celle d'un homme assassiné.

— Mais quel pourrait être le fondement raisonnable d'une supposition si tragique? dit Julia.

— Oublies-tu donc ce qui s'est passé dans le parc, avant le départ de Kreisler?

— Ciel! s'écria la jeune fille. Un meurtre! mais par qui? sur qui?

— Tranquillise-toi! Kreisler existe. Ne me regarde pas avec ces yeux terrifiés. Mais, puisqu'il faut que je te dise ce que tu ne comprends pas : Hector, le prince Hector, t'aime avec passion. J'étais sa fiancée, mais c'est toi qu'il adore avec toute la fougue de son sang italien.

— Mon Dieu! quelle folie me dis-tu là?

— Je ne t'en veux pas. Quand je serai la femme du prince, je quitterai ces lieux, et toi, tu resteras... aimée de Kreisler! »

A ces mots Hedwige fondit en larmes, et se jeta de nouveau dans les bras de la jeune fille.

XXXVIII

Pendant cette conversation mélancolique, le prince Irenaüs entourait de ses galanteries la conseillère Benzon, dans le grand salon du château.

« Je suis ravi de pouvoir causer ce soir, en toute liberté, avec vous, lui dit-il. Vous connaissez ma ferme affection, et vous savez qu'un cœur de prince n'en change pas avec la légèreté d'un bourgeois. »

A ces mots, il baisa la main de la conseillère avec plus de tendresse que n'auraient dû en autoriser naturellement sa dignité et l'âge mûr de madame Benzon, qui se trouvait toute saisie de cette faveur.

« Laissez-moi causer avec vous, poursuivit-il, non plus en prince accablé par les affaires d'État, mais en bon père de famille. Laissez-moi vous parler de mes enfants qui me causent plus de souci que vous ne sauriez le penser. Le jeune prince Ignaz, mon triste fils, a pu à grand'peine apprendre à signer son nom. Il n'aura jamais ni esprit, ni grandeur d'âme. Tout dort dans cette nature.

— Il faudrait, dit la conseillère, lui choisir une femme dont les charmes et la vive intelligence pussent exciter ses facultés engourdies. Une telle femme est rare à trouver, et il faudrait la prendre n'importe où, sans trop s'inquiéter de sa généalogie.

— C'est une idée à laquelle je ne souscrirai jamais, reprit Irenaüs en fronçant le sourcil. Je ne veux point de mésalliance dans ma noble race. Ne pourriez-vous me donner un conseil plus praticable?

— Je sais, dit la conseillère, que bien souvent des idées raisonnables sont étouffées par les préjugés. Cela n'infirme point le bons sens de l'avis que je soumettais à Votre Altesse, dans l'intérêt de son fils.

— Laissons ce chapitre de côté, répliqua le prince, et passons à Hedwige. Elle me donne encore plus d'inquiétude que mon fils. Le médecin de la cour ne comprend plus rien à l'étrangeté de sa constitution maladive. Ma femme a pourtant joui d'une inaltérable santé. D'où peut donc provenir le mal secret qui tourmente notre jeune princesse?

— Je n'y comprends rien non plus!

— Entre nous, chère dame, cette catalepsie récente pourrait bien être le fruit du départ précipité du prince Hector. Il veut évidemment rompre ce projet d'union qui comblerait mes vœux, et, au point de vue de la santé de ma fille, je suis forcé d'avouer qu'il n'aurait pas tout à fait tort; car il est fort pénible, assurément, d'être l'époux d'une femme si impressionnable, qu'elle peut être frappée de cette maudite catalepsie au milieu d'un bal de cour. Cependant, ne sauriez-vous imaginer un moyen de ramener le prince, et d'obtenir malgré tout la conclusion d'une affaire si importante à mes yeux?

— Prince, reprit la conseillère, je crois que vous vous abusez sur le motif du départ du prince. Il y a un secret là-dessous, et je crois que le maître de chapelle Kreisler pourrait révéler *le dessous des cartes.*

— Comment? Que dites-vous? Serait-il possible....

— Une querelle entre le prince et Kreisler a décidé ce départ.

— Une querelle! Oui, le chapeau ensanglanté qu'on a retrouvé dans le parc... Un coup au front probablement!...

Mais, cependant, madame, songez donc qu'un duel était inadmissible entre un *prince* et un *maître de chapelle*.

— Tout ce que je puis vous certifier, c'est que Kreisler a exercé une influence redoutable sur l'esprit d'Hedwige. L'aversion qu'elle témoignait d'abord à son égard s'est changée en une passion violente. Il est possible que le prince s'en soit aperçu, et qu'il ait jugé convenable de se débarrasser de Kreisler. En tout cas, c'est encore un profond mystère pour nous. Julia m'a dit que le prince s'était enfui tout épouvanté à la vue d'un portrait que Kreisler mit un jour sous ses yeux. Depuis le départ du maître de chapelle, Hedwige n'est plus malade. S'il était resté, sa passion eût pu l'entraîner à des folies. Tout est changé maintenant. Le prince Hector peut revenir, le mariage se faire, et vous n'aurez plus ni chagrins ni soucis.

— Ce misérable musicien! quelle audace! s'écria Irenaüs. Et vous êtes sûre de ce que vous dites? Ah! je veux que maître Abraham me délivre du retour de ce coquin.

— Maître Abraham n'a plus rien à faire pour cela. Car je tiens de lui-même que Kreisler s'est retiré au monastère de Kantzheim, et l'abbé Chrysostome m'a écrit que bientôt il le déciderait à se faire bénédictin. J'ai choisi l'instant le plus favorable pour en instruire la princesse; elle a reçu cette nouvelle avec un grand calme, d'où je conclus que son esprit n'est plus agité par cette fatale passion.

— Ah! je vous remercie de cette prudente précaution. Me voilà tout à fait rassuré. Vous êtes l'ange gardien de ma pauvre enfant.

— Vraiment, dit-elle, ai-je toujours eu le bonheur de veiller sur le salut de vos enfants? reprit la conseillère en appuyant sur ces derniers mots.

Irenaüs baissa les yeux et ne répondit pas.

« Savez-vous, poursuivit-elle, ce qu'est devenue *Angèle*?

— *Angèle!* hélas! je n'en ai eu aucune nouvelle, et je crains bien de l'avoir perdue pour toujours. Quelqu'un m'a dit l'avoir vue à Venise. Voilà tout.

— Ah! monseigneur, il fallut être bien cruel pour arracher une enfant du sein de sa mère, et pour la condamner à un exil éternel. Je n'oublierai jamais quel mal vous m'avez fait en cette circonstance.

— Mais ne vous ai-je pas accordé, ainsi qu'à *Angèle*, une pension considérable? Que pouvais-je de plus? Si *Angèle* était restée ici, n'avais-je pas à craindre que tôt ou tard notre faute fût connue? Vous connaissez la duchesse.

— Et vous avez pu croire que l'or dédommageait une mère du sacrifice de son enfant? Détrompez-vous, prince : il faut plus que cela.

— Je suis prêt à faire tout ce qui dépendra de moi pour vous contenter. J'en parlerai à maître Abraham, qui est un homme sage et plein d'expérience.

— Et croyez-vous donc qu'Abraham vous soit si dévoué? Que pourrait-il faire après tout pour découvrir notre *Angèle?* Toutes nos recherches n'ont-elles pas été infructueuses? De quelle puissance supposez-vous qu'Abraham soit encore possesseur, depuis qu'on lui a ravi le moyen mystérieux dont il usait pour pénétrer le secret des choses cachées?

— Voulez-vous parler de *Chiara*, cette petite sorcière?

— Vous en parlez fort légèrement. Mais, quelle que fût cette femme, il l'aimait; c'était la compagne de sa vie. Pourquoi la lui enlever?

— Mais, en vérité, vous m'effrayez, madame, avec vos raisonnements. Ne savez-vous pas que les ordonnances du prince régnant sont extrêmement sévères à l'égard de toute personne qui professe la sorcellerie? N'est-ce point par égard pour Abraham que j'ai préservé *Chiara* de la poursuite des tribunaux, et que j'ai obtenu qu'elle fût seulement enlevée de nuit, pour être transportée je ne sais où, car je ne m'en suis plus occupé. Quel tort ai-je à vos yeux dans ma conduite si pleine de ménagements?

— Celui de vous être trop hâté, car Abraham sait que c'est par votre ordre que *Chiara* fut enlevée. Il est calme, il étouffe ses plaintes; mais il attend l'heure de la vengeance, et elle sonnera contre vous.

— Vous m'effrayez! C'est affreux! car je l'ai visité dernièrement dans la cabane du pêcheur, pour le consulter sur l'état d'*Hedwige*, et je lui ai aussi parlé d'*Angèle*....

— Que vous a-t-il répondu ? interrompit vivement la conseillère.

— Il m'a parlé de votre attachement ; puis il a ajouté qu'il savait déjà tout ce que je venais de lui confesser ; que peut-être on aurait bientôt des nouvelles d'*Angèle*, et qu'alors se révéleraient bien des perfidies.

— Quoi ! il vous a dit cela ? s'écria madame Benzon.

— Comme je vous le répète. Mais que faire maintenant, pour éviter sa vengeance ? »

XXXIX

En ce moment, le chambellan vint avertir Son Altesse que le thé était servi. Irenäus se leva, le front soucieux, et tout le monde, en le voyant si morose pendant le reste de la soirée, se demandait avec inquiétude ce que pouvait présager une attitude si sévère après sa longue conversation intime avec la conseillère.

Quand madame Benzon se fut retirée dans son appartement, Julia vint, tout en larmes, se jeter à son cou.

Que s'était-il passé ?

Elle était sortie du salon, de bonne heure, précédée d'un valet portant un flambeau. A peine avaient-ils fait quelques pas dans la galerie, que le valet, s'arrêtant tout à coup, lui avait dit en frissonnant : « Voyez-vous, voyez-vous, mademoiselle, cette ombre sur le mur ? Je ne sais ce que cela veut dire ; mais depuis trois soirs un homme inconnu rôde par ici. Nous l'avons déjà poursuivi, mais il nous échappe comme un spectre. »

Julia pensa avec épouvante à l'apparition du pavillon.

Quand elle fut enfermée dans sa chambre, elle rappela dans sa mémoire ce que lui avait dit Hedwige ; elle réveilla les impressions pénibles que le prince Hector lui avait fait éprouver, puis elle se rappela un songe dans lequel elle se croyait saisie par le bras de fer dont le maître de chapelle l'avait délivrée. Son esprit s'exalta par la frayeur, et elle s'écria :

« Cher Kreisler, ne viendras-tu pas m'entourer de la protection que tu m'avais promise? Ne pourrais-tu pas faire entrer de loin dans mon âme troublée un peu de courage et d'espérance ? »

Elle se mit alors devant son clavecin, et joua quelques morceaux de la musique du maître de chapelle. Les dernières vibrations ne s'étaient pas encore éteintes qu'elle tressaillit involontairement. La porte s'ouvrait. Elle se retourna glacée de crainte, et, avant qu'elle pût proférer une parole, le prince Hector était à ses pieds !!!

Sans lui donner le temps de se reconnaître, il lui jura que l'idée de son mariage avec Hedwige lui était odieuse, et qu'entraîné par un amour immense il voulait la revoir, elle Julia, son unique adorée, pour lui protester qu'il n'appartiendrait jamais qu'à elle.

« Sortez ! prince, sortez ! s'écria la jeune fille.

— Non ! répondit le séducteur ; ici va se décider mon destin. Julia, être céleste, il faut que tu m'aimes ! »

Et il la serra étroitement dans ses bras.

« O mon Dieu ! s'écria-t-elle, d'une voix mourante, personne ne viendra-t-il à mon secours ! »

Aussitôt une grande clarté s'alluma en dehors de la fenêtre, et des voix se firent entendre dans la galerie.

Julia sentit sur ses lèvres un baiser de feu, et le prince disparut.

La jeune fille éperdue vit rentrer sa mère, et, toute désolée, lui raconta cette aventure.

Madame Benzon protesta qu'elle saurait découvrir le prince, fût-ce dans les fondements du château, et le ferait chasser honteusement.

« Garde-toi bien d'un pareil scandale, dit Julia. J'en mourrai de honte ; et, si le prince Irenäus, si Hedwige venaient à savoir....

— Tu as raison, reprit la conseillère un peu plus calme. Tout cela n'est peut-être qu'un complot dirigé contre nous par des ennemis secrets, car il est impossible que le prince Hector vive ici caché à l'insu de tout le monde. »

Elle fit appeler sa femme de chambre, et la contraignit par

les plus rigoureuses menaces à lui avouer que le prince Hector était caché chez le concierge de la grille du parc.

XL

...... O douleur ! mon pauvre Muzius est mort des suites de la blessure qu'il s'était faite à la patte, en tombant dans un piége.

J'appris que le service funèbre aurait lieu la nuit prochaine dans la cave de notre maison, où ses amis avaient transporté sa dépouille mortelle.

Je m'y rendis à l'heure fixée. Muzius reposait sur un catafalque simple comme avait été sa vie, car c'était une botte de paille. Tous les assistants pleuraient.

Nous nous rangeâmes en cercle autour du défunt pour psalmodier en son honneur. Après cette cérémonie, un jeune chat, naturellement vêtu de noir, prononça un éloge funèbre fort touchant.

« Chers frères, nous dit-il d'une voix émue, qu'est-ce
« que le chat ? Un être organisé qui naît et meurt comme
« toute autre créature. Si la mort est la fin de la vie, comme
« l'assurent les savants, notre ami Muzius a bien réellement
« cessé de vivre. Le voilà immobile sur cette paille. Ses yeux
« d'un vert doré ne s'ouvriront plus pour voler les cuisiniè-
« res. O Muzius ! qu'as-tu fait de ta gaieté, de ton agilité, de ta
« prudence, de ton esprit ? Tout cela est mort avec toi. Mes
« chers auditeurs, je ne vous ferai point la biographie du
« compagnon que vous pleurez avec moi. Je ne sais rien de
« sa famille, de sa naissance, de sa vie privée ou publique,
« et je serais forcé de m'étendre sur des lieux communs. Je
« me bornerai à vous dire sa fin et ses vertus. Muzius est
« mort victime de la haine des roquets. Il est tombé dans leurs
« embûches, et le chagrin a envenimé la cruelle blessure qu'il
« avait reçue. Il est mort de la honte qu'il ressentait de
« s'être laissé prendre au piége tendu par de vils roquets.
« Voilà sa fin ; et voici ses vertus. O Muzius, nous te rendons

« hommage, à toi qui fus un si joyeux membre de nos réu-
« nions fraternelles, bon époux, bon père et bon ami, bien-
« faiteur des pauvres, consolateur des affligés ; toi qui ne cou-
« rus jamais après la chatte d'autrui que quand elle était plus
« belle que la tienne. Toi qu'on n'a jamais vu dévorer tes
« enfants, comme faisait un dieu de la Fable. Toi qui permet-
« tais à ton maître de les noyer, pour que tu n'eusses pas
« la peine de partager avec eux ta pitance. Brave défenseur
« de la vérité, tu aurais donné ta vie pour elle, si tu en avais
« eu deux à donner. Bienfaiteur des pauvres, tu trainais pour
« eux dans la cour des têtes de poisson, quand ton assiette
« regorgeait suffisamment pour toi de gras débris de poulet.
« Amis, imitons ce digne chat, pour être dignes d'exciter un
« jour les mêmes regrets. Dors, Muzius, repose en paix, et
« que la terre te soit légère ! Il n'a manqué à tes talents in-
« nombrables que celui de te garer des pièges : c'est une
« simple réflexion qu'en finissant je livre à la méditation de
« l'auditoire. »

Après ce discours, nous fîmes un repas funèbre en l'honneur du mort chéri que nous allions confier à la terre.

Quand il fut déposé dans la fosse, trois jeunes chattes ré-
pandirent sur lui des pelures de pommes et du persil ; puis la
fosse fut comblée, et trois mâles vigoureux aplanirent le
terrain avec leurs pattes.

Pendant le souper qui suivit, je reconnus Mismis en grand
deuil. Elle était veuve du brave Muzius ! Je lui fis mon compliment de doléance ; mais j'étais trop expérimenté pour profiter d'une pareille occasion de renouer une liaison qui avait
failli me devenir si funeste.

XLI

..... Kreisler se rendit de bonne heure dans la cellule de
l'abbé. Il le trouva occupé à ouvrir une grande caisse qui contenait un tableau.

Ce tableau fut accroché à la muraille ; alors l'abbé prit son jour pour l'envisager à son aise. Le sujet de cette peinture était un miracle. On voyait la sainte Vierge portant un rameau de lis. Du bout de sa main droite elle touchait la poitrine d'un jeune homme, tout baigné dans le sang qui s'échappait d'une large plaie. Ce jeune homme se relevait à demi sur sa couchette, comme au sortir d'un long évanouissement. Ses yeux étaient encore voilés par la mort, mais un doux sourire placé sur ses lèvres annonçait qu'il voyait en songe la mère du Sauveur, et qu'il devrait la vie à son auguste intercession. Dans le fond du tableau on voyait un personnage enveloppé d'un vaste manteau, tenant en main un poignard, et à demi éclairé par un des reflets de l'auréole qui entourait la Vierge. Ce devait être le meurtrier, car ses traits hagards le disaient assez.

Kreisler fut comme frappé de la foudre en reconnaissant dans cette figure le prince Hector. Il lui sembla aussi qu'il avait vu quelque part le jeune blessé; mais ses souvenirs étaient confus, et il n'osa questionner le père abbé sur ce sujet.

Dans un coin du tableau, sur l'avant-scène, il y avait un guéridon chargé d'un chapeau militaire et d'une épée. Tout près, traînait à terre une écharpe de femme. Le jeune blessé portait un costume moderne, mais qui n'était pas sans grâce. La Vierge était peinte à la manière des artistes du vieux temps.

« En considérant ce tableau, qui est d'une effrayante vérité, dit le père Chrysostome, je crois entrer dans la petite maison de Naples, où ce miracle eut lieu il y a peu d'années. Plus tard, il sera peut-être utile de vous faire à ce sujet une confidence qui serait aujourd'hui fort prématurée. »

Kreisler, en sortant de chez l'abbé, rencontra sur l'escalier le père Hilarius, qui lui dit mystérieusement : « *Domine, Domine capell meistere, paucis te volo!* »

Le digne cellérier du monastère avait mis en bouteille, ce jour-là, une fine feuillette du vin du Rhin. Il invitait Kreisler à en sabler un échantillon.

Le maître de chapelle le suivit dans sa cellule, où il trouva la table dressée, avec du pain blanc et des fruits.

« *Ergo bibamus !* » s'écria joyeusement le père Hilarius, en remplissant deux gobelets, qui furent vidés d'un trait.

« Ah çà ! poursuivit-il, il paraît que notre révérend abbé voudrait bien vous loger à perpétuité dans le froc de saint Benoît? Gardez-vous-en, mon jeune ami ! Je me trouve assez bien sous le capuce; mais *distinguendum est inter et inter.* Je ne sais rien de préférable à un flacon de bon vin après un beau chant d'Église, et je trouve ici mon affaire. Quant à vous, la vie du monde vous offre mieux que cela ; et vous ferez bien d'allumer d'autres feux que ceux de la sacristie. Vive votre fiancée ! buvons à votre noce prochaine ; et je gage que le prieur, malgré son chagrin de vous voir échapper, vous enverra un panier de sa meilleure cave. »

Kreisler se sentit offusqué de cette franchise, un peu grossière dans sa naïveté. « C'est donc là, dit-il, tout ce que vous savez entre vos quatre murailles ?

— *Domine Kreislere,* ne nous fâchons pas. Je ne dirai plus mot sur ce chapitre, si cela vous déplaît. Faisons mieux ; déjeunons *in camera, et faciamus bonum cherubim, et bibamus!* Dieu vous conserve longtemps en joie et en santé, et qu'il veuille aussi nous conserver notre douce vie !

— Craignez-vous donc de perdre sitôt votre bien-être ?

— *Domine, Domine dilectissime!* Vous êtes parmi nous depuis assez de jours pour avoir observé l'union qui règne entre nous, et les soins que prend notre digne supérieur pour associer, dans un même esprit de paix et de joyeuse insouciance du monde extérieur, les tempéraments si divers qui composent notre communauté. Eh bien, peut-être sommes-nous plus près que nous ne pensons de voir finir cette béatitude.

« Sachez que le père Cyprianus vient d'arriver au couvent.

« C'est un homme très-jeune encore ; mais sur sa figure morte il n'y a pas un trait de bienveillance. Tout respire, dans cette physionomie, le cachet du fanatisme ; chacune de ses démarches trahit une sorte de mépris haineux pour tout ce qui l'environne. Peut-être est-ce le signe d'une grande supériorité. En tout cas, il s'est déjà informé de notre régime de vie, et il en a paru très-scandalisé.

« Son arrivée va nous bouleverser. Les amis de la rigidité mystique vont se liguer avec lui contre la tolérance de notre abbé, et formeront un parti d'autant plus redoutable, que je soupçonne le père Cyprianus d'être envoyé par le pape pour nous réformer. Que deviendra alors votre musique, et que ferez-vous donc parmi nous, cher Kreisler? Ce diable enfroqué prétend que la musique est un écho de la corruption mondaine. *Per diem*, cher Kreisler, si l'on supprime la musique, et si l'on ferme la cave, que deviendrai-je? En attendant l'orage, *bibamus!* »

Comme le maître de chapelle s'efforçait de rassurer son compagnon de bouteille, la cloche du monastère annonça la cérémonie de réception du père Cyprianus.

Le père Hilarius avala, en frémissant, son dernier gobelet; puis tous deux sortirent pour se rendre au chœur.

En passant devant l'appartement de l'abbé, qu'un simple vitrage séparait du corridor, le père Hilarius arrêta Kreisler: « Voyez, lui dit-il; qu'avais-je prévu? »

Dans la cellule de l'abbé, un moine, debout, semblait parler avec une grande animation. L'abbé se mit à genoux devant lui, et reçut, le front courbé, sa bénédiction.

« Diable! pensa Kreisler, ce père Cyprianus doit être un personnage d'une haute importance. »

Arrivés dans le chœur, l'abbé et Cyprianus passèrent tout près du maître de chapelle, qui reconnut dans le moine étranger le même jeune homme blessé qui figurait dans le tableau du miracle.

XLII

... L'oraison funèbre de Muzius et la rencontre de Mismis avaient excité mon esprit. Des sensations tumultueuses parcouraient tout mon être, et, passant tour à tour aux impressions les plus opposées, j'en vins à regretter de n'être pas enterré dans la cave à la place de Muzius. Résolu de me tenir en garde contre toute séduction nouvelle, je me mis à faire de petits poëmes élégiaques.

Quelques jours plus tard, mon maître étant sorti, j'éprouvai le besoin d'aller prendre l'air, pour me délasser de mes compositions.

L'air était doux, le soleil radieux; je gagnai le toit. Le premier objet qui frappa mes regards, ce fut la veuve de Muzius. Je pensai rester anéanti. Mais mon embarras ne fut pas de longue durée; car le chat Hinzmann, le prédicateur funèbre, parut presque aussitôt, et aborda Mismis avec une intimité qui me fit comprendre leur liaison mutuelle. Ils s'en furent ensemble, et passèrent devant moi sans me saluer. La coquette veuve me lança même un regard moqueur.

Malgré mes sages résolutions, je me pris à maudire le toit qui venait d'être témoin de cet affront. Je me bornai, à partir de ce jour-là, à monter sur l'appui de la fenêtre, pour faire ma toilette au soleil, ou regarder dans la rue.

Devenu tout à fait philosophe, je me dis, plus tard, que je pourrais bien, à l'exemple des autres chats, passer mes heures de récréation à la porte de la rue. Cette liberté me semblait un droit si naturel que je descendis gravement l'escalier pour aller flâner au nez des passants, avec la précaution de me concilier à tout hasard la bienveillance générale, en prenant une posture décente et digne d'un animal bien élevé.

Je me trouvais fort à l'aise, et je lissais ma fourrure avec complaisance, lorsque vinrent à passer deux jeunes filles qui s'arrêtèrent devant moi avec admiration. L'une d'elles m'offrit un morceau de brioche, que j'acceptai de tout cœur. Mais à peine avais-je commencé à savourer ce petit présent, que je fus troublé dans cette agréable occupation par la grosse voix de Skaramuz, qui passait, à la recherche de son neveu Ponto. Je voulus fuir; mais Skaramuz me cria : « Reste donc! as-tu peur que je t'avale? »

La honte me retint, et je demandai, avec un calme apparent, en quoi je pourrais complaire à M. Skaramuz.

« En rien, répondit-il durement. Saurais-tu seulement m'indiquer où je pourrais rencontrer mon gredin de neveu? Depuis qu'il te fréquente, sa conduite est fort dérangée. »

Je m'empressai de déclarer que Ponto venait quelquefois me visiter, en accompagnant son maître chez le mien; mais que je n'avais pas l'honneur d'être assez intimement lié avec lui pour qu'il me rendît confident de ses actions, et que même j'avais cessé depuis longtemps de le rencontrer.

« Tant mieux, » répliqua Skaramuz.

Blessé de son impolitesse, je levai une patte indignée contre lui. Skaramuz, qui ne s'attendait guère à cette menace énergique, fit un saut de côté :

« Tout beau! monsieur Murr, s'écria-t-il; ne nous fâchons point, je vous prie. Je n'avais, je le jure, nulle intention de vous offenser; je voulais au contraire vous faire entendre que mon scélérat de neveu mène depuis longtemps une vie fort dérangée, et que sa société ne pourrait que vous entraîner dans des aventures compromettantes. Prenez mon avis comme je vous le donne, et croyez à l'intérêt bien sincère que je vous porte. Ainsi, par exemple, ne mangez pas ce gros morceau de brioche : rien n'est plus indigeste... »

Et sautant sur ma friandise, le maudit Skaramuz en emporta ce qui restait, avant que j'eusse le temps de m'y opposer.

« Bon! le voilà parti, le vieux barbon, » dit alors une voix presque timide.

Et me retournant aussitôt, j'aperçus mon ami Ponto caché derrière la porte cochère, où il s'était dérobé aux regards de son oncle.

« Il paraît, me dit-il, que ce cher oncle t'a dit beaucoup de bien de moi. Mais considère-moi un peu, et avoue qu'un griffon si gras ne doit pas, à coup sûr, mener une vie trop blâmable. Ce n'est pas dans les mauvaises sociétés que l'on acquiert ou conserve ma santé brillante. Ainsi, mon oncle est évidemment dans une erreur complète à mon égard. Au reste, je puis te dire confidentiellement que c'est l'avarice qui le fait parler. Il ne peut me pardonner de lui avoir fait solder pour mon compte quelques dettes chez le charcutier voisin. Il faut pourtant que jeunesse se passe, et que les grands-parents aient un peu d'indulgence. »

XLIII

Comme il achevait ces mots, passe un polisson de roquet qui a l'audace de me mordre la queue. Aussitôt mon ami Ponto prend ma défense et fait prompte et bonne justice de mon agresseur. Ce service signalé me persuada que Ponto était la plus noble des créatures. Mais, en sautant à son cou pour lui exprimer toute l'effusion de ma gratitude, je remarquai qu'il portait un collier neuf, du cuivre le plus luisant, avec cette inscription : *Ce chien appartient au baron Alcibiades de Wipp, Murschallstrasze, 46.*

« Tu as donc quitté, m'écriai-je tout surpris, ton maître le professeur Lothario ?

— Pas positivement. C'est lui qui m'a quitté après m'avoir roué de coups. Voici l'histoire. Tu sais que le professeur a une femme jeune et jolie, qui lui occasionne des dépenses énormes. La belle Lætitia ne dédaignait pas les doux regards de quelques-uns des plus huppés d'entre les étudiants qui se pressaient aux cours de son mari. Un jour que mon maître avait trop dîné, il passa chez sa femme, et la trouva dans le négligé le plus provoquant. Tandis qu'il se livrait à l'ardeur de ses légitimes transports, je m'approchai de lui en tenant aux dents un gant jaune serin, dont l'aspect fit entrer Lothario dans un accès de jalousie presque furieux.

« D'où vient ce gant, madame ? s'écria-t-il les yeux en feu.

« — Mon Dieu, ne faites pas tant de bruit pour si peu. Il a
« été oublié ici par la femme du conseiller privé K...

« — Allons donc ! la main de cette dame entrerait tout en-
« tière dans le pouce de ce gant. Vous êtes une femme in-
« digne ! Vous me déshonorez ! »

« La femme de Lothario prit le meilleur parti : elle s'évanouit.

« Le lendemain, mon maître se frappa le front, prit sa canne et son chapeau, et siffla pour m'inviter à le suivre. Nous sortîmes de la ville. A peu de distance, nous rencontrâmes le baron Alcibiades de Wipp, qui faisait cabrioler avec grâce un fort beau cheval.

« Comment vous portez-vous ? lui dit mon maître en le
« saluant.

« — Il fait une chaleur accablante ! répondit le jeune sei-
« gneur.

« Et, en tirant un foulard de sa poche, il laissa tomber un gant tout pareil à celui que j'avais trouvé chez ma maîtresse.

« Je le ramassai pour le rendre poliment au baron.

« Parbleu ! dit-il, vous avez là un chien charmant.

« — Quoi ! s'écria Lothario, ce gant serait à vous ?

« — Sans doute, et pourquoi pas ?

« — En ce cas, hurla mon maître, j'ai le plaisir de vous
« rendre l'autre que vous avez oublié hier dans la chambre
« de ma femme. »

« Et sans attendre la réponse du baron un peu interdit, Lothario le quitta d'un œil menaçant. En rentrant au logis, il chassa la servante, qu'il jugeait, avec quelque raison, devoir être complice des écarts de Lætitia. Madame tomba malade de colère et de dépit, et monsieur resta plus de huit jours sans mettre le pied chez elle. Mais elle sut s'y prendre avec tant d'adresse, que tous les torts passèrent du côté de son mari, qu'elle menaça d'une brouille éternelle ; et, comme il n'existait, en définitive, aucune preuve irrécusable du délit, Lothario se trouva tout heureux d'implorer lui-même une réconciliation qu'on lui fit payer par de nouveaux colifichets de toilette. Ma maîtresse me prit en telle aversion, qu'elle ne s'occupait plus de mes besoins, et que je fus réduit à vivre, les trois quarts du temps, de vol et de mendicité.

« Un jour que je me promenais sur le trottoir devant la maison, mon maître, en passant près de moi, remarqua ma tristesse et ma maigreur.

« Pauvre Ponto, me dit-il amicalement, je crois qu'on te
« néglige. Viens avec moi, je veux te donner moi-même à
« dîner. »

« Nous remontâmes ensemble. C'était l'heure du repas. Madame Lothario était plus charmante, et son époux plus épris que jamais. Elle m'appelle de sa voix la plus caressante, en m'offrant un os de poulet. Je ne sais comment cela se fit, mais j'avais si grand appétit, que, sans aucune intention malveillante, j'effleurai un peu du bout de mes crocs la plus jolie main du monde.

« Ah! mon Dieu! le maudit chien! il m'a mordu!... »

« Elle n'avait pas achevé, que mon maître, se levant, saisit sa canne, et faillit m'assommer. Si la cuisinière, accourue aux cris lamentables que je poussais, n'eût par hasard ouvert la porte, je crois que je serais resté sur le carreau. Je m'enfuis clopin clopant, et jurant bien de ne jamais repasser le seuil de cette maison.

« Triste et moulu, je me mis à chercher un autre maître, et l'idée me vint d'aller demander un asile au baron de Wipp. Mon intelligence et mon adresse l'avaient charmé. Il m'accueillit très-amicalement, et je n'ai pas eu à regretter mon changement de situation. Nous avons plusieurs fois rencontré madame Lætitia à la promenade. Elle a souvent voulu me caresser ou m'offrir des friandises, mais j'étais payé pour me défier d'une perfide amorce, et elle ne put jamais me décider à l'approcher. Je vis heureux maintenant, sans privations et sans soucis; mon maître se lève tard et se couche tôt; j'ai une molle couchette pour dormir, et chaque matin le valet de chambre du baron m'apporte une jatte de chocolat. Le soir, nous dînons dans un restaurant du grand genre; puis, tandis que le baron va faire un tour au spectacle, où les chiens les plus élégants ne sont pas admis, je profite de ce temps pour visiter mes connaissances. On soupe au sortir du théâtre, et l'on rentre au logis, très-dispos pour recommencer le lendemain. Mais tiens! j'aperçois mon maître. Au revoir, cher Murr, à bientôt! »

L'extérieur du baron de Wipp répondait parfaitement aux éloges que Ponto m'en avait faits. Il eut la bonté de me lorgner en passant. Resté seul, je remontai chez moi, en réfléchissant aux vicissitudes de la vie qui pourraient bien m'atteindre comme elles avaient frappé Ponto.

XLIV

« ..... Lebrecht, dit le prince Irenaüs à son capitaine des chasses, je crois que nous sommes fous, vous et moi !

— Altesse, reprit le capitaine, je vous ai dit l'exacte vérité, et je répète que Rupert, le concierge de la grille du parc, est un gredin.

— Allons donc ! un vieux serviteur qui sert ma famille depuis plus de cinquante ans !

— Je persiste dans mon jugement, avec la permission de Votre Seigneurie. L'homme inconnu qui rôde depuis quelques jours aux environs du château a montré son ombre à mademoiselle Julia, pas plus tard qu'hier soir, à l'heure où elle se retirait dans son appartement. Je le tiens du valet qui portait un flambeau pour éclairer la gracieuse demoiselle. En outre, le jardinier du château se plaint tous les matins qu'on a foulé aux pieds, pendant la nuit, les bordures de ses plates-bandes, ou brisé quelques vases qui contiennent des plantes rares. Il est ici, qui sollicite l'honneur de parler à Votre Altesse. Il confirmera ce que j'avance.

— C'est incroyable ! s'écria le prince Irenaüs. Mais voyons, achevez donc votre histoire.

— L'homme inconnu se dirigea vers le pavillon inhabité. Dès qu'il eut frappé à la porte, savez-vous qui vint lui ouvrir ? C'était le concierge en personne, qui le fit entrer et s'enferma avec lui. Donc je soutiens que Rupert est de connivence avec des hôtes mystérieux, et dangereux même pour la sécurité de Votre Altesse. Il faut se hâter de tout éclaircir.

— C'est de plus en plus étrange ! Capitaine, allez informer mes fidèles valets des périls qui menacent leur prince. Assurez-les que, si l'un d'eux était obligé de donner sa vie pour moi, j'assurerais le sort de sa famille. Rassemblez aussi vos chasseurs en armes, et tenez-vous sur le qui-vive à tout événement. Je vais moi-même prendre mes pistolets ; mais ne les chargez pas de peur d'accident. Vous dirigerez des perquisitions sévères dans tous les coins du château, et vous aurez soin de bien garrotter les prisonniers, avant de les faire comparaître en ma présence.

— Si vous le permettez, monseigneur, nous commencerons par forcer la porte du pavillon. C'est là le quartier général de la conspiration qui s'organise contre votre repos. Je saurai bien m'emparer de ce scélérat qui s'est avisé de faire peur à mademoiselle Julia.

— De qui parlez-vous? » demanda vivement la conseillère, qui entrait chez le prince.

Irenaüs lui fit part de ses inquiétudes et des mesures qu'il venait d'ordonner dans cette grave circonstance.

Le capitaine des chasses allait sortir, madame Benzon le retint.

« Ceci, dit-elle, n'est qu'un malentendu fort comique, et je prie Votre Altesse de faire mettre bas les armes à sa garnison. L'inconnu du pavillon est déjà prisonnier : c'est le prince Hector. »

Le prince grand-duc honoraire recula de trois pas : « Est-ce un rêve? s'écria-t-il; mais que signifie, au nom du ciel! tout ce mystère? Pourquoi le prince a-t-il voulu partir, et pourquoi s'est-il caché?

— C'est une histoire romanesque, et pas autre chose, dit la conseillère. Le prince Hector était en froid avec la princesse Hedwige. Il a feint de s'éloigner : c'est une ruse amoureuse qu'il ne faut pas travestir en affaire d'État.

— Dieu soit loué! dit le prince Irenaüs. Mais comment des têtes royales peuvent-elles s'abaisser à des scènes de romans?

— Je connais des têtes royales, reprit la conseillère, qui ne dédaignaient pas autrefois de recourir à ces petits moyens, et....

— Chut! chut! fit le prince en rougissant, ne parlons pas de ce passé, je vous en conjure! »

En ce moment le concierge Rupert entra, et lui remit respectueusement un billet.

« Maraud! s'écria Irenaüs, tu te permets de faire jouer des romans en action dans mon château? Je devrais te chasser sans pitié, pour t'apprendre à causer de ridicules inquiétudes à ton maître et seigneur. Mais je te fais grâce en considération de tes vieux services. Va-t'en, et souviens-toi de la leçon. »

Rupert se courba jusqu'à terre et sortit en reculant.

Le billet était du prince Hector, qui s'excusait de son *innocente ruse* pour s'assurer des véritables sentiments de la princesse Hedwige, et annonçait qu'il était prêt à sceller une union à laquelle se rattachaient ses plus douces espérances.

Madame la conseillère n'eut garde de révéler à Irenaüs la véritable conduite du prince Hector. Elle se réjouit en secret de voir sa fille à l'abri de toute révélation compromettante, et résolut de laisser aller les choses au gré de la destinée.

XLV

On annonça l'arrivée du prince Hector, qui avait eu la fine précaution de quitter le château pour y rentrer pompeusement dans sa voiture blasonnée.

Irenaüs l'accueillit avec joie, et, sans perdre un instant, le conduisit à l'appartement d'Hedwige.

Le prince Hector se répandit en protestations d'amour plus brûlantes les unes que les autres, et la jeune princesse le reçut avec une satisfaction qui s'accordait avec les bizarreries ordinaires qu'on pouvait lui reprocher.

Quant à Julia, en revoyant le prince, elle pâlit, et faillit tomber à la renverse. Celui-ci, sans paraître se souvenir du passé, la salua gracieusement, et présenta ses hommages à la *fidèle amie* de sa fiancée.

— Dites, presque sa sœur ! » ajouta Irenaüs avec un empressement presque affectueux.

Julia ne put retenir ses larmes.

« Courage ! lui dit Hedwige en courant à elle.

— Courage, ma chère Julia ! ne comprends-tu pas tout ce que je souffre moi-même ! »

Abraham survint au milieu de cette scène. Julia était évanouie, et le prince Hector resta comme pétrifié en face du nécromancien.

Maître Abraham, sans paraître le remarquer, tira de sa poche un flacon, et s'approcha de Julia. Cette diversion permit au prince Hector de reprendre toute son assurance.

« Maître, dit-il au nécromancien, je vous reconnais !

— Moi aussi, répondit Abraham...

— Votre vrai nom est Sévérino...

— Enchanté de votre bon souvenir, et d'avoir pu vous rendre, à Naples, un petit service qui date de quelques années.

— Sévérino ! » s'écria le prince Hector; et entraînant maître Abraham vers l'embrasure d'une croisée : « De quelle main *cet homme* a-t-il pu recevoir *le portrait?* Sait-il ?...

— Il ne sait rien.

— Parlerez-vous ?...

— C'est selon.

— Sévérino, vous êtes un diable incarné !

— Laissez en repos Kreisler et Julia. Mon silence est à ce prix. »

Julia était revenue à elle. « Maître, dit-elle à Abraham d'une voix émue, votre savoir est grand, vous nous sauverez, n'est-ce pas?

— Ayez confiance, mon enfant, vous êtes pure comme les anges; Dieu veille sur vous.

— Et *lui*, n'est-ce pas qu'il reviendra bientôt? »

Maître Abraham posa son doigt sur sa bouche : la jeune fille le comprit.

Le prince Hector, occupé d'Hedwige, n'avait point entendu cet *aparté*.

Irenäus l'interrogeait sur son aventure à Naples; il répondit avec aisance qu'il s'agissait d'un petit événement tragique, dont il raconterait peut-être un jour l'histoire; mais que, pour le moment, il ne fallait pas attrister une si douce réunion. Cependant il était facile de penser, en voyant ses traits agités, que le petit événement auquel il faisait allusion avait plus d'importance réelle qu'il n'y semblait en attacher.

Quand le prince Hector se fut retiré, Hedwige parut retomber dans un accès d'hallucination, et, serrant fortement le bras de Julia : « Je vois, s'écria-t-elle, je vois du sang sur la main d'un meurtrier !...

— Allons ! est-ce donc à recommencer sans cesse? dit le prince Irenaüs avec impatience. Maître Abraham, vous qui réparez si bien les mécaniques, ne sauriez-vous trouver un secret pour remettre en ordre une organisation toujours prête à se détraquer sans causes raisonnables? Et ne me donnerez-vous pas quelques détails sur ce nom de Séverino que le prince Hector a mêlé dans son entretien avec vous, dont je n'ai rien saisi de clair?

— Altesse, répondit Abraham, j'ai porté moi-même ce nom à Naples, il y a plusieurs années, quand j'y professais mon art.

— Ah ! » fit le prince Irenaüs, comme s'il eût eu toute prête une seconde question qui s'éteignit sur ses lèvres. Et tournant le dos brusquement, il sortit du salon sans ajouter un seul mot.

Madame la conseillère était partie depuis longtemps. Maître Abraham offrit à Julia de l'accompagner dans le parc. « Le grand air, disait-il, ne pourrait qu'achever de calmer les esprits. » Ils allèrent à petits pas, tous deux, jusqu'à la cabane du pêcheur. Abraham lui montra la lettre de Kreisler.

« Tranquillise-toi, cher enfant, dit-il, après cette lecture. Qu'as-tu à redouter, si l'amour et le courage te préservent de tout mal?

— O mon Dieu ! s'écria la jeune fille, préserve-moi de moi-même ! »

Abraham la regarda avec étonnement ; puis, s'approchant en silence de la boule de cristal suspendue au plafond de la cabane : C'est mon oracle, pensa-t-il, qui devrait maintenant m'éclairer. Pauvre Chiara ! je t'aime encore, comme au jour où je te délivrai des chaînes du cruel Séverino. Oh ! que ne peux-tu me faire entendre ta voix ! Si tu n'es plus sur la terre, si tu habites le séjour où il n'y a plus ni douleur ni séparation, fais-le moi donc comprendre, afin que je retrouve ma confiance et ma force !

« Maître, demanda Julia, à quoi pensez-vous donc? votre

front est soucieux; vos gestes s'enveloppent d'un mystère qui m'épouvante. »

Abraham, sans répondre, ajusta son appareil magique. Un mouvement surnaturel mit en jeu tous les rouages. « Dieu soit loué ! s'écria-t-il tout à coup, ma *fille invisible* est arrivée !

— Maître ! maître ! que faites-vous donc ?

— Silence ! laisse rentrer dans l'immobilité ces figures que je ne puis encore t'expliquer; et puis, écoute-moi. J'ai des choses bien graves à te révéler... »

XLVI

..... La nouvelle position de Ponto m'avait ébloui. Le bonheur dont il jouissait lui prêtait à mes yeux une grande supériorité sur ma chétive existence. « Pourquoi, me dis-je, un chat doué, comme je le suis, d'une assez remarquable instruction, ne parviendrait-il pas à se créer dans la société une place convenable, du haut de laquelle il ferait rayonner autour de lui tout le brillant de ses facultés ? Pourquoi le chien serait-il privilégié ? Si nous différons par la forme, par les mœurs, par le genre de vie, ne sommes-nous pas, les uns et les autres, un composé de chair et d'os ? Les chiens mangent, boivent et dorment; ils souffrent, quand plus fort qu'eux les maltraite. Il faut que Ponto m'apprenne le moyen de faire à mon tour quelque figure dans le monde où il est si bien. »

Le lendemain, je fus me mettre en sentinelle à la porte de la rue, pour épier le passage de M. le baron de Wipp; et je ne tardai pas à l'apercevoir, accompagné de mon ami le griffon.

Dès que le baron m'aperçut, il me lorgna en criant à son chien : — « Ponto, au chat ! au chat !.. »

Et Ponto s'élança en aboyant contre moi si fort, que je m'enfuis à toutes jambes. Mais Ponto me joignit, et fit par-dessus moi mille soubresauts, en me criant : « N'aie donc pas peur, cher Murr, je ne veux pas te faire le moindre mal; tout ceci n'est qu'une comédie pour amuser mon maître. Maintenant file, mon ami, file par ce soupirail de cave où je me garderai bien de te poursuivre! »

Je ne me le fis pas répéter, et j'entendis longtemps encore le hurlement de Ponto. « Vois-tu, me criait-il à travers le grillage, vois-tu les avantages de l'esprit et du savoir-vivre qu'on apprend dans le monde? Je viens d'amuser singulièrement M. le baron, sans te causer aucun dommage. C'est ainsi que les hommes doivent se conduire : s'élancer les uns contre les autres, à la voix du maître, mais ne se blesser que quand l'intérêt leur en fait une loi rigoureuse. »

Je répondis du fond de la cave à mon ami que je serais enchanté de me voir à même de pratiquer des conseils si admirables. Il m'assura que, si je voulais étudier le grand monde, il me ferait rencontrer une levrette fort distinguée, nommée Badine, qui vivait dans le salon d'une dame de la première noblesse de la résidence. J'acceptai son invitation, et, le même soir, il m'introduisit chez la levrette, que je trouvai entourée d'épagneuls, de caniches, de chiens-loups et même de quelques roquets fort élégants.

Le cœur me battait très-fort à mon entrée. Ces messieurs me regardèrent en chuchotant, d'un air qui semblait dire : « Que vient chercher ici cet intrus? » Mais Ponto vint au secours de mon embarras en me présentant à la maîtresse du logis comme un chat célèbre, dont il se félicitait beaucoup d'être l'ami intime.

Badine me salua d'un gracieux sourire, et les assistants commencèrent aussitôt à m'envisager d'une manière plus courtoise. Je reçus des compliments, des félicitations, des éloges dont ma petite vanité personnelle s'accommoda fort bien. Je m'enhardis à répondre avec tout le laisser aller d'un habitué du grand monde, et Ponto, passant près de moi, m'assura tout bas que je faisais une figure très-avantageuse et que je ne saurais manquer d'aller loin.

Cependant l'ennui me prit au milieu des splendeurs de cette soirée, et, le sommeil suivant de près l'ennui, je cherchai un coin solitaire pour m'assoupir. La nièce de Badine, la charmante Minona, prenant ma lassitude pour de la mélancolie, vint me relancer dans ma solitude : « Monsieur Murr, me dit-elle d'une voix fort douce, un animal de votre mérite ne saurait goûter un grand plaisir dans nos cercles bourgeois; cependant ne croyez pas qu'on ignore le prix de la visite que vous avez bien voulu nous faire; pour ma part, je connais vos graves études, et j'ai retenu dans ma mémoire plusieurs des beaux vers que vous avez composés et que M. Ponto m'avait communiqués.

— Oh! mademoiselle, m'écriai-je, tout ébouriffé par la plus hypocrite modestie, vous êtes trop indulgente pour de faibles essais.

— Qu'appelez-vous faibles essais? N'ai-je pas d'abord senti tout ce qu'il y a de sublime dans votre nature poétique? Je ne sais rien qui approche du plaisir que m'ont donné vos productions. »

Il n'en fallait pas tant pour m'enflammer de l'amour le plus extravagant. Je devins un véritable chevalier errant, n'ayant plus de regards et d'existence que pour le bel objet de mes pensées. Il paraît qu'à mon insu je me comportai si ridiculement, que Ponto lui-même, surpris et affligé de mes inconvenances, s'éloigna de moi, sans me prévenir des mystifications désagréables dont j'étais déjà menacé, après un début si brillant.

A la fin de cette soirée, je me sentais si passionné, qu'au lieu de rentrer sagement au logis, je passai une heure à me promener dans la rue, sous les fenêtres de la belle Minona. J'y serais peut-être encore, si un valet malveillant ne m'eût arrosé d'une potée d'eau froide qui me donna la fièvre. Mon maître, en me revoyant, eut pitié de moi, et me fit avaler du lait tiède, puis il me couvrit chaudement, et j'achevai une nuit très-agitée, en voyant repasser mille fois, dans mes rêves délirants, la séduisante image de Minona.

Le lendemain, la fièvre me quitta, et par un miracle surprenant, mon fol amour s'était dissipé avec la fièvre. Je rougis de moi-même; je sentis que l'amour des sciences était seul digne de consumer ma vie, et qu'à l'époque de l'âge mûr où j'allais entrer, toutes les convenances devaient m'éoigner d'une légèreté de mœurs si peu en rapport avec ma réputation.

C'est à cette époque importante de ma vie que mon maître me porta chez son ami, le maître de chapelle Johannes Kreisler.

XLVII

.... Kreisler venait de s'éveiller; des sons lointains frappaient son oreille, et il crut entendre le pas des bénédictins dans la galerie sur laquelle s'ouvrait sa cellule. Il aperçut de sa fenêtre que l'église du monastère était éclairée ; bientôt sans doute allait commencer le chant des matines. Il s'habilla en toute hâte pour se rendre au chœur.

Les cierges n'étaient allumés que sur l'autel. Le reste du saint édifice reposait dans une ombre vacillante qui semblait animer les statues dans leurs niches. Au milieu de la nef était placé un cercueil ouvert, autour duquel les moines psalmodiaient, immobiles comme des fantômes.

Le chant du *Requiem* se perdait dans les gémissements de l'orgue. Kreisler s'avança vers le cercueil, et reconnut l'aide de camp du prince Hector. Les traits du cadavre étaient paisibles ; on n'eût pas dit que cet homme avait péri de mort violente.

Le maître de chapelle, dominé par ce respect mystérieux qu'inspire la contemplation du trépas, se mit à genoux, la tête dans ses deux mains, comme pour prier; puis il se releva brusquement, et, malgré la religion du lieu où il était, il se fût peut-être porté à quelque extravagance, selon sa louable coutume, si au moment même les chants n'avaient cessé.

Les moines fermèrent le cercueil et se retirèrent processionnellement.

La solitude apaisa l'exaltation renaissante du pauvre Kreisler. Il s'éloignait, la tête penchée sur sa poitrine, quand soudain, d'un coin sombre de la nef, s'avança un grand jeune homme d'une vingtaine d'années, les cheveux en désordre et les vêtements en lambeaux.

« Sois maudit, s'écria-t-il d'une voix tonnante; sois maudit, meurtrier de mon frère ! »

Et se jetant sur Kreisler, il l'étreignit violemment. Mais, avant qu'il eût le temps de se porter à quelque excès de fièvre, le père Cyprianus se trouva en face de lui.

« Que fais-tu dans ce saint lieu? lui dit-il avec autorité; que demandes-tu? misérable Giuseppe !... Abbé de Kantzheim, et vous tous, mes frères, chassez cet homme du sanctuaire !...

— Pas tant de bruit pour si peu, je vous en prie, monsieur le saint homme, répondit le jeune garçon. Je voulais me faire justice, selon mon droit, mais je saurai bien partir d'ici sans qu'on me chasse. »

A ces mots, lâchant Kreisler, il disparut par une petite porte qui donnait hors de l'église, et par laquelle il s'était probablement introduit.

Personne ne fut tenté de courir après lui dans les ténèbres.

Cependant Kreisler était demeuré impassible au milieu de cette scène. Sa bizarre organisation avait parfois des mystères inexplicables. L'abbé et les religieux le considéraient avec étonnement.

Le jour suivant, l'abbé le fit appeler. « Kreisler, mon ami, lui dit-il, Dieu ne vous condamnera point pour la mort d'un homme que vous avez tué dans un droit de légitime défense. Mais maintenant, loin de persévérer dans le dessein que j'avais formé de vous attacher à notre ordre, c'est moi-même qui vous prie de ne pas prolonger votre séjour au milieu de nous. Dans peu de jours le régime de ce monastère sera bien changé; le fanatisme d'un moine redoutable va en bannir la tolérance et la paix. L'orgue du chœur sera détruit, et la musique bannie du temple. Vous voyez bien que votre place n'est plus dans cette enceinte désolée. Mais il faut se résigner à une volonté absolue devant laquelle mon pouvoir s'évanouit.

— Et quel est donc ce saint réformateur, et de qui tient-il sa mission pour tout détruire? Où sont ses droits sur cette pieuse maison?

— C'est un secret, reprit l'abbé. Maître Abraham en sait à

cet égard plus long que moi. Le père Cyprianus jouit, dès ce monde, d'une illustre réputation de sainteté. On prétend même qu'il est en rapport fréquent avec les esprits célestes. Voilà tout ce que je connais de lui. Quant au jeune garçon que vous avez vu dans l'église, pendant la nuit du service funèbre, c'est un fou de Bohème qui vient de temps à autre piller nos basses-cours. Les frères lais lui ont déjà donné plusieurs bonnes corrections : on peut chasser de pareils diables sans miracles. »

Kreisler se décida à quitter l'abbaye de Kantzheim, assez mécontent de l'abandon où l'abbé le réduisait, et fort soucieux de l'avenir. Il pensa qu'il pourrait retourner sûrement à Sieghartshoff pour revoir, au moins une dernière fois, celle dont la pensée ne pouvait s'effacer de son cœur brûlant.

Il partit donc, et se dirigea tout droit vers le parc.

Chemin faisant, il rencontra le père Hilarius, qui lui dit d'une voix piteuse : « Vous nous quitterez donc, *domine* Kreisler? L'abbé vous a tout révélé, nous sommes tous perdus! Hélas! que Dieu maudisse ce saint hypocrite à qui nous devrons la fin de notre bon temps! Je ne suis qu'un pauvre moine, un très-indigne cellérier, mais je prie Dieu du plus profond de mon cœur, pour que Cyprianus ne fasse pas de vieux os parmi nous, car il finirait par nous noyer dans un déluge de miracles. Ah! tenez, Kreisler, je crois l'apercevoir au loin qui se dirige de ce côté. J'ai besoin de prendre un autre chemin, — adieu.

XLVIII

Kreisler s'arrêta presque involontairement pour attendre l'approche du père Cyprianus.

« Permettez-moi, mon révérend, dit-il en le saluant, permettez-moi de vous remercier, pour le service que vous m'avez rendu en me sauvant des griffes de ce fou dangereux, qui peut-être, sans vous, m'eût étranglé comme une poule prise en maraude. »

Le religieux, qui marchait le front penché vers la terre, passa une main sur ses yeux, et fixa Kreisler, comme pour évoquer un souvenir d'autrefois. Puis sa figure redevint sévère et sombre, et il répondit d'une voix creuse :

« C'est donc vous, homme profane, qui prêtez un talent mondain à l'auguste majesté du culte ? C'est vous qui détournez du ciel les cœurs de nos religieux, pour les entraîner sur la pente des rêveries sensuelles ?

— Ma foi, reprit Kreisler, sans se troubler de cette apostrophe, si c'est pécher que de consacrer à la louange de Dieu les talents que nous tenons de sa munificence ; si c'est un crime de chanter ici-bas, quand les anges là-haut ne croient pas pouvoir mieux employer l'éternité, je suis, je l'avoue, un grand pécheur. Mais souffrez que, malgré vous, j'aie de moi et des moines de Kautzheim une idée plus indulgente et plus charitable.

— Priez Dieu, répliqua Cyprianus, priez-le de faire tomber le bandeau funeste qui voile votre intelligence et vous dérobe le spectacle de vos erreurs.

— J'ai lu pourtant dans la biographie des grands maîtres qui ont fait des chants d'église, que jamais ils ne se sentaient plus épris d'amour pour Dieu qu'aux heures où ils étudiaient leurs sublimes compositions.

— Poussière de la terre, qui es-tu donc pour combattre ma parole ?

— Et qui donc êtes-vous, puis-je dire aussi ? Quel droit avez-vous de planer si orgueilleusement au-dessus des pauvres humains ? Êtes-vous donc sans péché ? Et s'il est vrai qu'un miracle vous ait arraché à la mort que vous aviez peut-être bien méritée par quelque crime caché, ce miracle n'a-t-il pas été permis pour vous donner le temps de la pénitence ? Pensez-y bien, avant d'accuser ceux qui sont vos frères devant Dieu, et que vous prétendez ravaler si bas devant vos présomptueuses perfections ! »

Cyprianus lançait à Kreisler des regards irrités.

« Ne croyez pas m'imposer, » continua le maître de

chapelle, en lui présentant le portrait qu'il tenait de maître Abraham.

A peine le religieux eut-il envisagé cette image, que, saisi de stupeur, il couvrit ses yeux de ses deux mains, et poussa un cri lamentable.

« Va-t'en, misérable moine! reprit Kreisler. Éloigne-toi de ces saints lieux que souille ta présence! Va dire à ton Giuseppe que, si jamais il tombe sous ma main, je n'aurai pas besoin de ton secours pour lui tordre le cou, comme j'ai empalé son digne frère! »

En écoutant ces paroles exaltées, le père Cyprianus semblait changé en statue. « Ayez pitié de moi, dit-il avec effort; ramenez-moi au couvent, Kreisler, et allons dans la cellule que vous habitiez. Je verserai dans votre sein une révélation qui ne devrait avoir que Dieu pour témoin. Ayez pitié de moi. »

Quand ils furent arrivés dans la cellule, Cyprianus s'assit sur un escabeau. « Ne tenez-vous pas, reprit-il, ne tenez-vous pas ce portrait des mains du vieux Séverino? Vous aurait-il instruit de l'affreux secret qu'il me rappelle? »

Kreisler, interdit à son tour, déclara au religieux que le portrait lui avait été remis par Abraham Liskov, mais qu'il n'avait que des données très-incertaines sur le crime dont cet objet réveillait le souvenir.

Cyprianus se tut pendant quelques instants; une lutte cachée semblait se livrer dans son âme; il parut enfin s'armer de force et se décida à parler à cœur ouvert.

« Je crois, dit-il au maître de chapelle, que vous savez trop de choses pour que je doive hésiter à vous faire une entière confidence. Apprenez que ce prince Hector qui a tenté de vous assassiner est mon propre frère. Nous sommes tous deux issus d'une souche royale, et je serais sur un trône, par droit d'aînesse, si une révolution n'en avait précipité notre père. Après la ruine de notre fortune, nous prîmes du service dans la garde napolitaine. Je me livrai à toute la licence de la vie militaire. Un soir que je poursuivais deux jeunes filles fort agaçantes, j'entendis crier derrière moi : « Voyez donc ce charmant mousquetaire qui

« court après ces péronnelles, tandis qu'il pourrait s'endor-
« mir sur le sein de la plus belle princesse du monde ! »

« Je me retournai à ces mots, et je vis une petite vieille fort mal vêtue, que des sbires avaient arrêtée, quelques jours auparavant, dans la rue de Tolède, pour avoir presque assommé d'un coup de sa béquille un vigoureux lazarone.

« — Que veux-tu, vieille folle ? lui dis-je avec dédain. »

« Cette espèce de sorcière m'agonisa d'injures qui attirèrent autour de nous une foule de gens du peuple. Voyant mon embarras, la vieille eut pitié de moi, et me dit tout bas : « Beau galant, ne veux-tu pas venir voir ma perle de beauté? »

« Je pris cette femme pour une entremetteuse ordinaire et lui jetai quelques ducats pour l'éloigner ; mais elle ne daigna pas les ramasser, et me dit en ricanant : « Allez, allez, gentil
« cavalier, vous vous mordrez les doigts de ne m'avoir pas
« écoutée, et vous viendrez bientôt vous-même solliciter mes
« bonnes grâces ! »

« À quelques jours de là, j'avais parfaitement oublié cette aventure, lorsqu'en me promenant à la Villa-Réale je fis rencontre d'une jeune dame de la plus éblouissante beauté. À côté de cette adorable créature, marchait ou plutôt se traînait la même petite vieille que j'avais déjà vue ; mais cette fois, elle était vêtue assez convenablement, et me lança au passage un coup d'œil significatif. Au même instant, la jeune personne laissa, comme par mégarde, tomber son éventail, que je m'empressai de relever et de lui rendre très-galamment. En le lui présentant, ma main effleura la sienne, je la sentis trembler, et une émotion extraordinaire s'empara de tous mes sens. Je suivis mes deux inconnues d'assez loin, avec une discrétion qu'on n'eût pas dû attendre d'un capitaine aussi bouillant qu'étourdi. Je les vis entrer dans une maison de fort honnête extérieur dont la porte se referma aussitôt. Je courus, tout éperdu, chez mon banquier Alexandro Sperzi, qui demeurait à cinquante pas de là, au coin de la place Gargo-delle-Piasse. J'espérais qu'il pourrait me fournir quelques renseignements ; mon attente ne fut pas déçue.

« — Ces deux dames, me dit-il, sont de très-honnêtes per-
« sonnes pour lesquelles je reçois régulièrement, d'une ban-

« que d'Augsbourg, des sommes assez considérables. La plus
« jeune se nomme Angèle Benzon, et la vieille Magdalena
« Sigrun. Tous les six mois, j'adresse à mon correspondant
« d'Augsbourg des nouvelles de la situation de mes deux
« clientes, dont je suis chargé de diriger toutes les affaires
« d'intérêt. Je crois que la jeune fille est le fruit illégitime de
« deux personnages haut placés; quant à sa compagne,
« c'est une vieille et digne gouvernante qui l'a, dit-on, vue
« naître, et qui professe pour elle un dévouement absolu. »

« Je ne vous raconterai point, Kreisler, comment je parvins à m'introduire dans l'intimité des deux étrangères. Je puis me borner à vous dire que je reconnus bien vite chez Angèle les plus rares qualités du cœur et de l'esprit, et que la vieille, qui avait par intervalle des moments de quasi-folie, me parut au fond une excellente créature, incapable d'oublier le prix du trésor qui lui avait été confié. Tout ce qu'elle voulait bien m'affirmer, en accueillant, avec toute surveillance, mes soins pour Angèle, c'est que la jeune personne était d'un sang égal au mien.

« Nous nous mariâmes. Mon frère, naturellement admis dans mon intérieur, ne put voir la beauté d'Angèle, sans en devenir éperdûment amoureux. Je crus plus tard m'apercevoir qu'il était d'intelligence avec ma femme, et la jalousie m'embrasa de tous ses feux. Je les épiai pour m'assurer de mon malheur. Un jour je les surpris. Mon frère Hector se jeta sur moi, le poignard à la main, me porta un coup terrible, et s'enfuit en proférant les plus affreuses imprécations. Son arme fatale avait atteint le cœur; les chirurgiens les plus habiles m'abandonnèrent : un miracle de la Vierge me sauva... »

Ici la voix de Cyprianus se brisa. Il tomba dans une sombre rêverie.

« Et Angèle? que devint-elle? demanda Kreisler.

— Elle expira dans les bras de mon meurtrier..... Un poison violent... »

A ces mots, le moine tomba la face contre terre, en poussant des gémissements lugubres.

Kreisler se hâta d'appeler au secours. Des frères lais

accoururent, et portèrent Cyprianus à l'infirmerie du monastère.

XLIX

Le jour suivant, le père abbé vint trouver Kreisler dans sa cellule. Son visage rayonnait de gaieté.

« Eh bien, cher ami, dit-il au maître de chapelle, croirez-vous aux miracles après en avoir opéré un vous-même? Qu'avez-vous donc fait à notre saint si sévère et si orgueilleux, pour le réduire en si peu de temps à l'humble condition de pécheur humilié et contrit? L'auriez-vous forcé de se confesser? »

Kreisler ne crut pas devoir cacher l'entretien qu'il avait eu la veille avec le père Cyprianus. Il ajouta qu'il ne comprenait pas pourquoi *ce portrait* redouté du prince Hector produisait la même terreur sur l'esprit de Cyprianus, ni comment maître Abraham se trouvait pour quelque chose dans ce bizarre évènement.

« Eh bien, mon fils, reprit l'abbé, vous avez été, à votre insu, l'instrument de la divine justice. Vous avez, sans le savoir, rendu un éminent service à cette pauvre abbaye, à moi-même, et peut-être à toute l'Église. Je vais maintenant compléter le récit du père Cyprianus. C'est lui-même qui dans un accès de féroce jalousie, fit prendre à Angèle le poison dont elle mourut. Maître Abraham était alors à Naples, sous le nom de Sévérino. Il crut trouver des traces de sa Chiara perdue, et les découvrit en effet, en rencontrant la vieille Magdalena Sigrun, dont Cyprianus vous a parlé. C'est à lui que s'adressa celle-ci quand le crime fut commis; c'est à lui qu'elle remit le portrait en question, avant de quitter Naples. En pressant le fond de la boîte de ce portrait, on découvre au-dessous celui d'Angèle. Voilà pourquoi cette miniature produisait entre vos mains l'effet d'un talisman connu des deux frères. Il y a encore à cet égard un grand secret, dont maître Abraham est probablement l'unique dépositaire. Vous pourrez le consulter là-dessus. J'ai fait porter à l'infirmerie le tableau du miracle, afin qu'en y jetant les yeux, le père Cyprianus puisse obtenir un autre miracle : celui d'une parfaite conversion.. Dieu veuille le prendre en pitié ! »

Kreisler reçut, presque au même instant, une lettre d'Abraham.

« Mon cher Jean, lui écrivait-il, quitte au plus vite l'abbaye. Le diable a tout métamorphosé autour de nous. Tu ne retrouveras plus ici la conseillère Benzon, mais bien la comtesse d'Eschenau. Son titre est arrivé de Vienne, et sa fille Julia va épouser sans obstacle notre stupide petit prince Ignaz. Le grand-duc Irenaüs rêve qu'il est à la veille de monter sur un trône. Le prince Hector est reparti pour l'armée, mais le mariage est chose définitivement arrêtée. Hâte-toi de partir en recevant cette lettre. Ne perds pas une minute, et défie-toi des moines de Kantzheim, plus que du diable en personne.... »

La lettre de maître Abraham était d'une si grande importance, que Kreisler....

L

L'éditeur est désolé.

Le chat Murr vient d'être frappé d'apoplexie foudroyante à la fleur de l'âge.

Il a succombé dans la nuit du 29 au 30 novembre dernier.

Pauvre Murr ! il a suivi de près son camarade Muzius ! Que la terre lui soit légère !..

Quant à la biographie du maître de chapelle, on ne sait où Murr a pu cacher les derniers feuillets du livre qu'il s'était permis de déchirer, pour les intercaler en manière de buvard à travers les manuscrits qu'il a laissés.

C'est une perte non moins regrettable que celle du chat, sinon pour le public, au moins pour l'éditeur, que sa douleur profonde rend incapable de continuer.

LA FILLE COULEUVRE

I

Le jour de l'Ascension, vers trois heures après midi, l'étudiant Anselmus, qui passait en courant sous la porte Noire, à Dresde, trébucha contre un panier rempli de pommes que vendait une laide petite vieille femme.

La marchandise s'éparpilla jusque dans le ruisseau, et les enfants du voisinage en firent curée.

Aux cris de la vieille, toutes les autres marchandes qui étalaient au même endroit leurs boutiques en plein air, poursuivirent le jeune homme, l'arrêtèrent, et voulaient le mettre en pièces. Il ne put s'échapper de leurs mains qu'en leur abandonnant toute sa bourse. Mais en dépit de cette compensation, qui réparait si largement le faible dommage qu'elle avait éprouvé, la vieille femme lui cria en ricanant : « Cours, cours, beau merle ! tu n'iras pas loin sans tomber dans le cristal. »

A ces mots, qui frappèrent de loin son oreille, l'étudiant fut saisi d'un effroi involontaire, et courut encore plus fort...

Mais bientôt hors d'haleine, il ralentit le pas, en songeant à la singulière menace de la vieille marchande de pommes.

La fête de l'Ascension était pour lui un anniversaire de divertissement : il ne manquait pas de se régaler, ce jour-là, de bière ou de café, sans oublier une petite dose de vieux rhum. Mais voilà que sa chute à travers les pommes d'une maudite sorcière avait épuisé totalement la petite source de ses plaisirs.

Adieu bière, adieu café, adieu regards de jolies filles, adieu toutes les douces illusions de la fête ! Le pauvre Anselmus s'en alla, le cœur gros, promener son chagrin sur les bords de l'Elbe. Il se jeta sur la mousse, au pied d'un saule, chargea sa pipe de *knaster*, tabac de santé qu'avait inventé son ami le docteur Paulmann, et se mit à fumer.

Les flots dorés de l'Elbe clapotaient à ses pieds avec un doux murmure, et, dans le fond du paysage, la ville de Dresde élevait ses clochers et ses tours dans une brume pourprée, qui fuyait lentement à l'horizon fermé par les montagnes de Bohême.

Anselmus chassait devant lui d'épais flocons de fumée bleuâtre, en maugréant contre sa destinée. « Ne suis-je pas, se disait-il, condamné à toutes les mystifications qui peuvent affliger la vie ! Si je mets un habit neuf, le jour ne passe pas sans que j'attrape une déchirure, ou que j'y fasse une tache irréparable ! Si je veux saluer une dame, un coup de vent m'emporte mon chapeau à tous les diables, ou bien mon pied glisse sur un pavé, et je manque de me rompre le cou ! Tantôt je renverse des tasses ! Tantôt je culbute, comme aujourd'hui, de misérables boutiques, et l'on me fait payer vingt fois la valeur du dégât ! Si j'ai un rendez-vous, le diable s'arrange toujours pour que j'arrive une heure trop tard ! et si je m'y prends une heure d'avance, au moment où je pose le doigt sur le marteau de la porte, une cuvette d'eau sale m'arrive tout exprès pour me couvrir d'ordures ; ou bien c'est un passant effaré qui me bouscule et me fait une querelle par-dessus le marché ! Hélas ! qu'êtes-vous devenus, mes beaux rêves de bonheur à venir ? Qu'êtes-vous devenus, protecteurs chaleureux qui deviez me porter sur le duvet d'une bonne sinécure, où j'aurais vu fleurir en paix mes instincts poétiques? Comment lutter désormais contre mon mauvais sort? Hélas! comment pourrai-je me réconcilier avec le ministre de l'instruction publique, qui avait promis de se charger de ma petite fortune? L'autre jour, sachant qu'il déteste les cheveux courts, je m'étais fait poser une queue pour me présenter dans son cabinet; et voilà qu'au moment de saluer, la maudite queue s'enlève avec mon chapeau! et le roquet du ministre saute dessus! Je veux la lui arracher, et je ne sais comment il arrive que mes jambes s'embarrassent dans les pieds du bureau, que j'entraîne après moi; et l'encrier bondit pêle-mêle avec le chocolat de Son Excellence; tous les papiers en sont inondés, et le ministre, furieux, me jette à la porte!... Que me sert maintenant le zèle de mon ami Paulmann, qui cherche, pour me consoler, une place de commis? Ne surgira-t-il pas, au moment décisif, quelque mésaventure qui me relancera sur le pavé? »

En achevant ce monologue, Anselmus exhala péniblement une dernière bouffée de tabac, et fut distrait de ses sombres préoccupations par une sorte de bruissement qui se faisait dans l'herbe tout près de lui.

Ce bruit presque insaisissable s'éleva dans les branches du saule qui s'épandait en voûte au-dessus de sa tête. C'était d'abord quelque chose de semblable au murmure d'un vent doux qui se joue à travers la feuillée; puis on eût cru entendre le frôlement d'ailes de petits oiseaux; puis enfin l'on eût dit que les rameaux du saule s'entre-choquaient comme des clochettes d'argent.

Anselmus écoutait... Peu à peu ces sons indistincts se formulèrent en accents mélodieux comme une plainte emportée par le vent.

« Glissons, disait une voix merveilleuse, glissons, ma sœur, à travers les feuilles vertes; glissons, enlacées, parmi les fleurs du rivage; balançons-nous dans l'air parfumé, à la clarté rêveuse du soleil qui va s'éteindre!

— Est-ce le vent du soir qui a pris une voix humaine? » pensait l'étudiant.

Tout à coup la vibration de trois coups qui semblaient frappés sur une cloche de cristal lui fit lever la tête. Il aperçut trois petits serpents vert et or, suspendus par la queue aux branches flexibles du saule, et dressant leurs têtes élégantes vers le ciel. Puis, la même voix se mit à répéter les mêmes accents, et les petits serpents se jouèrent avec une admirable agilité sous le dôme de feuillage, étincelants comme des rivières d'émeraude sur l'écorce foncée du saule. Les vibrations cristallines se renouvelèrent, et Anselmus vit la tête d'un des trois serpents s'incliner vers lui, et le regarder avec des prunelles d'or dont la fascination fut telle, que le pauvre jeune homme haletait d'inquiétude et d'une volupté mêlée d'étrange douleur.

Le saule prit la parole et dit : « Bel étudiant, tu t'es reposé sous mon ombrage, et j'ai secoué mes parfums sur ton front soucieux; mais tu ne m'as point compris. Mon parfum est le langage de l'amour secret. »

Le vent du soir glissa sur les joues d'Anselmus, et lui dit en passant : « J'ai soulevé ta brune chevelure, mais tu ne m'as point compris. Mon souffle est la sensation de l'amour secret. »

Un rayon du soleil couchant éclaira son visage et lui dit : « Je t'ai fait resplendir au feu de mes regards, mais tu ne me comprends point. Le feu de mes rayons, c'est l'image de l'amour secret. »

Et l'inquiétude mêlée de volupté et de souffrance qui agitait l'étudiant devint plus poignante. Il lui sembla qu'autour de lui la nature était plus joyeuse, et que tout s'animait d'une poésie inconnue. Des senteurs pénétrantes montaient du sein de la terre fleurie et descendaient des cieux; un chant vague et qui n'avait rien de ce monde se perdait en accords lointains comme un écho du paradis; et, quand le dernier rayon du soleil s'éteignit à l'horizon, derrière les monts de Bohême, Anselmus entendit une voix grave articuler ces mots mystérieux : « Qui rallumera les rayons ensevelis dans le linceul du crépuscule? Tout passe, tout meurt, tout disparaît et s'efface. Qui rendra la vie aux cœurs morts? »

Et cette voix s'évanouit comme le dernier grondement de la foudre, et les clochettes de cristal semblèrent se briser par un son faux, et les trois serpents vert et or glissèrent dans l'herbe frissonnante, et, par mille détours sinueux, gagnèrent les eaux de l'Elbe assombri.

Une petite flamme tremblota longtemps à la surface des eaux, puis la nuit laissa tomber ses voiles sur toute la campagne.

II

« Ah ! mon Dieu, voilà un fou ! » s'écria en passant une vieille dame, à l'aspect des contorsions d'Anselmus, qui embrassait avec délire le tronc du saule, en lui prodiguant des protestations d'amour et invoquant les petits serpents vert et or.

Cette apostrophe produisit sur l'étudiant l'effet d'une douche glacée, et détruisit son exaltation. Honteux de ce qu'il croyait un rêve, il ramassa son chapeau, et voulut prendre la fuite. Le mari de la dame, qui s'était arrêté à le considérer, releva la pipe et le sac à tabac que l'étudiant oubliait, et les lui présenta en ajoutant : « Je crois, mon jeune ami, que vous avez trop longtemps fixé vos regards au fond de votre verre, et que vous ferez bien d'aller dormir. Il n'y a pas de mal : on peut faire un petit excès dans les jours de grande fête ; l'habitude seule serait un vice. »

Plusieurs jeunes filles s'arrêtèrent aussi, et rirent de tout leur cœur au nez du pauvre étudiant tout décontenancé. Il prit ses jambes à son cou et disparut dans l'ombre. Mais il n'avait pas franchi cent pas qu'une grosse voix lui cria : « Ohé ! Anselmus ! ohé ! où diable courez-vous ainsi ? Revenez donc un peu, nous vous attendons au bord de l'eau ! »

Anselmus reconnut la voix de son digne ami le docteur Paulmann, qui, avec ses filles et M. le pasteur Heerbrand, se préparait à monter dans un bateau pour traverser l'Elbe, et aller passer la soirée dans sa petite maison de Pirna. L'étudiant ne se fit point prier pour être de la partie ; il espérait se distraire ainsi de l'hallucination qui s'acharnait à le poursuivre.

On tirait sur la rive opposée un feu d'artifice. La réverbération des fusées produisait sur les eaux du fleuve des oscillations toutes semblables aux jeux croisés en tous sens d'une multitude de petits serpents lumineux. Les événements qui s'étaient passés sous l'ombrage du saule se retracèrent aussitôt à l'esprit d'Anselmus. « Hélas! s'écria-t-il en se penchant sur le bord du batelet, n'est-ce pas vous que je revois, mes chers petits serpents vert et or? Seriez-vous à jamais perdus pour moi dans ces flots où je voudrais vous suivre? »

Et, en disant cela, l'étudiant fit un mouvement violent qui faillit faire sombrer le frêle esquif. « Ah çà! monsieur a-t-il le diable au corps? » lui cria le batelier, en quittant les avirons pour saisir Anselmus par un pan de son habit. Les jeunes filles, assises à côté de lui, tressaillirent d'effroi et se réfugièrent près de leur père. M. Heerbrand chuchota à l'oreille du docteur Paulmann, après quoi celui-ci vint s'asseoir à côté d'Anselmus et lui dit, en lui tâtant le pouls : « Comment vous sentez-vous, cher ami? »

Le pauvre Anselmus ne savait plus en quel monde il vivait; une lutte bizarre s'agitait au dedans de lui; et, quand le docteur Paulmann renouvela sa question, il répondit d'un ton fort abattu : « Hélas! monsieur, si vous saviez quelles choses bizarres je rêvais, il y a quelques moments, sous un saule, au bord de l'Elbe, vous ne me regarderiez pas ainsi.

— Allons, allons, reprit le docteur, je vous ai toujours tenu pour un garçon sensé; ne me donnez pas à supposer que vous soyez devenu fou à lier! »

Le reproche était dur; la fille aînée de Paulmann, mademoiselle Véronique, belle et florissante enfant de seize ans, prit aussitôt la parole : « Cher père, dit-elle au docteur, il faut bien qu'il soit arrivé quelque chose de surnaturel à M. Anselmus pour qu'il nous paraisse ainsi frappé.

— Mais, ma jolie demoiselle, interrompit le pasteur Heerbrand, ne pensez-vous donc pas qu'on puisse rêver les yeux ouverts? Quant à moi, j'ai souvenance qu'un jour, après dîner, en prenant mon café, j'ai vu clairement, par intuition, la place où se trouvait un de mes papiers de famille, depuis longtemps égaré et devenu introuvable; et hier encore, sans chercher plus loin, j'ai lu de mes deux yeux un manuscrit du savant Paracelse, que j'avais en vain cherché dans toutes les bibliothèques.

— Pardieu! mon cher Heerbrand, on sait bien, dit Paulmann, que vous avez toujours eu un penchant très-prononcé pour le fantastique; mais il faut qu'un esprit juste triomphe de ces rêvasseries. »

Anselmus reprenait peu à peu son calme, et, quoiqu'il fît très-sombre, il remarqua que la jeune fille avait des yeux fort brillants. Charmé de l'avoir vue prendre sa défense, il lui offrit galamment sa main pour sortir du bateau et l'accompagner jusqu'à la maison. Cet heureux retour à la vie réelle fut observé avec plaisir par le docteur. « Oui, mon ami, disait-il à Anselmus, j'ai souvent rencontré des personnes de fort bon sens qui se laissaient aller malgré elles à des préoccupations imaginaires ; mais dans ce cas, ajouta-t-il plus bas, on se fait appliquer des sangsues quelque part, pour dégager le cerveau des embarras que cause un sang échauffé. »

Anselmus ne répondit pas, mais il passa la soirée à faire sa cour on ne peut plus gracieusement à la belle Véronique. On fit de la musique après le souper, et Véronique fut pressée de chanter. « Vous avez, lui disait M. le pasteur, une voix pure et claire comme le son d'une cloche de cristal.

— Cristal! s'écria l'étudiant; taisez-vous! taisez-vous! »

Et il prit l'attitude rêveuse de l'homme qui écoute une harmonie lointaine.

« Qu'avez-vous donc, monsieur Anselmus? » lui demanda Véronique, toute surprise de ce nouvel accès d'exaltation.

L'étudiant, rappelé à lui-même, ne parut pas comprendre. Le docteur, à qui rien n'échappait, le regarda d'un air triste; mais Heerbrand, sans lui laisser le temps de parler, entonna une cantate fort en vogue du maître de chapelle Graun, dont Anselmus fut prié d'exécuter l'accompagnement. L'étudiant était bon musicien ; il se fit applaudir autant que M. le pasteur. « Allons, allons, dit le docteur Paulmann, on fera quelque chose de ce garçon-là, malgré ses lubies. Et, à propos de cela, cher pasteur, ne voudriez-vous pas dire vous-même, ce soir, à notre bon Anselmus...

— Eh mais, de tout mon cœur ; les bonnes nouvelles ne

doivent jamais se faire attendre. Je me suis occupé de vous, monsieur Anselmus, poursuivit M. Heerbrand, et je crois vous avoir trouvé, pour le moment, un emploi assez convenable. Il existe, dans notre ville, un vieil homme que l'on dit très-versé dans toutes sortes de connaissances mystérieuses; moi, qui suis peu crédule de ma nature, je me borne à voir en lui un antiquaire ou un chimiste. Ce personnage est l'archiviste de la ville, M. Lindhorst. Vous savez qu'il mène une vie très-retirée, au fond d'un quartier presque désert; et, quand les devoirs de son emploi ne l'obligent point à sortir de son laboratoire, on est toujours sûr de l'y trouver à toute heure. Il possède de nombreux manuscrits orientaux, et il voudrait les faire copier; mais il a besoin, pour ce travail, d'un homme sachant parfaitement dessiner à la plume, et capable de reproduire à l'encre de Chine, sur des peaux de vélin, toutes les figures cabalistiques dont se compose l'écriture inconnue de son manuscrit. Il offre à la personne qui se chargerait de cette besogne la nourriture, les honoraires d'un écu par jour, et une gratification convenable quand les copies seront terminées. Il faut s'astreindre à travailler chaque jour de midi à six heures; de trois à quatre on dîne. Comme il a déjà essayé plusieurs jeunes gens dont il ne s'est point trouvé satisfait, il m'a prié de lui chercher une personne habile et laborieuse. J'ai pensé à vous, monsieur Anselmus, car vous entendez parfaitement la calligraphie, et j'ai vu de jolis dessins tracés par vous à la plume. Or, puisque vous avez le chagrin de vous trouver sans place depuis longtemps, il me semble que vous pourriez accepter cet emploi, en attendant quelque chose de plus solide. Si ces propositions vous conviennent, allez voir demain, à midi sonnant, M. Lindhorst; mais ayez grand soin de ne faire aucune tache à ses précieux manuscrits, car il serait capable de vous jeter par la fenêtre. »

Anselmus accepta de tout son cœur la place qui s'offrait à lui si à propos; il rêva toute la nuit de beaux écus tout neufs, et n'entendit que leur cliquetis agréable. Dès le matin, il fit sa meilleure toilette, et rangea dans un carton tous ses croquis pour donner à l'archiviste un spécimen de son habileté.

A l'heure fixée, il se mit en route, le cœur joyeux, et persuadé qu'il touchait au terme de ses misères. Mais en arrivant à la porte de l'archiviste, que décorait un marteau de bronze représentant une chimère, il crut voir tout à coup des jets de flamme s'échapper des yeux de ce chef-d'œuvre de serrurerie. La chimère fit entendre un singulier grincement de dents. Hélas ! le pauvre Anselmus reconnut dans cette figure la marchande de pommes dont il avait, la veille, culbuté la boutique. « Tu es fou ! tu es fou ! lui criait-elle d'une voix métallique ; tu crois entrer ici, mais tu resteras à la porte ! »

Anselmus recula d'abord, en chancelant comme un homme ivre ; puis, apercevant une sonnette à gauche de la porte de l'archiviste, il en pressa le ressort d'une main convulsive. Aussitôt un éclat discordant de clochettes fêlées se fit entendre, et des profondeurs de la maison sortit cette parole menaçante : « Bientôt, bientôt, beau merle, tu tomberas dans le cristal. »

Une horreur indéfinissable crispa les nerfs de l'étudiant ; il vit le cordon de la sonnette s'allonger en serpent blanc ; ce serpent roula autour de lui ses anneaux, avec une telle vigueur que le malheureux sentait ses os craquer ; il lui sembla que son sang sortait de toutes ses veines et coulait dans le corps du serpent, qui devint d'un rouge écarlate. Le monstre leva sa tête écumante et darda son aiguillon sur la poitrine d'Anselmus, à qui la voix manquait... Il voulait faire un dernier effort pour appeler du secours, et tomba sans connaissance.

Quand il reprit ses sens, il se trouva dans sa petite chambre, étendu sur son misérable grabat. Près de lui se trouvait le docteur Paulmann, qui lui dit : « Par tous les saints, mon pauvre Anselmus, je ne comprends plus rien à vos extravagances. »

III

« L'Esprit fixa son regard puissant sur les eaux.

« Les vagues mugirent en se gonflant. Les roches de granit

qui formaient la ceinture de l'abîme élevèrent leurs crêtes sinistres dans l'éclat du soleil levant.

« Quand l'astre du jour parvint à l'apogée de sa course, mille germes, qui dormaient sous le sable aride, percèrent le sein de la terre; des tiges, chargées de feuilles et de fleurs, sortirent du néant, pour saluer le Père de la Vie.

« Au milieu de la vallée se gonflait et s'abaissait comme une vague un rocher noir; et, quand le rayon solaire de midi toucha la pointe de ce rocher, il s'en éleva un beau lis de feu qui s'épanouit sous le ciel.

« Alors une clarté divine se répandit comme un torrent dans la vallée; une flamme azurée parut : c'était le jeune Phosphorus.

« Le lis de feu soupira alors ces paroles :

« Sois à moi pour toujours, être divin, car je t'aime, et « je ne puis exister sans toi !

« — Je serai à toi, fleur de la terre, répondit Phosphorus; « mais ta destinée va changer. Tu voudras être plus belle et « plus puissante que les autres fleurs, tes compagnes; la vo-« lupté suprême, qu'une étincelle de mon être déposera dans « ton calice, sera le germe de ta mort, et tu renaîtras plus tard « sous une forme étrangère. »

« Alors Phosphorus s'inclina sur le lis de feu; et de la fleur magnifique, pénétrée d'une vie nouvelle, jaillit aussitôt une gerbe enflammée. Il en sortit un être inconnu qui, fuyant la vallée, s'éleva dans l'espace éthéré, et ne voulut plus redescendre auprès de Phosphorus.

« Le génie pleura sur l'ingratitude de la fleur bien-aimée. Mais l'un des rochers de l'abîme s'entr'ouvrit, et de son sein sortit un serpent noir, qui agitait des ailes métalliques. Il ouvrit sa gueule, et aspira l'âme du lis de feu; puis il l'enchaîna dans le calice de la fleur.

« Alors le pauvre lis, reconnaissant, mais trop tard, son ingratitude, se mit à aimer douloureusement Phosphorus. L'âme de la fleur répandait de tels soupirs, que les fleurs d'alentour, desséchées par ce souffle du désespoir, périssaient sur leurs tiges.

« Phosphorus parut soudain, revêtu d'une armure brillante,

et s'élança pour combattre le serpent. Le monstre, blessé, frappa de son aile la cuirasse de Phosphorus. Aux sons mystérieux que rendit l'armure, les fleurs de la vallée se relevèrent plus belles sur leurs tiges, et elles se mirent à combattre aussi le serpent comme une nuée d'abeilles. Leur ennemi, honteux de son impuissance, se plongea en sifflant dans l'abîme.

« Le lis de feu était délivré. Phosphorus lui prodigua les baisers les plus enivrants, et les fleurs de la vallée célébrèrent son triomphe par des bruissements harmonieux. »

Ainsi venait de parler M. Lindhorst, dans le petit salon de M. le pasteur Heerbrand.

« Permettez donc ! s'écria Heerbrand. Votre légende orientale, mon cher archiviste, me semble dépasser toutes les licences de la poésie. J'aime beaucoup à vous entendre; mais je voudrais des histoires raisonnables. J'aimerais, par exemple, à connaître quelques particularités de votre existence et de vos curieux voyages à travers le monde.

— Eh parbleu ! répondit l'archiviste, que pourrais-je vous conter de plus vraisemblable ? La vallée dont je viens de vous parler est mon pays natal, et la fleur de lis n'est autre que ma très-honorée grand'mère : d'où il résulte, avec votre permission, que je suis prince. »

Cette déclaration, faite du ton le plus sérieux, excita un rire général.

« Riez tant que vous voudrez, reprit l'archiviste ; ce que je viens de vous dire n'en sera pas moins vrai ; et, si vous étiez un peu plus sérieux, j'aurais pu vous faire part des nouvelles récentes que mon frère m'apporta hier.

— Quoi ! vous aviez un frère, et nous l'ignorions ?

— Il est *dragon*. Et il est devenu *dragon* par désespoir. Vous savez que mon père est mort tout récemment ; il n'y a guère de cela qu'environ quatre siècles, et c'est pourquoi je n'ai pas encore quitté le deuil. Il m'avait laissé un onyx magnifique. Mon frère voulut que je le lui cédasse. Nous eûmes à cet égard une querelle si inconvenante à côté des vénérables restes de notre père, que le défunt, perdant patience, se leva du cercueil et jeta mon frère au bas de l'escalier. C'est depuis cette époque mémorable qu'il est allé vivre parmi les dragons. Il habite, en ce moment, un bois de cyprès, non loin de Tunis, où il garde une escarboucle que convoite un célèbre magicien de Laponie. C'est pendant que le magicien travaille dans son officine que mon frère le dragon peut se relâcher un moment de sa rude surveillance pour me rendre quelques rares visites. »

Un nouvel éclat de rire, plus bruyant que le premier, accueillit le récit que maître Lindhorst venait de continuer avec un sang-froid glacial.

Seul, Anselmus ne riait pas. Il fixait l'archiviste en frissonnant, et trouvait dans le son de sa voix quelque chose de surhumain.

Notre étudiant avait été conduit par Paulmann et Heerbrand, quelques jours après son accident, dans un café très-connu, où l'archiviste apparaissait de temps à autre. Heerbrand avait triomphé de l'épouvante qui s'était emparée d'Anselmus depuis son hallucination à la porte de maître Lindhorst, et lui avait représenté que, pour conjurer les fantômes qui l'obsédaient, rien ne serait plus salutaire que de faire, autour d'un pot de bière, la connaissance de l'archiviste. Anselmus s'était laissé conduire, moitié de gré, moitié de force. Les manières bienveillantes de l'archiviste le décidèrent à accepter l'emploi dont il avait été question.

« Vous ferez une bonne œuvre, dit Heerbrand à maître Lindhorst, si vous parvenez à guérir la pauvre cervelle de notre jeune ami. »

Quand ils furent au moment de se séparer, Heerbrand prit la main de l'étudiant, et, barrant le passage à l'archiviste : « Je vous recommande très-instamment mon calligraphe, lui dit-il, et je suis sûr que vous en serez content.

— Tant mieux ! » répondit froidement maître Lindhorst ; et, posant son tricorne sur le coin de l'oreille droite, il descendit très-rapidement l'escalier, et tira sur lui la porte de la rue avec une violence inouïe.

« Quel diable d'original ! s'écria Heerbrand.

— Il est bien singulier, murmurait Anselmus, qui se sentait le frisson.

— Ne vous alarmez pas de sa bizarre humeur, reprit Heerbrand. C'est un digne homme qui a ses lubies comme tout le monde ; mais elles ne durent guère, et vous y serez bien vite accoutumé. Demain, dès midi, soyez chez lui ; vous n'aurez pas à vous en repentir.

— J'y serai, dit l'étudiant, dussent mille marchandes de pommes en bronze et mille serpents blancs me disputer le passage ! »

IV

Mais, le lendemain, Anselmus se leva sous l'empire d'une foule d'idées tristes, et, au lieu de se rendre chez l'archiviste, il alla se promener solitairement sur les rives de l'Elbe, pour revoir le saule sur lequel il avait éprouvé cette hallucination dont le souvenir importun, mais doux, le suivait en tous lieux. Il se mit à pleurer sur le gazon désert, réclamant à l'arbre muet ses jolis petits serpents vert et or.

Il se croyait seul en ce lieu désert, quand tout à coup lui apparut un grand homme sec et long qui semblait sortir de terre. « Qu'est-ce que c'est donc que ce soupirant ? murmurait-il ; est-ce un échappé de maison des fous ?... » — Eh ! mais, si je ne me trompe, c'est M. Anselmus, mon futur calligraphe....

— Votre serviteur, monsieur, bégaya l'étudiant tout interdit.

— Qu'avez-vous donc à vous lamenter ainsi, monsieur Anselmus ? Que contez-vous à ce saule, et pourquoi n'êtes-vous pas venu me voir ce matin ?

— Hélas ! monsieur, dussé-je à vos yeux passer pour le plus stupide des fous, permettez-moi de vous raconter ce qui m'est arrivé ici le jour de l'Ascension. »

Quand il eut achevé son histoire, l'archiviste aspira une forte dose de tabac, et lui répondit tranquillement : « Vous n'êtes point fou, monsieur Anselmus. Les petits serpents vert et or que vous avez aperçus à travers le feuillage du saule étaient mes trois filles, et vous êtes devenu amoureux de la plus jeune, nommée Serpentine ; rien n'est plus positif. Au reste, je le savais déjà; car, le jour de l'Ascension, j'étais chez moi, fort occupé, et, lassé du gazouillement de ces bavardes, je leur ai crié de revenir à la maison. »

A ces mots, Anselmus crut voir tout le paysage tournoyer autour de lui. Il s'attendait aux railleries de l'archiviste; son sérieux lui causa des vertiges. Il s'efforça de parler; mais Lindhorst ne lui en laissa pas le temps, et, arrachant le gant de sa main gauche, il mit sous les yeux de l'étudiant une bague dont le chaton était poli comme un miroir. « Regardez, lui dit-il, monsieur Anselmus, vous verrez des objets dont le souvenir vous charmera. »

De la pierre précieuse jaillissaient des feux étincelants, dont l'éclat reproduisait celui d'un cristal de roche aux rayons du soleil. Au sein de ce miroir merveilleux s'agitaient, en tous sens, les trois petits serpents vert et or, qui tantôt se fuyaient, tantôt se rejoignaient, s'enlaçaient, s'entortillaient de mille sortes; et de leurs corps menus et déliés s'échappaient des myriades d'étincelles dont le bourdonnement imitait les sons agaçants de plusieurs petites cloches de cristal. L'un des trois petits serpents tourna ses prunelles d'azur sur Anselmus, et ce regard semblait lui dire : « Me connais-tu? As tu gardé mon souvenir dans ton cœur?

— O Serpentine! Serpentine! c'est bien toi! je te reconnais, et je sens que je t'aime! s'écria l'étudiant.

— Doucement, doucement donc! comme vous y allez, cher ami! interrompit l'archiviste, en retirant sa main et cachant promptement sa bague. Une autre fois, si vous êtes sage, et si vous vous montrez laborieux, je vous montrerai de nouveau mes filles ; vous pourrez languir d'amour tout à votre aise. Mais venez donc chez moi : mes manuscrits vous attendent, et vous ne vous pressez guère de justifier les recommandations de M. Heerbrand. »

A ce nom d'Heerbrand, l'étudiant rentra dans le cercle de la vie positive, et fixa l'archiviste, dont l'impassibilité le foudroyait.

« Cher monsieur Anselmus, ne craignez plus de rencontrer la marchande de pommes, reprit Lindhorst. Je connais cette méchante créature ; et, si demain elle s'avisait encore de se loger dans la figure de bronze de ma chimère, jetez-lui au nez quelques gouttes de la liqueur que voici, et l'illusion s'évanouira sur-le-champ. Maintenant, je vous souhaite le bonjour, et, comme j'ai coutume de marcher un peu vite, je ne vous propose point de m'accompagner. A demain donc, à midi. »

L'étudiant regardait dans sa main une petite fiole pleine d'un liquide vert et or. La nuit tombait, et l'archiviste se mit en route. On eût cru le voir marcher dans le vide. A quelque distance, le vent s'engouffra dans les pans de sa redingote, et les releva comme deux ailes de chauve-souris. L'étudiant, les yeux fixés sur lui dans la pénombre du crépuscule, pensa voir un énorme oiseau d'un blanc grisâtre, qui prenait son vol entre ciel et terre. « Serait-il possible, se disait-il, que M. l'archiviste Lindhorst se fût métamorphosé en vautour pour voyager plus rapidement? Ah! je comprends plus que jamais que les mystères environnent ma vie. Dieu sait ce qu'il adviendra de tous ces sortilèges fantastiques! Mais qu'importe, ô Serpentine, tu vis en moi, je vis en toi par une puissance inconnue à laquelle je m'abandonne. Je ne suis pas fou! Les seuls fous de la terre sont apparemment le pasteur Heerbrand et mon ami Paulmann; ils ne sont pas dignes de recevoir la révélation des secrets auxquels je vais être bientôt initié!... »

V

« Je désespère de tirer jamais rien de bon de ce pauvre Anselmus, disait le docteur Paulmann. Toutes mes remontrances sont superflues. C'est une cervelle démontée.

— Patience, patience, répondit Heerbrand ; c'est, à mon avis, un original curieux et digne d'être étudié de près. Il y a en lui, je vous le certifie, l'étoffe d'un secrétaire intime, et peut-être aussi quelque chose de mieux. Je sais ce que je sais. Il travaille assidûment depuis deux jours chez l'archiviste, qui paraît satisfait de lui. »

Véronique entendit les assurances que donnait M. le pasteur. Elle n'en fut pas médiocrement joyeuse. « Ne vous ai-je pas dit mille fois, cher père, dit-elle au docteur, que M. Anselmus était un homme destiné à un bel avenir? Je serais vraiment bien aise de savoir s'il pense quelque peu à moi! »

Le docteur ne répondit pas. Mais la jeune fille, toute à ses pensées secrètes, se voyait déjà être *madame la conseillère* ou *la présidente* de n'importe quoi; elle habitait une jolie maison dans la rue du Château, où sur le marché neuf; elle se parait d'un chapeau à la mode de Paris, et se drapait dans un cachemire des Indes. Elle se voyait entourée d'adorateurs, accablée d'invitations, recherchée de tous côtés. Son époux ne rentrait pas une fois au logis sans lui apporter quelque charmant cadeau. Toute la ville était envieuse de son bonheur.

« Quel pauvre sire! » pensait tout bas le docteur Paulmann.

Et voilà que la porte s'ouvre, et Anselmus paraît. Toute sa personne semblait renouvelée. Il parla d'un riche avenir qui s'ouvrait devant lui, et d'une brillante destinée dont personne ne pouvait encore se douter. Toutes ses paroles étaient graves, posées et pleines de confiance.

Véronique tressaillit. « Il ne pensera jamais à moi! Mon rêve est fini, » se dit-elle en cachant à peine une tristesse muette. Le docteur considérait l'étudiant avec surprise.

« Je suis fort pressé, et j'ai voulu seulement ne point passer devant la maison sans vous saluer, ajouta Anselmus. L'archiviste m'attend pour un travail très-urgent. Au plaisir de vous revoir! »

Et faisant une pirouette sur le talon gauche, il disparut.

« Il sera vraiment conseiller, comme je l'ai vu en rêve, se dit tout bas Véronique. Il m'a baisé la main avec l'aisance d'un grand seigneur. J'ai vu quelque chose de doux dans son regard: il pense à moi!... » Puis elle se laissa de nouveau surprendre par sa rêverie; mais cette fois un spectre moqueur s'interposa entre elle et ses chères espérances, et ce spectre lui répétait en faisant mille grimaces: « Sotte que tu es, M. Anselmus a mieux à faire que d'épouser une pauvre fillette comme toi, malgré tes yeux bleus, ta peau blanchette et tes petits pieds. »

Le docteur se leva fort maussade. « Encore un nouveau

genre de folie, s'écria-t-il en frappant le plancher du bout de sa canne. Ce garçon-là est perdu! »

Après cette sortie, il alla faire sa promenade accoutumée. Véronique, restée seule à la maison, s'ennuya cruellement; elle voyait sur chaque objet et dans tous les coins de sa chambre le hideux petit fantôme qui lui disait : « Anselmus ne sera jamais ton mari ! »

Ses amies vinrent la visiter, et elle leur conta en frissonnant les visions qui l'obsédaient. Ces demoiselles s'en divertirent beaucoup, ce qui redoubla le chagrin de Véronique. Mais bientôt, en y réfléchissant, elles partagèrent secrètement sa peur. Tout ce qui est surnaturel nous domine malgré nous.

« Écoute, dit à Véronique l'aînée des jeunes filles, il ne faut pas toujours croire aux apparitions, qui ne sont parfois créées que par le trouble de notre esprit ou les inquiétudes de notre cœur. Mais tu pourrais faire mieux. Il y a, à l'extrémité du faubourg, une vieille femme qu'on dit fort habile et qui jouit d'une grande renommée. Elle ne prédit l'avenir ni par les cartes, ni par le marc de café; mais elle possède un miroir de métal à la surface duquel on voit se mouvoir des figures de formes singulières, dont elle sait donner l'explication. J'ai ouï dire que l'événement justifie toujours ses prédictions. Veux-tu venir la consulter? »

Sous prétexte de reconduire ses amies, Véronique sortit pour aller chez la vieille devineresse. Elle entra en tremblant dans cette maison mystérieuse où son avenir allait se dévoiler. Une femme sèche et osseuse lui ouvrit. Cette créature, d'une laideur repoussante, était costumée dans un goût très-analogue avec sa profession. Ses petits yeux ronds flamboyaient comme ceux d'un chat, et de rares mèches grises, pareilles à des crins de cheval, s'échappaient d'une espèce de turban jaune dont elle était coiffée. Deux longues et larges brûlures lui sillonnaient le côté gauche du visage, depuis l'oreille jusqu'au nez. Véronique faillit se trouver mal. Mais la devineresse lui prit rudement la main, la fit entrer et ferma la porte avec soin.

Des singes, des chats, des cochons d'Inde, des salamandres, des crapauds, des couleuvres, remplissaient la chambre de cris rauques, de gambades et de craquements. La vieille frappa du pied, et tous ces compagnons de sa lugubre solitude se retirèrent pêle-mêle aux quatre coins du logis, dans une complète immobilité. Un corbeau seul parut autorisé à rester perché sur la bordure du miroir magique dressé au milieu de la chambre.

« Approche, petite, dit la vieille. Je sais ce que tu viens me demander. »

Véronique la regarda d'un air effaré.

« Tu veux savoir si l'étudiant Anselmus sera un jour conseiller, et s'il te prendra pour femme. Eh bien, écoute, mon enfant, ne songe plus à ton Anselmus ; c'est une mauvaise créature ; il a marché sur le visage de mes enfants, les petites pommes aux joues rouges qui s'enfuient de la poche des acheteurs, et reviennent en roulant dans mon panier. Il est d'accord avec le vieil archiviste, qui est un maudit sorcier et qui m'a fait jeter un flacon de vitriol doré, qui m'a creusé les deux cicatrices que tu vois. Eh bien, n'écoute pas cet Anselmus ; il ne t'aime pas, il ne t'aimera jamais. Il est épris comme un fou d'une couleuvre vert et or ; mais il ne sera jamais conseiller. Laisse-le épouser sa couleuvre ! »

En entendant cette prédiction dont les détails lui semblaient passablement ridicules, Véronique reprit son assurance : « Madame, dit-elle à la vieille, j'ai eu tort de venir vous déranger. Vous calomniez M. Anselmus fort gratuitement, il n'est pas fou comme vous voudriez me le faire croire ; et je ne me soucie pas de plus amples révélations. J'ai l'honneur de vous saluer. »

Et gagnant la porte, la jeune fille allait partir, lorsque la vieille devineresse, se jetant à ses genoux, lui dit en pleurant : « Véronique, chère Véronique, ne reconnais-tu plus la vieille Lise qui t'a portée tout enfant dans ses bras, qui te caressait et qui t'aimait de toute son âme ? »

Véronique recula de trois pas, fort surprise. Elle avait en vérité devant elle la vieille Lise, l'ancienne gouvernante de son père, qui avait disparu de la maison depuis trois ans. Mais une rapide métamorphose venait de s'opérer par l'art magique. La vieille Lise avait perdu son costume de devineresse; elle paraissait vêtue selon son ancien état, et serrant Véronique dans ses bras : « Mon enfant, lui dit-elle, tout ce que je t'ai dit te fait de la peine, je le vois, mais hélas! c'est la vérité. Ton Anselmus ne pense, à l'heure qu'il est, qu'à épouser la fille de l'archiviste, qui est mon ennemi mortel. Je pourrais te raconter à ce sujet bien des choses, mais je ne veux pas t'épouvanter inutilement. Nous sommes tous deux les adeptes d'un art bien redoutable, et s'il veut te nuire, je tâcherai de te protéger contre lui, et puisque tu aimes Anselmus, je ferai tous les efforts possibles pour que tu sois heureuse un jour, quand les yeux du pauvre jeune homme seront dessillés.

— Mais, au nom du ciel.....
— Silence, mon enfant. Je sais ce que tu veux dire : je suis devenue sorcière parce que c'était ma destinée. N'en parlons plus. Je sais un moyen de guérir Anselmus de son fol amour pour la fille de l'archiviste; mais il faudra que tu m'aides.
— Oh! je ferai tout au monde!
— Si tu es bien décidée, arme-toi d'un peu de courage. Échappe-toi sans être vue de chez ton père, dans la prochaine nuit de l'équinoxe, à onze heures sonnantes, et viens me trouver. Je te conduirai sur la croix formée par deux chemins à la sortie de la ville. Je préparerai d'ici là tout ce qui m'est nécessaire pour le succès de l'opération que je médite. Et dans cette nuit ne t'épouvante pas, quelque chose que tu aperçoives. La réussite n'aura lieu que par ton calme inébranlable. Jusque-là sois discrète, et au revoir. »

Véronique se hâta de revenir à la maison de son père. Un poids énorme semblait retiré de sa vie, et l'espérance effaçait sa mélancolie.

VI

Anselmus, le cœur plein d'un doux espoir, avait pris son carton rempli de ses meilleurs dessins à la plume, fourré dans sa poche la fiole au liquide vert et or, et s'acheminait, d'un pas ferme, vers la demeure de l'archiviste. Il pensait avec amour à la belle Serpentine, décidé à surmonter tous les obstacles que le malin esprit s'aviserait d'élever sur sa route.

En arrivant à la porte, il vit, comme la première fois, le marteau de bronze à la tête de chimère lancer des flammes par les yeux. Aussitôt, sans se troubler, il déboucha la fiole et en versa le contenu sur la figure maudite. Le prestige cessa immédiatement et la porte s'ouvrit, sans que le cordon de sonnette se fût changé en serpent blanc.

Un large et bel escalier conduisait au logement de maître Lindhorst, et des parfums délicieux remplissaient l'espace

« Serviteur, monsieur Anselmus, dit l'archiviste, en venant à sa rencontre. Je vais vous conduire sans retard dans la pièce qui vous est destinée »

Anselmus le suivit dans une serre admirable, remplie des plantes les plus rares des deux mondes. Cette salle paraissait sans fin. De distance en distance, des conques de marbre noir, ornées de figures inconnues, lançaient jusqu'à la voûte des flots d'eau de senteur ; des milliers d'oiseaux gazouillaient des deux côtés, et des brises mystérieuses secouaient les odeurs des fleurs.

L'archiviste disparut, et l'étudiant s'arrêta en face d'un lis de feu. Des myriades d'oiseaux moqueurs se mirent à jaser et à mystifier Anselmus, qui, se voyant seul, ne savait plus où donner de la tête, lorsque, la tige du lis de feu s'approchant de lui, il reconnut maître Lindhorst en personne.

Le pauvre jeune homme, ébloui du spectacle magique qui l'environnait, avait pris la robe de chambre en damas rouge de M. l'archiviste pour une tige de lis flamboyant.

« Pardonnez-moi, monsieur Anselmus, de vous avoir laissé seul un moment ; j'ai voulu voir en passant mon beau *cactus gandiflorus*, qui doit fleurir dans la nuit de l'équinoxe. Comment trouvez-vous mon jardin d'hiver?

— Merveilleux! s'écria l'étudiant. Mais vous avez des oiseaux fort impertinents à l'égard des étrangers.

— Ah! les coquins! je les châtierai d'importance, » dit Lindhorst.

A ces mots, un perroquet gigantesque vint s'abattre à côté de l'archiviste, sur une tige de laurier-rose, et, penchant vers lui sa tête ornée de lunettes noires, lui dit fort gravement : « Maître, ne vous fâchez pas contre nous ; si ces gueux d'oiseaux ont fait un tapage déplacé, la faute en est à monsieur que voilà ; car....

— Silence! silence! cria maître Lindhorst avec un geste menaçant ; et tâchez une autre fois de mieux tenir en respect cette racaille emplumée. — Venez, monsieur Anselmus ; passons ailleurs. »

Et il lui fit traverser une file d'appartements plus splendides les uns que les autres. Ils arrivèrent dans une dernière salle lambrissée de bois odoriférant, dont se détachaient des rameaux chargés d'émeraudes. Au milieu de cette salle, trois sphinx égyptiens étaient accroupis sur une table de porphyre ; et devant eux, sur un socle, resplendissait un pot d'or d'une forme très-simple, mais dont l'étudiant ne put détourner ses regards. Sur les flancs brunis du pot d'or, il voyait se reproduire les derniers événements de sa vie, sa promenade sous les saules de l'Elbe, et les trois jolis serpents dont le plus beau lui rappelait Serpentine.

« Serpentine! s'écria-t-il tout à coup, hors de lui.

— Que dites-vous, monsieur Anselmus? demanda l'archiviste en se retournant. Vous appelez, je crois, ma fille ; mais elle est à l'autre extrémité du logis, et elle prend sa leçon de clavecin. Allons plus loin. »

Anselmus, respirant à peine, suivit son guide, sans savoir où il allait, ni par où on le faisait passer. Enfin l'archiviste lui toucha le bras, en disant : « Nous y voilà! »

L'étudiant s'éveilla comme d'un songe, en se trouvant dans une bibliothèque assez sombre, au milieu de laquelle régnait une table en fer à cheval.

« Voilà une chaise, reprit l'archiviste ; et c'est ici que vous travaillerez provisoirement. Plus tard, si je suis content de vos services, je vous conduirai dans le cabinet bleu, où vous avez subitement prononcé le nom de ma fille ; cela dépendra de vous. Maintenant, je veux, avant tout, m'assurer de votre aptitude au travail que je désire vous confier. »

Anselmus s'empressa d'ouvrir son carton et d'étaler ses dessins à la plume sous les yeux de maître Lindhorst, convaincu qu'il allait s'attirer les plus grands éloges. Mais à peine l'archiviste y eut-il jeté un coup d'œil, qu'il sourit dédaigneusement, et haussa les épaules.

« Il paraît, dit l'étudiant, piqué de cette critique muette, que je n'ai pas l'honneur d'offrir à monsieur l'archiviste un talent suffisant?

— Peuh! vous avez, sans doute, des dispositions, je ne le nie pas; mais, enfin, je dois plus compter sur votre zèle et votre bonne volonté que sur votre adresse. Après tout, l'imperfection de votre travail tient peut-être au défaut de bons instruments. »

Anselmus se récria sur la valeur de ses plumes de corbeau et de son encre de Chine.

« Mais regardez donc votre ouvrage : je vous en fais juge, reprit l'archiviste. »

Alors il sembla à l'étudiant qu'un bandeau se détachait de ses yeux. Ce qu'il avait pris pour un chef-d'œuvre ne lui parut plus soudain qu'un informe amalgame de pieds de mouche, de traits heurtés, de lignes discordantes : somme toute, un vrai barbouillage d'écolier malappris.

« Et de plus, continua l'archiviste, votre fameuse encre de Chine est une drogue pitoyable. »

Il passa le doigt sur plusieurs lignes, qui s'effacèrent sans laisser la moindre trace.

Anselmus éprouva l'angoisse d'un homme qu'on étrangle.

« Allons, mon ami, reprit son interlocuteur, il ne faut pas vous désespérer. Vous apprendrez bien vite ici à faire une besogne qu'on chercherait vainement ailleurs. Vous trouverez dans le tiroir de cette table tous les objets qui vous seront nécessaires. Mettez-vous à l'œuvre, et prenez courage. »

En disant cela, il plaça près de lui un vase plein d'un fluide singulier, des plumes d'oiseaux inconnus, pointues comme des aiguilles, une feuille de parchemin irréprochable; puis il ouvrit un manuscrit arabe, indiqua la manière générale dont la copie devait s'exécuter, et quitta l'appartement.

Anselmus se servit avec une facilité merveilleuse des plumes de l'archiviste. Il lui sembla qu'elles traçaient d'elles-mêmes les caractères qu'il avait à copier; et plus il avançait dans son travail, plus il y mettait d'ardeur.

Trois heures sonnèrent. L'archiviste l'appela pour dîner; il était de fort belle humeur, et fit, avec une grâce obligeante, les frais de la conversation; s'informant, avec une sollicitude extrême, de tout ce qui touchait la vie et la position ordinaire de l'étudiant. A quatre heures, il fallut se remettre au travail; et son empressement à quitter la table sembla charmer son patron. La besogne avançait avec une rapidité prodigieuse, qui ne nuisait pas au fini de son exécution. Anselmus pensait sans cesse à Serpentine; son amour lui eût fait surmonter les difficultés les plus ardues.

L'heure du repos approchait. L'archiviste rentra dans la bibliothèque, et parut enchanté des efforts heureux d'Anselmus. « Jeune homme, lui dit-il, ta singulière aptitude à un travail dans lequel je croyais te voir échouer comme tant d'autres, achève de me révéler le lien qui doit nous unir l'un à l'autre. Il dépend de toi de ne plus me quitter. Je sais que tu es aimé de Serpentine; il ne te reste plus qu'à mériter le pot d'or, talisman inestimable, à la possession duquel est attachée celle de ma fille. Mais tu auras de grandes difficultés à vaincre avant de parvenir à ce noble but. Les principes du mal sont ligués contre toi, et ta force intérieure est la seule arme avec laquelle il te soit permis d'en triompher. Persévère; le savoir et la foi te soutiendront jusqu'au jour où il te sera donné de connaître les secrets du pot d'or, et d'être heureux à jamais. Reviens demain: je t'attends à la même heure. »

A ces mots, l'archiviste ouvrit une petite porte, et l'étuludiant se retrouva dans la salle à manger, dont l'issue donnait sur l'escalier.

A peine arrivé dans la rue, il se mit à réfléchir sur tout ce qu'il avait vu d'étrange dans cette maison. Il serait resté à la même place jusqu'au jugement dernier, si une voix ne l'eût appelé par la fenêtre du premier étage. Il leva les yeux, et reconnut l'archiviste, non plus avec sa pompeuse robe de chambre, mais simplement vêtu de sa houppelande râpée.

« A quoi diable pensez-vous donc, monsieur Anselmus?

lui cria-t-il. Est-ce que vous faites dans votre cervelle un nouveau conte pour la collection des *Mille et une Nuits?* Portez, je vous prie, mes compliments au docteur Paulmann, et ne manquez pas d'être ici demain, à midi sonnant. Les honoraires de votre première journée de copie sont dans le gousset de votre gilet. »

Anselmus s'éloigna dans une perplexité fort douloureuse. « Tout ce qui se passe autour de moi, se dit-il, n'est peut-être que fascination et mensonge ; et pourtant, je sens à mon amour que Serpentine n'est point un rêve. Attendons. »

VII

Dès que le docteur Paulmann eut secoué la cendre de sa pipe et gagné son lit, Véronique jeta un mantelet sur ses épaules, et sortit doucement. Elle traversa les rues désertes et ténébreuses avec la légèreté d'une gazelle fugitive, et arriva toute palpitante d'émotion chez la vieille Lise.

La porte s'ouvrit. La sorcière parut, tenant au bras une corbeille, et dit à Véronique : « L'heure presse, il est inutile de monter là-haut. J'ai tout ce qui est nécessaire, et mon chat noir va nous accompagner. »

La pluie tombait, la bise était froide. Toutes deux sortirent de la ville et arrivèrent à la croix des deux chemins.

Quand elles s'arrêtèrent, un pâle rayon de lune perça les nuages et éclaira faiblement les objets. Des voix glapissantes hurlaient dans les branches des arbres et se mêlaient aux gémissements du vent. Le chat noir faisait jaillir des étincelles bleuâtres en se frottant contre la corbeille.

La vieille Lise creusa un trou dans la terre, et posa dessus un trépied avec une chaudière. Le chat, se roulant autour de sa maîtresse, battait ses flancs de sa queue, et des milliers de petites lueurs électriques traçaient un cercle enflammé. Aussitôt que les charbons attisés par la bise commencèrent à rougir, Lise jeta dans la chaudière des herbes magiques, des lingots de métal, des fleurs, des souris blanches ; un instant après, toutes ces choses se mirent à bouillir pêle-mêle, agitées par une cuiller de fer qui tournait sans cesse d'elle-même, pour entretenir ce mélange en liquéfaction.

« Regarde fixement dans la chaudière, dit la sorcière, et pense à ton Anselmus, pendant que je vais jeter dans cette drogue diabolique une mèche de tes cheveux bruns. »

Véronique s'empressa d'obéir, tandis que Lise marmottait des paroles en langue barbare, et que le chat noir courait en cercle comme un possédé.

Des figures étranges, horribles à rendre folle, tourbillonnaient dans la noire vapeur de la chaudière. Quand la révoltante décoction fut un peu figée, la jeune fille regarda en tremblant, et aperçut l'image d'Anselmus.

« Ah! mon Dieu! s'écria-t-elle, le voilà! le voilà! »

Aussitôt la vieille ouvrit la soupape de la chaudière, et un flot de métal fondu coula dans un petit moule de terre.

« L'œuvre est accomplie, dit-elle; » et elle se jeta la face contre terre en poussant des hurlements sinistres.

Véronique, glacée de frayeur, tomba près d'elle? évanouie...

Quand elle reprit ses sens, elle se trouva couchée dans son petit lit.

Sa sœur lui présentait du thé. « Qu'as-tu donc, chérie? lui disait-elle avec des sanglots. Voilà plus d'une heure que je veille auprès de toi, et tu ne cesses de gémir. Papa est dans une inquiétude mortelle; il est allé chercher le médecin.

— Ce n'était donc qu'un cauchemar! se dit tout bas Véronique, en buvant lentement la tasse de thé. Mais cependant, hier soir, je suis bien réellement sortie; et cette nuit j'étais bien avec la vieille Lise, à la croix des deux chemins. Ou bien non, peut-être étais-je malade; peut-être est-ce un accès de délire qui m'a offert ces atroces visions. C'est le souvenir d'Anselmus qui m'a donné la fièvre; oui, son souvenir mêlé à celui de cette maudite sorcière, qui veut se faire passer pour notre vieille Lise, et qui s'est moquée de ma crédulité. »

La jeune sœur lui montra alors son mantelet dégouttant d'eau. « Vois donc, chérie, dit-elle à Véronique; le vent d'orage a ouvert cette nuit une fenêtre de ta chambre, et a renversé la chaise sur laquelle était posé ton mantelet; la pluie a pénétré ici, et le mantelet en est inondé. »

La jeune fille comprit alors qu'elle n'avait pas seulement fait un rêve; elle se sentit frissonner de crainte, et la fièvre agita tous ses sens. Transie de frayeur et de froid, elle s'enveloppa de sa couverture; mais, dans ce mouvement, quelque chose de dur lui fit mal en pressant sa poitrine; elle y porta la main, et trouva suspendu à son cou un petit miroir de métal, rond et poli.

« C'est l'œuvre de la vieille Lise, » pensa-t-elle; et il lui sembla que du miroir s'échappaient des flammes douces qui la pénétraient d'une moiteur et d'un bien-être inconnus. « Laisse-moi reposer un peu, » dit-elle à sa sœur; et, dès qu'elle se trouva seule, elle fixa curieusement et avec anxiété le petit bijou magique.

Il lui représenta Anselmus dans une chambre singulièrement meublée, et occupé à écrire fort attentivement. Elle l'appela; il leva les yeux, et lui dit : « Ah! c'est vous, mademoiselle Paulmann? Quelle bizarre fantaisie avez-vous donc parfois de vous déguiser en petite couleuvre vert et or? »

A ce propos digne d'un fou, Véronique ne put retenir un éclat de rire; mais le bruit de sa voix l'éveilla comme d'un songe, et, comme la porte s'ouvrait, elle se hâta de cacher le petit miroir.

Le docteur Paulmann entrait avec le médecin. L'homme de l'art ôta son chapeau, s'approcha de la malade, lui tâta le pouls, et dit « Eh! eh! »

Puis il écrivit une ordonnance.

Et, comme il se retirait après avoir salué, Paulmann le suivit pour le questionner sur l'état de sa fille.

« Eh! eh! » fit de nouveau le disciple d'Hippocrate.

Ce fut tout l'éclaircissement que le docteur Paulmann en put obtenir.

VIII

Anselmus travaillait, depuis plusieurs jours, chez l'archiviste, avec un zèle et une ardeur dignes d'éloges. Maître Lindhorst le visitait peu en dehors des heures de repas; mais il arrivait ordinairement, sans être averti, chaque fois que l'étudiant terminait un manuscrit, et il renouvelait sa besogne.

Un jour qu'à son heure accoutumée Anselmus montait l'escalier de la bibliothèque, il trouva la porte fermée; mais aussitôt l'archiviste parut à une autre issue, du côté opposé, enveloppé de sa belle robe de chambre en damas écarlate. « Aujourd'hui, mon cher, dit-il à l'étudiant, vous pouvez entrer par ici : nous allons nous rendre dans la salle où nous attendent les Maîtres de Bogowotgita. »

Il conduisit Anselmus par le chemin que nous avons déjà parcouru, et l'introduisit dans la salle bleu d'azur. Le pot d'or et la table de porphyre avaient disparu, et se trouvaient remplacés par un bureau couvert d'un tapis de velours rouge frangé d'or, devant lequel s'étalait un riche fauteuil.

« Asseyez-vous là, reprit l'archiviste; vous vous êtes fort bien acquitté de la copie de mes manuscrits arabes. J'ai maintenant une besogne plus difficile à vous confier. Il s'agit d'imiter avec un soin non moins délicat certains ouvrages hiéroglyphiques. Je vous recommande une attention scrupuleuse : un faux trait ou une tache sur l'original vous attireraient de grands malheurs. »

Anselmus avait remarqué que des palmiers qui soutenaient la salle bleu d'azur sortaient des rameaux chargés de feuilles d'émeraude. Lindhorst en détacha une, et l'étudiant fut bien surpris de voir cette feuille se dérouler et grandir jusqu'aux proportions d'une grande peau de vélin. Il se sentit prêt à manquer de cœur en voyant tous les dessins capricieux qu'il lui fallait reproduire, et dont les uns figuraient des fleurs, les autres des animaux, ceux-là des objets inconnus. Il pencha son front sur sa poitrine et soupira.

« Courage, lui dit l'archiviste. La persévérance et la foi peuvent seules te conduire au bonheur. Si tu aimes véritablement Serpentine, sa pensée te soutiendra. »

A ces mots, la voix du maître vibra comme un son de cloche. L'étudiant leva les yeux, et vit Lindhorst grandi de deux pieds et resplendissant de tout l'éclat d'une majesté royale. Frappé de respect et de crainte, il se jeta à genoux, mais l'archiviste grimpa comme un chat le long d'un palmier, et disparut derrière les feuilles.

« C'est le prince des génies d'Orient qui vient de me parler, pensa l'étudiant. Sa protection m'est probablement assurée, et je n'ai qu'à obéir pour mériter Serpentine. Mettons-nous au travail. »

Des harmonies lointaines venaient de temps en temps charmer son oreille, et des brises embaumées se jouaient autour de lui. Un bien-être ignoré circulait dans ses veines comme un fluide céleste, et une douce clarté l'animait et rendait sa besogne plus facile. Une sorte d'intuition ouvrait en lui une faculté nouvelle, celle de comprendre les caractères qu'il avait à imiter. Il lut clairement en tête de ses hiéroglyphes ce titre intéressant : « Les noces de la Salamandre et de la Couleuvre verte. »

Tout à coup le son des clochettes de cristal qu'il avait entendu au bord de l'Elbe se fait ouïr de nouveau. Le zéphyr lui apporte son nom doucement prononcé, et de la cime d'un palmier descend le serpent vert et or.

« Serpentine ! » s'écrie l'étudiant, ivre de joie, car, en contemplant de plus près cet être enchanteur, il reconnut une forme parfaite de jeune fille, vêtue d'une robe aux reflets étincelants. L'œil, qui à une certaine distance ne voyait qu'un serpent, pouvait alors admirer une taille d'une flexibilité, d'une finesse merveilleuses. Serpentine vint s'asseoir auprès de l'étudiant, lui prit les mains avec amour, et lui dit : « Prends courage, réunis tous tes efforts pour contenter mon père, et bientôt je t'apporterai le pot d'or dont la possession doit nous rendre heureux.

— O mon adorée, répondit Anselmus, pourvu que tu sois à moi, que me fait tout le reste ! Sois à moi, et que je périsse aussitôt après, au milieu des prestiges qui m'environnent, et je ne regretterai point la vie !

— Ne t'inquiète pas, cher ami ; toute cette féerie qui t'épouvante n'est qu'une illusion produite par l'art capricieux de mon père. Les apparitions étranges que tu as vues ne se renouvelleront pas ; c'étaient des épreuves dont tu es sorti victorieux, et tu sauras plus tard les rapports qui existent entre toutes ces choses et notre destinée. »

Anselmus, éperdu, se sentait défaillir sous l'haleine ardente de Serpentine. Il voulut la presser dans ses bras, mais elle glissa comme un fluide électrique, et fut se poser debout contre le tronc du palmier.

L'étudiant tressaillit : « De quels éléments es-tu donc formé, s'écria-t-il, être mystérieux qui semble te jouer de ma pauvre cervelle?

— Je veux bien te l'apprendre, reprit la fille-couleuvre, quoique ta galanterie passe un peu les bornes de l'amour idéal qui t'est seul permis.

« Au temps où régnait sur l'Atlantide le puissant Phosphorus, prince des génies élémentaires, la salamandre, le plus aimé de ses enfants, se promenait un jour dans les jardins de son père. Elle entendit une fleur de lis dire tout bas : Ferme « les yeux, jusqu'à ce que mon amant, le souffle du matin, « vienne t'éveiller. »

« La salamandre approcha ; touchée de son haleine de feu, la fleur de lis s'entr'ouvrit, et elle aperçut une couleuvre verte, couchée dans son calice d'argent. La salamandre s'éprit d'amour pour la couleuvre, l'enleva du calice de la fleur de lis, et la porta dans le sein de Phosphorus, à qui elle adressa cette prière : « O mon père, daigne m'unir à celle « que j'aime, afin que nous ne soyons plus séparés !

« — Insensée ! que me demandes-tu ? répondit le prince « des génies. La fleur de lis fut autrefois ma bien-aimée ; je « la fis régner avec moi sur la nature ; mais le feu de mes « baisers faillit la dévorer, et ma victoire sur le serpent que « les génies de la terre tiennent enchaîné maintenant dans « les abîmes, peut seule donner à cette fleur chérie la force de « garder dans son sein l'étincelle brûlante que j'y avais dé-« posée. Si tu presses sur ton cœur la couleuvre vert et or, « ton feu la dévorera, et de ses cendres naîtra un être nou-« veau, qui t'échappera pour toujours. »

« La salamandre n'écouta point la voix du prince des génies, et couvrit de baisers la couleuvre qui tomba en cendre, et de cette cendre s'envola un petit être ailé, qui monta dans l'espace en voltigeant sans cesse. La salamandre, désolée de son malheur, s'enfuit à travers le jardin en vomissant des flammes qui desséchèrent l'herbe et les fleurs. Le prince des génies entra dans une grande colère, et lui dit : « Maintenant que ta flamme est épuisée, va-t'en chez les es-« prits de la terre, et restes-y captive jusqu'à ce que el-« principe du feu se ranime dans ton être avili. »

« La salamandre éteinte tomba sur la terre qu'habitent les hommes ; — elle retrouvera un jour, après avoir expié sa faute par la souffrance, elle retrouvera sa bien-aimée dans une touffe de lis, et les fruits de leur union seront trois serpents-vert et or, qui se joueront au bord des eaux, et feront entendre leurs chants limpides comme le cristal, à travers le feuillage vert des saules. S'il se rencontre, à cette époque, un jeune homme qui comprenne le mystère de leurs chants ; si l'un des trois petits serpents le regarde avec amour, et si ce regard enflamme chez lui le désir de s'élever par son courage à de grandes choses ; si, dans son amour naissant pour le serpent vert et or, il puise une foi vive aux merveilles de la nature, le petit serpent lui sera donné. Mais il faut qu'il se trouve trois jeunes gens semblables pour épouser les trois filles de la salamandre, avant que cette créature déchue puisse remonter à la place d'où elle est tombée. Chacune des trois filles doit recevoir en dot un pot d'or d'où s'élèvera, au moment de leur union, un beau lis de feu dont la fleur immortelle répandra ses parfums autour du jeune homme aimé. Alors son âme s'ouvrira à la conception des mystères de l'heureuse Atlantide, dont il deviendra un des habitants.

« Que puis-je te dire de plus, cher Anselmus ? Ne comprends tu pas à cette heure, que je suis une des filles de la salamandre exilée sur la terre ; et que mon père, tombé au rang des hommes, est soumis à toutes leurs misères, jusqu'à ce que vienne le jour de sa délivrance ? Tu as compris mon chant dans la feuillée du saule ; tu aimes le serpent vert et or qui t'a fasciné de son regard ; le lis de feu fleurira dans le pot d'or, et nous serons heureux ! Mais il faut que je t'apprenne encore que, dans une lutte affreuse contre les gnomes, le dragon noir que Phosphorus tient enchaîné dans l'abîme a perdu plusieurs plumes de ses ailes. C'est d'une de ces plumes noires qu'est née la vieille malfaisante qui aspire à te priver de la possession du pot d'or. Cette maudite doit le jour à l'amour de la plume noire pour une rave rouge. Elle connaît son origine merveilleuse, et elle participe au pouvoir des mauvais génies. Garde-toi de la vieille marchande de pommes dont la haine te poursuit. Sois-moi fidèle, et bientôt tu auras triomphé des derniers obstacles.

— O Serpentine ! comment pourrais-je ne pas t'aimer uniquement?... »

Anselmus étendit ses bras vers elle, mais elle avait disparu.

Six heures sonnèrent, il s'aperçut seulement alors qu'il n'avait point travaillé. « Que dira l'archiviste ? » pensait-il avec inquiétude en jetant les yeux sur la feuille de parchemin...

O prodige ! elle était remplie. Anselmus venait d'y tracer à son insu l'histoire de Phosphorus, de la salamandre et du pot d'or...

En ce moment parut maître Lindhorst. Il sourit, prit une pincée de tabac, hocha la tête, et dit : « Je le pensais bien ! Voilà vos honoraires, monsieur Anselmus ; maintenant, nous allons faire ensemble un tour de promenade. »

A cent pas dans la rue, ils se trouvèrent nez à nez avec M. Heerbrand. Tous trois s'acheminèrent ensemble hors de la ville. En passant la porte, Heerbrand, voulant allumer sa pipe, s'aperçut qu'il avait oublié son briquet phosphorique.

« A quoi bon traîner de pareilles drogues pour se procurer du feu ? » dit Lindhorst. Et, secouant ses doigts, il en fit tomber de nombreuses étincelles sur la pipe de son compagnon.

« Voilà un tour de chimie amusante fort bien exécuté, » répondit M. le pasteur.

Anselmus se souvint en frissonnant du récit de Serpentine.

Comme il faisait très-chaud, M. le pasteur but tant de bière, qu'il finit par se griser complètement. L'étudiant fut obligé de le ramener chez lui.

Quant à M. l'archiviste, il s'était éclipsé.

IX

Anselmus n'avait plus de bonheur que dans ses visites quotidiennes chez l'archiviste; et cependant, malgré son amour pour Serpentine, il faisait parfois un retour fugitif auprès de la jolie fille du docteur Paulmann. Il se reprochait de délaisser Véronique pour une félicité fantastique dont la réalité n'arriverait peut-être jamais.

Un soir qu'il dirigeait machinalement ses pas vers la maison du docteur, il rencontra celui-ci à moitié chemin. « Vous veniez donc chez moi? s'écria Paulmann; j'en suis ravi. Véronique sera très-heureuse de chanter avec vous un duo, et nous prendrons du punch. »

Véronique fut charmante, et Anselmus fit une maladresse, car, en heurtant au passage un petit guéridon, il renversa sur le plancher la corbeille à ouvrage de la jeune fille. Il s'empressa de ramasser tous les objets éparpillés, et mit la main sur un petit miroir de métal poli dans lequel il se contempla avec un plaisir extrême. Véronique, debout derrière lui, se mirait aussi par-dessus son épaule. Alors il sembla à Anselmus qu'un combat violent se livrait dans sa pensée : l'archiviste, Serpentine, les merveilles de la salle bleu d'azur, le serpent vert et or, dansaient dans sa cervelle. Puis tous ces fantômes s'en effacèrent. L'étudiant redevint calme; son amour pour Véronique prit la place des illusions qui l'avaient obsédé depuis tant de jours, et il lut clairement au fond de son cœur qu'il n'avait jamais aimé que la fille du docteur, et que tout le reste n'était qu'une exaltation produite par la fatigue de son travail chez maître Lindhorst.

On fit un punch délicieux. Mais, dès que ses vapeurs montèrent à la tête de l'étudiant, toute la fantasmagorie se remit en mouvement; et, par malheur, M. Heerbrand fit tomber la conversation sur les bizarreries de l'archiviste.

« Savez-vous, s'écria Anselmus, pourquoi M. Lindhorst vous paraît, comme à bien d'autres, un être inexplicable? C'est que M. Lindhorst n'est autre qu'une salamandre qui, dans un chagrin d'amour, s'est permis de ravager le jardin de son père, le grand Phosphorus, prince des génies.

— Que dites-vous là? interrompit le docteur Paulmann.

— Je dis qu'en expiation de cette faute la salamandre est condamnée par son père à habiter dans la peau d'un vieil archiviste, et à vivre en ménage dans la ville de Dresde, avec ses trois filles, qui sont pour le moment trois serpents vert et or, lesquels se chauffent au soleil dans le feuillage des saules, et attirent les jeunes imprudents par des chants de l'autre monde.

— Vous voilà donc encore une fois sur la route des maisons de fous? s'écria le docteur. Quelles ridicules histoires nous faites-vous là!...

— Je suis de son avis, dit Heerbrand au docteur. L'archiviste n'est qu'une vraie salamandre, et la preuve, c'est qu'il secoue de ses doigts des étincelles qui allument fort bien ma pipe, quand j'ai oublié mon briquet. Quiconque dira le contraire est mon ennemi! »

A ces mots, M. le pasteur frappa la table d'un coup de poing si violemment appliqué, que la théière, les tasses et les verres poussèrent un long gémissement.

« Mais je ne sais plus où je suis! s'écria Paulmann; au lieu d'un fou, en voilà deux!

— Et vous, dit l'étudiant, vous n'êtes qu'un hibou!...

— Et la vieille lui rompra les os, poursuivit Heerbrand.

— Mais vous êtes enragés! hurla Paulmann, hors de lui.

— Oui, la vieille est puissante, quoiqu'elle soit la fille d'une plume noire et d'une rave rouge! reprit Anselmus.

— La vieille! la vieille! n'en dites point de mal! s'écria Véronique. La vieille est fort respectable, et son chat noir est un jeune homme bien élevé!

— Et moi, répliqua l'étudiant, je suis aimé du petit serpent vert et or ; et les yeux de Serpentine font mon bonheur!

— Le chat les arrachera! cria Véronique.

— Et la salamandre vous mangera tous! exclama Paulmann. Mais, en vérité, je suis fou! mille fois plus fou que vous! »

Et, dans un accès de rage, il lança sa perruque au plafond, et un nuage de poudre blanche enveloppa les assistants.

L'étudiant et M. Heerbrand se mirent à faire valser les verres, et toute la chambre fut bientôt jonchée de débris.

Tous trois criaient à tue-tête et allaient se prendre au collet pour s'étrangler. Véronique s'évanouit.

Tout à coup la porte s'ouvrit, et un silence complet se rétablit comme par enchantement. On vit entrer un petit homme vêtu d'un court manteau gris. Son nez crochu portait une grosse paire de lunettes noires, et sa perruque ressemblait à une huppe de plumes.

« Bonsoir, bonsoir, dit-il en grasseyant. Ne trouverai-je pas ici M. Anselmus? M. l'archiviste présente ses compliments à toute la compagnie, et se plaint d'avoir attendu inutilement aujourd'hui son secrétaire. Il prie donc M. Anselmus d'être très-exact demain à midi. »

Il salua et sortit; et les assistants ne reconnurent qu'après trois minutes de discussions et de démentis que ce grand messager était un gros perroquet gris.

Paulmann et Heerbrand poussèrent alors un éclat de rire qui fit trembler les vitres. Véronique revint à elle en gémissant.

L'étudiant, saisi d'horreur, s'était élancé hors de la maison. Mais à peine entrait-il dans sa chambre, qu'il vit entrer Véronique souriante et gracieuse, qui lui demanda pourquoi il l'avait si fort épouvantée; elle lui recommanda de ne plus boire trop de punch, et de n'avoir plus de sottes hallucinations quand il travaillerait chez l'archiviste.

« Bonne nuit, mon ami, » lui dit-elle encore en déposant sur ses lèvres un doux baiser.

Il voulut l'attirer dans ses bras, mais elle se fondit dans le vide comme une apparition, et il s'éveilla, calme et dispos, au grand jour.

« En vérité, s'écria-t-il, le punch fait commettre bien des sottises. Je me fais l'effet de ressembler comme deux gouttes d'eau à ce fou qui n'osait plus sortir de chez lui, de peur d'être mangé par les poules, parce qu'il se croyait grain d'orge. Au diable les fascinations ! Je veux travailler, devenir conseiller de justice, ou conseiller privé ; j'épouserai alors Véronique, et nous serons très-heureux. »

Plein de cette sage pensée, il se rendit à midi chez l'archiviste.

En traversant son jardin, il reconnut avec une extrême surprise qu'il n'était rempli que de fleurs très-ordinaires, de myrtes et de géraniums. Au lieu des oiseaux qui l'avaient mystifié, il n'aperçut qu'une volée de simples moineaux. La salle bleu d'azur lui parut aussi fort médiocrement décorée : les tiges de palmier dorées n'étaient plus à ses yeux qu'une originalité de mauvais goût.

L'archiviste vint à sa rencontre avec un sourire ironique et glacial. « Eh bien, monsieur Anselmus, lui dit-il en ricanant, comment avez-vous trouvé le punch du docteur Paulmann? Et pourquoi donc ne m'avez-vous pas dit un mot? car j'étais de la réunion? Au milieu de toutes vos extravagances, vous avez failli me blesser grièvement ; j'étais assis dans le bol, au moment où M. Heerbrand le saisit pour le jeter contre les murs, et je n'ai eu que le temps de me réfugier sur la pipe du docteur. Aujourd'hui, monsieur l'étudiant, tâchez d'être plus raisonnable et de bien travailler. »

Comment maître Lindhorst peut-il ainsi radoter? pensa Anselmus. Et il s'assit pour continuer ses copies ; mais il remarqua sur le modèle un tel enchevêtrement de lignes de toute espèce, qu'il désespéra de pouvoir en venir à bout. Néanmoins, voulant faire preuve de zèle, il trempa une plume de corbeau dans le liquide préparé pour sa besogne, et voulut commencer ; mais l'encre ne coulait pas.

Il secoua sa plume, et un énorme pâté sauta en pleine page de l'original...

Un éclair livide brilla dans ce pâté et rayonna jusqu'au plafond de la salle.

Aussitôt une épaisse fumée sortit des murs, les feuilles de palmier tremblotèrent en sifflant comme sous un vent d'orage ; des millions de serpents fantastiques se mirent à danser au milieu de la fumée, et une flamme dévorante s'alluma aux quatre coins de l'appartement.

Les troncs des palmiers devinrent des boas gigantesques,

qui heurtaient leurs carapaces avec des claquements effroyables, et le pauvre Anselmus se vit entouré, assiégé par ces immondes reptiles.

Une salamandre couronnée s'éleva des flammes, radieuse comme une comète, et lui cria : « Insensé ! tu seras puni de ta coupable imprudence ! »

En même temps, l'incendie se resserrait autour de l'étudiant, dont le corps crépita comme une matière qui se racornit. Il se trouva enfin enveloppé d'une substance brillante, qui le pressait de toutes parts sans qu'il pût faire un mouvement.

Hélas ! notre étourdi se trouvait assis dans une fiole de cristal, bien bouchée, sur la table de la bibliothèque de M. l'archiviste.

X

Le pauvre jeune homme éprouvait des angoisses cruelles dans sa prison : il ne pouvait se remuer. Sa pensée battait les parois de la fiole et lui renvoyait d'affreuses dissonances. Sa tête en feu perdait sa raison. « O Serpentine ! Serpentine ! s'écria-t-il, délivre-moi, si tu m'aimes ! »

Alors il lui sembla qu'un air doux et frais circulait autour de lui, et qu'il respirait plus librement. Son désespoir augmenta et il se mit à regretter le pot d'or, à jamais perdu pour lui, et l'amour de la fille-serpent, qui l'avait abandonné.

« Pour Dieu ! mon cher voisin, dit une voix tout près de lui, vous feriez bien de ne pas nous étourdir de vos lamentations : vous nous faites l'effet d'une scie rouillée. »

Anselmus tourna les yeux et vit cinq autres fioles sur la table, dont chacune contenait aussi un prisonnier.

« Hélas ! messieurs, leur dit-il, comment pouvez-vous donc ne pas vous désoler dans une aussi triste situation ? N'êtes-vous pas, comme moi, claquemurés et bouchés dans une fiole ? Si je vous ennuie, vous êtes donc fous ?

— Pas plus que vous, s'il vous plaît, cher monsieur, et bien moins, car vous vous croyez stupidement accroupi dans une fiole de cristal, tandis que vous êtes debout au bord de l'Elbe, à voir couler l'eau. Nous vous souhaitons beaucoup de plaisir, mais nous ne faisons société qu'avec les gens sensés. »

Hélas! pensa l'étudiant, ce sont des esprits grossiers, qui ne sentent plus leur misérable captivité. Mais, si je ne deviens pas comme eux, je mourrai dans des angoisses cruelles.

Il se remit à pleurer plus fort, jusqu'à ce qu'une voix frêle et pure pénétra la fiole, et lui dit à l'oreille : « Espère, aime et crois! Serpentine te sauvera. »

Tout à coup un murmure sourd et confus se fit entendre à l'autre bout de la bibliothèque. Anselmus porta ses regards de ce côté, et comprit que ce bruit venait d'une cafetière placée sur un meuble. En la considérant plus attentivement, il vit cette cafetière changer de forme peu à peu, et devenir la marchande de pommes qui lui avait été déjà plus d'une fois si funeste.

Cette odieuse figure lui riait au nez, et lui criait d'une voix aigre : « Eh! eh! beau merle, je te l'avais prédit : te voilà tombé dans le cristal!

— Va-t'en à tous les diables, vieille damnée! répondit l'étudiant. La salamandre saura bien me venger de tes maléfices!

— Holà! holà! reprit la vieille, ne fais pas tant le fier! Tu as marché sur mes enfants, tu m'as brûlé le nez, et pourtant je te voulais du bien, et ma fille avait un faible pour toi. Si je ne viens à ton aide, tu resteras en fiole jusqu'au jugement dernier. Je ne puis m'approcher de toi, mais j'ai un rat dévoué qui ronge à cet heure le plancher; tu tomberas, la fiole se brisera, et je t'emporterai dans un coin de ma jupe : je te porterai à Véronique, afin qu'elle t'épouse et que tu deviennes un honnête conseiller.

— Merci, merci! s'écria l'étudiant; je ne veux rien de toi ni de ton pouvoir. J'aime Serpentine; je ne veux ni devenir conseiller, ni épouser Véronique. Je ne serai jamais à d'autres qu'à ma petite couleuvre vert et or. »

La vieille éclata de rire : « Reste donc à confire dans ta fiole! Je ne m'en soucie plus, mais je vais achever l'œuvre qui m'amenait ici. »

A ces mots, elle se mit à danser, et de tous côtés tombèrent autour d'elle les livres de la bibliothèque, dont elle arracha de grands feuillets de parchemin pour se faire une espèce de manteau bigarré. Le chat noir sauta hors de l'encrier placé sur la table, et courut en miaulant vers la sorcière, qui poussa un cri de joie et disparut avec lui à travers la muraille.

Anselmus comprit, au bruit que faisaient les oiseaux furieux, qu'elle était dans la salle bleu d'azur.

Elle reparut presque aussitôt dans la bibliothèque avec le pot d'or dont elle s'était emparée.

« Hardi! hardi! disait-elle à son chat noir, cherche, cherche, tue la couleuvre! »

Anselmus crut entendre les gémissements de détresse de Serpentine. Il fit un effort inimaginable pour briser la fiole, sans pouvoir y parvenir.

En ce moment parut l'archiviste, avec sa robe de chambre de damas rouge.

La vieille tressaillit; ses yeux lancèrent des éclairs; elle tira du pot d'or des poignées de terre brillante qu'elle jetait au visage de Lindhorst. Mais, dès que cette terre touchait la robe de chambre, elle se changeait en fleurs de lis qui jonchaient le plancher; et aussitôt ces fleurs devenaient des flammes que l'archiviste saisissait pour en couvrir la vieille, qui hurlait de rage et de douleur.

Elle fit un saut de tigre, secoua son manteau de parchemin, et les lis de feu tombèrent en cendres. « A moi, à moi, chat noir! » cria-t-elle.

Le chat accourut pour sauter sur l'archiviste, mais le grand perroquet gris lui barra le passage, lui mordit la nuque avec son bec crochu, et de deux coups de patte vigoureusement appliqués lui arracha les yeux, d'où s'écoula un ruisseau de liqueur ardente.

La vieille lâcha le pot d'or pour saisir corps à corps l'archiviste, mais celui-ci lui jeta sa robe de chambre rouge, dont elle ne put se débarrasser. Le manteau de parchemin s'enflamma comme une poignée d'étoupes; des éclairs bleuâtres jaillissaient des mains de l'archiviste, et une forte odeur de soufre remplissait l'appartement, tandis que la malheureuse sorcière cuisait toute vive sous les plis de la robe de chambre, plus brûlante que la tunique de Nessus.

Lorsque, suffoquée de furie et de douleur, elle eut cessé de crier, maître Lindhorst se baissa pour relever sa robe de chambre et ne trouva plus dessous qu'une énorme rave rouge. Son œil brilla d'une joie surhumaine : « J'ai vaincu mon ennemie, » se dit-il ; et, ramassant le pot d'or, il appela : « Serpentine ! Serpentine ! »

Anselmus vit alors l'archiviste reprendre sa merveilleuse forme de prince des génies, et il entendit ces paroles : « Jeune homme, tu as commis une faute involontaire ; mais tu as cru que Serpentine te sauverait, et ta foi recevra sa récompense ! »

Vrai clocher de cristal, retentissant avec un accord parfait, la fiole se brisa en éclats, et l'étudiant tomba dans les bras de Serpentine.

XI

« Ah çà ! mon cher pasteur, pourriez-vous bien m'expliquer comment il se fait que nous ayons tous perdu l'esprit en même temps, l'autre soir ?

— Hélas ! docteur, ce n'est pas au punch si bien préparé par les jolies mains de Véronique qu'il faut attribuer nos folies, mais plutôt à ce maudit étudiant. La folie est contagieuse, et j'avoue que ma cervelle s'embrouille encore en songeant à ce perroquet gris, que nous avons vu si nettement et de si près !

— Bah ! bah ! perroquet gris ! Allez-vous recommencer ?... C'était tout simplement le petit domestique de l'archiviste qui venait chercher Anselmus.

— C'était un perroquet, vous dis-je !

— Je le veux bien, si cela vous fait plaisir. Au surplus, continua le docteur en hochant la tête, je suis las des visites de cet étudiant ; c'est le diable en raccourci, et nous pourrions quelque jour nous trouver mal de son intimité. »

Véronique était fort abattue. « Hélas ! dit-elle, il est bien inutile, mon père, de fulminer ainsi contre ce malheureux jeune homme. Il ne reviendra certainement plus, car il est enfermé dans une fiole de cristal.

— Ah! Seigneur Dieu! s'écria Paulmann éperdu, la voilà folle aussi, ou ensorcelée!... Ah! maudit Anselmus! »

Des jours, des semaines, se passèrent. L'étudiant ne revenait pas; on ne savait que penser. La maison de Paulmann était morne comme un tombeau.

Enfin, un beau matin de février, par un temps de bise à faire grelotter les morts, on vit arriver M. le pasteur en toilette de cérémonie, culotte de satin et bas de soie, et un bouquet de fleurs artificielles à la main. Il entra, sur la pointe du pied, dans le cabinet du docteur, qui ne fut pas peu surpris de son apparition en pareil costume.

« Mon vieil ami, dit-il à Paulmann, c'est aujourd'hui la fête de Véronique, et j'ai choisi ce jour pour venir vous communiquer un secret depuis longtemps caché au fond de mon cœur. J'aime votre fille; je crois que je ne lui suis pas indifférent, et que vous ne me serez pas tout à fait défavorable. Voulez-vous m'accorder sa main? »

Le docteur, stupéfait, leva ses mains au-dessus de sa tête. « Est-ce que je rêve encore? s'écria-t-il. Ah! ma foi, permettez-moi de dire que c'est surprenant, que c'est pyramidal, et que je ne l'eusse jamais pensé! Eh bien, mais, en vérité, je trouve qu'un gendre comme vous me convient parfaitement, et si Véronique est du même avis, l'affaire est conclue. »

La jeune fille entrait en ce moment. Le pasteur alla fort gracieusement à sa rencontre, et lui offrit un petit écrin contenant une paire de pendants d'oreilles très-élégants.

« Ah! mon Dieu! s'écria Véronique, ce sont les mêmes que je portais il y a trois semaines

— Comment cela se pourrait-il? interrompit vivement le pasteur; je vous jure qu'il n'y a pas une heure que je les ai achetés. »

Mais déjà Véronique, sans lui répondre, ajustait les bijoux, et se mirait dans une glace avec une visible satisfaction.

Le docteur Paulmann vint auprès d'elle et lui exposa les vœux de son ami.

La jeune fille se retourna, fixa sur Heerbrand un regard

singulier, et lui dit : « Je connais depuis longtemps vos intentions. Je veux bien consentir à être votre femme ; mais je vous déclare, à mon père et à vous, monsieur, que j'aimais de tout mon cœur l'étudiant Anselmus. Je l'aimais tant, que, pour connaitre son avenir et m'assurer s'il ferait son chemin, j'ai eu la faiblesse d'aller consulter une vieille devineresse, qui m'a donné un petit miroir de métal poli, dans lequel je devais lire à tout moment l'histoire d'Anselmus. Je sais qu'à l'heure qu'il est mon infidèle a épousé une couleuvre vert et or. Mon miroir s'est brisé, et en voici les débris. Recevez-les, je vous prie, monsieur Heerbrand, et allez ce soir les jeter dans l'Elbe. Je souhaite beaucoup de félicité à Anselmus, mais je l'oublierai très-facilement, comme il m'a lui-même oubliée, et je serai votre très-digne femme.

— *Jesus, mein Gott !* s'écria Paulmann, ma pauvre fille est devenue folle !... ah ! quel malheur !

— Permettez, mon ami, reprit le pasteur. Je sais bien que mademoiselle Véronique était éprise de ce cerveau fêlé qui a fait ici tant de sottises. Je comprends bien qu'en proie à un amour très-violent elle ait eu la simplicité de consulter une tireuse de cartes. Cela ne constitue pas la folie. Je sais aussi que les esprits les plus raisonnables ont foi dans les sciences occultes, et je ne nie pas qu'Anselmus soit en ce moment-ci le jouet de quelques puissances mystérieuses qui le mystifient cruellement. Des auteurs anciens infiniment respectables ont admis l'existence de certains sortiléges, et je connais à cet égard une foule d'autorités très-dignes de foi. Je ne vois donc aucun inconvénient pour moi à recevoir la main de votre fille.

— Comme vous voudrez, comme vous voudrez, mon cher ! s'écria le docteur. Je me lave les mains de tout ceci. Vous me semblez l'un et l'autre à côté du sens commun ; mais il est probable que le mariage vous rendra raisonnables. Je vous donne ma bénédiction paternelle. »

Quelques semaines plus tard, madame la pastoresse Heerbrand se prélassait coquettement dans le boudoir d'une jolie maison sur le Marché neuf ; et, chaque fois qu'elle allait à la promenade, les jeunes gens admiraient sa grâce, son élégance parfaite, et enviaient le bonheur de M. le pasteur.

XII

J'en étais là de cette histoire lorsque, à ma grande surprise, je reçus une lettre de l'archiviste Lindhorst.

« Monsieur, m'écrivait-il, j'apprends que vous avez trouvé bon d'écrire en onze chapitres les aventures du ci-devant étudiant Anselmus, qui a disparu de Dresde, et que vous êtes fort embarrassé de dire à vos lecteurs comment s'est terminée sa destinée.

« Il habite dans l'Atlantide, avec ma fille, un superbe palais. Quoique je ne sois pas fort satisfait que vous ayez indiscrètement confié au public mon origine et ma véritable nature, attendu que cela pourrait un peu compromettre mes relations d'archiviste royal, et faire mettre sur le tapis la question de savoir jusqu'à quel point une salamandre peut être fonctionnaire de l'État; — quoique, grâce à vous, je doive m'attendre à voir mes meilleurs amis me fuir avec frayeur et me refuser leur main par crainte d'incendie, je veux bien, monsieur, vous aider à achever votre composition. Si vous êtes disposé à écrire votre douzième chapitre, venez me voir. Dans la salle bleu d'azur que vous connaissez si bien, vous trouverez plumes et encre meilleures que les vôtres (soit dit sans vous offenser). Cinq minutes de conversation vous apprendront ce qu'il ne me convient pas de livrer aux hasards d'une lettre.

« Votre serviteur,

« La salamandre,

« LINDHORST. »

Je courus chez l'archiviste. Onze heures venaient de sonner.

Il me conduisit à travers le jardin, merveilleusement illuminé, dans la salle bleu d'azur.

Je reconnus, en entrant, le bureau couvert de velours rouge à franges d'or, sur lequel Anselmus avait travaillé.

Maître Lindhorst, qui m'avait laissé seul un moment, reparut avec une belle coupe d'or ciselé, remplie d'une liqueur enflammée qui pétillait en reflets bleuâtres. « Buvez un coup, me dit-il, pendant que je vais ôter ma robe de chambre; et, tandis que vous serez assis pour écrire sous ma dictée, je veux, pour me distraire en jouissant de votre compagnie, me promener de haut en bas dans cette coupe.

— J'espère, lui dis-je, mon cher monsieur, que ce breuvage n'est point ensorcelé?

— Buvez sans crainte, sur ma parole. »

J'avalai d'un seul trait.

C'était un punch des dieux.

Quand j'eus reposé la coupe sur la table, l'archiviste ôta sa robe de chambre et sauta dedans.

Je ne vis plus qu'une flamme rouge qui courait au bord de la coupe.

VISION.

Les feuilles d'émeraude des palmiers d'or s'agitent en murmurant.

Elles s'étendent, se courbent en éventail, et une mélodie presque insaisissable se balance dans l'espace.

Un nuage d'azur descend du plafond, et des rayons lumineux s'en détachent pour se rouler en spirale ardente jusqu'au sommet d'un dôme immense.

Ces rayons se multiplient à l'infini, jusqu'à ce qu'une clarté resplendissante inonde ce jardin de palmiers, au milieu duquel paraît Anselmus.

Des fleurs de toutes sortes chantent sur leurs tiges. « Reste avec nous, lui disent-elles, nos parfums sont les désirs de l'amour éternel; les rayons lumineux sont sa flamme. Nous sommes à toi pour embellir ta vie nouvelle. »

Les arbres, les buissons, gazouillent : « Repose-toi sous nos ombrages; la mousse embaumée est le lit de l'amour; viens dormir sur le sein de ta bien-aimée. »

Les ruisseaux et les fontaines lui disent : « Contemple ta beauté dans notre pur cristal. Nous gardons ton image et celle de ton immortelle bien-aimée. »

Les oiseaux chantent : « Nous sommes les voix de l'amour éternel. Nos concerts invitent aux voluptés célestes. »

Anselmus, le front radieux, s'avance vers un temple de marbre blanc.

Serpentine sort du sanctuaire ; elle porte le pot d'or dans ses mains : il s'en élève un lis de feu. « O mon bien-aimé ! s'écria-t-elle, la fleur de lis a ouvert son calice : nos destins sont accomplis ! »

Et elle tombe dans les bras d'Anselmus.

La fleur de lis lance des globules de flamme, l'éclair sillonne les buissons, des diamants pareils à des yeux de feu percent la terre, et les parfums de ce divin séjour enivrent les deux bien-aimés.

Anselmus relève la tête : « O Serpentine ! vierge mystérieuse ! La foi et l'amour m'ont ouvert les secrets de la nature. Tu m'as donné la fleur de lis qui fait naître l'harmonie des créations. Je goûte avec la science la plénitude du bonheur : car la science est éternelle comme la foi, éternelle comme l'amour ! »

RÉVEIL.

L'archiviste Lindhorst me frappa doucement sur l'épaule.

« O Anselmus ! ô Serpentine ! m'écriai-je, désolé de la fin de ma vision.

— De quoi vous plaignez-vous ? n'avez-vous pas compris le bonheur d'Anselmus ? me dit gravement l'archiviste. Ce n'est autre chose que la vie dans la poésie. La poésie est une révélation intime des mystères de la nature éternelle. Descendez au fond de votre cœur : vous l'y trouverez. »

L'ÉLIXIR DU DIABLE

I

Le punch flamboyait dans la terrine brûlante, et colorait de reflets bleuâtres les murailles de la grande chambre.

— Amis, s'écria Ludwig, il faut que je vous raconte...

Or nous étions, ce soir-là, douze joyeux compagnons d'université, réunis chez le grand maître de nos malices.

Mais, au moment où il ouvrait la bouche, la parole expira sur ses lèvres.

Un petit vieillard de trois pieds de haut, couvert d'un manteau rouge, s'éleva de la flamme du punch, s'assit sur le bord de la table, et, tirant de sa poche un petit flacon d'une liqueur brillante comme du vif-argent, l'invita poliment à en avaler une gorgée.

Stupéfaits, nous considérions sans mot dire cette singulière apparition. Ludwig, plus hardi, demanda au petit vieillard ce qu'on pouvait faire pour son service.

— Mes bons amis, répondit-il d'une voix qui vibra comme

un timbre de cristal, je me promène toutes les nuits, pour me distraire, à travers le monde, tantôt d'un côté, tantôt d'un autre : aujourd'hui dans une contrée, demain plus loin. En passant ce soir par ici, j'ai entendu vos cris joyeux, et, remarquant que vous n'étiez que *douze*, je me suis invité sans cérémonie, mais disposé à payer mon écot par ce petit présent.

Et il présenta de nouveau son flacon, en invitant chacun de nous à en faire l'essai.

— Très-cher monsieur, reprit Ludwig, vous êtes fort poli ; mais nous n'avons pas l'honneur de vous connaître, et nous voudrions bien savoir par où vous êtes entré.

— Par le même chemin qui me servira pour vous quitter, avec l'espoir de vous revoir plus d'une fois. Mais buvez donc un coup de mon élixir. Vous vous en trouverez parfaitement. Comme la vie humaine est excessivement monotone, bornée qu'elle est dans un cercle d'événements plus ou moins vulgaires, j'ai composé une liqueur qui a la vertu de rappeler aux rares privilégiés que j'en gratifie toute l'histoire fort clairement retracée de leur existence antérieure. Je vois parmi vous deux ou trois philosophes qui connaissent par théorie le système de métempsycose que subissent tous les êtres ; mais pas un de vous n'en a fait l'épreuve. Buvez un coup de mon élixir, et vous lirez, comme en un livre ouvert, l'histoire de votre passé.

— J'en tâterais volontiers, reprit Ludwig, si j'étais sûr qu'il n'y eût aucun maléfice dans sa composition ; ne voudriez-vous pas me l'analyser, ou tout au moins me dire son nom ?

— Rien n'est moins malfaisant ; et, pour vous le prouver, j'y goûterai devant vous.

Le vieillard versa dans un verre la moitié du flacon et l'avala. Aussitôt il se transforma en un beau jeune homme vêtu du costume d'étudiant.

— Eh bien, s'écria-t-il, vous voyez que mon élixir ne tue pas, mais qu'au contraire il rajeunit. Avez-vous encore peur ?

— Vive le fantastique ! répondit Ludwig. Vous êtes un compère fort curieux dans notre digne confrérie, et, malgré le préjugé qui prête au nombre *treize* une fatale influence partout où il se manifeste, je vote pour votre admission sans scrutin. A nos *treize* santés, mes amis !

Et il vida d'un trait le reste de la liqueur.

— Fameux, fameux élixir! poursuivit-il. Je n'ai de ma vie goûté pareil breuvage, et, pour en être l'inventeur, il faut, sur mon honneur, être le Diable !

A ce dernier mot, un coup de tonnerre fit trembler la maison.

L'inconnu, dépouillé de son habit d'étudiant, devint une espèce de larve cornue, à pieds fourchus, à queue rouge et flamboyante.

Ce monstre fit trois fois, en ricanant, le tour de la chambre, et disparut en perçant le plafond, sans laisser d'autre vestige de son passage qu'une assez forte odeur de bitume.

Nous étions plus morts que vifs. Ludwig, seul, riait à se tordre, et s'écriait : — Bon voyage, et au revoir ! J'aime les francs compagnons, et celui-ci était un fort bon diable ! Grâce à lui, je me souviens de singulières choses qui se pressent en foule dans mon esprit ; et vous ne serez pas peu étonnés de savoir que j'avais déjà l'avantage de vivre, il y a trois cents ans, sous la forme respectable d'un laborieux étudiant.

Au lieu de devenir chou, carotte ou navet, de Norvégien que j'étais, me voilà Prussien et philosophe. Je ne me plains pas de la destinée.

Or donc, mes dignes amis, j'ai souvenance que, vers la fin du seizième siècle, je retournais à Berghen, après avoir obtenu, à l'université de Copenhague, le degré de maître ès arts.

En ces temps d'études sérieuses, j'avais soutenu avec une rare distinction mes thèses de métaphysique, de jurisprudence, de théologie, d'esthétique, et une foule d'autres encore ; et, par suite de mes travaux de prédilection, je me croyais par-dessus tout un grand physicien. Je m'imaginais posséder à merveille la théorie de la terre, et connaître à fond le firmament, parce que j'avais observé le soleil, la lune, les cinq autres planètes, et un assez grand nombre de satellites. Je ne me doutais pas que je fusse destiné à voir un autre firmament dans une partie de cet univers où aucun autre homme que moi n'a jamais su pénétrer. Voici comment le hasard me procura cette aventure.

Il existe, à trois lieues de Berghen, une caverne, connue des gens du pays sous le nom de Floïen. Elle s'ouvre au pied d'une haute montagne. Dans certains temps de l'année, il en sort un vent impétueux ; on voit s'en échapper des tourbillons de poussière, de petites pierres volcanisées, des morceaux de métal, et jusqu'à des étincelles, surtout au milieu de l'hiver, car, dans l'été, tout y paraît fort tranquille. Les habitants présument que le gouffre auquel cette caverne sert d'entrée est rempli de trésors, de mines précieuses, et peut, d'un moment à l'autre, donner passage à un volcan.

On ne pouvait, certainement, former sur tout cela que des conjectures très-hasardées. Mes connaissances en physique me firent adopter des opinions que je voulus constater. J'en raisonnai avec quelques gens de mon âge, mais qui n'avaient pas si bien étudié que moi la physique ; et je leur proposai, comme le plus habile, de faire les frais de l'expérience, c'est-à-dire de descendre dans la caverne.

Ils applaudirent à mon beau dévouement pour la science, et me promirent de m'aider de tout leur pouvoir, c'est-à-dire de me fournir de câbles, de cordes, et de m'habiller comme les mineurs de notre pays, avec un bonnet en forme de casque, une veste de cuir, une ceinture et des bottines de buffle. Je devais aussi m'armer d'un croc, afin qu'en descendant je pusse me tenir écarté des rochers, contre lesquels le balancement de la corde pourrait me briser. Toutes ces précautions prises, muni d'une bouteille d'eau-de-vie que je pendis à ma ceinture, et d'une provision de pain pour le temps de mon expédition, que je ne supposais pas devoir être fort longue, je me laissai glisser dans la caverne.

Jusqu'à douze ou quinze toises de trajet, tout alla bien ; mais, à cette profondeur, la corde, usée par le tranchant des rocs, se rompit tout à coup.

J'entendis les cris de mes compagnons, qui me recommandèrent à Dieu, et je me sentis précipiter, pendant plusieurs heures, entre deux murs de roche escarpée, jusqu'à ce qu'enfin je ne vis plus autour de moi qu'une plaine d'air immense, à travers laquelle j'apercevais, de loin, nager ou rouler des corps considérables.

Au bout de ma chute, j'entrai dans une atmosphère qui, me faisant tournoyer comme une plume emportée par le vent du haut d'une tour, me porta assez doucement sur une terre inconnue.

Fort étourdi d'un pareil voyage, mais rendant grâces au ciel de n'avoir été ni brisé, ni noyé, ni brûlé, je mange un morceau de pain, je bois un petit trait d'eau-de-vie, et je regarde ensuite autour de moi.

Je vis, avec étonnement, un ciel et des astres tout à fait nouveaux. La terre, sur laquelle je reposais, était semblable à la nôtre et couverte d'herbes ; mais je ne vis d'autres animaux que des insectes. J'aperçus cependant, à quelque distance, des arbres, et, encore plus loin, des maisons.

Je m'acheminais, à pas lents, de ce côté-là, quand, à ma grande surprise, je vis les arbres s'approcher de moi. Du milieu des branches du plus apparent, je vis sauter à terre un animal qui n'était qu'un chat, mais que je pris d'abord pour un tigre, tant la frayeur grossit les objets. Je courus brusquement à l'arbre, et, en embrassant le tronc, je voulais grimper jusqu'au sommet; mais un cri perçant sortit du milieu de ses branches, par l'une desquelles je me sentis appliquer un rude soufflet. En même temps, quatre autres arbres m'entourèrent, et m'emportèrent dans une maison prochaine.

Mes conducteurs me firent passer par une porte, et je me trouvai, avec eux, dans une espèce de serre, où ils me retinrent. Là, je mangeai mon second morceau de pain, et je bus encore un coup pour me remettre du nouvel effroi dont j'avais été saisi. Mais je n'appris qu'un peu de temps après la cause de mon arrestation et de ma mise en séquestre au milieu d'une pépinière mouvante.

J'étais tombé sur la planète de Nazar, qui est la terre d'un monde souterrain situé au centre de notre globe. Il faut vous expliquer cette nouvelle théorie de la terre.

II

Vous saurez donc, très-chers confrères, que notre globe ressemble à un fruit dont le centre serait évidé, et au milieu duquel se balance, en parfait équilibre, un noyau ou petite terre : c'est la planète de Nazar.

Cette terre a quatre satellites qui tournent autour d'elle. Elles sont toutes quatre habitées par des êtres d'espèces différentes, dont je vais bientôt vous parler. Vous me demanderez peut-être comment ce monde intérieur est éclairé. Le voici.

Vous savez que notre globe est composé de terre et d'eau. La terre est opaque, et ne peut être traversée par les rayons du soleil. Mais l'eau est transparente, et le même soleil qui nous éclaire, perçant les flots de la mer, éclaire aussi la planète de Nazar. Les satellites qui tournent autour de la planète reçoivent de même les rayons du soleil, et les réfléchissent, comme fait chez nous, pendant la nuit, notre lune. D'ailleurs, le mouvement continuel du firmament intérieur procure des jours et des nuits à la planète de Nazar; et l'épaisseur de son atmosphère retient les eaux de notre mer, n'en laissant échapper que quelques parties assez fines pour former des pluies, des rosées et des exhalaisons qui tombent sur Nazar, et y creusent des lacs et des rivières.

Vous voyez que j'avais fait d'assez brillantes études à l'université de Copenhague. Mais je crois qu'en voilà assez sur la structure de la terre intérieure. Passons à la suite de mes aventures.

Le pays où j'étais s'appelle le royaume de Potu; et les arbres dont j'étais entouré sont les habitants de ce pays; car, dans toute la planète de Nazar, les arbres non-seulement végètent, comme chez nous, sans sortir de leur place, mais ils vivent aussi comme les hommes, marchent, agissent, mangent, habitent ensemble, et ont une police, des mœurs et des lois sociales.

Pour que tout cela soit possible à ces arbres, vous jugez bien qu'ils doivent être doués de quelques priviléges. Ainsi les arbres de Nazar, ont une tête à peu près humaine, avec un nez, des yeux et des oreilles. Cette tête est située au haut de l'arbre. Les principales branches servent de bras, et ils en ont plus ou moins. Au bout de chacune sont des ramifications qui font l'office de doigts et de griffes, et avec lesquelles ils peuvent agir, comme nous avec nos mains. L'intérieur de leur tronc est disposé comme notre corps, afin de pouvoir exercer toutes les fonctions animales; mais, à l'extérieur, on ne voit qu'une écorce semblable à celle de nos arbres. Quant aux jambes, ce sont leurs racines; au lieu d'être enfoncées en terre, elles s'étendent autour du pied de l'arbre, et leur donnent la facilité de marcher par le même mécanisme que les animaux qui ont, chez nous, plusieurs pieds.

Pour se nourrir, les Nazaréens saisissent, avec le bout de leurs branches, de l'herbe ou des insectes qu'ils mangent crus ou cuits.

Ils ne s'asseyent ni ne se couchent; mais ils dorment debout, se contentant de replier leurs branches. Ils font de même leurs affaires et leurs conversations.

Quant à la multiplication de leur espèce, ceux qui possèdent quelque teinture d'histoire naturelle savent qu'il y a des arbres mâles et femelles, et qu'ils produisent de petits arbrisseaux en entremêlant leurs branches et la poussière de leurs fleurs. Ces arbres vivants sont plus ou moins considérés, selon qu'ils s'élèvent plus ou moins haut, que leur écorce est plus lisse, leur feuille plus large et plus verte, surtout dans le royaume de Potu, où la plupart des habitants sont des chênes, et où il faut cent ans à un arbrisseau pour prendre toute sa croissance, après quoi il ne fait plus que dépérir.

Il y a tels Nazaréens, mal nés, qui ne passent pas l'état de buisson. Cette petite espèce n'est pourtant pas inutile; il y a même des buissons assez bien faits dans leur petite taille, mais cela est rare, et la plupart sont du genre des arbres que nous appelons en Europe *rabougris*, et c'est une espèce tout à fait méprisée dans la planète de Nazar.

Il n'y a que peu d'animaux à quatre pieds et peu d'oiseaux. Les Nazaréens n'en mangent point; ils n'ont que quelques chats dont les arbres femelles surtout s'amusent en les laissant grimper sur leurs branches. On y voit des serins chanteurs, quelques couples de moineaux francs tolérés pour leur bonne conduite en ménage, un petit nombre de perroquets et de singes, et c'est pour un de ces vilains animaux que je fus pris d'abord.

L'arbre sur lequel j'avais essayé de grimper pour échapper au chat qui avait voulu m'égratigner était justement une dame de grande considération dans le royaume de l'otu.

On me mit d'abord en prison. On me traduisit ensuite devant des juges dont je ne pouvais me faire comprendre ; le mari de la dame que j'avais offensée sans le savoir était le chef du tribunal qui me jugea. On me condamna correctionnellement à une peine fort désagréable, qui est la saignée.

Un buisson fut chargé de me faire cette opération. Il s'approcha de moi, et me piqua avec une de ses épines : il en sortit du sang, et l'on vit avec étonnement qu'il était rouge.

Cela fit faire quelques réflexions à mon sujet, car le sang est toujours blanc dans la planète de Nazar, attendu que c'est de la sève.

On banda ma plaie en y appliquant des feuilles ; puis on alla rendre compte aux magistrats des singularités qui faisaient croire que j'étais un animal d'une espèce encore inconnue.

Comme j'avais fourni quelques preuves d'intelligence, le gouvernement résolut de faire travailler à mon éducation et me donna des maîtres qui m'apprirent à boire, à manger, à vivre et à parler à la façon des Nazaréens. Alors je sus bien des détails sur le pays où je me trouvais, qui m'étonnèrent fort, mais j'en appris aussi à mes maîtres sur les usages de l'Europe, qui ne les surprirent pas moins.

Je priai mon précepteur de me procurer le plaisir de me promener dans la ville de Kéba, auprès de laquelle était notre habitation. Il y consentit, et, pour que je parusse moins ridicule, il me fabriqua un habit d'écorce d'arbres morts, me fit passer les bras dans de fausses branches, et m'ajusta des feuillages autour de la tête, de sorte que, de la ceinture en haut, j'avais assez la figure d'un arbre. Mais nous fûmes fort embarrassés de mes jambes : mon maître voulait d'abord les lier ensemble par des bandelettes d'écorce, mais je n'aurais pu marcher de cette façon; nous prîmes le parti de les laisser séparées, de sorte que j'avais l'air d'un arbre fourchu par en bas, ce qui n'avait sûrement pas bonne grâce, mais ce qui m'était bien plus commode.

En me promenant dans Kéba, j'admirais la gravité des citoyens, qui se traînaient sur leurs racines, à pas très-petits et très-comptés. Les opérations de leur esprit se ressentaient de cette disposition de leur corps, et leurs affaires n'étaient certes pas des exercices violents. Ils prétendaient faciliter la digestion des herbes et des mouches qu'ils avaient mangées, en s'amusant à ce qu'ils appelaient (en langage du pays) *conter des fagots*. J'en ai entendu qui m'ont amusé; mais j'avoue qu'il faut, suivant un vieil adage, que les fagots aient des pointes, pour qu'ils puissent amuser, car les fagots sans pointes ne sont bons qu'à brûler. Le proverbe ajoute qu'il ne faut pas non plus que ce soient des fagots d'épines, parce que, pour ceux-là, on ne sait par quel bout les prendre.

III

Tandis que je parcourais la ville, on avait écrit à la cour du roi, pour m'annoncer comme un animal si extraordinaire, que mon existence paraissait une espèce de phénomène ; et sa majesté potuane avait répondu que, si on me voulait laisser dans le pays, il fallait voir de quoi j'étais capable, parce que la loi générale de Nazar était que chacun y devait faire son métier.

En conséquence, les sénateurs de Kéba jugèrent à propos de m'interroger. A l'annonce de cet examen, je me préparai de mon mieux pour y briller. Profitant de l'avantage que j'avais eu d'apprendre promptement leur langue, je m'imaginai que je n'aurais pas de peine à faire sentir que j'avais plus de lumières, de science et de pénétration que tous les arbres du pays. J'appris, pour la débiter à mes juges, une belle harangue dans laquelle je mis en avant que la facilité avec laquelle j'avais appris leur langue était suffisante pour leur faire connaître ma supériorité. Ensuite je tirai de ma poche mes patentes de maître ès arts, et je dis que l'université de Copenhague y faisait mon éloge; que, malgré ma modestie, j'étais obligé de dire cela, parce que, si je n'expliquais pas ce qui était contenu dans ces patentes, personne ne l'expliquerait; ce témoignage ne permettait pas de douter que je ne susse parfaitement la grammaire, la poésie, la rhétorique, la logique, la métaphysique, la morale, la physique dans toutes ses parties, et assez de mathématiques et d'astronomie.

Je leur débitai tout ce détail de mes connaissances avec tant d'éloquence et de rapidité, qu'ils en parurent tout ébahis.

Persuadé que j'avais produit un grand effet sur ce sénat d'un peuple à conception lente, je me retirai pour le laisser délibérer à son aise sur mon mérite.

Mais, comme ces messieurs n'étaient pas accoutumés à finir leurs affaires en un jour, ce ne fut qu'au bout d'un mois qu'on s'expliqua sur cet objet.

On me fit dire que j'avais un nouvel examen à subir.

Je ne savais trop sur quoi il pouvait rouler, cependant je me présentai avec confiance. Ce ne fut plus sur mon esprit que l'on m'interrogea, mais sur mon organisation physique : on examina particulièrement mes jambes, et l'on me demanda combien de chemin je pouvais parcourir en un jour. Je le dis, et mes juges en furent frappés.

La séance finit par la promesse d'écrire au roi à mon sujet. Je m'offris de porter la lettre moi-même, et, ayant demandé combien il y avait de Kéba à Potu, résidence du monarque, j'appris qu'il n'y avait que quelques lieues, et je répondis que je pouvais faire cette route en un jour, au lieu qu'il n'y avait aucun arbre du pays qui n'en mît plus de quinze.

L'assemblée sourit à ma proposition et l'agréa : je pris bientôt congé de mes hôtes et je partis.

J'arrivai à la cour de Potu, comme je l'avais promis, à la fin du jour. M'étant reposé la nuit, je m'ajustai en arbre le lendemain, et, ayant fait demander audience, je remis au roi la lettre du sénat de Kéba.

Quand je dis que je n'étais parti que de la veille, personne ne voulut me croire; mais la date de l'épître fit foi.

Ce souverain, grand et beau cèdre, d'une taille et d'une figure majestueuses, remit la lettre à son premier secrétaire d'État, qui était un marronnier, lequel me parut avoir du mérite, et lui ordonna de la lire tout haut. J'entendis avec étonnement ce qui suit :

« Nous avons examiné avec grande attention l'animal tombé du firmament, et nous avons cherché à juger à quoi il pouvait être utile. Le directeur de la ménagerie royale le réclame comme une curiosité; mais on peut en tirer peut-être un meilleur parti. Quoiqu'il ait appris notre langue avec une facilité assez singulière, cet animal nous a paru d'ailleurs si extravagant, il nous a dit des choses si étranges de sa prétendue science, nous a montré une confiance si ridicule, que nous l'avons surnommé unanimement *Escarbo*, c'est-à-dire l'*étourdi*, ou l'*inconséquent*; mais, si l'on ne peut tirer aucun service de son esprit, il a du mérite dans les jambes; et nous prenons la liberté de conseiller à Votre Majesté d'en faire son coureur. »

J'avoue que je fus fort humilié à la lecture de cette lettre, surtout quand je vis qu'elle était généralement approuvée.

« Ah! disais-je en moi-même, voici un maître ès arts bien dépaysé! »

Mais enfin il n'était pas question de se défendre; il fallait bien céder au sort et à la décision du sénat des Potuans, confirmée par leur monarque.

Je fus donc forcé de prendre possession de ma nouvelle charge; on me fit faire un habit leste, qui pourtant conservait une apparence d'arbre; avec cela je trottais dans la ville, portant des ordres à droite et à gauche, et je ne cessais pas d'avoir ainsi occasion de voir bien des choses et d'entrer dans bien des maisons.

Je remarquai que, dans ce pays, les habitants du premier rang étaient considérés en raison de leur capacité; mais, pour les gens du peuple, leur mérite consistait dans la quantité de branches qu'ils avaient, et qui les mettaient plus en état de travailler et d'être utiles à leur famille. Effectivement, quand un père et une mère avaient produit un enfant à six ou sept branches, ce rejeton pouvait leur servir autant que s'ils eussent mis au monde deux ou trois arbres munis de deux ou trois branches chacun.

La capitale du Potu était remplie d'arbres originaires de toutes les provinces, depuis le cèdre jusqu'au bouleau; mais chacune de ces espèces dominait dans une province particulière. C'est ce qui me fit naître l'envie d'aller visiter ces diverses provinces.

La vertu dont les Potuans font le plus de cas est la patience. On adjuge des prix à ceux qui possèdent cette vertu dans le degré le plus éminent; je l'ai vu une fois remporter par un Potuan qui avait vécu longtemps avec une épouse acariâtre, et de plus infidèle. Cette conduite paraîtrait peut-être aussi méritoire en Europe qu'au pays de Potu.

Dans ce pays-là, on ne peut exercer qu'un seul emploi et n'avoir qu'une seule profession. Les médecins même ne peuvent s'attacher qu'à une seule maladie.

On y tient compte des bonnes actions; elles rachètent les mauvaises. Quand un citoyen a fait quelqu'une des premières, on lui délivre un certificat qu'il peut représenter dans le cas où il aurait fait quelque faute, pour être exempté, par une espèce de compensation, de la punition qu'elle mériterait.

On ne regarde point l'ambition comme un vice: au contraire, les gens qui se croient capables de gouverner les autres peuvent et doivent rechercher ces pénibles emplois; mais, quand les moyens dont ils usent sont odieux, ils encourent des punitions fort sévères.

Les beaux esprits potuans prétendent que la poésie ne réside ni dans la mesure, ni dans la rime, comme l'éloquence ne consiste pas dans la quadrature des périodes, ni dans le son des mots; mais que la vraie poésie doit se trouver dans l'élévation des images, et l'éloquence dans la force du raisonnement, dans la pureté et le choix des expressions.

Les faiseurs de projets courent de grands risques sur cette planète. On ne peut se présenter pour en proposer un que la corde au cou. Le projet est examiné: s'il est accepté, l'on en confie l'exécution au donneur d'avis; s'il est rejeté, l'auteur est étranglé sur-le-champ! On me fit cette observation, lorsque je voulus proposer au roi et à son sénat d'aller visiter toutes les provinces de la planète de Nazar, pour étudier la nature et les mœurs des arbres dont cette terre est peuplée. Je sentis tout le danger qu'il y avait en ma démarche, mais l'ennui que j'éprouvais à Potu me détermina à risquer le tout pour le tout. Je hasardai donc ma proposition, et, grâce au ciel, elle fut acceptée. En soutenant toujours que j'étais un étourdi, on convint cependant qu'il n'y avait que moi qui eusse d'assez bonnes jambes pour faire le tour de la planète; que j'en donnerais, à la vérité, une relation un peu légère, mais qu'elle pourrait être utile.

Je partis avec toutes les recommandations nécessaires.

De la province de Potu, où dominent les chênes, je passai dans celle de Talampi, dans laquelle règnent les pins. On se doute bien que ceux-ci ont l'air haut, fier, la contenance froide et gênée; et, comme rien ne peut les faire plier, que leurs racines ne sont pas étendues en proportion de leur hauteur, ils sont sujets à tomber pour peu qu'ils veuillent s'avancer; aussi restent-ils volontiers chez eux, et regardent le reste de la planète avec une espèce de dédain.

Je fis une attention particulière à la province de Mardack, peuplée d'arbres qu'on m'assura être toujours verts, et vivre plus longtemps que les autres. Hélas! c'étaient des cyprès. Il régnait dans ce pays une si affreuse tristesse, que c'était un malheur d'y vivre longtemps : d'ailleurs, ils ne produiduisaient aucuns fruits, et n'étaient bons à rien; j'écrivis dans ma relation que c'étaient là les plus inutiles sujets de tout l'empire.

Arrivé dans le pays des lauriers, j'en trouvai de différentes espèces : les uns ne portaient que des feuilles, et n'avaient pas, au premier coup d'œil, grande apparence; mais, quand j'eus fait avec eux plus ample connaissance, je leur trouvai du mérite : ils étaient gens de courage et capables d'animer aux grandes actions; quelquefois gens d'esprit, poëtes et éloquents. J'en avais déjà vu quelques-uns dans la capitale, où ils étaient considérés; mais on se trompait souvent sur le plant dont ils provenaient, et ils ne sortaient pas tous de la bonne pépinière.

J'avais été séduit d'abord par l'éclat des fleurs de certains lauriers-roses; mais un sage laurier vert m'apprit qu'il ne fallait pas se fier à ceux-là : qu'il distillaient du poison, et qu'il était dangereux de frayer avec eux. « Réservez, me dit-il, vos politesses pour la province des myrtes : c'est là que vous en trouverez abondamment le débit. »

Je suivis son conseil, et, parvenu dans cette province, j'en fus d'abord enchanté. Les myrtes sont petits, mais joliment faits ; ils ont la feuille étroite, et légèrement piquante. L'air de cette contrée est parfumé ; dès qu'on y entre, on s'y trouve heureux et satisfait, mais, à la longue, cette odeur porte à la tête.

J'y passai plusieurs jours, dont les premiers me firent goûter un plaisir extrême. Le pays est coupé de petits ruisseaux d'une eau claire et limpide, dont le murmure se joint au frémissement suave et doux qui est le langage des myrtes. On ne voit dans cette province d'autres oiseaux que des pigeons et des moineaux francs, qui se nourrissent du superflu des semences que les myrtes mâles jettent sur les myrtes femelles. Les insectes les plus communs sont des papillons, et c'est de quoi ordinairement les myrtes se nourrissent. Pour moi je mangeai quelques pigeons que je mis, sans façon, à la crapaudine. Cela parut très-barbare aux habitants ; je vis qu'on me regardait de fort mauvais œil, et je me hâtai de partir, d'autant plus que le séjour de ce pays est fatigant ; l'air y est chaud et corrosif, c'est ce qui empêche sans doute les myrtes de grandir ; et je m'aperçus que j'avais plus maigri en huit jours, dans cette contrée, que dans trois mois de courses d'un autre côté.

Je visitai la brillante province des palmiers. C'est là que les sexes sont le mieux distingués, et que les arbres vivent le plus en société ; ils ne peuvent même se passer d'être toujours ensemble.

Je vis ensuite la province des cocotiers, qui servent à tout ; le beau pays des ormes et celui des châtaigniers ; j'en avais remarqué beaucoup à la cour de Potu, où ceux qui peuvent arriver font toujours fortune. Les tilleuls ne sont pas si estimables, car leur ombre fait leur plus grande valeur. Je ne négligeai pas le pays des saules et des bouleaux, quoique ces arbres n'aient en vérité aucun mérite. Les petites bruyères, les buissons qui portent des fruits sauvages, tout obtint mon attention.

Enfin, au bout d'environ un an de promenades et d'observations, je rentrai dans la capitale. Le lendemain je me présentai devant le monarque, et le priai de m'accorder une huitaine de jours pour mettre en ordre les remarques que j'avais faites sur toutes les parties de la planète. Le souverain me répondit d'un air grave : *Microc salabadi*, c'est-à-dire : *Huit jours, c'est bien peu !*....

J'étais sûr qu'il ne me fallait pas davantage, n'ayant qu'à mettre au net les matériaux que j'avais apportés avec moi, et à les traduire en potuan. Dès que cela fut fait, je portai mon ouvrage au roi et à son conseil, sous ce titre : *Relation exacte d'un voyage fait autour de la terre par Escarbo, premier coureur de la Cour, qui se flatte de mériter un emploi plus distingué.*

On prit mon travail, en me disant que j'aurais réponse après mûr examen ; mais je ne doutais point que ma relation ne fît fortune, et ne me procurât bientôt une des premières charges de l'État.

« Que je vais bien avancer les affaires de ce pays-ci ! me disais-je ; j'en expédierai plus, en huit jours, que les ormes, les marronniers d'Inde et les châtaigniers n'en peuvent terminer dans un an. »

Je fus bien surpris lorsqu'on vint m'informer du jugement que le sénat portait de moi et de mes travaux. Le voici en substance :

« Nous avons examiné la relation du coureur Escarbo ; et, sans avoir une parfaite certitude sur la vérité des faits qui y sont contenus, nous la trouvons, cependant, assez vraisemblable pour ne pas le condamner comme menteur. Mais les réflexions qu'il a eu l'audace d'y joindre, sur le caractère des différents peuples qui composent l'empire de l'otu, nous ont paru, sinon injustes, du moins déplacées et condamnables. Il a voulu jeter du ridicule sur les pins. Si sa relation était connue dans le pays des Cyprès, elle leur causerait un mortel chagrin. Il a cruellement injurié les lauriers-roses, et dit trop de mal des myrtes. Une pareille témérité mériterait sans doute le dernier supplice ; mais, comme la nature a refusé à Escarbo la prudence et la sagesse, le sénat, voulant bien user d'indulgence, prie le souverain de commuer la peine de mort, qu'il devrait subir, en un exil au firmament. »

Cet arrêt me frappa comme un coup de foudre ; cependant il fallut bien s'y résigner. Je savais déjà ce que c'était que cet exil au firmament; la peine était assez rude et effrayante ; mais on assurait généralement qu'on n'en mourait pas, et que les animaux chargés de porter les condamnés dans un des quatre satellites de la planète de Nazar les y déposaient sains et saufs.

C'étaient des oiseaux d'une grandeur et d'une grosseur considérables, à peu près comme nos aigles de la plus forte espèce; on les appelait *kupaks*, c'est-à-dire *oiseaux de passe*. Ils venaient, à temps marqués, comme les hirondelles et les cailles arrivent chez nous dans certaine saison, et ils repartaient de même. On leur attachait alors sous le ventre, avec des cordes, les Potuans coupables qu'on voulait qu'ils emportassent, et ce fardeau ne les empêchait pas de voler droit à leur habitation ordinaire.

Ce fut donc de cette manière que je fus transféré de la planète de Nazar sur son premier satellite, qui s'appelait la Terre de Martinie.

IV

Après avoir traversé une immense plaine d'air, mon kupak me déposa assez doucement sur la terre. Je n'étais pas encore remis du trouble que m'avait causé cette façon de voyager, quand je me vis entouré d'une quantité d'habitants de ce nouveau pays, qui s'empressaient de débarrasser de moi mon oiseau.

Dès que cette opération fut faite, le kupak courut regagner son nid. On me fit manger quelques fruits et boire d'une liqueur cordiale; et je reconnus que les gens charitables qui m'avaient rendu ces bons offices étaient des singes. Ils avaient déjà vu plus d'une fois arriver chez eux des exilés de Nazar, mais aucun qui eût avec eux une ressemblance plus marquée que la mienne.

Fatigué, hâlé, la barbe et les cheveux en désordre, habillé moitié à la manière de mon pays, moitié suivant celle du pays des arbres, toute ma figure était si grotesque, qu'on m'aurait aisément pris en Europe pour un singe; mais il me manquait une circonstance pour être adopté comme tel par ceux de Martinie : je n'avais point de queue.

Nonobstant cela, les Martiniens me traitèrent en confrère; ils me conduisirent en triomphe dans leur ville. Les personnages qui composaient mon cortége se relayaient pour avoir tour à tour place à mes côtés; mais le plus grand nombre courait devant, revenait, sautait, gambadait, et pestait contre la lenteur avec laquelle je marchais. Je ne fus pourtant qu'une bonne demi-heure à faire une demi-lieue; mais on courait et on sautait toujours à Martinie, et le premier coureur du roi de Potu avait perdu, dans ce nouveau pays, tout le mérite de sa légèreté.

Dès que je fus arrivé dans la ville, on me présenta au chef de la république. Ce consul ou bourgmestre m'introduisit, en faisant des cabrioles, dans le sénat, dont les membres, en criant et en gambadant, voulurent m'interroger tous à la fois. Quand même j'aurais su la langue de leur pays, je n'aurais pu leur répondre; comme je l'ignorais, l'aréopage décida, tout d'une voix, qu'il fallait me l'apprendre.

En conséquence, on me mit en pension chez un vieux singe. Au bout de trois jours, le docteur prétendait que je devais savoir parler aussi bien que lui. Il me donnait des taloches et des soufflets pour m'encourager, mais il avait beau faire, il était impossible que mon instruction allât si vite.

Ce ne fut qu'au bout de trois mois, qu'à force d'entendre répéter la même chose je retins les phrases qui étaient le plus d'usage. Enfin, quand je pus parler, on me ramena au sénat. Je trouvai que l'on m'y avait déjà jugé, sur le rapport de mon maître. On m'avait destiné le nom de *Kikidoran*, c'est-à-dire *lourdaud*, avec la charge de grand portefaix de la république, parce que la largeur de mes épaules et la force de mes reins me faisaient autant d'honneur à Martinie que la légèreté de mes jambes m'en avait procuré dans le royaume de Potu.

Il fallut donc me charger de l'humiliant emploi qui m'était attribué; mais je ne perdis pas l'espoir de faire revenir le sénat comique de l'injurieuse opinion qu'il avait si légèrement conçue de mon génie. En écoutant à la porte de l'assemblée, je compris que l'on formait tous les jours de nouveaux projets d'utilité publique.

Je résolus de me mettre sur les rangs, et j'espérais réussir, non-seulement dans l'idée, mais encore dans l'exécution, et je ne me trompais pas. Je m'étais aperçu que les têtes légères des Martiniens étaient plus sensibles à la parure qu'à tout autre intérêt, et qu'un projet qui roulerait sur cet objet réussirait aisément.

Ma première proposition fut donc de décorer messieurs les sénateurs avec des perruques. J'en fis faire une pour modèle, d'après l'idée que j'avais conservée de celle de nos bourgmestres norvégiens, et, après avoir demandé audience à l'aréopage, j'eus l'honneur de lui présenter mon invention, qui fut généralement admirée.

M. le consul de la république des singes ayant fait lui-même l'essai de ma perruque, il en résulta un applaudissement universel, et le modèle fut mis à la mode avant qu'on sût seulement de quoi était composé l'ornement que j'avais offert; et il n'y eut point de sénateur, et, bientôt après, de notable bourgeois, qui ne voulût avoir sa perruque, quoique le décret qui approuvait mon projet ne fût encore ni arrêté ni signé.

On m'expédia une patente en règle d'inventeur, directeur et administrateur général des perruques de la république.

Ce premier succès m'encouragea; j'inventai des écharpes

et des nœuds d'épaule pour les militaires, des nœuds de cravate pour les singes magistrats, et des nœuds de queue pour les citoyens de tous les états. Je réglai que ces rubans devaient être assortis de même couleur et de même nuance, pour que la parure fût uniforme. J'en offris les modèles sur moi-même, car j'avais orné ma personne d'une queue postiche, pour être au ton de tous les habitants du pays.

Le succès de ces nouvelles découvertes augmenta ma réputation. Je sentis bientôt que je ne devais pas la faire dépendre de la parure d'un seul sexe, mais qu'il fallait me consacrer à l'ornement du plus délicat. Je me souvenais d'avoir vu quelques dames étrangères, en Danemark, mettre du rouge sur leurs joues pour remédier à la pâleur naturelle de leur teint. Je fis proposer, en secret, à quelques dames martiniennes d'user du même artifice. Elles adoptèrent volontiers cet usage, et, quoique j'eusse la prudence de ne me point faire honneur de cette invention, les guenons de la haute société me prirent en affection. J'osai proposer pour elles, en plein sénat, de nouvelles parures, que l'on pouvait avouer plus hardiment que le rouge. C'étaient des coiffures vraiment élégantes, mais que quelques esprits mal faits auraient pu traiter de bizarres. De petites coquilles, des pierres polies et brillantes, me parurent pouvoir jouer le rôle de diamants, et j'imaginai bientôt d'en former des girandoles, des aigrettes, des colliers, qui, ajoutés sur la tête, aux oreilles et au cou des femmes des sénateurs, les distingueraient des personnes du commun. Leurs dignes maris furent éblouis de ce luxe ; les dames en eurent bientôt la tête tournée, et l'on peut croire que l'inventeur devint la coqueluche de toutes les dames de Martinie.

Hélas! ce fut ma perte. On me recherchait dans les plus grandes maisons ; on voulait raisonner avec moi sur les parures et sur la politique ; on me consultait sur les choses les plus sérieuses comme sur les plus saugrenues. Tant que l'importance qui m'était ainsi accordée fut générale, je n'en fus point embarrassé; mais bientôt j'eus le malheur de faire une impression trop tendre sur le cœur d'une dame de haut rang : c'était la femme du doyen du sénat.

Quoique j'eusse la taille épaisse, les épaules larges, et toute l'apparence matérielle d'un homme digne de la charge de grand portefaix de la république, cette dame, de mauvais goût assurément, me préféra à tout ce que la jeunesse martinienne avait de plus leste et de plus brillant.

Mon insensibilité la rendit furieuse ; elle jura de se venger de moi par tous les moyens.

Justement effrayé de ses menaces, je consultai mon ancien maître de langue. « Vous êtes perdu, me dit-il, si vous ne parvenez à fuir au plus vite. Mais je vais vous indiquer un moyen de salut. Dans ce monde-ci, on navigue, en temps de brouillard, sur l'air épaissi, comme on fait, dans votre monde, sur les flots de la mer. Le temps est à présent favorable ; j'ai un bateau à rames : embarquez-vous, dès cette nuit, et, avant que le soleil dissipe la brume, vous pourrez parvenir à un autre des satellites de Nazar. Vous savez qu'ils sont au nombre de quatre ; il faut tâcher d'arriver à la plus belle de ces terres, qui se nomme Kama, et vous le pourrez facilement, en relâchant aux deux autres intermédiaires, qu'on appelle Harmonica et Mézendor. Mais, croyez-moi, partez sans hésiter ; demain, peut-être, il serait trop tard. »

Je m'embarquai le soir même, et je parvins dans le second satellite de Nazar, où je vis des choses encore plus singulières que tout ce que j'ai raconté jusqu'à présent.

V

Mon bateau était arrivé sans encombre à Harmonica. Aussitôt que l'on put m'apercevoir de la tour qui dominait le port, j'entendis résonner une trompette à laquelle répondirent aussitôt quelques autres, disposées sur les remparts de façon que leur accord formait une espèce de concert assez agréable. Je débarquai au bruit de fanfares.

Dès que j'eus mis pied à terre, j'aperçus un citoyen (je vous décrirai tout à l'heure sa figure) suivi de deux basses, dont la destination était de former un accompagnement à ce qu'il devait me dire, ou plutôt me chanter, c'est-à-dire au plus honorable discours d'accueil que puisse jamais entendre un étranger de distinction.

Après chaque phrase de ce personnage, les deux basses faisaient *crin, crin, crin*. Je lui répondis en langage naturel des choses fort obligeantes, et, après chaque phrase de ma réplique, les basses me firent aussi l'honneur de répéter *crin, crin, crin*.

Le citoyen d'Harmonica m'ayant prié de chanter, je m'en excusai de mon mieux, alléguant que je n'avais apporté d'Europe ni de Martinie aucune chanson qui pût s'appliquer aux airs favoris du peuple d'Harmonica. Pressé de plus vives instances, je promis enfin de chanter, pourvu qu'on voulût bien me laisser passer la journée dans l'île, et m'y fournir des vivres, disposé à en partir dès la nuit suivante, si le brouillard continuait, et à voguer jusqu'à l'île de Mézendor, où je ne voulais non plus m'arrêter longtemps.

On m'assura qu'on me régalerait avec plaisir, et qu'on me donnerait même un grand souper, pourvu que je chantasse et que je prisse part au bal qui suivrait le repas, car on jugea que, puisque j'avais deux jambes droites, je devais bien mieux danser que les Harmoniques, qui n'en avaient qu'une, ou que les Martiniens, qui en avaient deux, mais très-arquées, comme il convient aux arrière-pattes des singes.

Je promis de danser et de chanter, et je tins parole; mais il est temps que je vous explique comment étaient faits ces peuples qui avaient tant de dispositions et d'amour pour la musique.

Ils étaient divisés en basses, violoncelles, théorbes, violons, guitares et harpes. On voyait parmi eux quelques contre-basses, mais en petit nombre, et quelques clavecins qui étaient les chefs de la république harmonique et destinés à donner le ton à toute la société.

Parmi les dames, on distinguait les violes, les mandolines, les flûtes douces, les serinettes et les épinettes. On trouvait parmi les femmes du peuple des vielles, et, parmi les soldats, des tambours, des trompettes et des timbales. Les cors de chasse, les hautbois et les clarinettes n'étaient pas des instruments nobles, mais on les admettait cependant aux jours de gala dans les sociétés nombreuses.

Vous me demanderez comment l'on distingue les habitants de l'île Harmonique qui sont nés avec ces divers talents. Je répondrai que leur taille est différente, et leur corps tourné de manière à favoriser le talent qu'ils ont de jouer de quelqu'un des instruments que je viens de nommer.

Les instruments à vent ont ordinairement le corps haut, long, sec et maigre comme des manches à balais.

Ceux à cordes ont la taille plus ou moins épaisse, le coffre résonnant, et plus ou moins de cordes naturelles qui leur prennent depuis le menton jusqu'à la ceinture, et qu'ils peuvent pincer avec les doigts ou frotter avec un archet.

Les clavecins et les épinettes ont devant eux un clavier naturel sur lequel ils peuvent agir eux-mêmes.

Avec ces avantages, chaque habitant de l'île Harmonique peut, s'il veut chanter, s'accompagner lui-même; et, s'il a la voix faible ou qu'il soit enrhumé, il exécute sur sa propre personne des sonates et des concertos.

Chaque citoyen, mâle ou femelle, a au-dessus de sa personne une petite tête, plus ou moins jolie, comme nos basses de violes en ont au haut de leur manche, et chacun se termine par une jambe et un pied unique, sur lequel ils pirouettent et s'avancent à cloche-pied.

On me conduisit dans un palais qui était le rendez-vous de toute la noblesse, et on me présenta d'abord à un superbe clavecin qui présidait l'assemblée.

Je chantai, pour mon entrée, un air allemand avec des paroles danoises; tout le monde m'en fit compliment. L'air était en vérité fort agréable, et c'était une musique bien neuve pour le monde souterrain; mais elle n'en parut que plus piquante à mon auditoire. Le concert dont on me gratifia ensuite dura assez longtemps pour que je m'impatientasse de ce que l'heure du dîner n'arrivait pas. Enfin le potage fut annoncé, et, ayant offert la main à une jeune et jolie épinette, fille du seigneur clavecin, nous entrâmes dans la salle à manger. Mais je n'y fis pas grande chère : je m'aperçus bientôt que tous les mets étaient accommodés à la colophane.

A la fin du repas, une charmante serinette me régala d'une romance à plusieurs couplets ; l'idée en était jolie, et la musicienne faisait en chantant des mines adorables ; mais un homme de goût me dit à l'oreille qu'il voyait bien que cette demoiselle avait été instruite par un maître du vieux temps ; qu'il n'était plus d'usage de paraître rien entendre aux paroles que l'on chantait ; que le talent du chant n'avait plus rien de commun avec le sentiment, et qu'il n'était fait que pour montrer la flexibilité du gosier.

Le dîner fini, le bal commença. Je fus applaudi à tout rompre ; cependant j'étais pressé de quitter un pays où la colophane portait si fort à la gorge, que j'étais, à chaque minute, obligé de boire force verres d'eau. Je m'échappai donc le plus secrètement possible et me hâtai d'aller retrouver mon bateau qui m'emporta, à travers le brouillard, jusqu'à Mézendor.

VI

J'y arrivai au point du jour. En débarquant, je me vis entouré d'une meute de dogues, qui montraient des dents menaçantes avec d'affreux hurlements. Cependant ils ne me firent aucun mal, et quelques-uns même se détachèrent pour porter dans l'intérieur du pays la nouvelle de mon apparition. Je les vis bientôt revenir avec plusieurs chiens couchants, qui, après m'avoir fait mille politesses, me demandèrent, avec une voix humaine parfaitement articulée, ce que je désirais en ce pays.

Ma réponse toute simple fut que j'étais voyageur, et que je réclamais quelques heures d'hospitalité.

« — Fort bien ! reprirent les chiens couchants ; car il n'est permis aux hommes de s'arrêter que pendant trois jours à Mézendor. »

Je me soumis à cette loi du pays, et, en récompense, on me promit, de la part du roi, de me défrayer abondamment, et de me faire faire bonne chère.

Je fis aussitôt mon entrée dans la ville, et je la trouvai peuplée d'animaux domestiques de toute espèce, grands et petits, dont chacun était employé suivant ses forces, son talent et son caractère.

Les différentes espèces de chiens y servaient de gardes, de coureurs et de portiers. Les renards étaient utilisés dans la politique, et quelquefois occupaient des emplois dans la chicane. Les chevaux y servaient de courriers ; les ânes, de portefaix ; les pourceaux de quelque conséquence occupaient des places assez lucratives dans la finance ; les autres étaient chargés de la police secrète. Les chats faisaient des écritures; ils étaient avoués, notaires, huissiers, journalistes. Les moutons composaient le bas peuple ; ils vendaient leur toison ou la laissaient prendre, et cette laine faisait le principal commerce de Mézendor. Les bœufs étaient laboureurs et traînaient eux-mêmes la charrue, sans avoir besoin de conducteurs, car tous ces animaux étaient doués de raison. Les vaches donnaient d'elles-mêmes le superflu de leur lait, ainsi que les chèvres et les ânesses.

Les oiseaux domestiques contribuaient aussi au bonheur de cette république. Les poules fournissaient leurs œufs avec un dévouement digne des femmes célèbres de Rome et de Sparte. Les rossignols étaient musiciens ; les pies et les perroquets s'adonnaient à la littérature et à la poésie pour l'amusement des citoyens riches. Les oies et les poulets d'Inde, fort bêtes en ce pays-là, comme ailleurs, se laissaient engraisser, sans faire réflexion qu'on ne les mettait en si bon état que pour les manger.

Le souverain de toute cette nation d'animaux domestiques était un éléphant. Il avait succédé à son père, et la couronne était héréditaire dans sa famille depuis plusieurs siècles. Éléphant Ier, fondateur de cette monarchie, et prince doué d'une intelligence singulière, avait découvert l'art de tirer bon parti de toutes sortes de bêtes, pourvu qu'on les mît à leur place ; et, comme il était assez grand et fort pour imposer sa volonté à chaque espèce, pour la faire trembler et la retenir dans le devoir, en distribuant à toutes les classes de citoyens leur part d'emploi dans la machine gouvernementale, il avait assuré sa dynastie et fixé la prospérité de ses États.

Éléphant X, actuellement régnant, n'avait pas beaucoup d'esprit, mais ce qu'il en avait était juste, et d'ailleurs il représentait aussi bien que toute majesté pourrait le faire. La nation avait confiance en ses lumières, et, au moindre signe de sa trompe, l'obéissance se courbait de tous côtés sous sa loi. Cependant il ne se montrait jamais ni méchant ni cruel ; il ne mangeait point de viande, ne croquait ni oies ni poulets d'Inde ; il ne s'habillait point de la laine de ses moutons, et ainsi nul ne pouvait l'accuser de pressurer ses sujets. Il sentait qu'il n'était pas de sa dignité de juger les affaires du particulier ; mais il se réservait de juger les juges, et quand il était sûr que quelqu'un d'entre eux avait prévariqué, il en faisait lui-même justice, le prenant avec sa trompe, et le jetant en l'air si fort et si haut, qu'avant de retomber à terre, le coupable avait perdu la vie.

Présenté à sa majesté de Mézendor, j'eus l'honneur d'assister à son repas, qui consistait en trente bottes de carottes et douze seaux d'eau. Le monarque me demanda si j'étais né dans le pays de Martinie. Je lui répondis que ma patrie était l'Europe, et je lui fis quelques détails de mes aventures qui l'étonnèrent beaucoup, et donnèrent lieu de sa part à une infinité de questions auxquelles je satisfis de mon mieux.

Voyageur, me dit ensuite le roi Éléphant, une de nos maximes politiques est d'écarter de ce pays les gens de votre espèce. Les hommes sont trop dangereux ; ils s'emparent de tout en joignant l'adresse à la force ; l'art leur fournit des armes supérieures à tous les moyens d'attaque ou de défense que nous a donnés la nature. Aussi mes pères et moi nous avons mis un soin scrupuleux à ne permettre à aucun animal du genre *homme* de s'arrêter chez nous. Nous craignons bien moins les Martiniens, quoique ce soient les plus méchantes bêtes de l'univers ; mais la force, chez eux, fait défaut à la malice. Hâtez-vous donc de vous rendre à Kama, où vous vivrez avec des animaux de votre espèce. »

Je n'osai pas témoigner le mécontentement que me faisait éprouver la mauvaise opinion que sa majesté de Mézendor professait sur le compte des hommes. Je lui annonçai que je partirais sous deux jours : cela était vrai, et je tins parole ;

mais ce ne fut pas sans avoir fait deux soupers avec ce qu'il y avait de meilleure compagnie dans le pays.

Le premier eut lieu chez un gros financier, qui s'était enrichi dans l'administration des cloaques et des égouts de la capitale. Si la source de ses richesses n'était pas bien pure, si sa personne n'était pas plus agréable que celle de sa digne moitié, il faut néanmoins rendre justice à la magnifique tenue de sa maison. Elle était remplie non-seulement de grands seigneurs, chiens de toute race et chats fourrés, et de dames fort huppées, mais il y avait encore de beaux esprits à foison; et, derrière chaque siége des convives, il y avait des pies qui jasaient, causaient et faisaient un tel vacarme qu'on ne pouvait pas s'entendre.

La maîtresse du logis, une truie fort dodue, jouait de la prunelle à ravir; mais j'opposai à l'artillerie de ses séductions une sagesse incorruptible. J'étais placé à table à côté de cette financière, et j'eusse bien mieux aimé le voisinage d'une jolie chatte blanche assise à l'autre bout de la table; mais il était impossible de changer de place. Je dévorai mon dépit, ne pouvant faire davantage.

Le spectacle qui m'attendait au second souper, n'était guère de nature à me dédommager de mes ennuis de la veille; aussi, fus-je très-exact à prendre congé de Mézendor.

VII

Mon bonheur fut ineffable, quand après trente-six heures de navigation sur les brumes, j'arrivai enfin à Kama, terme de mon voyage et de mes vœux. J'y retrouvais enfin des hommes bâtis comme moi, ayant une tête, deux bras et deux jambes; à cela près, les Kamites me parurent assez agrestes et fort peu instruits. Les arbres de Nazar, les singes de Martinie, les animaux de Mézendor m'avaient paru en savoir bien davantage.

Les Kamites parlaient une langue tout à fait nouvelle pour moi. Il fallut l'apprendre, il m'en coûta un temps assez considérable; mais enfin, j'en vins à bout, et alors je me trouvai en état de rendre à ce peuple des services qui me procurèrent une fortune immense, qu'à présent je regarde comme un rêve.

Les Kamites sont les meilleures gens du monde, mais de la plus grande simplicité. Ils ne sont ni grands, ni blancs, ni jolis, et quoique je ne puisse pas me vanter d'être le plus bel homme de Norwége, ma taille est assez haute, mon teint assez blanc et ma face assez présentable pour que je leur fusse infiniment supérieur du côté de la figure ainsi que des lumières.

Je commençai par séduire mon hôte; dès que nous pûmes nous entendre, je lui donnai des idées sur la façon dont on pouvait réformer les mœurs de Kama. Mes plans lui parurent admirables; il en fit part à quelques gens de la cour et du conseil de l'empereur, qui désira me voir.

Dès que je parus, ma figure en imposa au souverain et à ses ministres, et mon éloquence fit sur eux le même effet. Je trouvais enfin un pays où l'on rendait justice à mon mérite; car après avoir écouté mon histoire, dont je ne rapportai que les circonstances qui m'étaient le plus avantageuses, on déclara, tout d'une voix, que j'étais sûrement envoyé du soleil, comme avaient été autrefois les ancêtres de l'empereur régnant. Il est probable que les Kamites avaient été encore plus sauvages que je ne les trouvais; je m'imagine que celui qui leur donna les premières lois, arriva chez eux par quelque accident semblable au mien, et c'était apparemment quelque Tartare, car il ne leur avait transmis que des connaissances très-imparfaites des commodités de la vie.

Leurs habitations étaient des trous percés en terre, couverts de quelques feuillages, ou des cabanes composées de branches entrelacées. Leur nourriture se composait de lait, de fromage, de pain de farine d'orge écrasée entre deux pierres, que l'on faisait cuire sous la cendre, et leur viande était boucanée, à la mode des sauvages de tous pays. Ils n'avaient ni siéges, ni bancs, ni tables, et mangeaient ou dormaient sur des nattes grossières. Leur habillement répondait à toute cette misère.

Dans l'audience que j'obtins de l'empereur, ce souverain,

persuadé que j'étais l'envoyé du soleil, me demanda gravement des nouvelles de cet astre. Sentant que cette erreur pourrait m'être utile, je répondis, avec la même gravité, que le soleil se portait très-bien, et que je l'avais laissé, l'été dernier, jouissant de la santé la plus brillante; qu'à la vérité il y avait des gens dans notre monde sublunaire qui s'étaient permis de mal parler de lui, publiant qu'il avait des taches, et menaçait d'être encroûté; mais que ces faux bruits s'étaient bientôt dissipés comme de légers nuages; et que ce bel astre avait brûlé vifs ses calomniateurs sur leur observatoire; que c'était ainsi qu'il punissait les injures faites à sa personne ou à ceux qui le représentaient. J'ajoutai bravement que le soleil m'avait expressément député pour visiter ses descendants établis dans l'empire de Kama; que les présents dont il m'avait chargé pour eux n'étaient points matériels, mais qu'ils consistaient en des lumières importantes, que je pouvais leur donner sur leurs affaires; et que si l'on n'avait pas pour moi tout le respect dû à un envoyé du soleil, cet astre saurait me venger avec éclat.

Ce discours fit effet, et les Kamites promirent de se conformer aveuglément à mes idées.

Je commençai par les éclairer sur une infinité de points concernant les commodités de la vie. Ils regardèrent comme des découvertes admirables et des recherches du plus grand luxe tout ce que je leur appris à cet égard, et qui n'était cependant que ce qu'on connaît et pratique chez les simples paysans ou les plus petits bourgeois d'Europe : tant il est vrai que, dans le pays des aveugles, les borgnes sont rois.

Il fallut créer des mots nouveaux pour exprimer toutes ces choses dont ils ne soupçonnaient pas même l'existence. Ils avaient une espèce d'écriture; je la perfectionnai. Cependant, tous ces services ne me procuraient qu'une considération de second ordre, lorsqu'un grave événement m'offrit l'occasion de me couvrir de gloire.

On apprit qu'un peuple qui habitait à l'extrémité de la planète de Kama, composé de tigres raisonnables, et les plus dangereux ennemis des Kamites, venait, de nouveau, de leur déclarer la guerre, sous prétexte qu'on ne leur payait pas assez exactement certain tribut auquel les Kamites s'étaient soumis depuis longtemps pour avoir la paix.

L'empereur m'envoya prier par les plus illustres sénateurs d'aller au secours de sa couronne.

Les députés me trouvèrent dans une maison de pierre que je m'étais fait bâtir, et qui paraissait aux Kamites un temple ou tout au moins un palais superbe.

Je les reçus du haut de ma grandeur, et les chargeai de m'informer au juste de l'état de l'armée ennemie et des forces militaires de l'empire de Kama. Ils m'en rendirent un compte exact, et leur récit, fort effrayant sur le premier point, n'était aucunement rassurant sur le second. Les Kamites ne possédaient que des flèches dont les pointes n'étaient pas capables de percer les peaux des tigres; des piques et des javelots qui ne valaient pas mieux, et ils manquaient même d'agilité, la dernière ressource qui eût pu les sauver des dents et de la griffe des tigres.

Je leur appris à fondre les métaux et à fabriquer des épées, des sabres, des lances, dont les unes atteignaient plus loin, les autres perçaient et tranchaient mieux. Mais ce qui leur parut vraiment merveilleux, ce fut l'idée de dompter les chevaux et d'en tirer parti. Il y en avait un grand nombre dans les plaines de Kama, qui étaient libres, paissaient et erraient à l'aventure. Quoique médiocre cavalier, et peu instruit des règles du manége, je me hasardai à leur apprendre cet art et j'y réussis. Je domptai les chevaux sauvages, et bientôt, à la tête d'une petite troupe de cavalerie et d'une nombreuse armée de fantassins, j'allai attaquer les tigres.

Ils s'avancèrent avec confiance; mais bientôt la mêlée devint affreuse, et nos ennemis défaits et livrés au plus sanglant carnage, furent contraints de demander la paix. Ils nous envoyèrent pour plénipotentiaires des chats fourrés de trois couleurs, blancs, noirs et rouges, auxquels nous ne nous fiâmes que de la bonne sorte, car les chats sont des tigres de la petite espèce. On signa, de part et d'autre, un traité dont les conditions furent à notre avantage.

Mon retour à Kama fut un triomphe : nous étions vêtus, mes soldats et moi, de peaux de tigre qui nous prêtaient un air infiniment martial, et qui servaient en même temps de trophée à notre victoire.

Ô destinée ! quelques mois plus tôt, je n'aspirais qu'à être reconnu pour un assez habile maître ès-arts, et me voici actuellement un grand guerrier ! l'appétit vient en mangeant.

Auprès du pays des tigres vaincus, était celui des lions, moins agiles, mais plus forts que leurs voisins. Ils se préparèrent à les venger, et je me mis en état de soutenir contre eux les intérêts de l'empereur. Ce ne fut point en inventant de nouvelles armes, mais en perfectionnant les manœuvres militaires. Le bataillon carré me parut très-redoutable pour des lions. J'en fis usage avec un tel succès que ces nouveaux ennemis nous résistèrent moins que les tigres n'avaient fait.

La planète entière de Kama était donc pacifiée, à l'exception de quelques montagnes arides d'où partaient des vautours, des condors, des griffons qui venaient quelquefois faire grand dégât dans la plaine. Comme on ne pouvait les forcer dans leurs retraites aériennes, il fallait employer, à leur égard, de nouveaux moyens. Je me souvins alors des armes à feu, et je réussis à en introduire l'usage dans l'empire de Kama. J'y avais trouvé beaucoup de soufre et de salpêtre ; je fis faire du charbon, et j'appris à mes protégés la composition de la poudre. Comme j'avais déjà perfectionné l'art du forgeron, je fis fabriquer des fusils et des petits canons ; à l'aide de ces armes, je tirai les vautours au vol, et j'eus bientôt assez diminué la race des oiseaux de proie pour qu'ils ne fussent plus redoutables. Ce qu'il y avait d'admirable dans cette invention, c'est qu'elle ne pouvait être usurpée par les tigres ni les lions, et qu'elle assurait sur eux aux Kamites une immense supériorité.

Le vieil empereur de Kama étant mort sur ces entrefaites, les états-généraux de la planète me décernèrent la couronne, à l'unanimité des suffrages. Le défunt souverain avait laissé un fils et une fille : on résolut de me faire épouser la princesse. C'était un petit monstre de laideur ; mais la considération d'une couronne me fit trouver des charmes dans sa possession. J'écrivis au prince héréditaire que l'on m'avait forcé de m'asseoir sur son trône, mais que je n'en conserverais pas moins pour lui le respect qui lui était dû. C'était là de la diplomatie ; je ne m'en inquiétai point davantage.

Dès que je me vis empereur de Kama, mon premier soin fut de perfectionner toutes les améliorations que j'avais introduites dans la planète. Mon âme, exaltée par l'amour des grandes choses, ne put bientôt se renfermer dans les limites du gouvernement. Le goût des conquêtes s'éveilla dans mon cœur : je m'informai exactement des moyens que je pourrais prendre pour soumettre au moins à mes lois les trois satellites de Nazar.

On m'assura que je pouvais également commencer mon entreprise par Harmonica, Martinie ou Mézendor ; mais je ne voulais pas troubler la paix de ce dernier satellite ; le roi Éléphant m'avait paru si sage, et son État si bien régi, qu'un reste de délicatesse et de probité m'engagea à épargner l'un et l'autre. Celui d'Harmonica ne me parut pas aussi respectable, d'autant plus que j'imaginai un moyen très-sûr, très-simple, et en même temps fort plaisant de soumettre cette île.

Je fis embarquer sur un vaisseau une assez grande quantité d'instruments barbares des anciens Kamites. Ils devaient tous jouer faux et faire un charivari d'enfer en se réunissant. Par une ruse de guerre qui obtint le plus grand succès, j'ordonnai à mes musiciens de garder le plus grand silence jusqu'à ce que nous fussions dans le port. Ce fut alors qu'ayant été reçu assez amicalement, je débarquai à la tête de mes troupes, précédées de mes instruments ; et je fis faire un si horrible tapage, que le sénat harmonique, les dames, le peuple, tout enfin, dans ce pays de la musique, vint se jeter à mes pieds, me priant de faire cesser ce concert enragé, supplice plus affreux que la mort, me promettant de me payer tribut et de me reconnaître aussitôt pour leur souverain. Les ayant ainsi reçus à composition, je passai à Martinie.

Les peuples de ce satellite avaient, comme je crois l'avoir dit, leurs avantages et leurs défauts. D'un côté, c'étaient des têtes très-légères qui se concertaient avec peine et avaient plus d'agilité que de force; d'un autre côté, ils couraient, s'échappaient, et se trouvaient partout où on ne les attendait pas. Il était donc très-difficile de les attaquer en bataille rangée et de faire le siège en forme de leur ville capitale, avant que j'eusse mis à la mode l'usage des fusils et des canons; mais la prédominance de mon système de guerre les fit tomber en mon pouvoir, après les premières décharges de mon artillerie. Leurs députés vinrent, à genoux, me demander grâce. J'assaisonnai cette faveur d'une mercuriale de premier ordre; car je n'avais pas encore oublié que ces impertinentes créatures m'avaient infligé naguère le grotesque sobriquet de *Kikidoran, le lourdaud*.

Les singes, soumis et éclairés, baisaient la trace de mes pas, lorsque la fortune, lasse enfin de me tenir au haut de sa roue, s'avisa de m'en précipiter. Je reçus des nouvelles d'une révolte à Kama, et ce fut l'aurore de tous mes malheurs. Le fils de mon prédécesseur avait profité de mon absence pour remontrer à ses sujets qu'on l'avait injustement dépouillé d'un empire qui lui appartenait par droit de naissance. Les Kamites, oubliant qu'après tout, l'ancien droit de la race de leur souverain n'avait pas une origine différente de celui sur lequel j'avais établi ma domination, se rangèrent en grand nombre de son côté.

A cette nouvelle, je me rembarquai avec mes troupes et mon artillerie, pour retourner dans ma capitale. Je ne laissai qu'un gouverneur avec un très-petit détachement pour maintenir les Martiniens.

J'étais près d'aborder à Kama, lorsque je vis venir au-devant de moi la flotte des révoltés. Elle était aussi bien armée et aussi bien équipée que la mienne. Je vis que les guerriers du parti ennemi avaient profité de toutes les instructions que je leur avais données, et qu'elles tournaient contre moi-même; ils avaient aussi du canon et des fusils, et en approchant de mon vaisseau, ils me lâchèrent des bordées.

J'y répondais par les miennes avec une grande énergie, lorsqu'un coup de canon tiré à fleur d'eau donna droit dans ma soute aux poudres et y mit le feu.

Dix minutes après, mon vaisseau sauta en l'air. Si ma gran-

deur n'avait été qu'un songe, je pourrais bien lui appliquer
ce vers d'un grand poëte français :

Et le songe finit par un coup de tonnerre.

VIII

L'explosion de la poudre m'ayant jeté en l'air, par de là
l'atmosphère particulière de la planète de Kama, et de celle
de Nazar, je me trouvai ballotté dans le vide, comme je l'avais été autrefois, au sortir de la caverne de Floïen.

Tout à coup, je fus rapproché de l'écorce intérieure de la
terre, et je me trouvai justement vis-à-vis une ouverture qui
ne m'était pas connue, et dans laquelle je me sentis entraîné,
sans doute par la vertu physique de l'attraction.

Lancé comme une flèche, je fus longtemps à arriver
jusqu'au haut d'une montagne noire et chargée de brumes,
d'où je sortis au milieu d'un tourbillon de fumée, et je tombai sur un amas de cendre et de pierres, qui pourtant ne me
blessèrent point.

Étourdi de ma chute, je restai quelque temps sans connaissance. Revenu à moi, je me trouvai entre les bras de
quelques gens qui me demandèrent qui j'étais, et par quel
hasard je sortais du volcan de leur pays.

Je suis, leur répondis-je, Escarbo, le grand envoyé du
soleil, empereur de Kama, roi de Tanaquite, de Quispucie et
d'Alectorie, seigneur suzerain des deux planètes de Martinie
et d'Harmonica. »

On se mit à rire ; cependant je ne laissai pas que d'intéresser par mon état, et les gens charitables qui m'entouraient, m'ayant mis sur un brancard, me portèrent jusqu'au
pied de la montagne, dans un bourg qu'ils m'apprirent être
un des principaux de l'Islande, appelé Skalholt. Ils me dirent
aussi que la montagne d'où je sortais était le mont Hékla,
volcan fameux, qui jetait souvent du feu et des pierres, mais
dont on n'avait jamais vu sortir un homme vivant.

On me fit entrer dans la maison la plus apparente du

bourg : c'était celle de l'évêque luthérien d'Islande. Ce prélat charitable, à qui les paysans racontèrent ce qu'ils savaient de mon aventure, touché de mon état, me fit mettre dans un bon lit, et eut de moi le plus grand soin. Lorsque je fus un peu remis de mes fatigues et de la secousse que j'avais éprouvée, il m'interrogea et me fit plusieurs questions sur ma naissance et sur mon état. Je lui dis que je m'appelais Niklaüs Escarbo, que j'étais né à Berghen, en Norwége, et que j'avais fait mes études à l'université de Copenhague.

L'évêque paraissait content de mes premières réponses; mais, lorsque je lui parlai de mon voyage dans l'île des arbres, et dans celle des singes, de la monarchie d'Éléphant X et de mon empire de Kama : « Hélas ! me dit-il, en haussant les épaules, voilà sa folie qui le reprend. Allez, allez, mon ami, je ne vous abandonnerai pas, j'aurai soin de vous. »

Cependant, je trouvai en Islande des gens qui se souvenaient d'avoir étudié avec moi dans l'université de Copenhague, et qui assuraient même que j'avais acquis avec honneur et distinction le grade de maître ès-arts.

Enfin, monseigneur l'évêque jugea à propos, quand je fus tout à fait rétabli, de me renvoyer dans ma patrie. Il me fit embarquer, et me donna des lettres de recommandation et de protection pour M. le docteur Abelin, pasteur de l'église de Sainte-Croix de Berghen. J'arrivai heureusement. Je trouvai mon père, ma mère et mes frères morts ; mais des collatéraux s'étaient emparés de mon bien et prétendaient me le disputer.

Le respectable M. Abelin accommoda mon affaire. Mes neveux soutenaient que j'avais péri dans la caverne de Floïen, ou que si j'étais revenu dans ce monde, j'étais fou, puisque je prétendais avoir été empereur de Kama ; et que dans ce dernier cas, ils ne me devaient qu'une pension à l'hôpital des fous. Mon digne protecteur prit acte de cette dernière proposition, me fit adjuger la pension, et se chargea du reste de mon entretien. Comme j'étais un fou paisible, il m'accorda, pour m'occuper, la place de bedeau et de sacristain dans sa paroisse.

Je gémissais souvent en secret de voir un ancien souverain, un ci-devant conquérant, réduit à cet état ; mais *primo vivere*, disons-nous, nous autres maîtres ès-arts ; ainsi, il fallut se contenter d'être bedeau.

L'année d'après, M. Abelin me proposa d'épouser une de ses parentes qui avait assez longtemps demeuré près de lui, comme gouvernante. Elle s'appelait Madeleine, et c'était une fille accorte et réjouie, bien qu'elle eût passé la trentaine. Comme elle avait quelque argent comptant, et même quelques quartiers de terre, j'y avais consenti tout de suite, mais un scrupule m'avait d'abord arrêté. Je n'étais pas bien sûr que la princesse, fille de l'empereur de Kama, fût morte de chagrin depuis ma perte ; et j'avais peur de tomber dans le crime de bigamie. Mais mon honorable protecteur se hâta de me rassurer. Il eut l'obligeance de consulter à cet égard les docteurs de la faculté de théologie de Copenhague ; et ces messieurs opinèrent qu'un mariage contracté sous terre ne pouvait mettre d'obstacle valable à une union contractée à la face du soleil.....

A ces mots, Ludwig interrompit subitement son récit, et parut chercher péniblement, mais en vain, à ressaisir le fil de ses idées. Il pencha sa tête sur sa poitrine en balbutiant des bouts de phrases qu'il ne pouvait achever, et s'endormit d'un profond sommeil.

Nous le portâmes dans son lit en disant : « Ce pauvre Ludwig a singulièrement abusé de l'élixir du Diable. »

LA NOIX DE KRATAKUK

I

Le 24 décembre de chaque année, l'entrée du grand salon et du cabinet voisin était interdite jusqu'au soir aux enfants du médecin Stahlbaum.

Ce soir-là (de l'an de grâce 18..), Fritz et Marie, serrés l'un contre l'autre dans la chambre à coucher, commençaient à frissonner de tous leurs membres. Il faisait nuit, et on ne leur avait pas donné de lumière. Fritz disait tout bas à sa jeune sœur : « J'ai entendu dès le matin un bruit très-étrange dans le salon, et j'ai vu passer sous le vestibule un petit homme noir qui ressemble à notre parrain Droszelmeier. »

Ce monsieur Droszelmeier, un vieux juge retraité, n'était pas fort bel homme : maigre et chétif, avec un visage ridé, il cachait son œil droit sous un large bandeau noir, et son crâne, dépourvu du moindre cheveu, luisait comme une boule d'ivoire. Mais, en revanche de cette laideur physique, le digne magistrat était de première force en matière d'horlogerie. Quand une des montres ou pendules de M. Stahlbaum venait à se déranger, l'ingénieux parrain arrivait muni de petits instruments pointus avec lesquels il grattait les ressorts, au vif déplaisir de Marie, dont ce bruit criard agaçait les nerfs; mais quand la besogne se trouvait achevée, la montre ou la pendule se remettait en mouvement, à la grande joie de toute la famille. Le bon Droszelmeier ne manquait jamais, à chaque visite, d'apporter aux enfants quelque jouet merveilleux, tantôt un bonhomme de bois parlant comme une personne naturelle, tantôt un oiseau sortant d'une tabatière ou quelque autre fantaisie. Les parents s'empressaient dès le lendemain de soustraire ces charmantes choses au vandalisme de l'enfance.

Ce soir-là, veille de Noël, Fritz et Marie attendaient donc avec une vive impatience les cadeaux nouveaux du cher parrain. Tout à coup la porte du salon s'ouvrit, et une brillante clarté resplendit jusqu'au fond de la chambre à coucher. M. Stahlbaum venait au-devant des enfants. « Accourez, leur dit-il; venez vous réjouir avec moi devant les présents que le petit Jésus vous envoie. »

Leur surprise fut extrême en approchant de la table sur laquelle était dressé l'arbre de Noël, pliant sous le poids des bougies de toutes couleurs, des sucreries et des jouets lilliputiens taillés en bois de cèdre.

« Dieu! que c'est beau! s'écrièrent d'une seule voix le frère et la sœur. »

Il y avait là des poupées mécaniques admirables pour la jeune fille, et un escadron de hussards en costume rouge et or pour M. Fritz, puis des livres d'estampes coloriées.

Le plus rare objet de cette collection de cadeaux était caché avec soin sous un voile de soie argentée. Le voile fut soulevé délicatement, et les enfants tombèrent en extase devant un château gothique avec des vitraux peints et des tourelles à girouettes d'or, au milieu d'un gazon tout émaillé de fleurs artificielles. Un carillon mélodieux s'échappa des tourelles, portes et fenêtres du château s'ouvrirent, et l'on vit dans les salles une foule de petits personnages magnifiquement vêtus se promener et danser à la clarté d'une infinité de petits lustres. Un petit homme en manteau vert parut à une des fenêtres, salua la société avec force révérences, et se retira. Bientôt le parrain Droszelmeier en personne, mais haut d'un pouce, sortit du château, fit un tour sur la pelouse, bâilla, étendit les bras et rentra. La réelle personne du vieux juge, debout derrière les enfants, souriait à leur bonheur.

« Parrain, dit Fritz, laisse-moi entrer dans ton joli château. Je voudrais me promener avec tout ce monde-là.

— Cela ne se peut pas, répondit Droszelmeier ; le château est trop petit.

— C'est vrai, reprit Fritz, après un moment de réflexion. »

Et comme la figure du parrain venait de sortir de nouveau sur la pelouse, d'étendre les bras et de rentrer par la même porte : « Parrain, lui cria Fritz, dis donc à ce petit bonhomme qui te ressemble que je voudrais le voir rentrer par une autre porte.

« C'est impossible, continua Droszelmeier.

— En ce cas, dis à l'homme en manteau vert de venir me saluer par une autre fenêtre.

— Cela ne se peut davantage, répliqua le parrain ; ce mécanisme est arrangé selon des règles fixes, et il exécute toujours la même chose.

— Alors, reprit Fritz impatienté, puisque c'est toujours la même chose, j'aime mieux mes hussards. Je puis les faire mouvoir à volonté, à droite, à gauche, en avant, en arrière. »

Et Fritz oublia le château pour jouer avec ses soldats, tandis que Marie retournait à ses poupées.

« Vos enfants sont de petits niais, dit Droszelmeier à M. Stahlbaum ; ils ne comprendront jamais rien à la mécanique. Je vais remporter mon château. »

Tout à coup M. Fritz découvrit parmi ses hussards un petit homme qu'il n'avait pas encore remarqué. Il avait le corps long et grêle, la tête énorme, et ses jambes ressemblaient à deux pincettes. Il portait du reste avec assez d'élégance un dolman de hussard, violet, rehaussé de ganses d'or, un pantalon tout chamarré de fines broderies et des bottes vernissées fort luisantes. Hormis ses jambes et sa tête, il avait tout bien fait. Marie, en considérant cette caricature, observa que le petit homme avait une physionomie pleine de bienveillance. Ses grands yeux gris annonçaient l'esprit, et sa barbe de laine frisée prêtait plus de vivacité à l'incarnat de ses lèvres rubicondes qui traçaient du reste une bouche excessivement fendue.

« Cher père, s'écria la fillette, à quoi peut donc servir ce petit homme à grande bouche et à longues jambes?

— A travailler pour vous, mes enfants, répondit M. Stahlbaum; car il cassera les noisettes pour lesquelles vos dents sont encore trop faibles. »

En disant cela, le conseiller de médecine poussa un petit ressort caché dans le dolman du hussard, qui ouvrit aussitôt une large bouche, garnie de dents courtes et fort pointues. Il y plaça une noisette, et en pressant le ressort, le petit homme la mordit si bien que l'écorce éclata et le fruit tomba, par une de ses jambes creuses, dans la main de Marie.

« Voilà le roi des casse-noisettes, reprit en riant M. Stahlbaum, et vous voyez qu'il est digne de son nom. »

Les enfants le firent travailler à leur tour tant qu'il y eut des noisettes sur la table : toutes y passèrent; mais à la dernière, un craquement plaintif se fit entendre dans la bouche du casse-noisette, et en visitant sa bouche avec un compatissant intérêt, Marie s'aperçut que trois dents s'étaient brisées.

« Quel sot personnage que ce casse-noisette! s'écria Fritz. Il veut faire une besogne au-dessus de ses forces, et se rompt trois dents. Sa punition n'est pas assez complète : je vais lui faire briser des noix jusqu'à ce qu'il soit tout disloqué, comme il le mérite.

— Oh! non, non, je t'en prie, dit Marie; vois donc comme il a l'air malheureux, ce pauvre estropié! »

En arrachant le casse-noisette des mains de son frère, après une courte discussion, elle l'enveloppa de son mouchoir, et le serra dans sa poche.

Le père accourut au bruit, et gronda Fritz fort sévèrement, malgré le parrain Droszelmeier, qui prenait sans rancune la défense du petit garçon.

Marie berçait dans ses bras le casse-noisette, après lui avoir bandé la mâchoire avec un ruban rose. Droszelmeier se moqua beaucoup de son humanité pour un homme de bois, et la complimenta ironiquement sur la laideur de son favori.

« Cher parrain, lui dit la petite, qui sait si tu serais aussi beau qu'il est laid, en mettant comme lui des bottes vernies et un dolman violet? »

L'ancien juge parut tout consterné de cette réponse.

II

On voyait à gauche, en entrant dans le cabinet de M. Stahlbaum, une grande armoire vitrée qui servait à mettre en ordre les jouets des enfants.

Sur le rayon supérieur étaient rangées les fameuses mécaniques du parrain Droszelmeier. L'étage plus bas contenait les beaux livres à images. Les tablettes inférieures étaient laissées en libre disposition à Fritz et Marie. La sœur y faisait dormir ses poupées côte à côte avec les soldats du frère.

Après le départ du parrain, tous les cadeaux furent mis en place avec soin. L'escadron de hussards neufs campa dans un coin, sur les débris des troupes usées, et mademoiselle Clarchen fut couchée douillettement près de mademoiselle Trutchen, qui devait se voir bientôt délaissée en faveur de la nouvelle venue. Cette besogne achevée et l'armoire fermée, il fallut employer toute l'autorité de la famille pour envoyer au lit les enfants, qui ne pouvaient s'arracher à la contemplation des derniers présents de Noël.

Marie, profitant du sommeil de toute la maison, se releva sans bruit, alluma dans une lanterne sourde une petite bougie, et se glissa à pas légers dans le cabinet. L'inquiétude où elle se trouvait en songeant au sort du pauvre casse-noisette, l'avait privée de sommeil et elle venait le visiter. Elle le tira de l'armoire avec toute sorte de précautions, le posa sur une petite table, et détacha doucement le ruban rose qui enveloppait sa mâchoire blessée.

« Pauvre petit, lui disait-elle tout bas, ne sois point fâché contre Fritz : habitué à ne jouer qu'avec des soldats, ses mains sont dures, mais au fond il a un excellent cœur. Pour moi, je veux bien te soigner et j'espère te guérir. Le parrain Droszelmeier se chargera de te remettre les dents que tu as perdues, et je ne te donnerai plus à casser que de toutes petites noisettes. »

A peine Marie avait-elle prononcé le nom de Droszelmeier, que le casse-noisette fit la plus affreuse de toutes les grimaces.

La petite, effrayée, le laissa tomber en fermant les yeux. Quand elle osa les rouvrir, le casse-noisette avait repris sa grave et immobile figure de mécanique estropiée. Marie pensa que la clarté de la bougie agitée par un courant d'air venu de la porte avait seule produit la cause de sa terreur.

Elle ramassa le casse-noisette en souriant, et s'approchant du rayon de l'armoire où reposait sa poupée favorite : « Chère Clarchen, lui dit-elle, fais un peu de place sur ton petit lit à ce pauvre malade. »

L'orgueilleuse poupée avait le regard fixe : elle ne répondit pas. Marie, sans se soucier de son égoïsme, la poussa de côté, banda de nouveau la tête du casse-noisette, et le mit au lit. Puis, de peur que mademoiselle Clarchen ne se permit quelque mauvais procédé à l'égard de son protégé, elle la mit coucher à la belle étoile, au milieu du village de carton, près duquel étaient campés les hussards de son frère. Cela fait, elle referma l'armoire vitrée, et voulut regagner sa petite chambre, lorsque soudain elle entendit remuer, craquer et ronger, tantôt derrière les chaises, tantôt derrière l'armoire.

Le balancier de l'horloge à poids accrochée à la muraille allait plus vite qu'à l'ordinaire, les aiguilles couraient l'une après l'autre, mais l'heure ne sonnait pas. Le serin doré qui la surmontait avait grandi d'une manière démesurée, et agitait ses ailes en sifflottant d'un air effaré. Une voix inconnue se mit à dire :

« Allez, allez, allez, les heures ! voici le roi des rats ! sonnez, sonnez, sonnez, voici minuit. »

Boum ! boum ! boum ! fit l'horloge en sonnant douze coups rapides.

Marie, plus effrayée que la première fois, leva les yeux vers l'horloge : au lieu du serin, elle vit le parrain Droszelmeier assis sur le timbre; les basques de son habit jaune pendaient de chaque côté, comme deux grandes ailes.

« Que fais-tu là-haut, parrain Droszelmeier ? s'écria la petite fille. Descends vite, ne me fais pas peur ainsi, vilain méchant ! »

Mais le parrain restait muet, et Marie entendit de nouveau courir, gratter, ronger, et ce bruit semblait venir de derrière les murs. Des milliers de petites étincelles se jouaient à travers les fentes du plancher : c'étaient de vrais yeux de feu, et bientôt des milliers de rats s'élancèrent de toutes parts : on eût dit qu'ils sortaient de terre. Leur nombre croissant aussi vite que la pensée, ils se formaient par escadrons et par régiments, dans le même ordre où Fritz savait ranger ses hussards, et ils galopaient autour de la chambre, pour aller se mettre en ligne de bataille.

Marie, qui n'avait nulle crainte des rats, pourvu qu'ils ne fussent pas trop gros, considérait avec une surprise curieuse la petite armée, lorsqu'elle entendit un sifflement plus fort et plus aigu que ceux de toute cette cavalerie, et, juste à ses pieds, elle vit sortir du plancher sept têtes de rats ornées de couronnes lumineuses ; ces sept têtes n'avaient qu'un seul corps, et tous les escadrons saluèrent d'une bruyante acclamation leur généralissime.

La pauvre enfant se sentit défaillir en voyant le roi des rats venir droit à elle. Ses jambes fléchirent, elle glissa ; les vitres de l'armoire furent brisées par sa chute, et elle se blessa au bras gauche, en voulant se retenir. Presque aussitôt, derrière elle, un murmure confus éclata dans l'armoire. Une foule de petites voix rauques criaient : « Aux armes ! » et de petites trompettes sonnaient la charge.

Le casse-noisette s'élança du lit et cria : « Aux armes ! » d'une voix qui couvrit toutes les autres. Puis, il attacha autour de son corps, en manière d'écharpe, le ruban dont Marie avait enveloppé sa mâchoire, et tira son épée.

A ce signal, un roulement de tambours se fit entendre dans l'armoire. Toutes les boîtes dans lesquelles Fritz tenait son infanterie casernée s'ouvrirent avec fracas, les soldats prirent leurs rangs, drapeaux déployés. Toute la cavalerie accourut à son tour, et les hussards neufs prirent la droite pour charger les premiers. L'artillerie avec ses canons de bois s'élança sur une chaise voisine, position formidable, et jeta d'abord le désordre dans l'armée des rats qui se replia; mais bientôt une lutte corps à corps s'engagea entre les fuyards et les vainqueurs. De nouvelles légions de rats sortaient à chaque instant du plancher. Leur mousqueterie faisait pleuvoir une grêle de balles d'argent sur les vitres de l'armoire qui volaient en éclats.

Mesdemoiselles Trütchen et Clärchen désespérées et ne sachant où fuir, tombèrent dans les bras l'une de l'autre.

Les cris du roi des rats et la voix du casse-noisette dirigeaient l'attaque et la résistance. La batterie d'artillerie fut renversée avec la chaise par une foule de rats qui l'escaladèrent. Le malheureux et brave casse-noisette, forcé de battre en retraite jusqu'à l'armoire, et pressé de toutes parts par la foule sans cesse grossissant des ennemis, couvrait la déroute de son armée qui se réfugiait avec une effroyable confusion dans tous les coins de l'armoire; mais, quand il voulut à son tour y chercher un abri, le roi des rats se trouva en face de lui, et un escadron ennemi lui ferma tout moyen de salut.

« Ah! mon Dieu! mon pauvre casse-noisette! ces méchants rats vont te mettre en pièces! » s'écria Marie.

Et dans un accès de courage doublé par le désespoir, elle lança sa pantoufle à la tête du roi des rats...

Le prodige s'évanouit. Marie resta par terre sans connaissance.

III

Quand la pauvre enfant revint à elle, le soleil levant éclairait de joyeux rayons sa petite chambre. Elle était couchée dans son lit; son père et M. le docteur Wendelstern étaient debout auprès d'elle.

« Chut! chut! elle s'éveille! » disait le père.

La mère accourut avec inquiétude.

« Chère mère, dit Marie d'une voix faible, l'armée des rats est-elle partie ? Le casse-noisette est-il sauvé ?

— Ne dis donc pas de pareilles folies, chère enfant. Songe plutôt à la frayeur que tu viens de nous causer. Voilà ce qui arrive aux petites filles désobéissantes qui se lèvent de nuit pour aller jouer, comme si le jour n'était pas assez long. Tu es allée tout endormie à l'armoire, ton pied a glissé, et tu es tombée contre le vitrage. M. le docteur dit que tu aurais pu t'estropier ; fort heureusement que je me suis éveillée au cri que tu as poussé en te blessant. Je t'ai relevée évanouie, et maintenant il faudra plusieurs jours de tranquillité pour te rétablir. Tu as bouleversé dans ta chute les soldats de Fritz ; plusieurs sont cassés, et le casse-noisette que tu serrais dans ta main est tout taché de sang.

— Ah ! chère mère, ce sont les effets du grand combat qui a eu lieu cette nuit entre les rats et les soldats de mon frère. Le casse-noisette avait pris le commandement des hussards, et au moment où les rats allaient le faire prisonnier, j'ai jeté au milieu d'eux ma pantoufle qui les a mis en fuite. »

A ces mots, le docteur Wendelstern fit un signe à madame Stahlbaum pour faire cesser cette conversation qui pouvait réagir fatalement sur l'état d'excitation de la petite malade.

« Voyons, reprit aussitôt madame Stahlbaum, reste tranquille ; les rats sont partis, et le casse-noisette se porte on ne peut mieux. »

La maladie de Marie ne se termina point, comme on le craignait, par une fièvre chaude. Les soins assidus qui lui furent prodigués calmèrent sa tête exaltée. Seulement, elle entendait de temps à autre le casse-noisette lui dire dans ses rêves : « Bonne Marie, sans vous, j'étais perdu ! »

Sa mère, qui ne la quittait pas un instant, voulut, par des lectures amusantes, distraire son esprit des préoccupations qui la surprenaient encore. Un jour qu'elle venait de lui lire une belle histoire, tirée du *Cabinet des Fées*, on vit arriver le parrain Droszelmeier qui venait s'informer de l'état de sa filleule.

A son aspect, Marie poussa un cri.

« Oh ! parrain, que tu es laid ! Je t'ai bien vu, l'autre nuit, lorsque tu étais à califourchon sur l'horloge. Pourquoi n'as-tu pas défendu le casse-noisette contre l'armée des rats? Tu es cause que j'ai failli mourir de frayeur et que je me suis blessée. »

Madame Stahlbaum regarda sa fille avec effroi, dans la pensée qu'un fatal accès de délire la reprenait; mais Droszelmeier s'assit tranquillement auprès du lit, et tirant de sa poche le casse-noisette, qu'il avait fort artistement raccommodé :

« Mon enfant, lui dit-il, tu vois que je ne suis pas si méchant que tu voudrais le croire, et que j'ai remis en bonne santé ton cher favori. »

Marie oublia de nouveau sa vision, et sauta de joie dans son lit.

« C'est bien dommage, reprit-elle, qu'il soit si laid !

— Les plus laides gens ont leur bon côté, répliqua Droszelmeier. Tu le vois par moi-même, puisque tu ne comptais pas sur l'agréable surprise que je te préparais. Pour achever de te convaincre, je veux te raconter une histoire.

— O cher parrain, bon petit parrain, s'écrièrent Fritz et Marie, conte-nous une belle histoire.

— Écoutez, mes enfants, » poursuivit en souriant le vieil ami de la famille.

« La mère de Pirlipat était reine : donc Pirlipat était princesse en venant au monde. Le roi, son père, fut si ravi de la posséder, qu'il sautait comme un cabri dans la salle d'honneur de son palais, en s'écriant : « Il n'y a rien de si beau « que Pirlipat ! » Les seigneurs et les dames de sa cour faisaient chorus de louanges avec lui : c'était un vacarme à rendre sourd. Le fait est que Pirlipat était bien la plus ravissante petite créature qu'il fût possible d'imaginer. Elle avait apporté entre autres dons précieux une si belle garniture de dents perlées que, le premier jour de sa naissance, elle mordit jusqu'au sang le grand-maître des cérémonies qui se permettait de l'embrasser comme un enfant vulgaire.

« La reine seule ne partageait pas l'enthousiasme du roi et de la cour ; elle cachait dans son cœur une anxiété cruelle, indéfinissable. Elle commença par établir une garde perpétuelle autour de la chambre où était le berceau de Pirlipat. Cette garde était composée de sept femmes qui toutes, en se relayant, devaient tenir un chat éveillé sur leurs genoux.

« Or, voici pourquoi la reine prenait ces bizarres précautions.

« A l'occasion d'une grande fête que le roi de ce pays offrait aux princes voisins, il dit à la reine : « Vous savez, ma « chère, comment j'aime les saucisses. »

« Cette parole, qui pourrait sembler triviale dans la bouche d'un roi ordinaire, signifiait que Sa Majesté la reine devait s'occuper elle-même de la confection de ce mets favori du souverain. Le trésorier de la couronne fit apporter la batterie de cuisine royale, et les belles mains de la reine se mirent à l'œuvre.

« Au moment où les saucisses bien bourrées, et attachées par des fils d'argent, sautaient l'une après l'autre dans la poêle, une petite voix s'écria : « Ma sœur, je veux de ce fricot qui sent si bon ! Je suis reine comme vous, et je réclame ma part de ce menu !

« La reine reconnut aussitôt la voix de haute et puissante dame Mauserinks. Cette personne, d'une rare distinction, habitait depuis nombre d'années le palais du roi, et se disait reine du peuple souriquois, prétention que nul ne songeait à contredire, excepté les chats qui tuaient par-ci par-là, quelques-uns de ses sujets. La reine, excellente personne, fort disposée à fraterniser gracieusement avec toutes les majestés qui ne lui faisaient pas ombrage, déposa quelques morceaux de lard dans une soucoupe de vermeil, et madame Mauserinks accourut au festin. Mais, par malheur, l'odeur de la friture avait alléché ses parents et surtout ses sept fils, qui se jetèrent avec insolence sur la saucisse et la croquèrent, au nez de madame leur mère, malgré les efforts que faisait la reine pour leur faire lâcher prise.

« En ce moment, le bruit des fanfares annonça l'arrivée des nobles invités, qui paraissaient les uns après les autres, vêtus magnifiquement, et traînés par des chevaux de gala, tout caparaçonnés d'or et de pierreries, dans des calèches de cristal étincelant.

« Le roi leur fit un accueil splendide, et les reçut, sceptre en main, et le diadème en tête. On entra dans la salle du festin. Tout à coup, le roi changea de couleur, tomba de son siège et resta sans mouvement; seulement, des cris étouffés prouvaient qu'il vivait encore. Le médecin de la couronne lui tâta le pouls avec inquiétude; des remèdes énergiques furent jugés indispensables. On passa une plume brûlée sous le nez de Sa Majesté qui daigna reprendre ses sens, et bégayer ces mots : « *Trop peu de lard !* »

« A ces mots, la reine comprit avec douleur toute l'étendue de sa faute. Elle se jeta aux pieds du roi : « Hélas! sire, s'é-
« criait-elle, je suis bien coupable! J'ai donné une partie du
« lard à madame Mauserinks et à toute sa famille..! »

« Le roi, bouillant de colère, se leva tout à coup : « Grand
« chambellan, s'écria-t-il, comment le lard manque-t-il dans
« mon royaume?... »

« Ce fonctionnaire répondit humblement que la quantité de lard prescrite par les calculs du grand astrologue avait été mesurée avec soin pour le nombre de saucisses voulues ; mais que l'avidité des souris du palais avait forcé la reine d'en livrer une partie pour sauver le reste. D'où il résultait que l'amalgame du lard, de la chair à saucisses, des grains de genévrier, de poivre et d'autres ingrédients ne se trouvant plus équilibré selon les lois de la cuisine, avait produit un mets condamnable par Sa Majesté, et dangereux pour son estomac.

« Le roi assembla aussitôt le conseil des ministres, et le conseil résolut à l'unanimité qu'une vengeance éclatante serait tirée des indignes procédés de la famille royale du peuple souriquois.

« Cette décision fut transmise à mon grand-père, Christian Elias Droszelmeier, ingénieur de la couronne, afin que j'eusse à créer un appareil destiné à occire les rongeurs de lard. Il inventa sur-le-champ une maison de bois qui fut placée, tout ouverte, devant la demeure de la famille ennemie du roi. Dans cette maison il suspendit une barde de lard grillé à un fil de fer artistement disposé pour assurer l'exécution de son dessein. Les sept fils de la reine des souris s'étant présentés pour décrocher le lard, la secousse imprimée au fil de fer détendit un ressort ; une herse s'abattit comme la foudre derrière les sept prisonniers, qui furent transportés à la cuisine, et assommés sans pitié par ordre du roi.

« Toute la cour félicita mon grand-père de cette glorieuse expédition. Mais la reine devint plus inquiète que jamais en songeant aux cruelles représailles que pourrait exercer la souris couronnée pour venger la mort de ses fils. Voilà pourquoi elle entourait de tant de précautions le berceau de sa fille Pirlipat. L'astrologue du roi avait prédit qu'un descendant du chat Murr pourrait seul sauver les jours de la petite princesse. Voilà pourquoi aussi on s'était procuré à grands frais sept chats de cette race fameuse, revêtus du titre de gardes du corps de la princesse. Chacun d'eux devait faire sentinelle, d'heure en heure, sur le giron d'une des berceuses de Pirlipat.

« Une nuit, les berceuses s'étaient endormies : une seule se réveille et se trouve seule. Plus de chat. L'inquiétude la saisit. Au milieu du silence, elle entend ronger à belles dents la boiserie d'un lambris. Elle frissonne, se lève pour fuir, et retombe clouée dans son fauteuil par une vision terrible.

« Une grosse souris grise est devant elle : ce monstre, debout sur ses pattes de derrière, semble guetter le berceau de Pirlipat.

« La berceuse frappe du pied, et pousse des cris d'alarme. Les chats arrivent aussitôt ; mais la souris menaçante a disparu par un trou que les gardes du corps ne peuvent retrouver.

« Dieu soit béni ! dit la pauvre femme, notre chère prin« cesse est sauvée ! »

« Mais, hélas ! que devient-elle en approchant du berceau ! La tête de Pirlipat est devenue semblable à celle d'une énorme souris, avec des yeux verts et une bouche fendue jusqu'aux oreilles !...

« La reine voulait se tuer de désespoir. Le roi, plus maître de lui-même, fit appeler l'ingénieur de la couronne, et lui déclara que si, dans trois mois, il n'était pas parvenu à rendre à Pirlipat sa figure humaine, on le ferait pendre.

« Mon malheureux grand-père, fort épouvanté d'une si affreuse menace, ne perdit point courage. Il s'empara de la princesse, démonta ses bras et ses jambes, et vérifia tous les rouages de son organisation ; mais il ne put en pénétrer le secret. Il eut beau la démonter et la remonter cent fois, il n'arrivait à rien qu'à la rendre plus laide par les convulsions où la jetaient ses opérations chirurgicales. Cependant le terme fatal approchait, et le roi, chaque matin, disait à Droszelmeier :

« Hâte-toi de me rendre ma Pirlipat telle que Dieu l'a-
« vait faite, ou prépare-toi à mettre une bonne cravate de
« chanvre ! »

« Mon grand-père pleurait, tandis qu'à ses côtés Pirlipat passait tout son temps à casser des noisettes. Cette passion pour les noisettes le frappa. Il alla conférer de ce phénomène avec l'astrologue royal. Tous deux s'enfermèrent dans un laboratoire secret, feuilletèrent beaucoup de livres merveilleux, et observèrent les étoiles ; puis ils s'accordèrent à reconnaître que, pour recouvrer sa forme naturelle, la petite princesse devait manger la noix de Kratakuk.

« Cette noix, aussi fameuse que rare à découvrir, est enveloppée d'une coque si dure, qu'un boulet de canon tiré à double charge ne pourrait la briser. Cette noix devait être cueillie et apportée par un homme qui ne se serait jamais rasé, et n'aurait jamais chaussé de bottes. Il devait se présenter les yeux fermés devant la princesse.

« Tel était l'arrêt du destin. Le roi, informé de cette découverte, accorda un sursis à mon grand-père, et lui permit de partir, sous bonne garde, avec l'astrologue, pour aller à la recherche de l'homme qui possédait le secret de détruire l'enchantement de sa fille.

IV

« Droszelmeier et l'astrologue avaient déjà passé quinze ans à chercher sans résultats la noix de Kratakuk. Un jour qu'ils fumaient une pipe de tabac d'Allemagne au milieu d'une forêt de l'Asie, l'ingénieur se sentit pris d'un désir irrésistible de retourner dans sa patrie.

« L'astrologue ne tarda pas à partager ses vœux, et tous deux résolurent de se mettre en route, envoyant à tous les diables la noix magique, et disposés à en finir avec tant d'aventures qui avaient assailli leur voyage, et qu'il serait trop long de raconter à une petite fille convalescente.

« Ils profitèrent du sommeil de leurs gardes pour se délivrer de leur surveillance, et arrivèrent tant bien que mal à Nuremberg.

« Le premier soin de l'ingénieur fut d'aller rendre visite à un cousin qu'il n'avait pas vu depuis vingt ans. Ce cousin se nommait Christophe-Zacharias Droszelmeier. C'était un habile tourneur en bois, qui excellait dans l'art de fabriquer des poupées mécaniques. Les deux voyageurs lui racontèrent de point en point leur histoire.

« Pendant ce récit, maître Christophe s'était souvent mordu les lèvres, comme un homme qui réfléchit attentivement. Quand les visiteurs eurent achevé de parler, il jeta son bonnet en l'air, et leur sauta au cou en s'écriant :

« J'ai votre affaire, ou je veux que le diable m'emporte ! »

« Il ouvrit aussitôt une petite boîte dans laquelle se trouvait une petite noix dorée.

« D'où tenez-vous cette singularité ? demanda l'ingénieur au cousin Christophe.

— Ce n'est pas une longue histoire, reprit le tourneur en bois. Il y a une dizaine d'années qu'un étranger, passant par Nuremberg, à l'époque de la fête de Noël, m'offrit de lui acheter un sac de noix. Les marchands de la ville auxquels il faisait concurrence lui cherchèrent querelle. Il déposa son sac devant ma boutique pour livrer un combat en règle à ses agresseurs. Comme ils étaient aux prises, survint une lourde charrette dont une roue accrocha le sac, le renversa, et broya les noix, celle-ci seule exceptée. Je la ramassai, et je ne sais pourquoi je m'amusai un jour à dorer sa coquille sur laquelle j'avais fait maintes fois des expériences avec le plus dur maillet de mes ateliers. Si cette noix n'est pas celle qui peut vous servir, vous ne la trouverez nulle part. »

« L'astrologue prit un grattoir pour enlever la dorure, et grâce à sa science extraordinaire, il parvint à lire sur les rides de la coquille le mot *Kratakuk*, tracé en caractères chinois très-authentiques.

« Vous jugez de la joie que ressentit l'ingénieur : il se hâta d'annoncer à son cousin que sa fortune était faite. « — Non-seu-
« lement, lui dit-il, nous sommes en possession de la noix
« de Kratakuk, mais je crois que votre fils est précisément
« le personnage qui doit la présenter à la princesse Pirlipat.
« Mon collègue l'astrologue royal aura l'obligeance de tirer
« cette nuit l'horoscope du jeune homme. »

« En effet, l'astrologue découvrit dans la marche des étoiles que le fils du tourneur ne s'était jamais rasé, parce qu'il n'avait pas même de duvet au menton, et qu'il n'avait jamais porté de bottes, parce que monsieur son père trouvait cette chaussure trop dispendieuse pour un simple fils d'artisan.

« Le jeune homme portait, aux fêtes de Noël, un costume de fantaisie à la hussarde, avec des ganses de filigrane et un chapeau galonné. On lui fit revêtir cette tenue de cérémonie, puis l'astrologue dit à l'ingénieur : « — Il faut, avant de partir,
« que vous adaptiez à la nuque de votre précieux porte-noix
« une queue de lapin qui s'adapte si bien à sa mâchoire in-
« férieure, qu'il ne puisse ouvrir la bouche sans notre permis-
« sion. Sachez que la plus grande discrétion doit mener à succès
« notre entreprise. J'ai lu cette nuit dans les astres que le
« mortel assez heureux pour présenter la noix de Kratakuk à
« la princesse Pirlipat, deviendra son époux, et montera sur
« le trône. »

« Quand Droszelmeier et son confrère l'astrologue annoncèrent au roi qu'ils apportaient la noix de Kratakuk, que la princesse devait manger pour recouvrer sa première forme, il ne manqua pas de princes ni de seigneurs qui s'offrirent pour en briser la coquille, et qui y laissèrent leurs dents.

« Puisque personne n'en peut venir à bout, dit alors l'ingénieur, permettez-moi de vous présenter quelqu'un qui ne « fera pas tant d'efforts. »

« Le fils du tourneur en bois s'avança modestement, et prit la noix entre ses dents, sans mot dire, après avoir salué toute la cour. L'ingénieur royal serra vivement la queue de lapin derrière la nuque du patient, qui cassa la noix comme une amande verte, l'éplucha et la présenta poliment à la princesse Pirlipat.

« Le prodige fut aussi complet que rapide. A la place de l'odieuse tête de souris qui surmontait les épaules de la princesse, on vit s'élever une figure ravissante de beauté. Toute la musique royale annonça par des fanfares la délivrance de Pirlipat, et les acclamations de la multitude qui se pressait aux alentours du palais saluèrent cet événement inespéré.

« Malheureusement, le fils du tourneur en voulant faire une profonde révérence à Leurs Majestés, marcha sur une souris que personne n'avait aperçue. Aussitôt, il fut changé en monstre hideux. Sa tête grossit, son corps s'allongea, et sa mâchoire parut emmanchée d'un marteau de bois désormais inséparable.

« Pirlipat poussa un cri d'horreur en voyant son libérateur ainsi défiguré.

« Le roi, qui avait promis solennellement la main de sa fille à celui de ses sujets qui saurait rompre son enchantement, accabla d'injures le misérable garçon devenu casse-noisette, et le fit jeter à la porte sans aucune pitié.

« L'astrologue se souvint alors qu'il n'avait pas révélé toutes les prédictions de l'horoscope. Il se hâta de déclarer que l'infortuné casse-noisette verrait cesser sa cruelle métamorphose, quand il aurait tué le roi des rats, et quand il se serait fait aimer d'une femme, sous sa laide figure..... »

A ces mots, le parrain Droszelmeier absorba une grosse prise de tabac d'Espagne, et éternua trois fois en saluant. Son histoire était finie.

Marie blâma hautement l'ingratitude de Pirlipat.

Fritz soutint que le casse-noisette avait bien mérité d'être disloqué, puisqu'il n'avait pas vaincu le roi des rats, et que le parrain Droszelmeier était trop bon de l'avoir raccommodé.

V

La petite fille avait gardé le lit toute une semaine. Au bout de ce temps, elle se trouva parfaitement rétablie et à même de recommencer ses jeux avec Fritz. Elle retrouva l'armoire vitrée en parfait état. Les poupées, les soldats, les maisonnettes de carton, les grandes chasses en bois de Nuremberg étaient rangés à leur place accoutumée. Le casse-noisette figurait avec avantage au milieu de tant d'objets divers, et se faisait remarquer par sa mâchoire toute neuve.

L'histoire merveilleuse ainsi racontée par le parrain Droszelmeier, revint alors au souvenir de Marie. Elle se persuada que ce petit instrument n'était autre que le fils du tourneur en bois de Nuremberg, qui portait le même nom, comme nous l'avons raconté plus haut.

« Mon digne et infortuné monsieur Droszelmeier, lui dit Marie, quoique vous ne puissiez, sous cette forme-là, ni vous mouvoir tout seul, ni parler, je sais pourtant que vous êtes à même de me comprendre, car votre maudite métamorphose vous a laissé la mémoire. Soyez donc assuré que je ferai tout mon possible pour que mon parrain, qui est un savant, vous délivre de cette vilaine situation. »

Le casse-noisette ne répondit pas, mais Marie crut entendre une petite voix mystérieuse qui la remerciait et lui disait : « Marie, je suis à toi pour toujours, parce que tu es bonne et sensible ! »

La pauvre enfant s'enfuit tout effrayée, mais elle éprouvait, dans le secret de son cœur, une ineffable satisfaction.

Quelques jours après, pendant une veillée à laquelle assistait le parrain Droszelmeier, elle lui raconta tous les détails de la bataille nocturne dont elle avait été le témoin, puis elle ajouta : « Je sais très-bien aujourd'hui, cher parrain, que notre casse-noisette n'est autre que le fils de votre cousin, le tourneur en bois de Nuremberg. »

Fritz niait à grands cris la vérité du récit de sa sœur. « Si mes soldats s'étaient laissé battre par des rats, disait-il, je les mettrais en poussière. Mais ils sont incapables d'une pareille lâcheté. »

Droszelmeier sourit et prit Marie sur ses genoux. On ne sait ce qu'il lui glissa dans l'oreille, mais la figure de la petite fille s'éclaira d'un rayon de joie silencieuse.

Trois jours plus tard, elle fut réveillée par un tapage nocturne semblable à celui de la bataille des rats et des hommes de bois. Elle voulut crier, mais la voix expira dans sa poitrine, et tout à coup elle vit distinctement le roi des rats s'élancer d'un bond sur la table de nuit.

« Petite, lui cria-t-il de sa voix aiguë et sifflante, il me faut tous tes bonbons, toutes tes sucreries, ou bien je rongerai la tête de ton casse-noisette. »

A ces mots, il disparut.

Le lendemain, Marie était pâle et triste ; mais elle se sentait la force de renoncer à tout pour sauver le casse-noisette. Elle ramassa toutes les friandises qu'elle possédait, et les porta le soir au pied de l'armoire vitrée.

Le jour suivant, M. Stahlbaum dit à sa femme en déjeunant : « Je ne sais en vérité d'où proviennent toutes les souris qui dévastent cette maison, mais le fait est qu'elles ont dévoré toutes les sucreries de cette pauvre Marie. »

La petite fille savait bien ce qu'il en était, et elle s'applaudit intérieurement d'avoir sauvé le casse-noisette.

Le même soir, le roi des rats revint à l'heure de minuit, et lui dit : « Je veux déchirer tes plus belles poupées ; si tu ne me les livres pas dès demain, je mettrai en pièces ton casse-noisette. »

Marie obéit, le cœur serré.

Toutes les poupées disparurent.

Le soir suivant, le roi des rats renouvela sa visite et voulut exiger tous les beaux livres à images coloriées.

Marie promit encore ce sacrifice. Mais comme elle était fort chagrine, elle conta à son frère ce qui lui arrivait chaque nuit.

Fritz, après lui en avoir fait répéter les détails pour plus d'exactitude, rangea toute son armée en bataille, et attacha un sabre de fer-blanc à la ceinture du casse-noisette.

A l'heure accoutumée, le frère et la sœur se mirent au lit, mais sans pouvoir fermer l'œil, dans la pénible attente de ce qui allait arriver.

A minuit le vacarme commença, mais ne dura que quelques secondes. On frappa doucement à la porte de la chambre à coucher, et la voix du casse-noisette appela Marie. Marie se leva légèrement et courut ouvrir la porte.

Le casse-noisette parut et tomba à ses pieds, où il déposa son sabre sanglant et les sept couronnes du roi des rats qu'il avait vaincu. « Jeune fille, lui dit-il, venez avec moi recevoir la récompense due à votre bon cœur. »

VI

« Je consentirais peut-être à aller avec vous, monsieur Droszelmeier, si je savais où vous voulez me conduire, car je vous observerai qu'il est tard, et que j'ai une terrible envie de dormir.

— Venez vite, il le faut, reprit le casse-noisette. »

Il y avait dans son accent quelque chose de si puissant, que Marie ne put résister, et le suivit, sans songer à mettre ses pantoufles, et au grand risque d'attrapper la coqueluche.

Le casse-noisette marcha devant elle jusqu'à une immense et vieille armoire gothique, reléguée dans un coin du vestibule, et qui ne servait qu'à enfouir pêle-mêle les nippes usées de la famille Stahlbaum.

Les deux battants s'ouvrirent sans crier sur les gonds rouillés, et le premier objet qu'aperçut Marie fut la vieille pelisse de peau de renard gris, que son père portait autrefois dans ses voyages.

Le casse-noisette grimpa sur une des manches, et tira de la poche une petite échelle de bois de cèdre sur laquelle il pria Marie de monter.

L'échelle grandit aussitôt et s'allongea tout d'une pièce, jusqu'à la plate-forme de l'armoire.

La jeune fille grimpa résolûment, et quand elle fut arrivée sur le dernier échelon, il lui sembla qu'elle entrait avec le casse-noisette dans une prairie toute fleurie et resplendissante de clarté.

« Nous sommes sur la frontière du royaume de Sucre-Candi, » annonça le casse-noisette. « Voici la porte de la capitale. »

En effet, Marie aperçut à quelque distance une ville dont les murs semblaient de marbre blanc veiné de rose. En approchant elle reconnut que ces murs étaient un gâteau d'amandes douces, mêlées avec des raisins secs.

A la porte de la ville, une douzaine de petits singes, vêtus de couleurs tranchantes, faisaient entendre une harmonie pleine de charmes. L'air était parfumé de senteurs divines; ces odeurs venaient d'une merveilleuse forêt qui fermait l'horizon, à droite et à gauche de la ville. Tous les arbres de cette forêt portaient à leurs branches vertes des fruits d'or et d'argent, et de petites lumières attachées avec des faveurs de toute nuance. Quand le vent agitait ces arbres, leurs rameaux produisaient, en s'entrechoquant, la douce harmonie dont Marie venait d'être frappée.

« Nous sommes ici, reprit le casse-noisette, dans la forêt de Weinacht; c'est ici que sont rassemblés tous les cadeaux qui s'éparpillent dans le monde à chaque solennité de Noël. »

Ils se promenèrent tous deux au bord d'un ruisseau plein d'essence de fleur d'oranger; ce ruisseau allait mêler ses eaux à une rivière de limonade, qui versait elle-même ses flots dans un immense lac de lait d'amandes.

Le casse-noisette fit remarquer à sa compagne des villages de nougat, et des hameaux de croûte de pâté. Mais ce qui frappa le plus les regards de Marie, ce fut la ville capitale, bâtie au bord d'une mer rose, sur laquelle se balançait un esquif de nacre aux mille reflets changeants, traîné par deux cygnes blancs, et monté par douze rameurs noirs qui vinrent chercher et portèrent à bord de l'esquif le casse-noisette et Marie. Aussitôt ce léger véhicule se mit en mouvement, bercé par les ondulations des flots paisibles. Quand nos voyageurs furent assez loin du rivage, l'air se remplit de mystérieux concerts, et dans les ondes couleur de rose, Marie vit briller un délicieux visage de jeune fille.

« Que vois-je? s'écria-t-elle en frappant ses mains l'une contre l'autre avec ravissement, n'est-ce point la princesse Pirlipat qui nous sourit dans l'eau?

— Non! répondit le casse-noisette avec un soupir étouffé, ce n'est point Pirlipat que vous voyez : c'est votre propre image que réfléchit ce lac d'amour. »

Marie alors releva sa tête et rougit, toute confuse du plaisir qu'elle venait de trouver à se contempler elle-même. En ce moment l'esquif abordait l'autre rivage. Les rameurs noirs la prirent de nouveau dans leurs bras pour la porter à terre.

En débarquant, la jeune fille distingua un palais magnifique de cristal, d'or et de vermeil enlacés. Il en sortit un petit vieillard qui accourut au-devant de Casse-Noisette, et lui dit, en s'inclinant jusqu'à terre : « Prince, soyez le bienvenu dans le palais des Confitures! »

Aussitôt les soldats cuirassés de feuilles d'argent sortirent du corps de garde et rendirent les honneurs au prince Casse-Noisette.

Marie ne se trouvait nullement embarrassée du rôle qu'elle jouait en ce moment; elle admirait tous les objets de la meilleure foi du monde.

Le prince Casse-Noisette lui offrit la main très-galamment pour l'introduire dans les salons du palais, où une fête vraiment royale semblait avoir été préparée. Les seigneurs et les dames de la cour étant accourus au pied du grand escalier, pour le complimenter, il leur présenta sa compagne. « Voici, leur dit-il, la fille d'un respectable médecin, mademoiselle Marie, à qui je dois la vie; car pendant mon voyage, j'avais rencontré à Nuremberg l'ennemi mortel de ma famille, le roi des rats, et mademoiselle Marie m'a sauvé dans une bataille, en jetant sa pantoufle à la face des soldats qui allaient me faire prisonnier et probablement me massacrer. Rendez-lui grâce pour le bonheur que vous avez de me revoir. »

Les dames et les courtisans accablèrent Marie des plus vives félicitations, et tout le monde se rendit ensuite dans un salon de cristal de roche tout illuminé, où l'on prit place autour d'une collation délicieuse. Mais à la première bouchée que Marie voulut avaler, elle éprouva un hoquet subit et si violent, qu'....

ÉPILOGUE

.... Elle s'éveilla dans son petit lit. Il faisait grand jour, et sa mère la traita de petite paresseuse.

« O chère mère ! que de belles choses j'ai vues cette nuit ! s'écria-t-elle : et elle se mit à en faire le récit avec un enthousiasme enfantin.

— Pauvre enfant ! dit madame Stahlbaum ; tu as fait un doux rêve. Mais tiens, ajouta-t-elle, en conduisant sa fille vers l'armoire vitrée où se trouvait le casse-noisette, comment peux-tu, quand tu réfléchis, croire un seul instant que cette grossière mécanique soit bonne à autre chose qu'à éplucher des noisettes ?

— Je t'assure pourtant qu'il est prince, et qu'il a un palais plus beau que celui du roi.

— Folle ! s'écria M. Stahlbaum qui venait de s'approcher. »

Marie, blessée dans son amour-propre, tira de dessous son oreiller les sept couronnes du roi des rats, et les montra à son père avec un sourire de triomphe.

Le médecin soupçonneux hocha la tête, et considéra longtemps avec curiosité ces petites couronnes faites d'un métal inconnu et très-artistement travaillées.

« Qui t'a donné ces bijoux ? demanda-t-il à la jeune fille.

— C'est le casse-noisette.

— Menteuse et sotte ! s'écria le conseiller. Deux qualités que je ne te connaissais pas encore, et dont je t'engage à te défaire. »

Marie ne répondit pas, mais elle se mit à pleurer amèrement.

Tout à coup, la porte du salon s'ouvrit. C'était une visite du parrain Droszelmeier. M. Stahlbaum le fit juge de la question.

Droszelmeier prit le père par la main, et l'amenant auprès de la fenêtre, il lui dit tout bas : « Je vous donne tort. Pourquoi tourmenter cette chère innocente à propos de mystères qui laissent votre esprit en défaut? Laissez donc rêver les enfants, cela vaut mieux que de réfléchir plus tard sur le vide de son cœur, et sur les ruines de ses illusions. »

LE CHEVALIER COQ

I

Le pays des Orbitains, dont les vieux itinéraires ne marquent plus la place, était depuis longtemps ravagé par deux terribles fléaux. Dans l'enceinte de leur ville se cachait un dragon monstrueux qui dévorait les enfants, et dans leurs campagnes un hippogriffe enlevait les filles et les femmes.

Un matin, avant le lever du soleil, un de ces braves chevaliers errants dont le type est perdu, traversant la forêt des Hasards, aperçut une jeune fille tout en larmes qui courait pieds nus à travers les ronces, et dont les cris lamentables attirèrent son attention.

« Qu'avez-vous donc, belle enfant? lui demanda le chevalier. Pourquoi pleurez-vous?

— Hélas! répondit la jeune fille d'une voix étouffée par les sanglots, on vient de tuer trois hommes et d'enlever ma pauvre maîtresse.

— Je ne puis ressusciter les morts, reprit le chevalier, mais j'ai un bras pour les venger. Avant tout, dites-moi quelle route ont suivie les ravisseurs de votre maîtresse.

— Seigneur, répliqua la jeune fille, le brigand qui me l'a

ravie est un cheval, un géant, un oiseau, que puis-je vous dire? un démon peut-être. Jugez si une dame qui n'a pas seize ans n'est pas bien malheureuse de se trouver au pouvoir d'une bête?

— Eh bien, répéta le guerrier, courons la délivrer! »

La jeune fille essuya ses yeux : l'inconnu lui donna la main; elle sauta en croupe, l'enlaça et lui dit : « Bon chevalier, suivez ces larges traces que vous voyez empreintes sur la rosée. »

Le destrier, pressé par l'éperon, franchit au galop des fossés, des taillis, des ravins, et il était temps, lorsqu'il passa devant une caverne que d'épais arbrisseaux dérobaient aux yeux.

Alors, la jeune fille entendit des cris : elle reconnut la voix de sa maîtresse.

« La voilà! s'écria-t-elle, c'est ici! bon chevalier, délivrez-la. »

Tous deux mirent pied à terre. Le guerrier perça au travers de la feuillée, et en entrant dans la caverne, il vit un monstre d'une espèce nouvelle.

Ce monstre avait une tête humaine, d'une grosseur énorme, un front armé de six cornes aiguës, des yeux d'un rouge ardent, sous de vastes sourcils de couleur fauve, et une large bouche qui s'ouvrait au milieu d'une forêt de barbe hérissée. Le reste de son corps participait de l'oiseau, du reptile et du quadrupède. Deux grandes ailes étaient repliées sur son dos; son ventre était garni de fortes plumes. Sa croupe s'allongeait en queue de dragon, armée d'un dard à son extrémité, étincelante de couleurs diverses, et flexible comme les anneaux de la couleuvre.

Il tenait dans ses griffes une hache tranchante avec laquelle il allait abattre la tête de la jeune dame. Cette pauvre victime était liée de cordes à des pieux plantés au milieu de la caverne. Elle était belle en effet, mais son état la rendait bien plus touchante que sa beauté.

Au bruit que fit le guerrier en entrant dans la caverne, le monstre tourna sa vilaine tête.

« Rends la liberté à cette dame, lui cria le jeune étranger; ou la caverne va devenir ton sépulcre.

— Tu appelles ceci une dame? répondit la terrible bête. Le nom n'y fait rien; mais les dames sont tendres et d'un fort bon goût. J'ai pris celle-ci dans ma chasse du matin, et je la mangerai.

— Anthropophage maudit, répliqua le guerrier, a-t-on jamais enlevé des filles pour les manger? »

Et en même temps, il lui porte un coup furieux de sa lance au milieu de l'estomac. Le monstre, qui ne s'y attendait pas, entra dans une colère qui fit dresser ses plumes sous son ventre et ses crins sur sa nuque. Au lieu de frapper la jeune dame, il tourna sa hache contre son ennemi. Mais celui-ci, esquivant l'arme fatale, tira son épée, qui, par parenthèse, était la meilleure épée dont on ait jamais eu connaissance, et il commença par tailler les ailes de la bête à coups redoublés.

Ensuite, s'appuyant d'une main sur la nuque, il sauta légèrement sur l'échine dépouillée pour se garantir de l'atteinte des cornes et frapper à son aise à l'endroit qu'il lui plaisait de choisir. Mais le monstre replia son horrible queue; dix fois, il la roula autour du corps de son téméraire cavalier, et dix fois il s'efforça d'en introduire le dard par quelque défaut de l'armure.

Pendant ce combat, la jeune fille avait détaché les liens de sa belle maîtresse. Celle-ci ne se vit pas plutôt libre, que la reconnaissance lui inspira le courage de sauver son libérateur. Elle alla prendre, dans un coin de l'antre, plusieurs peaux de femmes ou de filles à moitié desséchées, et en enveloppa la tête du monstre. Ensuite elle s'arma de la hache, et à force d'en frapper sur la terrible queue et d'en trancher quelques parties, elle parvint à dégager le bras droit du chevalier. Celui-ci plongea sa bonne épée dans les flancs et le cou du monstre, qui vomit un torrent de sang noir et expira.

Alors, le ciel retentit d'affreux coups de tonnerre; l'air se teignit d'une couleur d'incendie étouffé, comme si l'univers allait périr sourdement consumé. La caverne, le rocher s'ébranlèrent. On entendit hurler des voix effroyables; les vents arrachaient les arbres avec des sifflements terribles. On voyait les foudres courir de toutes parts sur les hautes cimes et à travers les souches antiques de la vaste forêt. L'onde en torrents, la grêle en énormes masses, la cendre en lourds nuages et la neige en épais flocons se précipitaient et se confondaient dans leur chute.

Il n'était pas possible aux deux femmes de quitter cet antre sanglant et d'aller affronter la tempête. Elles voulurent attendre que le ciel reprît sa sérénité, et, pour occuper les moments, la jeune dame témoigna toute sa reconnaissance à son libérateur, qui lui en devait bien un peu, et le pria de lui dire quelle heureuse aventure l'avait conduit en ces lieux pour lui sauver la vie.

II

« Ce que je sais, répondit le guerrier, c'est d'où je viens; mais il ne m'est pas possible de vous dire où je suis, ni comment j'y suis venu.

— Vous êtes, reprit la jeune dame, aux environs de la cité d'Orbe, une des plus florissantes des bords de la Méditerranée, et qui est aujourd'hui désolée par deux monstres dont vous avez tué le plus à craindre. Mais, chevalier, permettez-moi de délacer votre casque, et ne me refusez point la joie de voir le visage de mon libérateur.

— Ma joie est sans égale, répliqua le guerrier, en ôtant son casque lui-même, et le posant à côté de lui; et je ne puis me plaindre de la mauvaise nuit que j'ai passée, puisque je suis si près de la cité d'Orbe. C'est là que je dois retrouver mon père Franc-Gal, le chevalier Vieux, au grand cheval nageant et volant, et c'est là, sans doute, que j'aurai *le bonheur* de vous reconduire. »

La jeune dame, trop occupée à considérer le beau visage de son sauveur, ne répondit point à ce compliment; il fallut que sa suivante l'avertît de sa distraction.

« Il est vrai, dit-elle enfin. Vous y recevrez les remercîments de ma famille; elle est considérée dans Orbe, et le nom des Gratian est célèbre dans toute cette contrée. Le chevalier Gratian est mon père; il m'avait envoyée au château du

Chef-Vert, pour visiter une de mes cousines appelée Callirhoé. Nous avions repris, ce matin, la route d'Orbe avant l'aurore, espérant que le monstre serait encore endormi dans sa caverne; mais il a paru, contre notre espérance: mon escorte n'a pu me défendre, et sans vous je ne serais plus au monde.

— Ce service est léger, répondit le fils de Franc-Gal, et je désire ne vous en rendre jamais de pareils.

— Or, reprit la dame, continuez votre récit.

— Il y a deux ans, poursuivit le jeune guerrier, que je m'éloignai des bords du Tanaïs et de ma très-honorée mère Priscaraxe, pour aller en quête de mon père Franc-Gal, le chevalier Vieux au grand cheval nageant et volant. J'ai parcouru l'Asie entière; son nom était connu dans tous les lieux où j'arrivais, j'ai reçu partout des avis de son passage, mais je n'ai pu le rejoindre encore. Hier, au déclin du soleil, mon cheval me mit à l'entrée de quatre chemins au milieu des hauteurs du mont Caucase, et ne soyez point surprise, madame, si je suis venu de si loin en une seule nuit.

« A l'entrée de ces quatre chemins, il y avait une petite plaine couverte de hautes herbes, et dans le milieu j'aperçus un trophée dressé sur les rameaux dépouillés d'un vieux chêne. Comme j'ai, de tout temps, fait mon plaisir des armes, et que je suis jaloux de posséder les meilleures, je fis approcher mon cheval près du trophée, et je contemplai avec délices la beauté de l'armure qu'on avait là suspendue. La pièce qui me frappa surtout fut un écu losangé, travaillé d'une seule lame de cuivre, et sur lequel était, pour blason, un coq d'or, armé et onglé de gueules en champ surémaillé de sinople vert; c'est celui que vous me voyez. Cet écu, me dis-je à moi-même, doit m'appartenir. Celui dont on a suspendu ici l'armure, était sans doute de la famille de Gal dont j'ai l'honneur de faire partie; c'est mon droit et c'est ma raison pour l'emporter. Alors, je me mis debout sur mon cheval, et avec la pointe de mon épée, je m'efforçai de le dépendre.

« Mais, tandis que je m'allongeais le plus possible, et que déjà du bout de l'épée j'atteignais la courroie qui soutenait le fatal écu, mon maudit destrier leva la tête, et aperçut une fontaine qui descendait de la colline. Pressé de boire, il se déroba de dessous moi, et me fit lourdement tomber parmi les herbes.

« La chute n'était qu'une bagatelle; mais j'entendis partir un éclat de rire qui me fit monter la rougeur au front. De dépit d'avoir été vu, je me levai, et l'épée au poing, je courus du côté d'où les rires me paraissaient venir.

« — Qui que tu sois, m'écriai-je, qui ris et te caches, tu ne peux être qu'un mauvais plaisant. Mais si tu es chevalier, montre-toi, et je t'enseignerai la courtoisie.

« A ces mots, de nouveaux éclats de rire achevèrent de me mettre en fureur.

« — Tu seras bien haut monté, repris-je, si je ne t'abats un peu plus rudement que tu ne m'as vu tomber. Je te trouverai, rieur maudit !

« Et les éclats recommencèrent de plus grand cœur.

« — Va, lui dis-je enfin, outré de colère et de mépris; — tu n'es qu'un insolent poltron, mal né et mal appris, de race vile et indigne de porter les armes! Si je parviens à te découvrir, je te ferai mourir sous le bâton.

« Dans le transport où j'étais, je courus longtemps, frappant dans les buissons à grands coups d'épée. Mais aussitôt que je passais d'un côté, mon coquin de rieur éclatait de l'autre, et si je courais là, je l'entendais rire d'une autre part. J'étais désolé, épuisé de fatigue et baigné de sueur. La nuit devenait obscure; je craignis de m'égarer et de perdre mon cheval; de sorte que, las de percer les airs de cris et de coups inutiles, je regagnai la fontaine au bord de laquelle je retrouvai mon coursier paissant avec tranquillité. Je rengainai mon épée; je me lavai la face et les mains dans les belles ondes, et me couchai sur l'écu qui m'avait coûté tant de peine. Avant de m'endormir, je me ceignis des deux courroies, et les bouclai bien étroitement sur ma poitrine, dans la crainte qu'une si bonne arme défensive ne me fût enlevée pendant mon sommeil.

« Les feux de la nuit étincelaient au firmament lorsque mes paupières se fermèrent. Je ne sais si je dormis un long espace de temps. Mais je fus subitement réveillé par une voix sépulcrale et terrible qui me disait : — Rends-moi mon écu, larron sacrilège !

« Ma surprise ne me permit pas de répondre. Je vis le ciel chargé de noirs nuages, et la terre parsemée de flammes livides, mobiles et légères, qui éclairaient l'horizon d'une effrayante clarté. Comme je n'avais point répondu, la voix me fit entendre de nouveaux accents d'un ton plus menaçant.

« — Vil guerrier, me dit-elle, comment n'as-tu pas craint de dépouiller mes trophées ? Rends-moi mon écu, te dis-je, et garde-toi de te réclamer jamais de noble origine, puisque tu viens de fausser la noblesse par une lâche impiété.

« On ne peut imaginer de confusion pareille à la mienne, lorsque je m'entendis reprocher un forfait à ma noblesse. Je me levai plein de dépit, et alors j'aperçus devant moi un guerrier de taille hautaine, d'aspect farouche, et vêtu de noir.

« — Qui que tu sois, mort ou vivant, lui dis-je avec fermeté, apprends que je n'ai point dérobé ton écu ; je l'ai pris à découvert comme une chose publiquement abandonnée. Le blason qu'il porte est le mien, voilà pourquoi je l'ai pris. Néanmoins, je suis prêt à le rendre à qui me montrera qu'il en est légitime propriétaire, et en attendant, je le garde. Quant au reproche de vilenie, je ne l'ai point mérité, et ne le mériterai jamais. Pour toi, qui parles si arrogamment, réponds à ton tour et me dis qui tu es.

« Alors, le fantôme répondit : — Je fus jadis, et il soupira. Je portais, ajouta-t-il, un nom que tu dois connaître ; on m'appelait Gallehaut, le chevalier franc et libéral de l'antique famille des Macrobe. J'ai vécu digne de mes ancêtres, Gallehaut le Brun, incomparable en armes, Hector le Brun, son fils, qui accomplit tant de merveilles au temps du roi Uterpandragon, et Drunor le Grand qui fut singulièrement ami de Lancelot du Lac. J'ai vu de grands chevaliers dans ma vie ; je me suis occupé comme eux du bien du monde et de l'honneur des dames. J'ai vu mourir le noble et vaillant Tristan de Léonnais. Sa mort me fut si douloureuse que j'en aurais abandonné l'usage des armes, si l'oracle du prophète Merlin ne m'eût appris qu'il ressusciterait un jour, et que par la puissance d'une plume magique, un noble chevalier qui méritait de vivre dans nos siècles d'honneur, de loyauté et de courtoisie, rappellerait mon ami sur la scène de l'univers, et le ferait adorer des dames de la Gaule. Enfin, je suis venu mourir en ces lieux sous l'épée de ton père. C'est lui qui a suspendu mon armure à l'arbre où tu l'as vue, et qui m'a fait dresser un simple monument de gazon vert au pied du chêne.

« — S'il en est ainsi, lui répondis-je, ton écu m'appartient comme une conquête de mon père Franc-Gal. Cesse désormais d'y prétendre, mais tiens-toi pour assuré que je le conserverai au péril de ma vie, pour l'amour de toi qui es mon parent, et qui n'en as plus que faire, — aussi bien que pour m'honorer de cet exploit de l'auteur de mes jours.

« — Tu te trompes, jeune homme, répliqua le fantôme. Les prix de la vaillance ne peuvent se transmettre : honorables pour les pères, ils sont nuls pour les enfants. La gloire n'est point un héritage comme la fortune : quiconque s'honore de ses aïeux est coupable d'une erreur puérile ; mais s'il leur ressemble, il peut s'en vanter. Ainsi, ce pavois, conquis par un autre, n'est qu'un vain meuble pour toi, et jamais il ne peut illustrer ta personne. Rends-le moi donc.

« En achevant ces mots, il saisit à deux mains cet écu auquel je m'étais attaché, et avec la rapidité et la force d'un aigle qui enlève un passereau, il m'emporta si haut dans les airs, qu'à la lueur des feux qui couvraient la prairie, j'aperçus mon destrier gros comme un lièvre parmi les herbes. Il m'a tenu, pendant toute la nuit, à cette hauteur, et ce matin, bien avant le lever de l'aurore, il s'est mis à me secouer avec plus de violence en me répétant sa demande ordinaire ; mais voyant que j'étais obstiné dans mon refus, mon cher parent m'a précipité vers la terre, et je suis tombé assez mollement sur la fraîche verdure, plus étourdi de la rapidité de ma chute que de la chute elle-même. A peine ai-je frappé la terre en tombant que j'ai entendu rire, et j'ai reconnu la voix de mon rieur de la veille.

« —Et quoi, grand chevalier Gallehaut, lui ai-je dit, sont-ce là des amusements dignes d'un noble fantôme comme vous êtes ! Et n'avez-vous pas de honte de vous occuper de pareils jeux ?

— De quoi te plains-tu, s'écria-t-il. Il ne tenait qu'à moi de te faire pis, et de te précipiter de la hauteur des étoiles dans les abîmes des mers ou sur la pointe des rochers; au lieu de cela, je t'ai laissé doucement descendre sur le gazon. Mais écoute, je me suis fait un plaisir d'éprouver ton courage. C'est moi qui ai chassé ton cheval vers la fontaine, c'est moi qui t'ai désolé par mes éclats de rire; mais ne crois point que je te haïsse : tu connaîtras si je t'aime, dans des temps où mon secours te sera utile. Il y a longtemps que je t'attendais au Caucase, et que je te gardais cet écu que j'ai tant réclamé. Je te le donne. Apprends que tu reverras aujourd'hui ton père Franc-Gal qui te cherche et que tu cherches toi-même. Dis-lui que Galehaut le salue et que la souveraine dame Anange a marqué la fin de ses voyages. Adieu. Il est temps que je me réunisse à la masse éternelle des esprits que tu as vus luire de tous côtés en essences fluides et enflammées.

« Il dit, et je le vis disparaître comme une étoile qui file.

« Au lever du jour, je me suis trouvé aux portes d'un château qu'on m'a dit être le château du Chef-Vert, que vous m'avez nommé tout à l'heure. J'ai été reçu par une jeune et belle dame, moins jeune cependant et moins belle que vous. Elle m'a demandé mon nom. Alector, lui ai-je dit, est celui que j'ai toujours porté, et en raison de mes armoiries, on m'appelle vulgairement le *chevalier Coq*.

« Alors, elle a fait, en grande hâte, seller et harnacher le coursier que vous voyez, et elle m'a dit :

« — Chevalier Coq, ma dame et maîtresse Anange, qui s'occupe de toi comme du soleil et du vermisseau, t'ordonne de monter ce coursier, et d'aller sauver la biche blanche, afin de retrouver ton père qui te cherche, et de délivrer les Orbitains de leurs maux.

— Sans doute, mademoiselle, que la biche blanche n'est autre que vous-même. Nous avons eu le bonheur de tuer le monstre, mais de plus grands avantages me sont promis de votre rencontre. S'il est vrai que je doive revoir mon seigneur et père Franc-Gal, aujourd'hui que je vous ai vue, mademoiselle, quel jour pourra m'apporter jamais plus de faveurs ensemble ? »

III

Le fils de Franc-Gal ayant ainsi achevé son récit, la jeune dame, qui avait été aussi attentive à le regarder qu'à l'entendre, lui répondit modestement, mais avec un peu de finesse :

« Généreux écuyer, si notre souverain Jove daignait exaucer mes vœux, tout le bonheur de cette journée ne serait pas pour vous, et je me croirais au comble de la félicité, si je pouvais vous récompenser du service que vous m'avez rendu. Mais croyez que mon père, mes frères et toute ma famille y feront leurs efforts.

— Mademoiselle, interrompit le guerrier, quel est votre nom?

— Noémi, répondit-elle.

— Si ce nom signifie belle, gracieuse et parfaite, aucun nom ne vous convenait davantage; mais de grâce, belle Noémi, ne me parlez point de récompense, à moins que vous ne me la vouliez accorder vous-même.

— Hélas! reprit Noémi, je ne suis qu'une simple fille, qui n'ai rien à moi, et qui jamais ne pourrai m'acquitter à votre égard.

— Ma dame Noémi, dit le chevalier Coq, il faut que vous me disiez si vous avez un ami?

— Très-volontiers, répondit la jeune Orbitaine. Mais auparavant je vous prie de répondre à la même question.

— J'ai une amie, répondit le chevalier; mais il n'y a que bien peu de temps que mon cœur est épris de sa beauté.

— En vérité? Et cette amie est-elle bien belle?

— Comme vous, reprit Alector.

— Et jeune?

— Comme vous.

— Et elle vous aime ?

— Hélas ! sur ce point, je ne sais rien dire ; mais j'ai dans la pensée qu'il n'y a que vous qui puissiez répondre à cette question.

— Comment cela, s'écria Noémi, si je ne la connais point ?

— Ah ! c'est que vous la connaissez très-bien.

— Dites-moi donc son nom.

— Ignorez-vous, madame, qu'en chevalier l'on doit taire le nom de son amie ? » répondit Alector.

Et il la regardait, et ses yeux exprimaient, à ne s'y pas méprendre, ce que sa bouche feignait de vouloir taire.

« Il est malheureux que vous ne puissiez le dire, ajouta Noémi. Quant à moi, plus ignorante, je vous aurais tout net déclaré le nom de mon ami.

— Est-il jeune, votre ami, madame ?

— Oui, répondit-elle un peu dépitée.

— Et il est beau, sans doute ?

— Oui, mais un peu méchant.

— Cependant, il doit vous aimer de tout son cœur.

— Je ne crois pas, répondit la belle ; car s'il m'aimait de bon cœur, il me l'eût dit.

— Peut-être est-ce la crainte qui l'arrête. Mais, madame, ne puis-je vous demander aussi quel est son nom ?

— Son nom ? Son nom, c'est... »

Noémi s'arrêta. Elle fixa sur Alector ses beaux yeux animés d'une vive expression ; puis, avec un tendre sourire, elle lui dit en rougissant un peu :

« Vous ne devinez pas ?

— Non, répondit Alector avec un autre sourire, mais plein de malice.

— Eh bien, lui dit enfin Noémi, son nom, son nom, c'est... »

Une aimable honte lui fit prendre la main d'Alector, dont elle se couvrit les yeux, et elle laissa amoureusement tomber son visage sur les genoux de son nouvel ami, n'osant plus le voir ni lui parler.

En ce moment, les tonnerres recommencèrent à gronder, les arbres à gémir, et le rocher se fondit en un torrent qui souleva notre couple amoureux, à la nage parmi ses ondes.

Une voix cria dans l'air : « Le sang et les pleurs couleront; la flèche percera la fleur flétrie ; le cierge du voyageur s'éteindra, et le peuple d'Orbe verra deux morts dans son sein. »

Alors, le torrent s'écoula, le ciel reprit sa pureté, et la forêt sa forme et son silence ordinaires.

Alector et Noémi se retrouvèrent assis à côté l'un de l'autre, sur un lit de mousse épaisse. Alector prenait à son tour la main de Noémi, et la belle détournait son visage, où les roses effaçaient les lis.

IV

Dès le matin, et dans le même temps où l'hippogriffe enlevait la belle Noémi, le grand prêtre de la cité d'Orbe, qui avait reçu des avis en songe pendant la nuit, était sorti de la ville après avoir fait la prière matinale ; et son arc au bras, son carquois sur l'épaule, il avait suivi le sentier qui conduisait au rivage de la mer. Chemin faisant, il avait aperçu un oiseau de la grandeur d'un aigle, dont le bec et les pieds étaient rouges, et le plumage d'un noir d'ébène.

Cet oiseau volait d'arbre en arbre, toujours chantant. Le prêtre qui n'entendait rien à son chant, et qui le regardait comme un oiseau vulgaire, plaça une flèche sur son arc et l'ajusta. Son œil n'avait pas encore visé, lorsque, des antiques décombres d'un édifice ruiné par le temps, une lionne s'élança sur lui et le renversa.

Mais voici qu'au même instant, arriva un chevalier de taille gigantesque, tenant une épée d'or au poing, avec un écu émaillé d'azur en parade. Au bruit de son armure la lionne quitta sa proie la plus sûre, et se retourna du côté du chevalier. Celui-ci marcha contre elle avec audace. La lionne fit un saut pour lui saisir la tête ; mais il se couvrit de son écu, et coupa la lionne en deux parts du revers de sa brillante épée.

Le prêtre d'Orbe, revenu de sa frayeur, ne revenait point de sa surprise. Il s'approcha de son libérateur, et baisa sa main victorieuse.

« Tu m'as voulu nuire, et je t'ai sauvé la vie, lui dit le guerrier. Apprends à rendre le bien pour le mal. Cet oiseau que tu voulais tuer est mon messager, mon précurseur. Autrefois, il fut mon bon génie, il me guidait et m'inspirait dans mes jeunes ans. Je ne me suis passé de lui que quand mon intelligence a été formée. Maintenant dis-moi qui tu es?

— On m'appelle le vieux Croniel, dit le prêtre, et je suis ministre de l'autel sacré du souverain Jove, adoré par les Orbitains. Une voix céleste m'a ordonné cette nuit de me promener ce matin sur le rivage de la mer, et de conduire à ma demeure le guerrier qui me sauverait la vie. Daignez donc me suivre, puisque mon oracle est accompli. Il est bien juste que je m'acquitte au moins à votre égard par les faibles devoirs de l'hospitalité. Vous êtes étranger dans ces lieux, et peut-être est-ce un oracle aussi qui vous a envoyé à mon secours.

— Mon oracle, reprit l'inconnu, a été la voix de mon cœur et celle de mes devoirs. Je ne suis point étranger sur ces bords; je ne le suis nulle part. Les hommes ne sont-ils pas des frères dans tous les lieux du monde? L'homme inutile est le seul étranger dans la cité universelle. Mais qu'est devenu le grand-prêtre Calliste que j'avais établi dans Orbe?

— C'était mon prédécesseur, dit Croniel. Mais, hélas! faut-il vous rappeler les fautes de mes concitoyens et l'origine de nos malheurs? Il peut y avoir un siècle et demi que ces climats étaient déserts. L'herbe y séchait sur pied dans les prairies, l'épi ne s'élevait point aux champs, et les stériles bruyères épuisaient les sucs de la terre. Il vint un chevalier qui rassembla nos pères, dispersés dans les cavernes d'alentour; il leur apprit à se bâtir des maisons, à faire croître le froment pour servir de nourriture; il leur donna des lois, et enfin, après avoir changé la face de ces contrées, il partit.

« Il avait nommé des hommes pour veiller sur les différentes parties de son gouvernement, et le prophète Calliste était chargé du dépôt de sa religion. Les Orbitains ont oublié leurs mœurs et leurs lois depuis quelques années. Calliste les reprit aigrement de leurs torts, et s'attira leur inimitié. Dans un jour solennel, où tout le peuple était rassemblé dans les

arènes, il leur dit : « Orbitains, si vous ne revenez au respect
« des lois du chevalier Vieux, je vous prédis que du sang, du
« juste répandu, la terre produira le vengeur de vos for-
« faits, et que les entrailles de vos femmes, de vos filles, et
« de vos enfants seront dévorées, jusqu'à ce que le fi's du
« chevalier Vieux vous arrive des bords du Tanaïs. »

« Le peuple, irrité de cet oracle menaçant, s'arma de
cailloux, et poursuivit le vénérable prophète. Il le lapida à la
porte même du temple de Jove.

« Mais la terre n'eut pas plutôt bu le sang de l'infortuné,
qu'il en sortit deux monstres affreux : l'un s'établit dans les
arènes, et l'autre alla faire ses ravages dans les campagnes.
Maintenant, nous attendons ce fils du chevalier Vieux, qui
doit être notre libérateur. Si le ciel ne se joue point dans
ses oracles, nous le verrons aujourd'hui. Mais au bonheur
qui nous est préparé, se mêleront de tristes disgrâces. Notre
bienfaiteur verra mourir ce qu'il a de plus cher, et sera lui-
même condamné à la mort. Est-ce donc un arrêt des destinées, que le bien ne puisse arriver au monde sans être accompagné de plus grands maux?

— Prêtre de Jove, reprit le chevalier, épargne tes audacieux
murmures. Ce n'est point d'après la raison des enfants que le
maître les gouverne; et celui qui fit le monde ne le gouverne
point non plus d'après nos faibles vues. Mais apprends que
ce libérateur que vous attendez tous est mon fils Alector.
C'est moi qui suis Franc-Gal, le chevalier Vieux, au grand
cheval nageant et volant. Je viens à Orbe pour y trouver mon
fils, et si je meurs dans ses remparts, j'espère que ce ne sera
point avant de l'avoir embrassé et armé chevalier de ma
main. Il est temps que mes yeux se referment à l'aspect de
ce monde que j'ai tant vu; mais je veux que mon fils me
remplace ; je veux qu'il serve les hommes, ainsi que moi, en
dépit de leur méchanceté qui fait tourner à mal tout le bien
qu'on leur fait. Je sais qu'il a des dispositions à l'amour. C'est
une passion grande et noble, mais elle ne pourrait lui inspirer qu'un courage vain et des actions stériles. C'est dans un
autre cercle d'exploits qu'il doit marcher à mon exemple, et
s'il aime jamais, malheur au triste objet de sa passion !

— Ah! s'écria le prêtre, l'histoire de votre vie, illustre Franc-Gal, doit être aussi curieuse qu'instructive. Pardonneriez-vous à mon audace, si je vous conjurais de m'en apprendre quelques particularités?

— Je parle volontiers de moi, dit Franc-Gal, parce que je suis vieux et que ma mort est prochaine. Ce que je te dirai, tu pourras le répéter à mon fils pour son instruction; car madame Anange ne me permettra pas de lui parler longtemps.

« Il est dans le monde une voie longue et large, anciennement frayée et très-peu connue, laquelle part du temple éternel du Dieu souverain, et aboutit à une tour ronde, édifiée avant toute œuvre des hommes. Les fondements de cette tour sont cachés dans des abîmes, et son faîte dépasse la hauteur des cieux. Trois étages seulement de cet immense édifice peuvent être embrassés par notre faible vue. L'architecture en paraît irrégulière, mais elle est pleine d'art et de magnificence; et il n'y avait qu'une intelligence divine qui pût en concevoir et en exécuter le merveilleux dessin.

« A l'extérieur, le plus admirable spectacle ravit les yeux et confond la pensée. Une multitude innombrable d'êtres, de toutes formes, y paraît sans cesse errante, moitié dans des mers, des rivières et des lacs; moitié parmi de hautes forêts, des plaines, des vallées et des montagnes; les uns sur un hémisphère toujours paré de fleurs, de fruits et de verdure; les autres sous des zones malheureuses, toujours versant ou des flots d'une lumière embrasée, ou d'horribles frimas.

« Dans l'intérieur, ce sont d'autres merveilles. Ici, couvent des feux dévorants; et là, mugissent des vents comprimés. Ici, germent et croissent des métaux immobiles; et là, se nourrissent et étincellent, sous une brute écorce, des diamants, des millions d'autres pierreries. Partout s'offrent des trésors et des singularités précieuses, et partout circulent des ruisseaux de matières diverses, qui se mêlent, se séparent, se transmuent, et forment cette multitude de révolutions qui entretiennent l'ordre dans la masse générale des choses.

« Du sommet de la tour le regard s'abaisse sur tous les cieux, et les astres roulant au sein du fluide empyrée. C'est là que réside éternellement une vieille et redoutable dame, nommée Anange. Son pouvoir, de même que son regard, n'est limité par aucune borne. Elle est placée au centre d'un cercle dont elle seule peut découvrir la circonférence. Elle le fait tourner sans cesse autour d'elle, tandis que ses mains sont occupées à nouer les anneaux d'une chaîne d'or qui est le symbole de sa puissance. Chaque nœud qu'elle a serré avec un marteau d'acier poli, est pour jamais indissoluble, et décide des révolutions universelles. Du mouvement de son œil, elle avance ou retarde, elle élève ou déprime, elle crée ou détruit. Les mondes et les êtres sont dans sa dépendance ; rien ne se fait que par elle, et rien ne peut lui résister. Son devoir, immuable et terrible, est de ramener tout à une fin d'immuable ordonnance, à laquelle tout doit céder et aboutir.

« Cette dame Anange a trois filles fées, dont l'office est de recevoir les pèlerins qui vont au temple du souverain Dieu, accessible seulement par des sentiers obscurs, pénibles et difficiles à tenir sans des guides certains. C'est pour cela qu'elles fournissent à chaque pèlerin un cierge pour l'éclairer dans sa route et pour être ensuite offert au dieu du temple.

« La première fée est appelée Cléronome. Belle et bienfaisante, mais un peu sérieuse, elle habite le premier étage au-dessous de sa mère Anange, et c'est elle qui présente le cierge aux voyageurs. Elle le prend au gré d'une secrète détermination de sa mère, dans un immense magasin où il y en a de longs, de petits, de moyens ; et en le donnant, elle prononce une expresse défense de le briser ou de l'éteindre avant le temps.

« La seconde fée se nomme Zodore. Toujours riante et gracieuse, elle habite le second étage, et elle a le soin d'allumer les cierges qu'on vient lui présenter.

« Le nom de la troisième fée est Termaine. Celle-ci est d'un aspect dur, austère et impitoyable. Son emploi est d'éteindre les cierges allumés par sa sœur Zodore.

« Or, tous les cierges sont autant de talismans auxquels est attachée la vie ou la mort de ceux qui les reçoivent. Tant qu'ils brûlent, la vie s'entretient ; mais dès que, par le souffle de Termaine, ils cessent de flamboyer, la vie s'éteint, et il n'y a point à se défendre de l'approche de cette troisième fée; car c'est un décret de la dame Anange que tout cierge soit éteint, ou par sa cruelle fille, ou par quelque violence éprouvée dans la route. Quand le cierge est éteint, il est offert au souverain Dieu, qui en reçoit ou rejette l'odeur, selon qu'elle lui plaît ou déplaît, selon que le pèlerin a conservé son luminaire pur ou qu'il l'a souillé durant l'espace de temps qu'il l'a porté. Il arrive quelquefois que des pèlerins insensés brisent eux-mêmes leur cierge, contre la défense de Cléronome, et qu'animés d'un violent désespoir, ou poussés par un hardi dédain de la vie, ils l'écrasent et tombent eux-mêmes sur les débris. D'autres, croyant le faire luire outre la mesure du lumignon, l'émouchent et l'éventent sans cesse, de sorte qu'ils en hâtent la consommation et qu'il ne leur dure que bien peu de moments. D'autres, se figurant, dans leur folle pensée, qu'ils prolongeront la durée de leur cierge, le couvrent de nouvelle cire. Mais le cierge s'enflamme davantage et se consume avec plus de rapidité. Tous ces pèlerins sont coupables envers Cléronome, et l'odeur de leur cierge n'est point agréée par le souverain Dieu. Les plus sages, fidèles à leur instruction, portent leur cierge droit, bornent leurs soins à éviter les périlleuses rencontres, attendent le terme fatal et s'en rapportent, du reste, à la puissante dame Anange.

« C'est ainsi que les premiers cierges qui furent donnés se maintenaient beaucoup plus longtemps dans leur splendeur, parce qu'ils étaient portés par les premiers hommes, moins fous, moins corrompus et moins faibles que ceux de ce temps. Mais il faut dire aussi que leurs luminaires étaient plus grands et plus beaux, mieux travaillés et composés de meilleure cire que ceux que Cléronome distribue aujourd'hui, soit parce que les premiers bienfaits sont toujours plus magnifiques que les suivants, soit parce qu'il entre dans les desseins de la dame Anange, de ne plus faire que des cierges détériorés.

« Parmi tous ces anciens Luciphores, il y eut une race d'hommes plus prudents et plus adroits à porter le cierge : on les appela Macrobes, parce qu'ils vivaient longtemps. Ils descendaient d'un noble et vertueux laboureur nommé, Kamat, et d'une vertueuse dame et excellente ménagère, nommée Sophrosyne. Tous ces Macrobes ne dédaignaient et ne ventilaient point leur cierge; et ils le gardaient précieusement comme un don du souverain Dieu, et comme une offrande qu'ils devaient lui porter à son temple. Ils tenaient à honneur d'employer leurs membres et leur esprit à tout travail honnête et fructueux, à toute pensée utile et sage. Il y a eu parmi eux des rois magnanimes et de braves chevaliers, qui s'honoraient également de leur épée et de leur charrue. Tous étaient conçus d'un chaste sang, élevés dans l'exercice et la tempérance, ce qui les faisait distinguer par la plus belle forme de corps et par un sens robuste. Ils étaient amis de leurs frères, amis de l'équité, braves, laborieux, bienfaisants, protecteurs du faible, ennemis du puissant injuste, soumis à leur père et mère, aux vieillards, et surtout au Dieu souverain.

« Tels étaient les Macrobes, qui vivaient quatre à cinq âges d'homme, et moi qui suis de leur race, j'en ai compté six jusqu'à cette heure, sans avoir vu d'altération dans la lumière et l'éclat de mon cierge.

« Où est ton cierge? » dit le prêtre.

Le vieux chevalier lui répondit en souriant : « Où est celui que Cléronome t'a donné de même qu'à moi? Prêtre de Jove, le sens se cache sous les paroles : élève le feu de ton cierge, et comprends-moi. C'est avec l'aide du mien que j'ai acquis la connaissance des choses; c'est en marchant à sa lumière que j'ai toujours eu le passé sous mes yeux, que j'ai su discerner dans le présent, et que j'ai aperçu une partie de l'enchaînement des effets et des causes. Ma longue expérience m'a mis en état de prévoir quelque chose de ce qui doit arriver.

« Tu ne te souviens pas des jours du deuil de la nature, où le globe que nous foulons maintenant fut submergé par les eaux. J'avais prévu ce désastre. J'étais alors en Égypte et sur les bords du Nil. Un jour, en élevant mon cierge, je vis qu'il y avait un grand désordre dans les sphères; que la huitième sortirait de son orbite, qu'elle serait forcée de déranger toutes les autres, et que toutes se heurtant réciproquement jusqu'à la nôtre, il en résulterait une violente pression sur les eaux qui l'environnent et une inondation de presque toutes ses parties.

« Je m'avisai de prendre dans le Nil un jeune hippopotame, et je le dressai à l'usage que j'en voulais faire. Quand il fut assez fort pour me porter aisément avec plusieurs personnes et d'abondantes provisions, je l'armai, et le couvris de harnais convenables ; ensuite par un certain art, je lui ouvris les côtes, et lui plantai de grandes ailes qui le font voler sur les eaux plus rapidement qu'un oiseau dans l'air.

« Je ne fus point trompé dans ma conjecture du cataclysme; et, bien peu de temps après, j'entendis derrière moi un craquement épouvantable qui retentit dans toute la profondeur des cieux. D'obscures ténèbres m'environnèrent, les abîmes s'ouvrirent, et l'horrible fracas des mers mugissantes arriva de loin à mon oreille. Je me hâtai de charger des provisions sur mon hippopotame que j'appelais Durat. Je montai dessus avec les miens et ceux du pays qui furent les plus habiles à me suivre.

« Alors, nous vîmes les ondes croître et s'enfler sous nous, et la multitude des hommes et des animaux s'engloutir dans l'inondation. Mon cheval Durat, étendant ses pieds dans les flots, et ses ailes au vent, nous transporta sans péril dans diverses régions submergées, au grand étonnement de quelques malheureux humains qui s'étaient réfugiés sur les arides sommets des plus hautes montagnes, où ils étaient dépourvus de toute espèce de nourriture. Je m'arrêtais souvent pour distribuer de mes provisions, et je leur procurai ainsi le moyen d'attendre l'écoulement des eaux. Je leur donnai aussi plusieurs leçons sur la manière de s'y prendre, quand ils redescendraient dans les plaines ; je les avertis de se nourrir de la chair des poissons arrêtés sur la vase, jusqu'à ce que le soleil eût essuyé et fécondé les limons déposés par les eaux, et jusqu'à ce que je revinsse moi-même leur apprendre à les préparer, pour les rendre capables de production. Je leur tins parole à tous, et dès que le cataclysme eut pris fin, je recommençai la même route. Je remontais les fleuves sur mon bon cheval Durat, et je me transportais à pied dans tous les lieux où mes lumières pouvaient être utiles.

« Dans ce grand pèlerinage, je vins un jour prendre terre en Scythie, par le cours du fleuve Tanaïs. J'avais laissé mon hippopotame au rivage ; et je marchais, seul et à pied, du côté des montagnes, pour y chercher encore de tristes restes de l'espèce humaine. Je me sentis fatigué, et je me couchai sur une peau de lion, dont je m'étais muni contre les orages. Je m'endormis d'un profond sommeil, mais je me sentis bientôt réveillé par une jeune et charmante fille à demi-vêtue de feuilles vertes, liées l'une à l'autre par des brins d'herbe. Sa hauteur était presque égale à la mienne ; et sa taille, légèrement prise par les flancs, s'élargissait vers son sein plus blanc que le lis matinal entre la verdure. De beaux cheveux bruns se roulaient en boucles naturelles sur ses épaules, et le vermillon pur dont l'aube se colore, parait ses lèvres et ses joues.

« Ému par la douceur de son regard et du sourire dont elle me salua en me réveillant, je lui pris doucement la main et lui demandai qui elle était, et ce qu'elle voulait de moi. Elle me répondit d'une voix gracieuse qu'elle était fille du Soleil et de la Terre, née depuis le cataclysme, avec la forme aussi parfaite que je la lui voyais. « Mon nom est écrit sur mon bras, ajouta-t-elle, mais je ne dois le savoir que par vous, car c'est pour vous que j'ai reçu la vie. »

« Je regardai son bras, où je vis plusieurs caractères persiques gravés sur sa peau fine et blanche, et qui formaient le nom de Priscaraxe. Alors, je lui dis : « Ma mie Priscaraxe (car tel est votre nom, et souvenez-vous-en), je reconnais les desseins de madame Anange dans votre rencontre. Je suis donc à vous, puisque vous voulez être à moi, mais c'est moins par obéissance que par amour pour votre beauté. »

« Trente-deux jours de plaisir s'écoulèrent dans la compagnie de ma bien-aimée Priscaraxe. A ce terme, nous nous aperçûmes l'un et l'autre que le décret céleste était accompli, et que j'aurais un fils de la fille du Soleil. Alors, quoique mon cœur me pressât de prolonger une union si douce, le désir de poursuivre mon voyage me poussait à la rompre. Je considérais la terre comme le domicile accordé aux hommes par le souverain Dieu, qui s'est réservé son temple par delà toutes les sphères; et je me serais cru indigne du nom d'homme, et de mon rang dans la famille humaine, si je n'eusse visité et reconnu toutes les parties de notre maison universelle.

« Cléronome m'avait donné une lumière plus éclatante qu'à mes autres frères; je regardais cette faveur comme un ordre de les éclairer et de faire servir à leur bien ce que j'avais de plus qu'eux. C'était pour cela que j'avais entrepris mon pèlerinage; et je ne pouvais accomplir mon dessein en m'arrêtant à d'inutiles voluptés. Je résolus donc avec moi-même de me séparer de ma chère Priscaraxe.

« Lorsque je lui annonçai ma résolution, elle fondit en pleurs, et se pencha sur ma poitrine avec des sanglots douloureux. Longtemps elle arrosa mon visage de ses larmes; longtemps elle tint ses beaux bras attachés à mon cou; mais quand un grand dessein est entré dans la tête d'un homme courageux, il n'est point de force qui puisse le détourner de son exécution. Il s'attendrira peut-être aux larmes de la beauté, mais il ne leur cédera point.

« Ce fut donc vainement que mon épouse tenta de m'ébranler par ses caresses et ses prières, par le reproche de son état et de la situation où je la laissais. J'occupai les jours qui me restaient à lui préparer un sort digne de moi et de ses charmes. Je retirais des montagnes et des cavernes les hommes, femmes et enfants dispersés et menant une vie sauvage. Je gagnais leur confiance par des bienfaits, leur admiration par des exploits contre les animaux féroces, et leur amitié par une douce éloquence. Je les attirais dans la pleine campagne; je leur apprenais à y semer des graines utiles, à transporter et greffer des arbres sauvages, et à lier à l'ormeau la labrusque stérile qui par la culture deviendrait vigne, et se chargerait de grappes vermeilles. Je leur faisais goûter de tous ces fruits, pour les encourager au travail; ensuite, je leur enseignais à familiariser et à rassembler dans des étables ou des bergeries les animaux d'utile service; à s'armer contre les plus nuisibles; à se faire des vêtements de la peau des uns, de la laine des autres, et du lin des campagnes; à façonner des arcs et des flèches; à connaître le fer dans le sein de la terre; à le durcir par différentes cuissons et à le transformer en armes et en instruments d'usage nécessaire; à charpenter le bois, tailler les rocs, et à se construire des demeures commodes le long des eaux. Je leur découvrais encore les avantages de cette position et la manière d'employer les fleuves à la fécondité et à la richesse de leurs terrains. Je les exhortais surtout à travailler les uns pour les autres, à ne se point trop séparer, et à se prêter une aide mutuelle contre les ennemis de leurs plantations et de leurs vies; à ne se point faire d'outrages ni de larcins, et à châtier, d'un commun accord, celui qui attaquerait son frère dans ses biens ou sa personne. Je leur écrivis, dans ce but, un certain nombre de lois et de règlements, sur des rouleaux de la blanche écorce du phyllire, et je leur fis jurer de les garder et de les observer. Je leur fis comprendre la nécessité d'avoir un homme d'entre eux qui veillât sur ce dépôt, et qui ordonnât l'exécution de tous ses points, du consentement et avec le respect de tous. Ils voulurent me charger de ce soin, mais je leur déclarai que cela m'était impossible; qu'ils avaient d'autres frères dans l'univers qui attendaient de moi les mêmes secours que je leur avait procurés; et que d'ailleurs, il leur fallait un chef de leur race, parce que rarement une société est heureuse sous un chef étranger. J'ajoutai que j'avais une épouse, fille du Soleil; que je la leur laissais avec un fils de mon sang dans ses entrailles; que s'ils s'obstinaient à ne point choisir entre eux, je leur proposais ma chère Priscaraxe, et qu'elle les gouvernerait aussi sagement que moi-même, en attendant que j'eusse formé le fils qu'elle me promettait, et que je leur renverrais un jour, digne de leur commander.

« Alors ils s'écrièrent tous : — Que la dame Priscaraxe, épouse du bon seigneur Franc-Gal, nous rende heureux ! »

« Et ils jonchèrent la terre de rameaux verts, de poignées d'herbe, de fleurs en guirlande, de pampres et d'épis nouveaux, en signe de joie et d'obéissance.

« Je couronnai de mes mains ma belle épouse; je fis distribuer des viandes, des fruits et du vin à son petit peuple, et je lui appris à se réjouir par des jeux innocents. Après cette cérémonie, je choisis vingt-quatre des plus beaux hommes de tous ces Tartares, à qui j'enseignai les grandes obligations de la chevalerie. Je leur appris à gouverner savamment des coursiers, à faire un usage sûr des armes, et je les créai chevaliers, non pour courir le monde, mais pour défendre leurs frères occupés aux travaux des champs, et pour soutenir leurs lois et leur reine.

« Ensuite, je ramenai ma chère Priscaraxe à sa cabane; et le lendemain, avant de m'éloigner d'elle, je lui mis au doigt une bague d'or, montée d'un escarboucle flamboyant, et je lui dis : — Cette bague a été composée et mise en œuvre sous une telle sidération, que si quelque malheur m'arrivait, vous en verrez la clarté pâlir, comme les rayons d'un soleil pluvieux; — que si je suis malade, la clarté en paraîtra livide et plombée; — et que si je meurs, elle deviendra brute et n'aura plus d'éclat. Je vous la donne comme le gage de mon amour et de la promesse que je vous fais de revenir un jour dans vos bras. Je vous jure cette promesse sur la foi de chevalier, d'époux et d'homme de bien. Quant au fils que vous portez, il sera vaillant et honnête, puisque vous l'avez formé d'un sang pur. Le bon tempérament aide aux bonnes mœurs, et décide de nos qualités; c'est pourquoi, gardez-vous de corrompre l'heureuse nature de mon fils; qu'il vous voie rarement, et qu'il voie encore plus rarement d'autres femmes. Livrez-le aux vingt-quatre chevaliers, qui l'exerceront aux mâles travaux, en plein champ, sur la glace, sous le soleil, à la pluie, aux orages, et que jamais il n'éprouve de votre part ni molles douceurs, ni caresses efféminées. Tel est faible et pusillanime, dans l'âge viril, qui serait un héros, sans les femmes qui soignèrent sa première enfance. Sitôt que mon fils ouvrira les yeux à la lumière du jour, vous le nommerez Alector. Au moment où il voudra s'éloigner d'auprès de vous, laissez-le à ses desseins; s'il n'y songeait point, chassez-le vous-même sur mes traces, et souvenez-vous qu'il est honteux à l'adolescent, issu de noble race, de traîner une jeunesse ignorante et sans gloire sous l'œil de sa mère.

« En achevant ces mots, je pris un dernier baiser sur la bouche vermeille de mon épouse, et nous nous séparâmes, sans pouvoir prononcer nos adieux.

« J'allai rejoindre mon cheval Durat au bord du Tanaïs, et dès que je l'eus monté, avec ma suite, il nous éloigna de ces bords chéris, que je regrette maintenant, et que je ne reverrai jamais. Nous entrâmes dans les flots inhospitaliers de l'Euxin; nous traversâmes la Propontide, et nous descendîmes dans la Méditerranée par le détroit d'Hellé. J'en ai visité toutes les côtes, depuis la bouche du Nil jusqu'au monument de la force de mon ancien ami Hercule. Mais il serait trop long pour toi qui m'écoutes de te nommer tous les lieux où j'abordai. Il n'en est point dans le monde où je ne laisse mes pas imprimés. Je suis connu partout, et je dois l'être plus particulièrement encore dans cette cité d'Orbe où nous allons. Elle me doit sa naissance et sa beauté; et, comme tu l'as dit, avant mon abord dans ces lieux, ce n'était qu'un désert du plus aride aspect. C'est ainsi que j'ai passé ma longue vie à pénétrer chez tous les peuples, toujours m'informant de leurs mœurs, de leurs lois et manières de vivre; apprenant leurs langages; rectifiant où je trouvais du mal et de l'erreur; dévoilant de nouveaux arts, de nouveaux principes de police; enseignant sans cesse à labourer, semer, recueillir, bâtir et fabriquer; châtiant par la force ceux qui se détournaient du cercle tracé par les lois; purgeant les pays des monstres et des animaux malfaisants. Par là je me suis acquis, si je ne me trompe, une longue et éclatante renommée, l'amour et l'estime de mes frères, qui souvent m'ont enrichi de présents et des plus précieuses productions de leurs climats. Ma renommée et les oracles me font espérer enfin de voir mon fils. Puissé-je le trouver digne de moi, ou docile du moins à la leçon de ma vie que je lui laisse pour héritage. »

V

Franc-Gal se tut, et le prêtre Croniel, reprenant alors la parole, lui dit: « Sage et respectable chevalier, vous me voyez plein d'admiration pour votre science, votre prudence et vos vertus; mais dites-moi, comment savez-vous que votre fils vous cherche? ne l'avez-vous jamais vu, et n'avez-vous point de signe pour le reconnaître?

— Écoute, reprit Franc-Gal : j'étais un jour par delà le Gange, au pays des Serres, lorsque m'arriva un messager de la reine Priscaraxe. Il y avait deux ans qu'il courait le monde, en demandant des nouvelles de Franc-Gal, le chevalier Vieux au grand cheval nageant et volant. Quoiqu'il eût reçu partout des avis de ma marche, il n'avait pu me rencontrer qu'au bout de deux ans, parce que je ne m'arrêtais pas toujours longtemps en un même lieu. Ce messager me remit plusieurs rouleaux de phyllire, où ma chère Priscaraxe avait écrit de sa main tout ce qu'elle voulait m'apprendre. Elle m'instruisait de la naissance de mon fils Alector, de son caractère, de ses exercices et du prodigieux accroissement de sa personne. Elle me racontait plusieurs traits de sa naïve enfance qui ravissaient mon cœur paternel d'une douce satisfaction. Mon jeune fils était robuste au-dessus de son âge, adroit de ses membres, prudent et avisé d'esprit, et de cœur franc, sensible et libéral. Il aimait à dompter les plus fougueux coursiers, à enferrer l'ours, le sanglier féroce; à jouter, s'escrimer, lutter, sauter, nager, courir, franchir les rivières, et lancer la flèche ou le caillou. Il se plaisait aussi à faire offrande des humbles services de sa petite personne aux jeunes filles du pays, et découvrait un terrible penchant à l'amour, ce qui avait d'abord effrayé sa mère, et elle me le témoignait dans son écrit, où elle ajoutait : — Il ne voit aucune belle créature qu'il ne la guette et ne l'attaque aussitôt; et il est si hardi que si j'étais à la place de celle qu'il paraît aimer, je ne me fierais pas plus à lui que s'il avait vingt ans.

« Quelque temps avant le message de Priscaraxe, j'avais fait parvenir en Scythie, de chez les Chalybes d'Espagne où j'étais, une fuste légère dont la charge consistait en harnais d'acier de double trempe, tous complétés de leurs pièces nécessaires; en pavois de fer battu, bronzés, dorés et armoriés de couleurs différentes; en fortes lances de bois de Chine à fers émoulus; en éperons, épées et alfanges tranchantes, et enfin d'autres ustensiles en fer propres à l'usage des champs et de la maison. J'envoyais aussi, pour mon épouse, un riche collier de grosses perles que m'avaient donné mes frères de l'Inde, et pour mon fils Alector une superbe épée du meilleur acier de la forge des Chalybes. Le travail et la trempe en étaient surtout merveilleux. La garde était d'acier impénétrable, couvert d'une lame d'or. Le pommeau était d'or massif, figurant une tête de tigre, jetant de la flamme par deux yeux de rubis, et le dessus du pommeau était cloué par une pointe de diamant à une poignée faite du bois d'une licorne. J'avais revêtu le fourreau d'une peau de couleuvre, la plus belle que la nature ait pris plaisir à enrichir. Cette peau était marquée de longues barres d'or, d'azur, de pourpre, de vert sinople, de violet vif, et de noir brillant comme le jais. L'intervalle de ces lignes éblouissantes était rempli de mêmes écailles émaillées de couleurs changeantes, et plus éclatantes mille fois que la lampyride parmi les gazons. Elle ne perdit rien de son brillant éclat lorsque j'en dépouillai l'animal qui la portait, et que je tuai dans je ne sais quelle contrée de l'Afrique. Je la fis préparer dans les sucs de la cannelle, du cinnamome, et d'autres aromates, et j'en couvris cette riche épée que j'envoyai à mon fils.

« Lorsqu'il la reçut des mains de sa mère, il ne put contenir les transports de sa joie naïve, ni se lasser de la contempler, de la dégainer et de la brandir avec audace. Quand mes vingt-quatre chevaliers joutèrent entre eux pour essayer leurs harnais guerriers, les cliquetis des armes, le mouvement des panaches, l'éclat des pavois résonnants, le hennissement et la fière allure des coursiers à qui pour la première fois le poignant éperon déchirait les flancs, tout cela charmait les yeux, les oreilles et l'imagination de mon brave et digne fils. Échauffé de noble courage, il pleurait du dépit de n'être pas encore chevalier.

« Depuis ce temps il n'eut que cette fantaisie dans la tête, de sorte qu'un jour il dit à sa mère : —Madame, j'ai vu les oiseaux du ciel couver leurs oiselets au nid tant qu'ils sont nus de plumage. Aussitôt que la nature les en a revêtus, les pères les essayent à voler autour de leur nid ; mais quand leurs ailes ont acquis de la force, quand on leur a appris à choisir leur nourriture, à se garantir des piéges et des ennemis de leur espèce, alors leur vol plus hardi les emporte dans les champs de l'air, et loin du nid paternel où nul oiseau de bon vol ne doit et ne veut point demeurer.

« Mon épouse l'entendit, et elle lui répondit : — Mon fils, je n'ai joui que bien peu de moments de la présence de votre père, Franc-Gal ; je me consolais par la vôtre ; mais mon veuvage doit être entier, et il me faut perdre mon époux et mon fils à la fois. De tristes songes m'ont annoncé que mes yeux ne vous reverraient ni l'un ni l'autre. Cependant, allez mon fils, je vous permets de chercher les traces de votre père ; mais laissez-moi ignorer le moment de votre départ, car mon cœur ne pourrait le supporter.

« Elle lui donna deux chemises d'un tissu plus blanc que la neige, et odorantes comme les roses, avec une cotte de soie à franges de fils d'or ondoyants, travaillés de ses propres mains. Elle détacha de son cou une chaîne d'or qu'elle passa au sien, pour y être une enseigne de sa noblesse ; ensuite elle l'embrassa tendrement, et s'éloigna de lui, afin de s'abandonner librement à sa douleur, et d'épancher ses larmes sans témoins.

« Dès le jour suivant, Alector prépara ses armes, son cheval, et se mit en route, sans donner connaissance de son départ à personne. Le même jour, ma chère Priscaraxe me dépêcha le messager dont je te parlais, et ce messager m'apprit qu'il avait entendu dire dans sa route qu'on avait vu, vers les mers septentrionales de l'Asie, un chevalier nommé *de la Brillante épée*, lequel délivrait les peuples de ces parages des monstres, des animaux et des brigands dont ils étaient désolés. Je renvoyai mon messager avec ma réponse, et je tournai mes pas du côté du nord. Mais j'ai couru et interrogé vainement : je n'ai pu apprendre de nouvelles de mon fils.

« Il y a quelques jours seulement qu'une blanche colombe me dit du haut d'un arbre : — Va-t'en au Caucase, si tu veux voir ton fils. Mais en même temps, mon bon génie, cet oiseau que tu as voulu tuer, me dit en son langage : — Va-t'en aux arènes d'Orbe, sur la Méditerranée, si tu veux voir ton fils.

« Je balançai entre ces deux oracles ; mais enfin, je renonçai au Caucase, où je me souvins d'avoir tué, parmi une troupe de brigands, un bon chevalier de ma famille, lequel mourut pour n'avoir pas voulu se rendre; et je préférai l'augure de mon bon génie, sans me douter que j'obéissais à la dame Anange, qui m'appelle en ces lieux pour y terminer ma vie.

« Voilà ce que je sais de mon fils Alector; et je ne doute point que je ne le reconnaisse aujourd'hui à sa chaîne d'or, à sa brillante épée, et à quelque devise qu'il aura prise sans doute pour indiquer sa famille. »

En achevant ces mots, le chevalier Franc-Gal et le prêtre de Jove arrivèrent à la cité d'Orbe; et alors le soleil était déjà loin au-dessous du brillant zénith.

VI

Lorsqu'ils entrèrent dans la ville, tout le peuple en alarmes remplissait les rues, et se portait en foule du côté de la cité où l'on entendait bruire le tumulte et retentir des cris affreux. Croniel et son noble compagnon apprirent en même temps qu'on se battait vers l'hippodrome, que la mêlée était sanglante, et que le combat durait depuis une heure.

« Orbitains! Orbitaines! dit Franc-Gal, est-ce là le fruit de mes leçons? Est-ce là cette paix que je vous ai tant recommandée? Hélas! tout est fait pour dégénérer. Je vois bien qu'il est temps que je meure, puisque déjà mon ouvrage est détruit! »

Croniel, par son caractère, était dispensé de courir au lieu du carnage, et le vieillard ne demandait qu'à se reposer; de sorte qu'ils se rendirent à la demeure du prêtre, où ils commencèrent par apprêter un repas aussi simple que salutaire.

Cependant, au palais des seigneurs Gratian, le marbre dont la cour était pavée fumait de sang humain, et les cadavres tombaient autour du courageux Alector, comme on voit tomber l'herbe autour du faucheur. Sans casque, sans cuirasse, vêtu simplement de sa cotte à franges de fil d'or, son écu de sinople au bras, et sa brillante épée au poing, il se faisait une justice sanglante de la violence commise sur sa personne par les frères de la belle Noémi. Déjà le plus jeune et le plus hardi gisait sans vie, et les deux autres, blessés par Alector, lui lançaient de loin des flèches, des cailloux meurtriers et de longs javelots, que le guerrier scythe évitait avec souplesse et dextérité.

La foule du peuple et des amis de la famille Gratian faisaient pleuvoir sur lui les pierres, les traits, les dards, et tous se tenaient éloignés, bien sûrs que le dessein aurait été trop téméraire de se mesurer contre sa vaillance. Rien ne résistait aux coups de son épée, et quiconque l'approchait en recevait la mort pour prix de sa bravoure. Mais les deux frères de Noémi, voyant que tous les traits de la multitude allaient mourir contre le pavois d'Alector, et tomber à ses pieds sans lui porter d'atteinte, se réunirent à dix autres chevaliers de leurs amis, et ils s'approchèrent avec des liens dont ils espéraient le garrotter.

Dans ce péril, le noble fils de Franc-Gal aperçut, à l'extrémité de la cour, un perron de marbre triangulaire, qui portait les statues en albâtre de trois vierges nues, représentant les trois Grâces, protectrices des Gratian. Un des angles du perron s'enfonçait dans le mur, et ce fut sous cette voûte, consacrée par des images de paix, qu'Alector se réfugia pour n'être point surpris, frappé par derrière, ni enveloppé des liens qu'on lui préparait.

Alors, couvert de l'écu de Galléhaut, et présentant la pointe de son épée, animé par le sentiment de l'injustice, et tout bouillant de colère, il ressemblait au sanglier qui tient tête à la meute et brave ses vaines attaques, acculé contre un arbre ou un rocher; les chiens aboient devant lui, mais n'osent l'approcher; si quelque jeune imprudent se rue sur la bête, percé soudain du crochet de sa dent irritée, il dépose à la foi ses entrailles et sa vie sur la terre sanglante.

C'est ainsi que les ennemis d'Alector, amassés devant lui se bornaient à de vaines injures et à des menaces impuissantes. Néanmoins, les traits de tout genre volaient sans relâche; il ne paraissait pas possible qu'il se soutînt encore longtemps dans son asile, lorsqu'on vit la belle Noémi qui descendait par une fenêtre, vêtue d'un léger manteau de satin blanc, les cheveux en désordre, les yeux éplorés et le visage animé d'indignation.

Elle se jeta au milieu des assaillants et parvint au perron de son ami, d'où elle éleva la voix, et dit : « Mon père, et vous mes frères, quelle est cette ingratitude d'assassiner le libérateur de votre sœur et de votre fille? Quelle est cette impiété de l'assassiner chez vous, au moment où vous venez de l'y recevoir avec honneur? Vous, amis de ma famille, vous, peuple, quelle est votre imprudence de servir des ressentiments dont vous ignorez la justice, et quelle est votre lâcheté de vous assembler en armée contre un seul homme à qui vous devez la moitié du salut de votre ville? Je vous déclare à tous que cet homme est mon amant; il m'a délivrée de l'hippogriffe; il a tué ce monstre; il est vaillant et de noble race; il est digne de mon cœur! Ce cœur sera son rempart; adressez-y vos criminelles armes; je veux les y recevoir toutes, avant d'en laisser une seule parvenir jusqu'au sien. »

En disant ces mots, l'aimable Noémi embrassa étroitement son chevalier, et le couvrit de tout son corps : ce qui suspendit la grêle des dards et l'acharnement des combattants.

Mais il y avait dans la mêlée un jeune Orbitain, nommé Coracton. Il était beau, bien fait, noble, et sans reproche jusqu'alors; et il avait adressé à la belle Noémi des soupirs qu'elle n'avait point écoutés. Coracton, en voyant celle qu'il adore dans les bras d'un autre, oublie son honneur, et son amour se transforme en rage. Il conçoit le lâche et horrible dessein de percer les deux amants d'un même coup; sa flèche vole sans que personne ait aperçu la main qui l'envoie; elle atteint le flanc virginal de Noémi, et pénètre jusqu'à son cœur. On vit sa blanche et légère simarre se teindre de sang vermeil; on la vit elle-même défaillir et s'incliner, comme une fleur mourante, sur la poitrine de son amant : « Je meurs, lui dit-elle, mais je vous ai sauvé le coup de la mort; et j'expire heureuse dans vos bras!... » Sa langue se glace à ces mots; ses yeux s'éteignent, la pâleur ternit son visage, elle repose ses lèvres décolorées sur la bouche d'Alector, et en épuisant un reste de force à le presser contre son sein, elle exhale son dernier soupir.

Ainsi s'accomplit l'oracle vengeur de l'hippogriffe. Ainsi mourut la plus innocente et la plus belle des créatures; ainsi se terminèrent ses naïves amours, en aussi peu de temps que le ciel en accorde à la rose pour naître, briller et périr.

VII

Mais Alector, formidable Alector, quelle sera ta vengeance? Il poussa un cri terrible et déchirant, lorsqu'il reçut le chaste et dernier souffle de son amante. Il déposa son beau corps sanglant et insensible au pied des vaines images qui ne l'avaient point défendue. Ses larmes s'échappèrent; il pleura, mais de fureur, mais du désespoir et de la rage qui le firent sauter à bas de son perron, les yeux en feu, la menace à la bouche, affamé du sang de l'assassin, altéré du sang de tous, s'oubliant lui-même, et ne respirant que mort et vengeance.

Il se précipite, comme un lion blessé, à travers cette lâche multitude qui l'environne. L'excès de sa colère double ses forces; il frappe et renverse tout ce qu'il rencontre; il s'inonde du sang de ses victimes, il les amoncelle autour de lui; et tandis que son agilité le débarrasse de la foule, tandis que son bras immole de tous côtés, son esprit, ses yeux même sont tournés vers le corps de Noémi. Il l'appelle sans cesse; il appelle aussi l'infâme meurtrier et le provoque avec fureur. Mais, comme une guêpe vile qui darde le venin de son aiguillon et s'envole, le lâche Coracton s'était enfui, épouvanté lui-même de son barbare assassinat. Cependant Alector le cherche; il brûle de rencontrer un ennemi qu'il ne connaît pas, et son aveugle ressentiment le fait tomber, à la fin, dans les liens tendus sous ses pieds.

On accourt, on l'enveloppe. Accablé sous le nombre, sa force et son courage ne servent plus qu'à l'épuiser. On lui arrache son écu, et six hommes puissants s'attachant à ses bras, on le désarme de son épée. Insensible à ce malheur, Alector ne gémit que sur Noémi, ne soupire que du désir de se joindre à son amante, ne parle que de la venger, et se laisse traîner à la maison du Potestat.

Sur-le-champ tous les juges furent appelés à la basilique.

On admit à se plaindre du coupable tous ceux qui croyaient en avoir le droit. Le Potestat reçut les dépositions dans une seule oreille, réservant l'autre pour l'accusé. C'est ainsi, dit-on, que l'aspic, toujours en garde contre l'enchantement des paroles, se ferme l'oreille en la collant contre terre.

Les frères Gratian parurent les premiers, et accusèrent Alector de n'avoir délivré leur sœur que pour la séduire, et d'avoir anticipé sur le prix du service, en ne réussissant que trop à lui plaire, ce qui était prouvé par la facile entrée que Noémi lui avait permise auprès d'elle, où il avait été surpris dans une familière confiance, et usant de l'appartement où elle était avec une liberté sans exemple chez les Orbitains. Ils s'étendirent sur le soin des mœurs, qui avait fait élever des barrières entre les deux sexes jusqu'au moment du mariage, et ils finirent par une accusation plus grave : c'était d'avoir porté l'audace et l'oubli de l'hospitalité jusqu'à baiser la main de Noémi, un moment après leur retour de la forêt des Hasards, c'est-à-dire à l'instant même où la jeune imprudente, réparant le désordre de ses charmes, ne devait être aperçue que des seules suivantes destinées à la servir. C'était là, disaient-ils, la cause bien juste qui les avait armés contre lui, et qui ne leur avait pas permis de conserver des égards qu'on ne devait ni à un séducteur, ni à un étranger. Sa prétendue valeur ne le rendait donc que plus digne de la mort, pour avoir tué tant de chevaliers, de serviteurs et de personnes du peuple, qui étaient accourus à leur secours.

Après les deux frères, il se présenta d'autres accusateurs, hommes et femmes, qui venaient redemander à Alector le sang d'un fils, d'un frère, d'un époux, d'un parent, d'un ami, et tous concluaient à la mort de l'étranger par qui tant de deuil était entré dans la ville.

Lorsque le Potestat les eut entendus, il fit venir l'accusé, qui se présenta avec un front triste, mais fier, et une contenance assurée. On lui fit part de tous les griefs déposés contre lui, et on lui dit de répondre.

Le fils de Franc-Gal, au lieu d'obéir, ne fit que jeter sur ses juges un regard noble et imposant. On lui répéta l'ordre de se justifier.

« Ne voyez-vous pas ce collier d'or que je porte à mon cou, s'écria-t-il. Et ne voyez-vous pas ces liens qui me déshonorent? »

En même temps, il présenta ses mains, cruellement étreintes de cordes ignominieuses.

« La noblesse que vous réclamez, lui dit le Potestat, vous obligeait à des actions nobles, et vous en avez perdu le privilège. Cependant je vous le rends. Maintenant, répondez, ajouta-t-il, après l'avoir fait dégager de ses liens.

Alector reprit avec dignité : « Que répondrai-je, quand c'est à moi d'accuser? quand c'est moi qui suis outragé; moi qui réclame les droits de l'hospitalité violée ; moi qu'on vient d'attaquer à armes inégales ; moi qu'on aurait égorgé sans ma bonne épée et mon courage ! enfin moi qui suis la victime de la plus barbare violence dans la personne qui m'était la plus chère au monde ! On me dit étranger. Serait-ce parmi vous un titre qui exposât à l'injustice? Les frères Gratian se sont crus offensés de ma part : je leur demande s'ils sont chevaliers, et si c'est dans le pur honneur qu'ils ont puisé la résolution d'armer toute une ville contre moi? Ils m'accusent d'avoir séduit leur sœur? Hélas ! que n'accusent-ils aussi leur sœur de m'avoir séduit ! Ils m'ont surpris dans son appartement? j'ignore vos usages. Mais, ô Orbitains, que dois-je penser de vos mœurs, si l'approche d'une dame honnête vous est interdite, et si elle ne peut vous recevoir sans péril pour son honneur? J'ai baisé la main de Noémi! Ombre innocente et chère, pardonne si je poursuis! c'est pour la défense de ta pureté et non pour ma justification que je méprise. Elle venait de me présenter à sa famille ; je l'avais ramenée à son appartement, elle m'avait dit : « Vous
« avez vu l'accueil de mon père et de mes frères ; toute ma
« famille va vous aimer : peut-être qu'un doux hymen, selon
« nos lois, sera le prix de votre valeur et la récompense de
« mon amour pour vous. »

« Je me suis jeté à ses pieds, dans le transport de ma reconnaissance, et j'ai pris sa main que j'ai baignée de larmes de joie. Si c'est là un crime, ce n'est pas à des hommes à me le reprocher ni à m'en punir. Les autres forfaits dont on m'accuse ne méritent pas une parole de plus. Au reste, ma cause me devient nulle. J'ai perdu ma chère Noémi ! Hâtez-vous de me faire mourir. Un seul regret m'occupe, c'est de ne l'avoir pas vengée, de n'avoir pas arraché le cœur de son assassin, pour le lui porter au séjour des âmes.

« Écoutez, Orbitains : l'ordre d'un mourant est sacré ; la voix de l'innocent condamné monte vers le ciel et appelle la foudre sur l'iniquité. Je vous charge vous-mêmes de ma vengeance ; je vous dévoue à tous les châtiments célestes, si vous ne découvrez et ne punissez le meurtrier de mon amante ! Et toi, grand chevalier noir, ombre hardie de Gallehaut, je te charge d'accomplir sur ce peuple ingrat mes justes et dernières imprécations ! »

Lorsque Alector eut cessé de parler, la moitié de ses accusateurs, fléchis par son esprit, son courage, pardonnaient à son erreur et à sa funeste vaillance. Ils blâmaient les imprudentes victimes de son épée d'avoir pris part à des ressentiments domestiques qui devaient leur être étrangers. Mais l'ascendant de la famille offensée l'emporta sur la clémence. Les juges n'osèrent lui déplaire. Ils prononcèrent comme ils auraient prononcé depuis. Une partie de l'oracle fut encore accomplie ; et le brave libérateur des Orbitains fut condamné à mort

VIII

Au moment où la foule s'était écoulée du palais de la famille Gratian, un diacre du sacerdoce avait été appelé pour couvrir la face de Noémi du voile funéraire, verser les parfums et répandre des pleurs sur son corps, au lieu même où elle venait d'expirer. Vingt jeunes filles s'étaient rangées autour de ce corps inanimé, en longues stoles blanches, le sein découvert et le front ombragé de tristes cyprès. Elles pleuraient et chantaient alternativement la touchante élégie des vierges, tandis que les parents et les femmes du peuple fondaient en larmes, et que les Grâces même versaient des pleurs de leurs yeux d'albâtre.

Dans la main d'une des statues, le diacre aperçut un roulean de phyllire. Il l'en tira secrètement, et comme ce rouleau contenait la volonté céleste sur le sort du fils de Franc-Gal, il se hâta de l'apporter au souverain juge; et dans l'instant même où celui-ci venait de prononcer la sentence de mort, il le lui remit, et lui expliqua ce que les paroles de l'oracle pouvaient avoir d'énigmatique. Il était conçu de cette sorte : « Les deux vengeurs seront mis aux prises. La flèche qui a percé la fleur produira des miracles; mais il y aura deux morts avant que les Orbitains voient leur salut s'accomplir. »

D'après cet oracle, le vengeur de Noémi fut destiné à combattre le vengeur du prophète Calliste, c'est-à-dire contre le dragon des arènes, ce jour même, et une heure avant la nuit, à ce moment terrible où le monstre sortait du sépulcre pour commencer ses ravages.

Alector entendit son arrêt avec une indifférence héroïque, et, plongé dans une amère douleur, il ne cessait de répéter : « O Noémi! Noémi! »

Tandis que ces choses se passaient à la basilique, le vieux chevalier Franc-Gal, qui ne pouvait rester oisif entre des murailles, s'était fait accompagner par le grand-prêtre dans tous les quartiers de la ville. Il s'informait, selon sa coutume, de tout ce qui avait quelque rapport à ses idées d'utilité et de police universelle. Il fut charmé de voir qu'on avait bâti sur le plan qu'il avait tracé depuis près de deux siècles, et gémit en même temps de ce qu'on n'avait pas mieux suivi son système de législation.

La cité d'*Orbe* avait été ainsi nommée par lui-même pour faire entendre à tous ceux qui l'habiteraient qu'ils devaient se regarder comme citoyens du monde, et prendre, à l'égard des autres peuples, les sentiments d'une tendre fraternité. Elle était bâtie, sur un dessin circulaire, autour de la convexité d'un monticule, et formait un demi-globe parfaitement régulier. Ce monticule n'était ni haut, ni escarpé, ni coupé inégalement. La pente en était douce et facile de tous côtés; et, soit qu'on montât, soit qu'on descendît, on ne s'apercevait qu'à peine de l'élévation du milieu, et de la dépression des alentours. A l'endroit où finissait la plaine et commençait la pente, la ville commençait aussi. Elle était enfermée de murailles de la hauteur de trente toises, bâties de granit, crénelées et maçonnées à ciment. Vingt-deux boulevards, avec autant de tours, les couvraient d'espace en espace, et les défendaient contre toute espèce d'attaque. Au pied des murailles, dans de larges fossés, passait une rivière assez forte, dont on avait soumis le cours à la parfaite régularité du dessin général. On entrait en ville par quatre portes, ouvertes aux quatre points cardinaux, et sous lesquelles on ne parvenait qu'après avoir passé sur des ponts mobiles et défendus par des tourelles.

Autrefois, et avant la corruption des Orbitains, leur territoire, favorisé des cieux, était partagé en quatre régions qui répondaient à ces quatre portes, et qui recevaient une température différente. La région de la porte d'Orient était perpétuellement caressée par les plus douces haleines des zéphyrs; les fleurs n'y mouraient point sur la tige des plantes, ni sur les arbrisseaux; une éternelle sérénité y entretenait une éternelle verdure. Elle n'était habitée que par des adolescents de l'un et de l'autre sexe.

Les Orbitains avaient encore des mœurs, et ne séparaient point deux sexes destinés à se former mutuellement par la nécessité de se plaire. Quand ils connurent le vice, ils imaginèrent les décences. Auparavant, toute leur jeunesse confondue passait les plus beaux jours du monde à se maintenir dans l'oubli des biens, des soins et des soucis. Ce n'étaient que jeux innocents, danses légères, aubades amoureuses, concerts de voix charmantes, tendres et naïfs propos de jeunes bergers, fines agaceries, douces malices de la part des bergères; mais, hélas! il venait un temps où il fallait abandonner cette région fortunée, et passer à la porte du Midi.

Dans cette seconde région, l'air ne promenait plus de molles fraîcheurs, mais des vapeurs embrasées. Cependant les arbres y ployaient sous le fardeau des fruits; les herbes, défleuries, y croissaient plus hautes et plus entassées; l'or des épis ondoyait sous le regard, et toutes les plantes y étaient dans leur maturité. Un travail pénible était le partage des habitants de cette région, où l'on ne voyait que fau-

21

cheurs, faneurs et moissonneurs ; des marchands de tout trafic ; des soldats armés pour la peine et non pour le plaisir; des philosophes discutant; des usuriers prêtant sur la récolte des fruits; et tous ces hommes suaient et se fatiguaient pour passer ensuite à la porte Occidentale.

L'air y était encore moins doux et moins pur, toujours inconstant, humide, nébuleux et traversé par des vents qui répandaient d'inépuisables bruines. Cependant cette région n'était pas tout à fait ingrate : elle prodiguait la pêche fondante et rubiconde, le raisin vermeil, la molle nèfle, l'aveline et la noix savoureuses; mais ceux qui l'habitaient étaient, presque tous, grisons : peu occupés de jouir, beaucoup de recueillir et d'amasser.

La dernière porte, nommée porte du Nord, avait aussi son territoire, où soufflaient et hurlaient les aquilons, et où l'air ténébreux était chargé sans cesse de tristes frimats. Cette région, tout à fait stérile, offrait encore du gras bétail, de la tendre volaille, de la venaison, et c'était celle où l'on faisait la meilleure chère, mais à portes closes et autour des brasiers ardents. On y chantait, on y dansait, on s'y livrait aux plaisirs (comme à la porte d'Orient), quoiqu'elle ne fût habitée que par de bons vieillards dont l'unique affaire était de prier le souverain Jove, et de boire ensuite, de se chauffer, de deviser et de jouer aux échecs et au trictrac.

Telles étaient les quatre régions de la campagne d'Orbe. La cité participait aux avantages de chacune, et était exempte de ses désagréments. Tout citoyen, incommodé des chaleurs du Midi, pouvait aller se rafraîchir aux glaces de la porte Septentrionale. S'il s'ennuyait du climat variable de la porte d'Occident, il était libre d'aller se réjouir à la porte d'Orient. Mais, à la première faute que firent les Orbitains, d'un accord universel, ils se virent privés de ces plaisirs, et maintenant ils sont assujettis aux saisons, qui ne leur arrivent plus que l'une après l'autre.

A ces quatre portes dont nous parlons aboutissaient, selon que Franc-Gal les avait tracées, quatre rues longues et larges et alignées en tous sens, lesquelles se réunissaient au haut du monticule, dans une place superbe appelée le Carrefour.

De là l'œil plongeait directement jusqu'aux portes ; et d'ici la vue se portait jusque sur la rotonde élevée au milieu du Carrefour. D'autres rues traversaient les premières, en tournant autour de la montagne, et partageaient l'aspect de la ville en quartiers inégaux, plus larges à la base et plus rétrécis à mesure qu'ils s'élevaient.

Dans les intervalles des quatre grandes rues, le Carrefour était embelli par quatre beaux édifices, qui étaient le *prytanée*, où l'on traitait les affaires de la république et où l'on entretenait, aux frais du peuple, tous ceux qui en avaient bien mérité par des inventions utiles, par des exploits de valeur et par tout autre acte de vertu; la *basilique*, ou palais judiciaire; l'*hippodrome*, où l'on exerçait les chevaux aux différentes courses, du but, de la bague, de la joute, etc., et enfin le *théâtre*, que Franc-Gal avait destiné à l'instruction des citoyens, et dont l'objet s'était corrompu, de même que ses autres établissements. Derrière le théâtre étaient les arènes, plan vaste et sablé dans toute son étendue, destiné aux combats d'animaux et aux exercices de la lutte, de la course, du saut, du jet, et de l'escrime au bâton ou à l'épée tranchante.

Au milieu du Carrefour, le temple du souverain Jove s'élevait en forme de rotonde, et dominait toute la ville. Il était bâti sur un plan spacieux et percé de quatre portes sur les quatre rues principales. Le pinacle, couvert de lames d'acier poli, était ouvert dans le milieu par un trou circulaire de trois coudées de diamètre, qui donnait l'aspect du ciel et tout le jour dont l'intérieur de l'édifice était éclairé. Les murailles étaient chargées en dedans de quatre tribunes élevées les unes sur les autres, soutenues par des piliers de marbre, ornées de balustrades de cèdre, garnies de sièges d'érable dans le fond, et de pupitres du même bois pour s'incliner et s'appuyer sur le devant. Ces tribunes étaient destinées aux hommes, et les femmes avaient leurs places au-dessous, sur des sièges d'ébène rangés contre les murs de la rotonde. L'autel était dressé au centre et sous l'ouverture du dôme. C'était un simple et rustique amas de pierres brutes, que jamais le ciseau n'avait entamées et qu'on avait disposées dans une majestueuse irrégularité. La pierre du dessus seulement avait été aplanie pour recevoir les offrandes et pour brûler l'encens, unique sacrifice dont la fumée montât jusqu'au souverain Dieu. Autour de l'autel, neuf chaires de bois de noyer, poli et bruni, servaient aux diacres du sacerdoce, et le pontife Croniel avait son tabernacle au milieu d'elles, élevé sur trois piliers de marbre noir, d'où il annonçait au peuple la parole prophétique.

Avec aussi peu de magnificence, ce temple était néanmoins si auguste, qu'on ne pouvait en passer le seuil sans être saisi d'un saint respect, et ravi par un enthousiasme religieux. Chaque aurore y ramenait les Orbitains à l'adoration matinale, qui se faisait dans un silence profond et révérencieux. A un certain jour, le pontife prononçait à voix haute une humble et courte prière au nom de tous, et, ce jour-là, le peuple en chœur chantait l'hymne consacré, et portait ensuite son offrande à l'autel.

Cette cité d'Orbe avait encore d'autres édifices et d'autres beautés que Franc-Gal voulut visiter, comme le portique et le xyste, où l'on pouvait se promener en temps pluvieux et en temps serein, et les cinq marchés du blé, du vin, des viandes, du poisson, des fruits et laitages, lesquels étaient séparés et entretenus dans une propreté merveilleuse, ainsi que toute la ville, par l'usage d'une belle fontaine qui était à l'entrée du temple. Son onde, vive et saine autant qu'abondante, était distribuée à tous les quartiers, en autant de ruisseaux qu'il y avait de rues, et descendait se perdre dans la rivière, hors des murs, emportant les immondices et rafraîchissant le pavé par sa douce alluvion.

Le soleil commençait à décliner lorsque la curiosité de Franc-Gal l'entraîna encore en d'autres lieux; mais, en passant devant la basilique, il fut attiré avec tout le peuple par le son d'une trompette, et il entendit publier qu'un hardi et vaillant champion combattrait le dragon des arènes pour le salut public et pour expier plusieurs homicides qu'il avait commis.

A ce cri, tous les citoyens se rendirent en foule aux arènes, et le vieux Franc-Gal, qui n'était venu des extrémités du monde que pour retrouver son fils aux arènes d'Orbe, suivit la foule tumultueuse, dans l'espérance de reconnaître son cher Alector parmi les spectateurs.

En passant devant le temple du souverain Jove, il lui prit un désir d'y entrer pour faire son adoration, et c'était sans doute la vieille dame Anange qui lui inspirait ce désir.

Il était debout et les bras croisés devant l'autel, lorsqu'il entendit le mortel sifflement d'une couleuvre, et au même instant il vit tomber, par l'ouverture du dôme, une étoile resplendissante, qui s'alluma en touchant l'autel, et s'éleva en une flamme trémulante et purpurine, dont la couleur s'effaçait et dont l'éclat s'affaiblissait peu à peu.

Il vit encore un cygne au plumage argenté descendre du pourpris, et venir se poser devant la flamme miraculeuse, puis exprimer de sa gorge mourante un chant mélancolique, tel que le lui dicte la nature avant qu'il expire aux humides bords d'une onde solitaire. Ce triste oiseau distillait de ses yeux des larmes limpides qui tombaient sur la flamme et qui à la fin l'éteignirent. Alors il cessa de chanter, de pleurer et de vivre tout ensemble.

Le sage Franc-Gal, que l'habitude d'observer éclairait sur ce présage, comprit qu'il était menacé, et que la fée Termaine éteindrait bientôt la lumière de son cierge; mais il se soumit sans crainte à l'immuable loi d'éternelle ordonnance, et, sans autre regret que de n'avoir pas revu sa bien-aimée Priscaraxe ni retrouvé son fils Alector, il attendit le sommeil glacé, le sommeil long et profond que nul être vivant ne peut éviter de dormir.

Il sortit du temple avec un front plus rayonnant de sérénité et où la pensée de la mort imprimait un caractère de grandeur sérieuse qui le rendait auguste à contempler. Il rejoignit le prêtre Croniel, sans lui communiquer rien de sa fatale vision, et les deux vénérables vieillards s'acheminèrent du côté des arènes.

Les sièges étaient déjà remplis par la multitude lorsqu'ils arrivèrent. Le peuple se pressait aux barrières, et le comble même des murailles était chargé de spectateurs.

IX

Au passage du Macrobe, tous les yeux s'arrêtèrent sur lui. Il portait sur ses armes une superbe peau de lion, dont les griffes dorées et enrichies de diamants s'agrafaient sur l'épaule ; il avait au bras son pavois émaillé d'azur au soleil d'or ; son large balandran de cuir de buffle, tanné par lui-même dans les eaux de la Moska, aux régions hyperborées, frangé d'or et luisant d'un poli parfait, soutenait sa redoutable épée.

Chacun, étonné de sa royale prestance, de la hauteur de sa taille et de la dignité empreinte sur son visage, se levait par un mouvement involontaire, et inclinait respectueusement sa tête devant lui, tant une belle et robuste vieillesse pouvait avoir d'ascendant sur un peuple qui commençait à se corrompre et chez qui les premiers effets de l'inaction et de l'intempérance ne laissaient déjà voir que des vieillards débiles, infirmes et méprisables.

Le grand prêtre conduisit son compagnon au siége qui était réservé à la dignité pontificale ; il l'y fit asseoir le premier, ce qui inspirait encore plus la curiosité de connaître ce grand personnage.

Le vieux Franc-Gal promena ses regards sur toute la foule, et ses yeux paternels cherchèrent à deviner les traits de son fils sur tous les visages. Il ne voyait point de jeune homme robuste, à la mine guerrière et galante, qu'il ne crût reconnaître en lui son cher Alector.

Il parut enfin, l'infortuné Alector, précédé de dix trompettes résonnantes, et conduit par cent chevaliers de la république orbitaine. Il avait le port si magnanime, au milieu de tous, qu'on eût dit qu'ils étaient là moins pour sa garde que pour son cortége. Deux juges le suivaient : leurs visages étaient aussi graves et aussi sévères que le sien était noble et assuré. Il marchait d'un pas ferme, vêtu de sa gazerine à franges de fils d'or, sans armes, la tête haute, ses beaux cheveux bruns déroulés sur ses épaules, et les bras croisés au-dessous de sa poitrine.

Parvenu au milieu de la place, on le fit arrêter. Excepté les Gratian et leurs amis, il n'y avait personne dans les arènes qui, le voyant si beau, si jeune, ne le plaignît et ne désirât le sauver. Les jeunes dames surtout le regrettaient d'avance : tout homme jeune et malheureux est sûr de leur intérêt.

A l'ordre du Potestat, les gardes firent refluer la foule contre les murailles et les barrières ; et, quand l'espace fut dégagé, le juge dit à Alector : « Voulez-vous combattre le dragon pour le salut public ?

— Lorsqu'à midi, je suis entré dans Orbe, répondit Alector, mon dessein était de le combattre, et d'en offrir la victoire à ma chère Noémi. Je l'eusse fait pour m'honorer d'un exploit ; je refuse de subir un châtiment. Hommes ingrats, pouvez-vous demander votre salut à la main que vous flétrissez, et les bienfaits s'arrachent-ils par la violence ? N'espérez rien de mon bras ; comme criminel, je le refuse ; et, comme guerrier libérateur, vous n'avez pas mérité que je vous serve. Maintenant, livrez-moi au dragon, sans défense, ou que vos soldats m'égorgent : ma résolution est prononcée. »

En achevant ces mots, il s'éloigne du Potestat, et il se promène seul, dans le milieu de la place, en attendant que son sort se décide.

Il aperçoit alors, sous le riche baldaquin du pontife, un vieillard dont l'œil le suit avec curiosité. Son vêtement sauvage et guerrier le lui fait connaître pour étranger ; mais ce front auguste et dépouillé par l'âge, cette armure, la promesse des oracles qui lui revient dans la mémoire, la voix de la nature, bien plus chère que les oracles, tout lui dit que ce vieillard est le héros qu'il cherche, le chevalier au grand cheval nageant et volant, l'époux de Priscaraxe, son père enfin.

Dans l'embarras de pénétrer jusqu'à lui, et dans l'incertitude où ses esprits se confondent encore, il porte ses mains à son cou, et retire sa chaîne d'or de dessous le vêtement qui la couvre.

Alors Franc-Gal reconnaît à la fois le collier de Priscaraxe et son fils.

Il descend sur le sable, s'avance vers Alector, et, l'abordant avec un front où le courroux se mêlait à la dignité, il lui dit : « Ma première parole te maudit, jeune homme ; garde-toi de me nommer si tu me reconnais. Puisque tu meurs infâme, emportes-en toute la honte avec toi, et ne jette point de nuages sur l'éclat de ma vie. »

Après ces mots, le sévère vieillard entend au fond de ses entrailles une voix qui le démentait ; il laisse tomber une larme sur sa joue, et reprend d'une voix moins irritée : « O jeune homme ! es-tu donc si criminel ?

— Juge d'Orbe, s'écrie Alector en s'adressant au Potestat, répondez à ce respectable vieillard ; dites-lui quel est mon crime. »

Le Potestat fit à Franc-Gal un récit fidèle de tout ce qui s'était passé, et convint que c'était moins par les lois de la république orbitaine que par un ordre céleste que l'on exposait ce jeune étranger à combattre le dragon des arènes.

Quand il eut fini, le fils de Franc-Gal se prosterna devant son père : « Bénissez-moi, lui dit-il ; ôtez votre malédiction de dessus ma tête, ô mon redouté seigneur ! O mon père, ne me refusez pas votre main.

— Sois béni donc, mon fils ; mais je ne t'excuse pas, » dit le vieillard en lui donnant sa main.

Alector la prit et l'inonda de ses larmes, car on ignorait encore cette molle coutume de s'embrasser sur les joues, et dès l'âge le plus tendre les enfants étaient instruits à contempler avec vénération la face de leur père.

« Ma mère Priscaraxe vous pleure, dit ensuite Alector ; l'esprit de Gallehaut vous salue et vous fait annoncer que la puissante dame Anange a marqué la fin de vos voyages ; le repos est enfin promis à votre glorieuse vieillesse, et vous en irez jouir aux champs fortunés qu'arrose le Tanaïs. »

Franc-Gal interrompit son fils : « Quel est ce Gallehaut qui me salue ? lui dit-il.

— Un bon chevalier, un peu moqueur depuis qu'il est mort, car vous l'avez tué sur le Caucase. C'est lui qui m'a transporté dans ces lieux, et qui m'a dit que je reverrais aujourd'hui mon seigneur et père Franc-Gal. »

A ce nom, les spectateurs les plus voisins de la scène répétèrent Franc-Gal avec étonnement. Le nom de Franc-Gal passa de bouche en bouche, et l'assemblée entière, en un même cri, disait : « C'est Franc-Gal, le chevalier Vieux au grand cheval nageant et volant. C'est lui, c'est notre législateur, le bienfaiteur du monde! O Franc-Gal! nous mourrons tous avant qu'on expose ton fils à la mort! »

Les échafauds des arènes se vidèrent en un moment. On le voyait et l'on se pressait pour le mieux voir ; imbécile empressement d'un vain peuple qui, dans sa folle ivresse, oubliait les torts dont la honte eût dû le confondre à l'aspect de son fondateur.

Mais, au moment où mille flambeaux de cire odorante commençaient à éclairer les arènes, on entendit l'horrible dragon siffler et entre-choquer ses dents et ses écailles dans le noir sépulcre du prophète Calliste. La multitude épouvantée reflua de nouveau, et le seul Alector demeura sans aucune apparence de crainte.

« Donnez-moi mes armes, s'écria-t-il, et rendez grâces à mon père du combat que je vais entreprendre. »

On lui jeta aussitôt sa brillante épée et son écu de sinople au coq d'or.

Avant qu'il eût lacé son casque, le dragon s'élança d'entre les marbres du tombeau, levant sa crête sanguinolente ; les yeux ardents et diaphanes comme des escarboucles ; ses longues mâchoires ouvertes et bordées de flèches aiguës, au milieu desquelles trois lances effilées, rouges et chargées de poisons livides, s'agitaient avec une mobilité que l'œil ne pouvait suivre.

Il s'élança sur Alector, qui reçut sa première attaque en lui plongeant son épée dans la gorge. La bête poussa un sifflement terrible, et son énorme corps, pareil au fût d'une colonne, se roula en plus de vingt cercles dans lesquels il essaya d'enfermer son ennemi. Mais Alector, avec une merveilleuse légèreté, passa vingt fois au travers avant que le monstre eût le temps de les serrer : ce qui alluma tellement sa fureur, que sa gorge se gonfla de tous ses venins, et qu'il en vomit de longs flots.

Le guerrier, passant le long des flancs du monstre, lui portait de grands coups d'épée; mais ces coups s'émoussaient presque tous contre l'impénétrable toit d'écailles dont l'animal était revêtu. Le vaillant champion voulut abattre la queue du dragon par un coup de revers; mais il en fut atteint lui-même si violemment, qu'il roula sur le sable. Alors le monstre, soudain, saisit la tête de son ennemi gisant, et l'étreignit dans ses mâchoires avec une force supérieure à la souplesse du guerrier.

Franc-Gal se préparait à voler au secours de son fils, lorsque Alector, glissant son épée le long de son casque, alla ouvrir dans la gorge du serpent une blessure nouvelle, d'où jaillit un ruisseau de venin sanglant, roux, écumeux et plombé.

Le monstre hurla de furie et de douleur, ses mâchoires se rouvrirent, et le valeureux champion se remit sur pied. Sautant sur l'échine du dragon, il lui enfonça son épée sous le ventre; mais la crainte de se voir enlacé par un nouveau repli le fit s'écarter avec promptitude, et il ne put le faire assez vite sans abandonner son arme dans la blessure.

Franc-Gal, voyant son fils désarmé, lui jeta son épée fameuse, en lui criant : « Courage, mon fils ! »

Animé de la plus puissante valeur par ce seul mot, le jeune homme se pencha pour ramasser l'épée; il y touchait, lorsqu'il la vit fuir sa main, s'élever en l'air, et s'y soutenir par un étrange prodige.

X

En même temps, et au même endroit où elle était suspendue, on entendit éclater un rire moqueur, une voix forte et sonore, sans qu'il fût possible de distinguer personne : ce qui jeta tous les assistants dans la plus grande surprise.

Alector ne fut pourtant ni surpris ni consterné; car il reconnut aussitôt son cher parent du Caucase, et lui cria d'en bas : « Maudit sois-tu pour jamais, Gallehaut! sans toi, j'avais l'honneur de combattre avec la bonne épée de mon père. Que le ciel te punisse de ton sot rire et de ta méchanceté ! »

Gallehaut éclata d'une voix plus claire, et laissa tomber sur l'arène une flèche encore sanglante. « Sers-toi de cette flèche de vengeance, cria-t-il, je viens de l'arracher du sein de Noémi : ce sang que tu regardes, c'est le sien. »

Et il fit entendre de nouveaux éclats de rire.

L'épée de Franc-Gal courut en l'air, et alla se suspendre à une colonne de bronze dressée au milieu du carrefour, et sur laquelle étaient gravées en lettres d'or les lois des Orbitains.

Alector saisit la flèche par le milieu du bois, et la plongea perpendiculairement entre les deux mâchoires, que l'animal ne put rapprocher. En vain il secoua sa tête, se débattit, se roula ; ses efforts ne lui servirent qu'à mieux assurer le fatal bâillon. Son sang coulait sans relâche. Alector ne se fit plus qu'un jeu du reste du combat ; et, arrachant son glaive des flancs de son ennemi vaincu, il lui porta enfin le coup mortel.

Alors, des quatre points de l'horizon voilé par les ténèbres, jaillirent quatre bandes d'une lumière éclatante, parallèlement aux quatre principales rues d'Orbe ; on les vit se réunir par leurs extrémités au plus haut point des cieux, et former un globe de feu de couleur argentée, dont la base reposait sur le dôme de la basilique.

Alector, posant le pied sur le cadavre du monstre, retira la flèche qui le bâillonnait, et, la contemplant, il dit avec un soupir : « O flèche malheureuse ! le sang de l'ennemi public ne t'a point lavée du sang de ma Noémi ! Mais, puisque j'ai perdu l'espoir de reconnaître son vil meurtrier, c'est au ciel que je remets ma vengeance ! »

Il lança la flèche dans les airs, où tout le monde la vit disparaître.

Une grêle de feu se détache des quatre bandes qui venaient de se tracer dans les cieux, et tombe au milieu des quatre rues d'Orbe. Chaque grain, en tombant, éclate sur le pavé, et cette multitude innombrable de grains fait entendre un épouvantable fracas. La flèche reparaît ; puis, fendant l'air en sifflant, elle va s'enfoncer dans le cœur du lâche Coracton, qui se cachait parmi la foule. Elle s'enflamme en touchant sa chair coupable. Le meurtrier est en un instant dévoré par le feu vengeur, et il ne reste de lui qu'un peu de cendre sur le sable.

« C'est moi qui te venge, dit Gallehaut en laissant paraître son fantôme noir, afin d'accomplir l'oracle qui avait promis la vue de deux morts dans la famille du macrobe Franc-Gal. Alector, poursuivit-il, je te tiens ma promesse. C'est moi qui viens de punir Coracton; mais c'est à moi d'accomplir le dernier oracle. Chevalier Franc-Gal, suis-moi! madame Anange t'appelle.

— Oui, répondit Franc-Gal en se levant sans pâlir. Laisse-moi seulement prononcer mes dernières paroles, et je te suis au temple éternel. »

Puis il éleva ses regards vers le ciel et parla ainsi :

« Dieu souverain, je commence par toi. Je te rends grâces de ma vie; elle a été longue et pure; je ne meurs point en douleurs ni en regrets, ma pensée se porte avec satisfaction sur tout ce que j'ai fait, et je laisse partout des bienfaits dans la mémoire des hommes. O Dieu! je te rends grâces de ma vie.

« Orbitains, je vous avais enseigné le travail, la tempérance, l'amour du bien public, le respect de l'égalité. Je vous avais donné de bonnes lois, mais vous avez perdu le souvenir de vos temps antiques, et vous avez ourdi la chaîne de vos maux. Il n'est plus temps de revenir à vos lois : je ne les conçus que pour un peuple innocent. Vous avez des vices : ce que vous pouvez faire de mieux, c'est d'en arrêter l'excès et de les balancer par des vertus. Je voudrais encore vous aider, mais j'ai couru mon espace ; la terre s'apprête à couvrir mon image, et le souverain Dieu me redemande mon flambeau.

« Mon fils, tu m'as fait raconter et voir tes premières prouesses. Ce sont des amusements de ton âge, et mon ombre te demandera d'autres exploits à l'avenir. Ton cœur est bon, mais ta jeunesse est novice : tu n'ignores pas seulement les choses, mais tu ignores quelles choses il faut savoir. Mon vœu était de t'ouvrir les yeux à la science et de t'armer chevalier. Recherche les sages : ils me suppléeront, et choisis le plus magnanime pour te donner l'accolade. N'arrête jamais ton courage ni ta pensée à de petits objets : un cercle étroit dégrade l'homme. Sois ami des bons, révère les vieillards, fuis les oisifs, et combats les méchants.

« Tu as un cœur faible, crains ton cœur. Tu n'as encore eu qu'un moment d'amour innocent, et vois combien de maux sont sortis de cet amour. Toute une famille pleure : un fils est mort, une jeune vierge est morte pour toi. Tu as égorgé tes frères : jeune insensé, garde-toi de l'amour. Honore et protége la beauté, et, si tu ne peux en éviter l'empire, consulte ta gloire et ma vie avant que de t'y soumettre, et souviens-toi que le destin d'un homme est dans l'âme de sa maîtresse.

« Que la main du souverain Dieu te bénisse par la mienne, et que la valeur, l'honneur et la prudence t'accompagnent. Je te défends de revoir le Tanaïs et ta mère avant l'âge où je suis parvenu, si Cléronome te l'a donné aussi long. Je veux que tu erres, que tu étudies, que tu te rendes utile, et que jamais lieu de l'univers n'interrompe tes courses. Quand tu reverrais le monde pour la millième fois, il y a toujours du bien à faire et des connaissances à amasser. Adieu, mon fils.

« Prêtre de Jove, achève ton hospitalité.

« Et toi, Croniel, fais annoncer mon départ de ce monde à mes compagnons qui sont au rivage de la mer avec mon hippopotame, et fais dire ces seuls mots à ma bien-aimée Priscaraxe : « O femme ! ne l'attends plus : il est mort ! »

En achevant ces mots, Franc-Gal se rassied et se couvre.

XI

Un moment après, on vit monter vers les cieux deux lumières éblouissantes dont l'une était plus grande et plus claire que l'autre.

La grêle de feu s'arrêta, les quatre bandes de lumière se replongèrent sous l'horizon, et la nuit redevint obscure.

Alors le pontife Croniel prit la main du chevalier mort, et

l'appela trois fois, à voix haute. Ensuite il dit aux spectateurs muets de tous les prodiges qui venaient de se passer : « Les décrets sont accomplis : la mort du héros est un deuil pour le monde. »

Alector se tenait les mains jointes, l'œil attaché sur le cadavre, et plongé dans une mâle douleur.

En ce moment, les compagnons de Franc-Gal, inquiets de ne l'avoir pas vu reparaître, arrivèrent dans les arènes et demandèrent leur chef.

Le pontife leur dit : « Franc-Gal est mort.

Les guerriers consternés reprirent : « Il est mort ?

— Absolument, Franc-Gal est mort. » Et le pontife leur fit le panégyrique du chevalier, raconta sa vie, telle qu'il l'avait apprise de lui-même, et le peuple fut ravi d'admiration.

Le triste Alector n'avait point quitté son attitude morne et pensive, mais il se voilait la face de ses cheveux, et aucun mot ne sortit de sa bouche.

Avant de quitter les arènes, il fut résolu par les magistrats d'Orbe qu'on ferait un tabernacle de fin cristal, où serait renfermé le corps de Franc-Gal, après l'avoir enveloppé et injecté de parfums, et qu'on élèverait ce tabernacle sur quatre piliers de cuivre doré, dans la grande salle du prytanée ; que son écu serait réuni à son épée sur la colonne où la main de Gallehaut l'avait suspendue, et que tous les ans on célébrerait la mémoire de sa mort par une solennité.

Il fut aussi résolu qu'Alector recevrait une couronne de chêne pour prix de sa victoire.

Huit chevaliers emportèrent le corps de Franc-Gal sur des lances jusqu'à la maison du pontife. Toute la foule le suivit en ordre funèbre : les hommes d'armes portaient leurs lances renversées, les magistrats se couvraient la tête du pan de leurs robes, le peuple chantait l'élégie des héros, et les flambeaux qui accompagnaient la marche étaient traînés sur la poussière.

Alector ne suivait point. La multitude s'écoula tout entière, et il demeura seul, dans sa morne attitude, au milieu de la place déserte et dans l'obscurité. Il demeura ainsi jusqu'à l'heure de minuit.

Soudain, comme si cette cité, ce peuple, lui eussent fait horreur, il ramasse ses armes et se met à marcher à grands pas. Il arrive aux portes de la ville, il se fait ouvrir comme *étranger*, il s'éloigne en courroux de cette terre qu'il n'a foulée qu'un jour, et où il a éprouvé les douleurs les plus cuisantes de la plus longue vie.

Il prit sa route au hasard, et depuis on ne l'a jamais revu dans Orbe. Mais sa renommée s'est étendue dans tout l'univers, sous le nom de Pèlerin pensif.

MON AMI PÉRÉGRINUS

I

Mon ami Pérégrinus s'était, un soir, enfermé sans lumière dans une chambre contiguë au salon où s'achevaient pour lui-même les apprêts de la fête de Noël.

Il allait piétinant de sa chaise à la porte, et de la porte aux quatre coins de sa prison. L'on eût dit que le sang de ses veines s'était changé en vif-argent. Son cœur bondissait de joie en pensant aux mystères dont une frêle cloison le séparait encore. A travers ses doigts dont il se cachait le visage, il interrogeait curieusement les éclaircies que laissait filtrer le trou de la serrure, et qui projetaient, par intervalles, sur la tapisserie ténébreuse, mille figurines indistinctes.

La porte du salon s'ouvrit enfin aux sons clairets d'une clochette d'argent, et Pérégrinus s'élança dans une mer de clarté radieuse, où semblaient flotter les girandoles de la Weihnacht, toutes resplendissantes de bougies parfumées.

Il s'arrêta devant une longue table de chêne à sculptures gothiques, chargée des plus délicieux cadeaux d'étrennes que l'imagination allemande eût inventés, depuis cent ans, pour la fête de l'Enfant Jésus.

Jamais l'arbre de Noël n'avait senti plier ses rameaux verts sous une plus charmante récolte de fruits sucrés, de noix aux coques dorées, et de pommes rouges qu'on eût dit apportées, par une main de fée, du jardin des Hespérides.

Un cri de ravissement s'échappa de la poitrine de Pérégrinus.

« O mes bien-aimés parents ! ô ma bonne Aline !

— Êtes-vous content, cette fois, mon petit Pérégrinus ? répondit la voix d'Aline. Tous ces jouets sont-ils bien rangés ? Rien n'y manque-t-il ? Réjouissez-vous donc, cher enfant, et approchez-vous de la table, pour mieux voir ce joli cheval de bois, chef-d'œuvre du meilleur artiste de Nuremberg.

— Oui, vraiment, une bête superbe ! s'écria Pérégrinus. Un coursier numide, comme il n'y en eut jamais que dans les *Mille et une Nuits !* »

Et, enfourchant le dada de Nuremberg, Pérégrinus se mit à se trémousser si vivement, que monture et cavalier versèrent bientôt sur le plancher.

La joie de Pérégrinus devint plus modérée, grâce à cet accident. La bonne Aline s'empressa de lui porter un secours obligeant, et, quand le beau cheval fut redressé sur ses quatre pieds, Pérégrinus reporta toute son attention sur les fantaisies qui couvraient la table avec profusion.

Il dévora, de prime abord, une douzaine de croquets à la vanille, bouleversa tous les tigres enluminés, et gagna une grande bataille contre une armée de soldats de plomb à pied et à cheval.

Mais tout à coup sa figure si joyeuse se rembrunit excessivement, lorsque, dans une collection très-soignée de pièces en bois de cèdre, qui formaient le personnel d'une belle chasse à courre, il ne retrouva plus le cerf et le sanglier. Son chagrin fut d'autant plus vif, que lui-même avait acheté, le matin de ce jour-là, tous les joujoux dont il vient d'être question, et qu'il avait accordé une faveur toute particulière à ces derniers objets.

II

Or il importe, avant d'aller plus loin, de ne pas laisser croire au lecteur que mon ami Pérégrinus fût un bambin d'une dizaine d'années, confié aux soins de quelque douce et fraîche gouvernante, à qui le nom d'Aline permet d'attribuer tous les charmes de la jeunesse.

Vers l'époque où commence ce récit, mon ami Pérégrinus Tisz ne comptait guère moins de trente-six ans.

A trente ans, il jouissait encore de la réputation de beau garçon. Plus tard, on lui accorda, sans conteste, la qualification d'agréable cavalier; mais il n'y avait partout qu'une seule voix pour critiquer sa vie sauvage et retirée. Quelques méchantes langues, comme il s'en trouve partout, allaient même jusqu'à dire que sa cervelle était un peu détraquée.

En revanche, d'honnêtes parents qui se voyaient embarrassés de vieilles filles à établir prétendaient que M. Tisz devait se marier pour rétablir l'équilibre de ses facultés intellectuelles, et leurs demoiselles lui faisaient des mines fort engageantes, auxquelles cependant il ne prenait pas garde.

Ajoutons qu'il jouissait d'une fortune assez ronde, que son père, l'estimable M. Balthazar Tisz, avait glanée à travers beaucoup d'années passées dans le négoce le plus actif. Mais Pérégrinus n'éprouvait aucun goût pour les félicités de l'hymen; son caractère timide le retenait aussi loin que possible du contact de ses semblables, et il ne pouvait se défendre d'une vague antipathie pour la plus belle moitié du genre humain.

L'approche d'une femme lui causait des accès de fièvre, et, quand une demoiselle bien élevée ouvrait la bouche pour lui adresser la parole, Pérégrinus, frissonnant de déplaisir, baissait les yeux et faisait la moue.

Par suite de cette prédisposition instinctive, il avait choisi pour son service particulier la plus démesurément laide de toutes les gouvernantes.

C'était une longue vieille dame, panachée de cheveux

rouges grisonnants, avec deux yeux ternes et bordés d'écarlate, et une bouche médiocrement meublée de racines de buis qui jaunissaient à l'abri d'un nez bourgeonné et luisant.

Cette créature, que le moyen âge eût probablement vouée aux fagots comme sorcière, sur la seule accusation portée par son étrange figure, n'était point dénuée de quelques bonnes qualités. On ne pouvait guère lui reprocher que de recourir un peu trop à certain flacon d'élixir fermenté, et de plonger avec une persévérance fatigante ses doigts parcheminés dans les profondeurs d'une énorme boîte en cuir bouilli, toute pleine de tabac d'Offenbach. C'est elle qui portait le nom d'Aline, et qui avait paré, ce soir, l'arbre de Noël.

III

J'ai dit que nombre de gens se permettaient de soupçonner que mon ami Pérégrinus manquait parfois de sens commun. Mais de telles gens sont évidemment de la classe vulgaire de ceux qui n'agissent que par poids et mesures, et pour lesquels toute excursion dans le domaine de la fantaisie n'est qu'une atteinte portée à la raison.

Or qu'est-ce que la *raison*?...

Du reste, il faut bien avouer que M. Pérégrinus s'abandonnait de temps en temps à des singularités dont le côté naïf ne saurait être apprécié par les intelligences ordinaires.

M. Balthazar Tisz était autrefois propriétaire, à Francfort, d'une belle maison, située sur le Roszmarkt. C'est dans une salle de cette demeure paternelle que Pérégrinus célébrait, chaque année, la fête de la Weihnacht, avec le secours de sa vieille gouvernante.

Les parents de mon ami étaient de fort honnêtes gens dans toute l'acception du mot; leur unique enfant n'était tombé du ciel qu'après un quart de siècle du plus vertueux hymen. Grande aussi fut la joie qui salua sa naissance inespérée. Une fête splendide inaugura son baptême, et maint flacon de vin du Rhin y fut vidé comme aux fêtes d'un sacre impérial. Mais le bonhomme Balthazar était loin de prévoir toutes les tribulations que devait lui causer la possession si tardive de l'enfant du miracle.

Ce diablotin offrit, dès les premiers jours, les contrastes d'organisation les plus frappants et les moins explicables.

Ainsi, après avoir crié pendant plusieurs semaines comme un chat qu'on écorche, sans néanmoins qu'on pût lui reconnaitre ni souffrance ni blessure, il tomba tout à coup dans une atonie presque léthargique. Ses traits, devenus immobiles, n'offraient plus aucune expression de joie ni de douleur : on eût dit une poupée de cire.

Madame Tisz prétendait avoir eu, durant sa grossesse, un regard louche du caissier de son mari, qui depuis vingt années semblait momifié devant les livres de comptes. L'enfant avait à coup sûr hérité de cette fatale physionomie ; la pauvre mère se désolait à en devenir folle.

Un beau jour un voisin s'avisa d'apporter à Pérégrinus un polichinelle des plus grotesques. L'enfant s'en saisit avec un éclair de joie ; mais ce feu follet s'éteignit bien vite, et M. Balthazar Tisz comprit qu'il n'était pas au bout des inquiétudes que lui donnait son rejeton.

Longtemps après l'époque où les petits enfants commencent à parler, Pérégrinus n'avait encore articulé aucun mot. Sans sa figure attentive, tour à tour gaie ou triste, on eût pu le croire sourd et muet, lorsqu'une nuit sa mère l'entendit tenir seul, dans son berceau, un long discours fort raisonnable sur des questions de haute métaphysique.

Ce phénomène se reproduisit plusieurs fois ; mais Pérégrinus n'en continua pas moins à cultiver la solitude et le silence, et à détester toute conversation avec ses semblables.

Lorsqu'il eut grandi suffisamment pour qu'on pût songer à son éducation, M. Tisz éprouva un nouveau désagrément.

Pérégrinus sembla tout d'abord privé de l'intelligence la plus médiocre. Un peu plus tard, son esprit dépassait toute espérance. Mais, en dépit des facultés qui se développaient en lui, tous les maîtres qu'on essaya de lui donner renoncèrent successivement à leur tâche. Leur élève ne pouvait s'appliquer à aucune démonstration ; aucune chose grave et sérieuse ne parvenait à le fixer ; il n'avait d'inclination que pour les rêveries mystérieuses ou pour les idées qui frappaient son imagination par leur étrangeté.

Ainsi, par exemple, son père lui donna certain jour une vue de Péking, disposée en forme de panorama, et qui, accrochée au mur, couvrait tout un côté de sa chambre. Du matin jusqu'au soir, Pérégrinus errait du regard au milieu des rues, des kiosques et du peuple bariolé qui semblait circuler dans la capitale chinoise. Il se fit un bonheur de découper sa robe d'enfant en jaquette de mandarin, pour mieux s'assimiler aux personnages qui tapissaient la muraille. Lui voulait-on faire comprendre ce que c'est que la *ligue hanséatique*, il ne répondait qu'en demandant des détails sur le *Céleste Empire*. Son père, furieux, mit en lambeaux la ville de Péking, et la jeta au feu de la salle à manger.

Le petit Pérégrinus témoignait une aversion bien décidée pour les sacs d'écus et pour la poussière honorable des livres de commerce. Ce dégoût ne contribuait pas peu à désorienter le père Tisz, qui ne pouvait revenir de sa stupeur en voyant les spasmes nerveux qui agitaient son fils au seul mot de *lettre de change* ou *billet à ordre*. L'enfant disait que ce mot lui faisait ressentir l'âcre frisson qu'éprouvent certaines personnes quand on gratte une vitre avec un clou.

Cette obstination maladive fut un sujet de fréquentes discordes entre le vieux négociant, qui ne voyait rien en dehors de ses affaires, et madame Tisz, bonne et mélancolique femme qui adorait la *poésie* de son fils unique, et qui ne se souciait guère de voir ses facultés si délicates comprimées dans *l'étau des soucis qui pressurent la vie commerçante*.

A la suite d'un conseil tenu avec quelques voisins des plus recommandables, M. Tisz s'arrêta au parti d'envoyer son fils à l'université d'Iéna. Mais, après trois ans d'absence, Pérégrinus en revint comme il était parti.

M. Tisz, indigné d'avoir perdu son temps et son argent, jeta subitement l'écolier fantasque et indocile dans le tourbillon de ses affaires, espérant qu'il serait séduit par tous les détails de chances de gains et pertes qui constituent partout l'histoire de la spéculation. Il l'expédia à Hambourg, sans plus de façon qu'un colis de marchandises, et le bourra de recommandations sévères adressées en sa faveur à un de ses plus anciens correspondants.

Pérégrinus arriva à Hambourg, porta ses lettres de crédit et tous les autres papiers d'affaires au correspondant de son père, et... disparut.

Huit jours après, le correspondant écrivit à M. Tisz :

« J'ai reçu, par votre fils, votre honorée, en date du... mais je n'ai pas revu votre fils. »

Suivaient quelques détails commerciaux en argot de magasin, qui se terminaient par : « J'ai bien l'honneur d'être, » etc.

Le père et surtout la mère de Pérégrinus seraient morts très-probablement d'inquiétude et de chagrin, si, par le même retour de courrier, ils n'eussent également reçu une lettre de l'enfant prodigue, qui s'excusait de son mieux de sa nouvelle escapade, en annonçant que, possédé d'un désir insatiable de visiter les pays étrangers, il allait voyager pendant un an, après quoi il reviendrait consoler ses dignes parents et se fixer auprès d'eux pour le reste de ses jours.

« Bon voyage ! s'écria M. Tisz ; il n'est pas inutile que les jeunes gens voient un peu le monde et mangent de la vache enragée pour se former le tempérament. Pérégrinus, à son retour, saura ce que vaut la vie. »

La pauvre mère ne pensait qu'aux privations qui allaient assaillir son fils, dénué d'argent pour faire le tour du monde.

« Bah ! reprit le vieux négociant, s'il manque de ressources en son gousset, la leçon ne sera que plus profitable et plus courte ; il sera forcé de travailler, ce qui vaut infiniment mieux que la rêverie ; et, quand il ne pourra plus avancer dans ses *pérégrinations*, il saura bien nous le faire savoir ou se décider à revenir. »

IV

On ne sait vers quelles régions plus ou moins inexplorées se dirigea Pérégrinus ; quoi qu'il en soit, son voyage fut plus long qu'il ne l'avait annoncé, et ce n'est qu'après trois bonnes années d'absence qu'il reparut un jour dans la belle ville de Francfort-sur-le-Mein, sous l'habit le plus misérable où se soit jamais trouvé un fils de famille à bout de fredaines.

A son arrivée, il trouva la maison paternelle fermée. Il eut beau sonner, frapper et appeler, la porte resta close, et nulle voix ne répondit.

Enfin, un voisin qui rentrait au logis attira son attention. Pérégrinus courut à lui, et lui demanda des nouvelles.

« Ciel ! monsieur Pérégrinus ! s'écria le pauvre homme tout effaré, comme à l'aspect d'un fantôme. Quoi ! c'est vous ? Eh ! pour Dieu, d'où venez-vous donc, ainsi fait, et après une si longue absence ?... Mais ne savez-vous pas...

— Quoi donc ? »

Le voisin, qui ne se rassurait que par degrés, raconta au jeune voyageur comme quoi M. Tisz était mort tout récemment, et avait été presque aussitôt suivi dans la tombe par sa respectable épouse. La justice avait fait apposer les scellés, et s'était approprié la succession, après avoir inutilement recherché l'héritier de l'honorable négociant.

Pérégrinus ressentit un amer chagrin de cette nouvelle. Versant des larmes sur la perte qui le frappait, il se reprocha hautement d'avoir avancé la fin de ses parents.

Le voisin l'emmena chez lui, et se chargea fort obligeamment de toutes les démarches nécessaires pour le mettre en possession de son héritage.

Rentré, quelques jours après, dans la maison où s'était écoulée son enfance, Pérégrinus se jeta en pleurs dans le vieux fauteuil paternel, que nulle main étrangère n'avait encore dérangé de la place qu'il occupait.

Tout à coup une voix comme se fit entendre auprès de lui, et dit : « Que je suis heureuse de vous voir de retour, cher monsieur Pérégrinus ! Hélas ! pourquoi n'êtes-vous pas revenu à temps pour fermer les yeux de vos dignes parents ? »

Pérégrinus releva son front pâle, et vit la longue vieille femme dont j'ai parlé plus haut ; c'était la vieille Aline, une servante que son père avait toujours gardée parce que sa figure l'aurait empêchée de trouver jamais une autre place.

Il la fixa longtemps, comme quelqu'un qui rappelle des

souvenirs effacés par les ans, puis il lui dit avec un sourire de l'autre monde : « Est-ce bien toi, Aline ? N'est-il pas vrai que mes parents ne sont pas morts ? »

Et, se levant aussitôt, il se mit à visiter toute la chambre, passa en revue tous les meubles, ouvrit et referma tous les tiroirs, puis il vint se rasseoir, en disant avec un calme bizarre : « Oui, vraiment, tout est bien tel que je l'avais laissé, et tant que je vivrai on n'y touchera jamais. »

A partir de ce jour, Pérégrinus commença cette vie étrange, incomprise, qui lui attira tant de critiques.

Il se renferma d'abord chez lui, sans autre société que la vieille gouvernante. Plus tard, il se décida, quoique après de grandes difficultés, à céder, pour un modique loyer, à un ancien ami de son père, quelques chambres de sa maison, qui ressemblait à un cloître abandonné. L'ami en question était d'humeur aussi sauvage que Pérégrinus. Ils se faisaient l'un à l'autre un voisinage muet, et, comme ils avaient pris leurs dispositions pour ne jamais se rencontrer, la meilleure intelligence régnait entre eux.

Pérégrinus n'avait d'autres distractions dans cette vie d'anachorète que quatre fêtes annuelles qu'il observait avec une ponctualité religieuse : c'étaient les anniversaires de la naissance de ses parents, le jour de Pâques et la fête de son patron.

Au retour de chacune de ces solennités, Aline dressait le couvert, préparait les mets préférés du père et de la mère, et plaçait sur la table la bouteille de vin du Rhin qui figurait autrefois dans tous les galas de famille. Quand tout était prêt, Pérégrinus se mettait seul à table, mangeait peu, et se livrait à une conversation fantastique dont il faisait lui-même les demandes et les réponses. Dès qu'il croyait entendre sa mère pousser son siège pour quitter la table, il se levait et s'éloignait en exécutant, avec un sérieux triste, les saluts d'usage dans la bonne compagnie. Aline avait ordre, après cette cérémonie, de distribuer aux pauvres du voisinage les plats et le vin qui restaient du funèbre festin, et elle s'acquittait de ce soin avec une pieuse exactitude qui lui attirait, ainsi qu'à son maître, une foule de bénédictions.

En ces jours d'anniversaires, Pérégrinus portait dès le matin un magnifique bouquet de fleurs dans la chambre de son père ou de sa mère, selon la fête qu'il célébrait ; puis il récitait devant les fauteuils des compliments en vers de sa composition.

Quand arrivait le jour de son baptême, il ne prenait point place à table, puisqu'il n'était pas en état de le faire à l'époque susdite. Aline le suppléait en cette circonstance, et tout se passait, du reste, comme aux autres anniversaires.

Pérégrinus n'avait pas oublié d'ajouter à ces souvenirs du cœur la fameuse soirée de la veille de Noël, qui cause tant de joie à tous les enfants d'Allemagne. Il allait acheter lui-même les plus beaux jouets, les plus délicieuses friandises dans les meilleures boutiques, et la solennité des étrennes avait lieu chez lui, à huis clos, comme on l'a vu au commencement de cette histoire, que nous allons continuer avec la permission du lecteur.

« Est-il rien de plus désagréable que d'avoir perdu le cerf et le sanglier de ma belle chasse ? s'écria Pérégrinus après avoir fureté avec soin parmi tous les jouets. Ah ! mais je dois sans doute le retrouver dans cette boîte ! »

Mais, en ouvrant la grande boîte qui contenait chiens, chasseurs et gibier, il ne trouva que du vide ; et en même temps un effroi involontaire le fit reculer de quelques pas.

« Qu'est-ce à dire ? Il m'a semblé qu'une figure livide et menaçante, mais que je n'ai pu bien distinguer, venait de s'échapper de ce coffre de sapin !

— Monsieur, dit Aline, cette boîte est peut-être ensorcelée. Elle était parmi les jouets qu'on a apportés ici par votre ordre, et, quand j'ai voulu l'ouvrir pour ranger les objets qu'elle devait contenir, toutes mes forces n'ont pu venir à bout d'en soulever le couvercle.

— Je n'y comprends rien, reprit Pérégrinus. Je suis fort désolé que ma chasse de Nuremberg soit incomplète ; il me semble lire dans ce petit événement le pronostic de je ne sais quel grand malheur. Mais, au fait, il vaut mieux chasser cette sotte pensée. Aline, passez-moi cette grande corbeille de filigrane. »

Aline s'empressa d'obéir. Son maître rangea avec un soin minutieux tous les jouets dans la corbeille, passa l'anse à son bras, prit sur son épaule l'arbre vert de la Weihnacht, demanda son chapeau, son manteau, et sortit de la maison.

V

Mon excellent ami avait l'habitude de porter tous les jouets et toutes les gourmandises de la fête de Noël dans une famille d'honnêtes artisans chargés d'une ribambelle d'enfants. Dès que tous les marmots l'apercevaient, c'était de leur part une joie à faire éclater les vitres du logis ; et, quand Pérégrinus les voyait bien empressés autour de leurs étrennes, il s'esquivait sans dire bonsoir, et passait souvent une partie de la nuit à parcourir comme un fou toutes les rues de Francfort ; après quoi il rentrait accablé dans sa triste solitude.

La famille Lammerhirt, chez laquelle il se rendait ce soir-là, se composait d'un honnête relieur fort laborieux, qui vivait difficilement avec une femme d'une faible santé, et sept ou huit enfants, garçons et filles, qui mangeaient beaucoup de pain et ne rapportaient rien.

Lammerhirt habitait les combles d'une vieille et froide maison de la rue Kalbach. Pérégrinus y arriva à travers la neige et la bise et en glissant sur le verglas, qui faillit vingt fois lui faire rompre le cou. Une lampe fumeuse éclairait faiblement l'atelier, auquel conduisait un escalier tortueux et presque en ruine.

« Ouvrez, ouvrez, mes braves amis ! cria-t-il en frappant à la porte. Voici ce que l'Enfant Jésus envoie du ciel aux enfants de la terre qui ont été sages toute l'année. »

Le relieur accueillit tristement la visite de Pérégrinus. L'aspect de toutes les richesses enfantines qu'il apportait lui faisait penser qu'avec l'argent qu'avaient coûté tant de choses il eût pu acheter à sa famille des vêtements chauds pour la saison rigoureuse. Mais sa femme et ses enfants oublièrent tout à coup leurs misères pour se réjouir des présents de l'Enfant Jésus. Les marmots se tenaient à distance, osant à peine respirer, et, ouvrant des yeux énormes, ils semblaient craindre de voir s'évanouir cette splendide apparition.

Pérégrinus rangea tous les jouets, toutes les sucreries sur la table de travail de Lammerhirt, puis il alluma toutes les bougies parfumées qui pendaient à l'arbre de Noël. Le misérable atelier, tout illuminé, formait un contraste bizarre de dénûment ordinaire, mêlé subitement à l'invasion du luxe destiné aux enfants des riches.

Lorsque Pérégrinus vit toute la famille absorbée par la contemplation de tant de belles choses, il prit furtivement son chapeau et voulut gagner la porte; mais elle s'ouvrit sans qu'on eût entendu le bruit de la clef dans la serrure, et une jeune femme, d'une merveilleuse beauté, se montra sur le seuil.

Ses cheveux noirs étaient entrelacés de perles et de diamants; sa robe de satin, retenue par une cordelière d'or, dessinait une taille divine, et laissait à peine entrevoir le bout de ses pieds d'enfant, chaussés de souliers roses. Elle était petite, mais parfaitement proportionnée, et son regard brillait comme deux escarboucles.

Grande fut la surprise de la famille Lammerhirt.

Quant à Pérégrinus, il ne savait s'il rêvait.

Les enfants contemplaient cette vision avec une admiration mêlée d'épouvante.

Enfin, la femme du relieur s'enhardit la première à lui demander ce qu'il y avait pour son service.

L'inconnue fit un pas pour entrer dans la chambre, et Pérégrinus voulut en profiter pour s'enfuir, mais elle le retint par une fascination irrésistible, et lui dit avec un accent d'une céleste douceur : « Comment donc, cher monsieur Pérégrinus, voulez-vous déjà partir, lorsqu'il m'en a coûté tant de peine pour parvenir à vous trouver? Oh! que je suis heureuse de vous revoir! »

Et elle tendit sa main à Pérégrinus, qui fut obligé de la baiser par bienséance; mais son visage était devenu d'un jaune citron; ses dents claquaient, et une sueur glacée mouillait ses tempes et ses joues.

« Cher Pérégrinus, reprit la dame, je veux aussi contribuer à la soirée joyeuse que vous venez de procurer à ces jolis enfants. »

Elle tira alors d'un réseau de fil d'argent qu'elle portait à son bras une foule de charmantes fantaisies : et le réseau semblait ne devoir jamais se vider. Jamais sac de fil ne fut plus miraculeusement garni d'une intarissable profusion de cadeaux.

Lammerhirt croyait posséder chez lui la femme du diable : le pauvre homme était transi d'effroi. Mais sa femme souriait malicieusement, et, regardant tour à tour Pérégrinus et la belle inconnue, elle se persuadait, en vraie fille d'Ève, qu'il devait exister entre ces deux êtres quelque liaison secrète, dont, malgré la curiosité permise à son sexe, elle ne pouvait, quant à présent, pénétrer le mystère.

La dame, après avoir étalé ses cadeaux, se jeta sur un canapé dur et vermoulu qui gisait dans un coin de la chambre, et, attirant Pérégrinus à ses côtés, elle lui dit de nouveau, en le regardant avec une tendresse ineffable : « En vérité, cher ami de mon âme, je donnerais ma part de paradis pour le bonheur que je goûte à te revoir !

— Madame... » bégaya Pérégrinus.

Un baiser délicieux fit expirer la parole sur les lèvres de mon pauvre ami, qui se sentit défaillir, tant il avait d'instinctive aversion pour le beau sexe. Mais il se contint par politesse.

« Cher petit, reprit tout bas l'inconnue en se penchant à son oreille avec une voluptueuse langueur, je sais ce qui cause tes tristesses secrètes. Mais console-toi ; voici ce que tu avais perdu ce soir. »

Et, fouillant de nouveau dans le réseau de fil d'argent, elle lui présenta le cerf et le sanglier qui manquaient dans la chasse de Nuremberg.

Je laisse à penser la stupeur et l'épouvante de Pérégrinus. Il jeta encore un regard sur la mystérieuse inconnue, dont le regard embrasé pénétra jusqu'à son cœur. Une chaleur subite, irrésistible, le fit palpiter de désirs jusque-là ignorés.

« Madame... essaya-t-il de dire, je ne sais en vérité à qui j'ai l'honneur...

« — Allons, allons, interrompit la belle dame en lui donnant une tape électrique sur la joue, pourquoi s'obstiner à ne pas reconnaître ton Aline? je crois que la présence de ces bonnes gens est la seule cause de cette petite comédie, qui n'est véritablement pas gracieuse pour moi. Voyons, dit-elle en se levant, monsieur Tisz, souhaitez le bonsoir à tout le monde, et veuillez bien m'accompagner. »

Pérégrinus obéit machinalement. Le relieur et les enfants le comblèrent de remerciments, et la femme lui dit en souriant : « Je vous félicite, monsieur Tisz, d'avoir une si jolie fiancée, qui vous aide la nuit à venir réjouir les enfants. Dieu vous en donne bientôt qui fassent votre bonheur! »

La dame inconnue prit alors une des bougies de l'arbre de Noël, et, faisant une charmante révérence à tout le monde, sortit, suivie de Pérégrinus, qui n'avait plus sa tête à lui.

« Elle me prie de l'accompagner, songeait-il, cela veut dire probablement jusqu'à sa berline, et ses laquais doivent l'attendre au bas de l'escalier. »

La porte de la rue s'ouvrit d'elle-même.

Mais la rue était déserte.

VI

« Pour Dieu! madame, s'écria le pauvre hère, que sont devenus vos gens et votre voiture?

— Quels gens? quelle voiture? répondit l'inconnue. Eh quoi! Pérégrinus, ai-je besoin de témoins du bonheur que j'ai de te revoir? Conduis-moi à la maison, doux ami ; ma demeure est tout près d'ici. »

Pérégrinus ne concevait pas que cette femme, avec sa robe de satin et ses souliers roses, eût pu courir, de nuit, toute seule à travers les rues de Francfort, au risque d'être insultée, ou tout au moins glacée par la bise, et toute souillée par la neige et la boue. Et cependant tout à l'heure il l'avait vue aussi fraîche que si elle n'eût foulé que les riches tapis d'un salon ducal.

La soirée s'illuminait d'étoiles ; la bise s'était calmée

comme par enchantement, et la lune semblait s'accouder, rêveuse, au bord d'un nuage frangé d'argent.

Pérégrinus, qui se sentait dévoré d'une flamme intérieure, ôta son manteau pour en couvrir les épaules nues de la belle inconnue, mais elle le repoussa tout à coup en s'écriant : « Ah ! cher Pérégrinus, j'ai les pieds gelés, je n'en puis plus ! je vais mourir !... Prends-moi dans tes bras ! emporte-moi !... »

Pérégrinus se hâta de l'envelopper dans son manteau, sans craindre de froisser sa parure; puis il l'emporta comme une poupée, en la couvrant malgré lui de baisers frénétiques, et, d'un pas rapide, il regagna sa maison. Ce n'est qu'alors qu'il revint à lui et s'aperçut qu'il n'avait pas demandé à sa belle protégée en quel lieu il devait la conduire.

« Ange adorée, lui dit-il, où dois-je vous porter ?

— Chez toi, chez toi, Pérégrinus ! ne suis-je pas ton Aline ! Entrons vite ! je meurs de froid !

— Chez moi ! jamais ! s'écria Pérégrinus en laissant échapper la dame, qui fort heureusement tomba sur pieds.

— Hélas ! tu me repousses, toi qui me sais sans asile et sans protection ! O mon Dieu ! que je suis malheureuse ! Abandonne-moi donc, mais porte-moi seulement un peu plus loin, afin que demain mon cadavre ne soit pas trouvé au seuil de ta porte, et que tes voisins ne maudissent pas ton inhumanité. Hélas ! hélas ! je me sens mourir !... »

Ses membres se roidirent ; elle tomba évanouie.

Pérégrinus eut horreur de lui-même.

« C'est une folle ou un démon que je vais mettre dans ma demeure ! s'écria-t-il en s'arrachant les cheveux. Mais qu'importe ! Dieu m'est témoin que je ne veux faire qu'une bonne action : le ciel me protégera ! »

Et, relevant la belle évanouie, il heurta vivement du pied la porte du logis, qui fut ouverte sur-le-champ.

Pérégrinus s'élança dans l'escalier, en criant : « Aline, Aline ! de la lumière, un bon feu et un lit !...

— Ah ! mon Dieu, qu'avez-vous donc cette nuit ? grommela la vieille gouvernante, qui accourut, en bâillant, avec un flambeau.

— Du feu ! des élixirs ! de l'eau de Cologne ! du thé ! s'écriait Pérégrinus en déroulant son manteau, et posant la belle mystérieuse sur le vieux fauteuil paternel avec les plus douces précautions.

— Jésus ! mon Sauveur ! qu'apporte-t-il là ? reprit la vieille gouvernante en se frottant les yeux.

— C'est une princesse que j'ai trouvée chez le relieur Lammerhirt, et qui s'est évanouie dans la rue ! Fallait-il la laisser périr ? Mais, au nom du diable ! dépêchons-nous ! Vite, du feu, des essences et une bassinoire pour chauffer le meilleur lit de la maison !

— Plus souvent ! » hurla la vieille sibylle, dont les yeux chatoyèrent tout à coup d'un reflet infernal. Elle ouvrit sa vaste tabatière, bourra son nez luisant d'une once de tabac d'Offenbach, et campant ses poignets osseux sur ses hanches de squelette : « Vous croyez donc, notre maître, dit-elle à Pérégrinus, que j'avale vos histoires de princesses trouvées chez un relieur de la rue Kalbach, en plein minuit, et que je vais m'exténuer, à l'heure qu'il est, pour doreloter une péronnelle ? Eh bien, non, monsieur, non, je le jure, il n'en sera rien ! Vous pouvez chercher une autre gouvernante pour servir de complice à un pareil scandale, car, au lever de l'aurore, je déguerpis ! »

Là-dessus, la vieille Aline sortit de la chambre, et tira la porte avec une telle violence, que tous les meubles tressaillirent.

Le pauvre Pérégrinus, en proie au plus cruel embarras, cherchait vainement à ranimer l'inconnue. Il désespérait d'y parvenir, lorsque celle-ci se leva tout à coup, au moment où il allait l'inonder d'éther, et s'écria : « Dieu merci, nous voilà seuls, cher petit, et je puis vous dire en toute liberté pourquoi j'ai voulu venir ici. Il faut que vous me rendiez sur sur l'heure un prisonnier que vous croyez garder en votre pouvoir à l'insu de tout le monde. Rien ne saurait vous y contraindre ; mais j'attends cette grâce de votre bon cœur et de votre délicatesse.

— Mais je ne vous comprends pas, répondit Pérégrinus ébahi. Quel prisonnier ai-je donc chez moi ?

— Oui, mon ami, reprit la dame en braquant de nouveau sur lui ses regards les plus séducteurs, il faut que vous me le rendiez, quoi qu'il vous en coûte de renoncer à la possession des avantages que sa présence vous procure. Songez que ma destinée est attachée à cet être que je poursuis partout malgré moi ; songez...

— Mais de quoi donc ou de qui parlez-vous?...

— Oh! cette ignorance affectée me blesse plus que je ne saurais vous le dire. Écoutez : j'étais auprès de vous dans la boutique où vous avez acheté ce matin la chasse de Nuremberg.

— Mais je vous vois aujourd'hui pour la première fois de ma vie...

— Ah! le misérable! s'écria la dame, qui, d'un bond, sauta droit en face de Pérégrinus. Tu n'as donc ni cœur ni entrailles? Tu veux ma mort! Eh bien, que le ciel fasse retomber sur toi mes derniers malheurs! »

En achevant ces mots elle s'élança hors de la chambre, laissant Pérégrinus accablé des impressions les plus bizarrement désespérantes.

Il écouta un instant la belle fugitive descendre l'escalier obscur en sautant les degrés, au risque de se briser la tête dans quelque chute affreuse.

La porte de la rue s'ouvrit et se referma avec un fracas effroyable.

Puis un silence morne et froid comme le sépulcre régna tout le reste de la nuit dans la maison.

VII

Il y avait en ce temps-là, à Francfort-sur-le-Mein, un original dont tout le monde racontait des merveilles. On le nommait l'*homme aux puces*, parce que cet incomparable artiste était parvenu à faire exécuter à une foule de ces petits insectes des exercices on ne peut plus singuliers.

Sur une grande table de marbre blanc son armée de puces traînait des pièces d'artillerie, des fourgons et des carrosses de princes. Des bataillons entiers, le fusil sur l'épaule, avec sabre, giberne et havre-sac, manœuvraient au commandement de leur instructeur avec une précision digne des meilleures troupes prussiennes. Toute cette armée, équipée avec un soin magique, était disciplinée à la satisfaction des honorables spectateurs qu'attirait son savoir-faire. L'homme aux puces avait aussi inventé des berlines et des calèches attelées de six à huit puces, qui avaient pour cochers et pour laquais des cantharides apprivoisées, et les personnages que traînaient ces équipages étaient presque aussi imperceptibles que des cirons. Mais, en examinant ce petit peuple entomologique avec l'aide d'un excellent microscope, on comprenait toute la science de l'homme aux puces, qui dépassait de cent coudées le mérite des plus fameux académiciens, sans toutefois atteindre à leur vanité pédantesque. Rien n'était plus admirable que le fini délicat des costumes, l'éclat des armures, et la structure des moindres détails, tels que les éperons, les nœuds d'épée, les broderies des étendards. Il fallait un habile fourbisseur pour avoir su travailler le métal en objets si infiniment petits, et nul tailleur n'eût osé accepter la pratique des cavaliers puces de ces escadrons fantastiques.

Du matin au soir la salle de l'homme aux puces ne désemplissait pas de curieux de toutes les classes. Le soir, l'assemblée jouissait d'un spectacle encore plus surprenant. L'artiste faisait jouer une lanterne magique de son invention, qui reflétait sur la muraille tous ses petits acteurs, avec l'éclat des couleurs et toutes les illusions d'une vaste perspective. Il vendait, en outre, fort cher, des lunettes et des microscopes qui n'étaient doués d'aucune vertu spéciale, mais que les badauds s'empressaient d'acheter avec enthousiasme.

Or, certain jour, un jeune étudiant nommé Georges Pépusch eut fantaisie d'aller visiter l'homme aux puces.

En montant l'escalier qui conduisait à la salle des séances, il entendit l'écho d'une violente discussion, qui se changea bientôt en querelle épouvantable.

Les portes de la salle s'ouvrirent avec vacarme, et une foule de gens pâles, livides et en désordre se pressèrent, se foulèrent vers l'escalier avec tous les signes de la frayeur la mieux conditionnée.

« Fils du diable! suppôt d'enfer! je porterai plainte à l'autorité! je te ferai chasser de la ville! je te ferai brûler vif!... »

Tels étaient les compliments qui assaillaient ce jour-là le malheureux directeur de théâtre.

Et tous ces gens-là se ruaient pour gagner la rue, dans un tumulte impossible à décrire.

Georges Pépusch n'eut que le temps de s'effacer contre le mur pour n'être pas emporté, étouffé, disloqué par la cohue des fuyards.

Quand la salle fut évacuée, il y pénétra, et ne tarda pas à connaître la cause de cette incroyable panique.

Un hideux mouvement régnait dans cette enceinte. Les plus repoussantes créatures du genre animal grouillaient de toutes parts : puces, punaises, sauterelles, cerfs-volants, cantharides, locustes, demoiselles, papillons de nuit, vampires, scolopendres, guêpes et polypes se livraient une bataille furieuse; toute cette horrible vermine s'escrimait de la pince, de l'aiguillon, du bec ou des pattes, avec un acharnement meurtrier; et chacun de ces adversaires venimeux semblait porter une petite tête humaine sur un corps démesurément grossi. Tout à coup quelque chose de doux et de velouté vint heurter le visage de Pépusch. Il fit un saut énorme en portant ses mains à ses yeux; un gros nuage de poudre blanche tourbillonnait autour de lui. La fièvre de la peur fit trembler tous ses membres; il pensa s'évanouir.

Quand il revint à lui, tous les animaux fantastiques s'étaient éclipsés.

L'objet redouté qui l'avait frappé au front n'était autre que la perruque poudrée de l'homme aux puces, que, dans un accès de désespoir, celui-ci venait de lancer à tous les diables.

Le pauvre artiste s'était jeté tout accablé dans un fauteuil.

« Leuwenhock! maître Leuwenhock! s'écria l'étudiant, voyez un peu le désastre que vous attire votre infernale industrie!

— Est-ce vous, Georges? murmura faiblement l'homme

aux puces. Hélas! je suis un homme ruiné, un homme perdu!

— Mais que s'est-il donc passé? » demanda l'étudiant.

Leuwenhock se tourna vers la muraille pour se lamenter à son aise, en criant à Georges de prendre un microscope et de regarder sur la table de marbre.

Georges vit que toute la petite armée de l'artiste était détruite : caissons, fourgons, berlines et calèches, tout était en poussière ; et dans les uniformes de la cavalerie, au lieu de cadavres de puces, il n'y avait plus que des grains de poivre.

« Hélas! dit Leuwenhock, je ne sais quel funeste génie a conspiré contre moi, pour m'enlever tous mes chers petits acteurs, dressés avec tant de patience, et m'a substitué ces ignobles grains de poivre. Je ne me suis aperçu de cette infâme supercherie qu'au moment de commencer ma représentation. Figurez-vous le désappointement et la fureur de toute cette foule de curieux qui avaient payé d'avance à la porte! Peu s'en est fallu que je ne me visse mettre en pièces par cette multitude féroce. On me couvrait d'injures, et l'on allait en venir aux coups. Je n'ai eu d'autre ressource que de faire bien vite jouer mon grand microscope, et d'entourer mes ennemis d'une myriade de créatures fantastiques, dont l'aspect monstrueux les a heureusement mis en fuite.

— Mais je ne comprends guère, reprit Pepusch, que vous vous soyez aperçu si tard de la désertion de vos acteurs.

— Hélas! dit l'artiste, le génie de qui je tiens mon pouvoir sur ce peuple de puces m'avait abandonné tout à coup par je ne sais quelle fatalité. C'est à son absence que je dois ma ruine.

— Eh! ne vous avais-je pas représenté, s'écria l'étudiant, la folie qu'il y avait à vous d'exercer une si dangereuse industrie, sans vous être assuré par tous les moyens la possession de l'être singulier par qui seul vous pouviez réussir? Maintenant je n'ai plus qu'un bon avis à vous donner : c'est de renoncer à vos folles tentatives, pour consacrer désormais toute votre activité à l'étude des seules sciences véritables, qui n'ont pas pour auxiliaire les maléfices de l'esprit de mensonge.

— Billevesées que tout ce que vous me dites là! répliqua l'homme aux puces. Vous ne comprenez rien à ma science. Mes puces étaient ma vie, et je les suivrai dans le tombeau.

— Mais, poursuivit l'étudiant, qu'avez-vous donc fait de Dortje Elverdink?

— Partie! partie je ne sais où! Ah! tenez, Georges, si vous êtes mon ami, tuez-moi, car je vois votre colère prête à éclater. Mettez-moi en poudre!

— Voyez donc, reprit l'étudiant, ce qu'a produit votre folie. Qui donc vous avait permis de séquestrer indignement cette pauvre Dortje, et de la donner en spectacle aux curieux, pour tirer de cette vile action un méprisable bénéfice? Pourquoi ne m'avez-vous pas accordé sa main, que je vous demandais à genoux? Du moins, si quelque chose peut aujourd'hui me consoler de sa perte, c'est la pensée qu'elle n'est plus en votre pouvoir maudit. Quant à moi, je garde l'espérance de la retrouver un jour. Tenez, Leuwenhock, ramassez votre perruque, et allez à tous les diables pleurer votre ruine: c'est ce que vous avez de mieux à faire. »

L'homme aux puces rétablit sur sa tête chauve sa perruque de filasse, et, saisissant fortement le bras de l'étudiant: « Georges, lui dit-il, vous êtes le seul homme de la ville qui sachiez que depuis l'an 1725 je suis enterré dans la vieille église de Delft, et vous n'avez révélé ce secret à personne. Quoique je ne puisse me persuader que je sois ce même Leuwenhock qui gît dans un froid sépulcre, tandis que je faisais ici de si merveilleuses choses, je suis néanmoins bien aise que le public ignore ce mystère, car on me traiterait comme un vampire, et je puis m'en passer. Je reconnais, mon cher Pépusch, que je n'ai pas bien agi à vos yeux envers Dortje Elverdink, malgré que ma conduite ne puisse être très-justement pesée par un jeune étourdi de votre âge. Ainsi je ne me repens pas de vous avoir refusé sa main; mon unique tort est de ne vous avoir pas dit ce qu'était Dortje Elverdink. Vous auriez compris l'impossibilité où j'étais de condescendre à vos désirs. Maintenant, Pépusch, asseyez-vous là, près de moi; j'ai une singulière histoire à vous conter. »

L'étudiant s'assit, d'un air sombre, à quelques pas de l'homme aux puces.

VIII

« Mon bon ami, reprit l'artiste, il est bon que vous sachiez avant tout que le roi Sékakis vécut, il y a plusieurs siècles, dans la plus grande intimité avec la reine des fleurs, et que de cette liaison naquit l'incomparable princesse Gamaheh.

« Je ne saurais vous apprendre comment, ni à quelle époque, cette charmante créature vint à Famagouste. Quelques savants prétendent que Gamaheh y chercha un abri contre les poursuites du prince des sangsues, l'ennemi mortel de la reine des fleurs.

« Un soir que Gamaheh était venue goûter le frais sous les ombrages d'une forêt de palmiers, elle s'étendit sur le gazon fleuri et ne tarda pas à se livrer au sommeil. En ce moment, le prince des sangsues leva sa tête du fond d'une mare, aperçut la princesse et rampa vers elle, pour lui donner un baiser venimeux derrière l'oreille gauche. Ce baiser fut si prolongé, et la malheureuse Gamaheh perdit tant de sang, qu'elle en mourut. Le prince des sangsues resta ivre sur le gazon, à côté de sa victime.

« En vain la mandragore perça la terre et vint s'étendre sur la plaie de Gamaheh, en vain toutes les fleurs versèrent sur elle leurs baumes les plus mystérieux, Gamaheh ne sortit pas de ce mortel évanouissement.

« Le génie Thétel passa dans les airs, au-dessus de la forêt de palmiers, et, prenant en pitié le sort de la belle princesse, il la souleva dans ses bras, essaya de la réchauffer, mais ne put y réussir.

« Tout à coup il aperçut le prince des sangsues, que ses gardes du corps s'efforçaient de traîner jusqu'à la mare voisine. Le génie jeta sur le corps du meurtrier une pincée de sel qui lui fit aussitôt dégorger le sang virginal dont il s'était si cruellement enivré. Toutes les fleurs d'alentour inclinèrent leurs corolles pour les teindre du sang de Gamaheh. C'est de là que sont nés les coquelicots, les amaryllis, les soucis, les anémones.

« Le génie Thétel, n'ayant pu parvenir à ranimer la belle princesse, la prit de nouveau dans ses bras, et s'éleva dans les airs avec ce précieux fardeau.

« Deux mages, alors, dont l'un n'était autre que moi-même, s'occupaient à observer les astres du haut d'une tour isolée dans la plaine. Ils aperçurent très-distinctement le génie et la princesse, et firent à ce sujet mille conjectures très-savantes, mais qui n'avaient pas le sens commun. Plus tard, la malheureuse destinée de Gamaheh fut connue à Famagouste, et les deux mages s'empressèrent loyalement de rectifier leurs conjectures. Ils en conclurent que le bienfaisant génie saurait découvrir quelque secret moyen de rendre à la vie la belle princesse, et, comme ils l'avaient vu diriger son vol du côté de Samarkand, ils se rendirent dans cette cité, pour se tenir au courant des événements.

« Mais, arrivés à Samarkand, ils ne purent rien apprendre de ce qui les intéressait.

« Plusieurs années après, les deux mages se divisèrent comme il advient à nombre de savants; mais, nonobstant leur mésintelligence, ils se communiquaient leurs découvertes, pour les critiquer mutuellement et accroître ainsi leur renommée. Souvenez-vous, Georges, que j'avais l'honneur d'être un de ces deux mages. Un beau jour, mon confrère m'annonça les découvertes les plus merveilleuses qu'il prétendit avoir faites au sujet de la belle Gamaheh, que nous n'avions oubliée ni l'un ni l'autre. Il avait reçu d'un de ses amis de Samarkand une collection de tulipes fort rares, et qui lui arrivèrent dans un si parfait état de conservation, qu'on eût dit, à les voir, qu'elles venaient d'être fraîchement cueillies.

« Il se proposait de soumettre l'intérieur de ces fleurs à des observations microscopiques qui devaient enrichir les sciences naturelles de révélations de la plus haute importance. Il démembra, pour commencer ses opérations, une superbe tulipe panachée, et trouva une petite graine inconnue cachée au fond du calice. En y appliquant la loupe, il découvrit que cette petite graine était la princesse Gamaheh, qui semblait dormir fort tranquillement dans le sein parfumé de la tulipe.

« A cette nouvelle, je courus au laboratoire de mon digne confrère. Je reconnus la vérité du phénomène qu'il m'avait annoncé, et nous nous accordâmes, cette fois, pour chercher les moyens de rendre à l'existence humaine la belle Gamaheh.

« Je ne vous raconterai pas toutes les manipulations auxquelles nous nous livrâmes pour obtenir ce précieux résultat. Je me bornerai à vous dire qu'au moyen de lentilles de verre savamment disposées nous créâmes une espèce de serre chaude, au sein de laquelle la graine de Gamaheh ne tarda pas à se développer presque à vue d'œil, et arriva peu à peu, grâce à nos soins assidus, à reprendre les dimensions d'une personne naturelle.

« Il ne s'agissait plus que d'animer la créature que notre art venait de reproduire. Nous inventâmes un miroir magique, au moyen duquel l'image de Gamaheh fut réfléchie sur une muraille; puis nous enlevâmes avec délicatesse cette image presque impalpable. A peine commença-t-elle à flotter dans le vide, que, passant dans le réflecteur que nous avions établi au-dessus de la princesse, elle se fit se briser en éclats.

« La belle Gamaheh fit un mouvement, ouvrit les yeux, sourit et se dressa devant nous. Mais notre joie fut de courte durée, quand nous observâmes que le sang cessait de circuler à la place que le prince des sangsues avait blessée. Loin cependant de nous décourager, nous eûmes recours à un nouveau travail qui fut couronné d'un plein succès, puisque la trace même de la piqûre ne tarda pas à s'effacer.

« Nous savions parfaitement, mon collègue et moi, de quel prix inestimable était pour nous le grand œuvre que nous avions accompli sur la princesse. Cela fit éclore entre nous une discussion violente au sujet du droit de possession que nous avions à exercer. Mon collègue arguait de sa qualité de propriétaire de la tulipe au sein de laquelle se trouvait la princesse, et prétendait ne me devoir qu'une gratification pour le concours que je lui avais prêté. Je me défendais, de mon côté, en énumérant toutes les difficultés dont je soutenais qu'il ne serait point sorti sans l'aide de ma science ; le résultat semblait m'attribuer des droits irrécusables. Notre querelle scientifique se prolongea longtemps. Mon honorable collègue finit, de guerre las, par me céder la belle Gamaheh, en échange d'une loupe merveilleuse. Mais aujourd'hui ne voilà-t-il pas qu'il m'accuse de lui avoir dérobé cette loupe ! Je ne sais comment il a pu la perdre, quoique le fait n'ait rien que de très-naturel, attendu qu'un grain de poivre est huit fois plus grand que le diamètre d'un verre de cette loupe.

« Maintenant, cher Georges, vous possédez toute ma confiance. Je viens de vous révéler que Dortje Elverdink n'est autre que la princesse Gamaheh ; vous devez comprendre l'impossibilité de votre union avec.....

— Halte-là ! s'écria Georges Pépusch. Une confidence en vaut une autre ; et je suis bien aise de vous apprendre que je savais longtemps avant vous, et mieux que vous, l'histoire que vous venez de me raconter. Vous êtes en vérité un homme de bien étroite cervelle. Si vous saviez faire autre chose qu'ajuster des verres de microscope, vous n'ignoreriez point que j'ai l'honneur d'être, tel que vous me voyez, le Distel-Zéhérit qui se trouvait auprès de la princesse quand elle expira, et dont vous avez jugé convenable de ne pas dire un mot.

— Êtes-vous fou, Georges ? dit l'homme aux puces. Le Distel-Zéhérit fleurit au fond des Indes orientales, dans une vallée solitaire que forment de hautes montagnes, et qu'habitent des mages dévoués à l'étude de la nature. L'archiviste Lindhorst a longuement écrit sur cette matière. Et comment voulez-vous que je croie qu'un blanc-bec que j'ai presque vu naître puisse être le Distel-Zéhérit ? A d'autres, mon jeune ami ! laissez-moi la prétention de ne pas être le sot le plus fieffé de l'univers.

— Ah ! oui, vraiment, reprit Pépusch, vous êtes, ô Leuwenhock ! l'homme le plus sage de la création. Mais, en dépit de votre génie transcendant, ne vous avisez pas de nier, je vous prie, que je sois réellement le Distel-Zéhérit qui se fondit d'amour au contact voluptueux de la belle Gamaheh, et qui lui procura des songes célestes en l'ombrageant de ses feuilles odorantes. Sachez que si j'eusse vu à temps le prince des sangsues, je l'aurais percé de mes épines ; sachez encore qu'à l'aide de la mandragore j'aurais guéri la blessure de la princesse, sans la stupide intervention du génie Thétel, qui n'était qu'un ignorant. Il est vrai que Thétel versa sur le prince des sangsues une poignée de sel, mais il ne l'a pas tué par ce moyen, car tout le sel est tombé à côté. C'est le Distel-Zéhérit qui tua le prince des sangsues avec ses aiguillons vengeurs, en se dévouant lui-même à la mort pour s'être souillé d'un sang venimeux. La bêtise de Thétel a causé le long sommeil de Gamaheh dans le sein d'une tulipe. Le Distel s'est réveillé avant la princesse, car la mort des fleurs n'est qu'un sommeil d'où elles ressuscitent sous d'autres formes. Il n'est pas moins absurde de votre part de soutenir que la princesse Gamaheh avait les mêmes formes sous lesquelles existe aujourd'hui Dortje Elverdink, et que c'est à votre art que cette belle créature doit la vie. Ce n'est pas vous qui avez opéré le moindre prodige, c'est la *puissance* qui vous a échappé, parce que vous n'aviez pas le secret de la fixer irrésistiblement à côté de vous.

— Ah! mes pressentiments funestes se réalisent enfin ! s'écria Leuwenhock. Et vous, Pépusch, pour qui j'avais tant de bontés, je vois en vous mon plus cruel ennemi. Au lieu de me consoler et de chercher un bon avis, vous prenez un odieux plaisir à me mystifier.

— Pauvre charlatan, reprit Pépusch, vous vous repentirez trop tard de vos folies! Adieu! je cours à la recherche de Dortje. Mais, comme je ne veux plus que vous épouvantiez la crédulité publique..... »

L'étudiant saisit, pour le briser, le mécanisme qui faisait mouvoir les microscopes.....

« Grand Dieu! tuez-moi donc tout de suite! » s'écria l'homme aux puces.

Mais, sans l'écouter, Pépusch mit tout l'appareil en pièces, et le malheureux Leuwenhock tomba évanoui sur le carreau.

IX

En sortant de la maison, l'étudiant se souvint du moment où il avait vu pour la première fois Dortje Elverdink à Berlin. A cette époque, l'art du dompteur de puces n'était pas encore en grande renommée; mais, lorsqu'on apprit que sa nièce, jeune et jolie personne, assistait à toutes les séances, la maison de l'artiste devint le rendez-vous des jeunes gens à la mode, et, comme le nom de *Dortje* était passablement dur et difficile à prononcer, ils donnèrent à la jeune fille le nom d'*Aline*, qui était le titre d'un opéra fort en vogue. Lorsque Pépusch arriva à Berlin, tout le monde ne s'entretenait que de la belle nièce de Leuwenhock. On pressa l'étudiant d'aller voir cette merveille féminine. Pépusch avait alors un tempérament mélancolique et fort disposé à la misanthropie. Dans chaque jouissance il s'étudiait à trouver un dégoût. Aussi, quand il vit Dortje, pensa-t-il, fidèle à son système, qu'il n'y avait que des cerveaux fêlés qui pussent en être épris d'une manière exagérée. Il eut tout le temps de l'observer. Plus il la considérait, plus il lui sembla qu'il avait vu ailleurs, sous d'autres traits et avec un autre costume, cette figure empreinte d'un charme mystérieux. Mais il eut beau chercher dans sa mémoire, il n'y retrouvait rien de clair, et pourtant la fascination allait son cours.

« Eh bien, lui dit un de ses amis, eh bien, monsieur le philosophe, vous voilà donc tombé sous l'influence générale? »

Pépusch ne répondit rien, mais il sortit le dernier de la salle, et crut remarquer que la belle Dortje lui adressait un coup d'œil gracieux quoique imperceptible. Il revint tous les jours fort exactement aux séances de l'homme aux puces, et bientôt l'amour le plus irrésistible s'empara de toutes ses facultés.

Leuwenhock, qui n'avait pas tardé à deviner tout le prestige que sa nièce exerçait sur les visiteurs, laissa de côté son armée de puces, qui ne méritait plus aucune attention, et imagina un nouveau spectacle dans lequel Dortje jouait elle-même un rôle créé pour mettre en évidence toutes ses délicates perfections. Il donna des concerts pour la faire chanter, et des soirées de conversation pour faire briller les grâces de son esprit.

Georges, fort assidu à toutes ces réunions, entendit un jour Aline ou Dortje (nous pouvons lui prêter l'un ou l'autre de ces noms) dire, en le montrant à un jeune homme assis près d'elle : « Quelle est donc cette espèce de fantôme qui vient ici tous les jours, me regarde incessamment, comme s'il voulait me dévorer, et se retire sans m'adresser une seule parole ? »

L'étudiant se sentit blessé au vif de cette épithète désobligeante. Il rentra chez lui, furieux, insensé, et jura de ne remettre jamais le pied dans la maison de Leuwenhoek. Et pourtant, dès le lendemain, il était des premiers arrivés. Seulement il prit place dans le coin le moins éclairé, et braqua de nouveau son regard fixe sur la jeune fille.

Tout à coup, sans qu'il s'en fût aperçu, Dortje Elverdink se trouva près de lui : « Je ne me souviens pas, monsieur, lui dit-elle, de vous avoir rencontré ailleurs qu'à Berlin, et cependant vos traits ne me sont pas inconnus. Il me semble même, par instants, que nous avons été fort liés dans un pays lointain par les circonstances les plus bizarres. Ne pourriez-vous me tirer de cette incertitude ? »

Georges frissonna en entendant ces paroles. Sa tête brûlait ; le sang refluait à son cœur, et ses extrémités se glaçaient. La question d'Aline sembla tout à coup éclairer dans son esprit les dessins reproduits par une espèce de chambre obscure. Peu à peu ses souvenirs se dégagèrent du chaos de sa pensée, et il reconnut *en lui-même* que Dortje Elverdink n'était autre que la princesse Gamaheh qu'il avait aimée quand il était lui-même existant sous la forme du Distel-Zéhérit. Il se garda toutefois de révéler ce souvenir à qui que ce fût, dans la crainte de passer pour fou.

« Eh bien, monsieur, êtes-vous muet ? » reprit la jeune fille en touchant du bout de son doigt la poitrine de Georges. Ce léger contact produisit sur l'étudiant l'effet d'une décharge électrique. Il sortit de sa préoccupation rêveuse, et, s'empa-

rant des mains d'Aline, il les couvrit de baisers, en s'écriant :
« Divine princesse !... »

Cette parole éveilla sans doute un autre souvenir dans l'âme de la jeune fille, car, à dater de ce moment, un lien d'amour l'unit mystérieusement à l'étudiant. La jalousie suivit de près l'amour, mais l'espiègle Dortje se plaisait à jouer avec les tourments de son bien-aimé.

Un jour, il s'enhardit à lui parler du temps où elle était la fille du roi Sékakis, et à lui rappeler le combat mortel qu'il avait livré au prince des sangsues pour venger sa mort. Dortje Elverdink l'assura qu'elle s'en souvenait parfaitement ; elle se montra si énamourée du Distel-Zéhérit prédestiné à devenir un étudiant de l'université d'Iéna, puis à retrouver à Berlin une princesse de Famagouste, que Georges se crut ravi au troisième ciel. Les deux amants causaient, penchés sur la margelle de la fenêtre, et Dortje permit qu'il serrât sa taille charmante. Les souvenirs de leur vie d'Orient revenaient en foule avec une délicieuse poésie, et leurs lèvres brûlantes s'unissaient furtivement en chastes baisers, lorsqu'un jeune et brillant officier de hussards vint briser ce tête-à-tête, en saluant la reine des cœurs berlinois.

Dortje rougit de plaisir, se dégagea de l'étreinte amoureuse de l'étudiant, et suivit du regard le bel officier jusqu'au détour de la rue.

« Gamaheh ! Gamaheh ! s'écria le Distel-Zéhérit, tu te moques de moi ! »

La jeune fille répondit par un grand éclat de rire. « Mon cher Georges, dit-elle, si je suis en vérité l'ex-fille de Sékakis, et si vous avez été, comme vous le dites, le Distel-Zéhérit, moi, je préfère à vos épines dangereuses le doux regard de cet officier, qui me rappelle le génie Thétel ! »

A ces mots, elle s'enfuit d'auprès de Georges. Le pauvre étudiant prit son chapeau, gagna l'escalier, et rencontra dans la rue un de ses amis en chaise de voyage.

« Emmène-moi ! Je pars avec toi ! Je veux aller au bout du monde ! » s'écria l'étudiant. Il courut au logis, prit son manteau, son argent, et partit.

Malgré l'absence, l'amour du pauvre garçon faisait des

progrès effrayants. Quelques années plus tard, il retrouva Leuwenhock à la Haye, et se remit à adorer Gamaheh. Plus tard encore il la revit à Francfort. Toute sa vie se consumait au feu de sa passion.

Un soir que, pareil à un insensé, il courait à travers les rues sous une pluie battante, il aperçut une clarté extraordinaire aux fenêtres du premier étage d'une assez belle maison. Il pensa que c'était le commencement d'un incendie, et, montant après des grillages de fer, à la hauteur de ces fenêtres, il faillit tomber à la renverse, de surprise et d'émotion.

La clarté qu'il avait vue de la rue provenait d'un grand feu allumé dans la cheminée. Dortje Elverdink en personne était assise dans un fauteuil, en parure éblouissante. Elle semblait dormir. Auprès d'elle un vieillard étique, accroupi devant le feu, regardait attentivement bouillir le contenu d'un petit pot noir.

Pépusch se cramponnait de nouveau pour observer ce qui se passerait dans cette chambre, quand il se sentit fortement secoué par les jambes.

« Holà! camarade, dit une grosse voix, descendons au plus vite, et en prison! »

C'était le guet de nuit, qui, surprenant notre amoureux en flagrant délit d'escalade, crut mettre la main sur un malfaiteur.

Georges Pépusch acheva sa nuit au corps de garde.

X

Pérégrinus se débattait sur son lit, en proie à un cauchemar qui lui représentait sa petite dame mystérieuse qu'il croyait sentir couchée sur sa poitrine.

« Ne dormez pas, Pérégrinus! je veux vous parler, » murmurait à son oreille une voix séduisante.

Pérégrinus se dressa sur son séant, croyant voir la belle Aline; mais il n'aperçut, à la lueur de sa veilleuse, qu'un petit monstre, une véritable araignée à face humaine, dont il eut horreur. Cependant il étendit la main pour s'assurer qu'il ne rêvait pas, mais le monstre avait disparu.

La créature hideuse qu'avait entrevue Pérégrinus avait un bec d'oiseau percé de deux yeux ronds et lumineux. De sa bouche sortait en frétillant une langue pareille à un dard de couleuvre. Deux cornes velues ornaient son front. Ses bras lui sortaient des joues; immédiatement au-dessus paraissaient deux jambes longues et torses, que le monstre avait chaussées de bottines dorées avec des éperons de diamant.

Pérégrinus s'efforçait d'oublier ce qu'il croyait être une des illusions de son cauchemar, lorsque la même voix douce et claire reprit à son oreille : « Cher monsieur Pérégrinus, vous qui avez agi hier si généreusement, voudriez-vous aujourd'hui porter sur moi une main perfide? Je regrette que ma figure vous ait déplu, mais je prendrai mes précautions pour l'avenir. En ce moment je suis sur votre couverture, et vous ne me voyez point. Cela prouve que vos yeux grossiers ne voient guère plus loin que le bout de votre nez; mais promettez-moi de ne point me faire de mal, et je m'approcherai pour vous conter beaucoup de choses fort curieuses.

— Qui donc êtes-vous? demanda Pérégrinus. Je n'ai pas, je vous l'assure, une nature malfaisante; mais je vous prie de ne pas vous montrer, car votre aspect me déplait infiniment.

— Vous êtes un excellent homme, reprit la voix, mais vous êtes passablement ignorant, passez-moi la franchise de l'expression, car autrement vous m'eussiez reconnu au premier coup d'œil. Je pourrais bien vous dire que je suis un des plus puissants rois de l'univers; je me bornerai à vous faire savoir que je suis le roi des puces. Mon peuple surpasse de beaucoup l'espèce humaine en prestesse et en agilité, sans parler d'une foule d'autres facultés importantes; mais il y a des passions chez les puces comme dans votre espèce, et qui sont trop souvent la cause de notre perte. J'étais vénéré et respecté de mes sujets, et j'aurais pu vivre parfaitement heureux, sans un fatal amour pour une personne à laquelle je ne pouvais m'unir par les nœuds du mariage. On reproche aux puces un goût particulier pour le beau sexe, qui nous porte souvent à oublier toutes les convenances de la civilisation. Or je vis un jour la fille du roi Sékakis, la belle Gamaheh, et j'en devins si épris, que je perdis de vue tous les devoirs de la royauté, pour ne plus m'occuper que de l'objet de mon amour. Je passais mes jours et mes nuits à sautiller sur la gorge de ma charmante maîtresse et à piquer doucement les roses de son sein. Elle fit maints efforts pour me chasser, sans jamais y réussir. J'étais près d'elle quand elle fut victime du prince des sangsues, et j'aurais, je vous le jure, réussi à la rendre à la vie, sans un maladroit et un butor qui me l'enlevèrent. L'un était le Distel-Zéhérit, et l'autre le génie Thétel. Lorsque le génie l'emporta dans ses bras, je m'attachai fortement à la dentelle qui couvrait le sein de ma déesse, et je fus ainsi son compagnon de voyage. Nous passâmes en route au-dessus de deux mages qui observaient les étoiles. L'un d'eux, par hasard, braqua sur moi son télescope, dont je fus ébloui. Je perdis l'usage de mes sens, et je tombai d'une hauteur incalculable sur le nez du mage. Je ne sauvai ma vie que par mon extrême légèreté. Malheureusement le maudit mage, qui se nommait Leuwenhock, me prit sur son nez avec le pouce et l'index, et, après m'avoir considéré avec une attention qui lui révéla sans doute que je devais être le roi des puces, il m'enferma dans un microscope. Ce fut pour moi le commencement d'une cruelle captivité, dont je ne fus délivré qu'hier soir et par vous-même, cher monsieur Pérégrinus.

« Devenu mon maître, Leuwenhock fut investi de toute la puissance que j'exerçais sur mes sujets. Il les rassembla autour de lui, et prétendit les civiliser à sa manière : il fit de nous des puces d'État, des puces de guerre, des professeurs et une foule d'autres choses indignes. Il revêtit les unes du costume grotesque qui représentait leurs dignités. Il équipa les soldats en fantassins et cavaliers. Il nous obligea d'apprendre les métiers de tailleurs, de bottiers, d'armuriers, de selliers, pour servir nous-mêmes ses plans d'organisation. Le pire de tout, c'est que ce Leuwenhock n'était au fond qu'un misérable spéculateur qui nous montrait aux hommes pour gagner de l'argent et s'attribuer, à nos dépens, sa réputation de génie. Comme il savait bien que sa domination sur mon peuple s'évanouirait avec mon esclavage, il me tenait séquestré avec un soin extrême. Dans ma triste situation, je me consolais en pensant à la belle Gamaheh, et je cherchais quelque moyen d'en avoir des nouvelles. Le hasard me servit mieux que n'eussent pu faire les plus habiles combinaisons.

« Le collègue de mon mage, le vieux Swammerdamm, avait découvert par son art la princesse Gamaheh dans le calice d'une tulipe, et il en avait informé son ami. Tous deux, par des moyens que vous ne sauriez concevoir, parvinrent à lui rendre sa première forme. Mais les deux mages n'étaient pas plus habiles après tout que le génie Thétel et le Distel-Zéhérit. Ils avaient si mal calculé leur opération, que Gamaheh, en ressuscitant, faillit retomber dans le néant. Moi seul savais le secret de parfaire l'œuvre incomplète. L'amour me prêta une force surnaturelle. Je parvins à briser le verre qui fermait ma prison, et, sautant sur l'épaule de Gamaheh, ma plus légère piqûre suffit pour mettre en mouvement les ressorts de la vie. Mais il faut que je vous déclare aussi, monsieur Pérégrinus, que si cette piqûre vivifiante n'était pas renouvelée à certaines époques fixes, la belle princesse perdrait promptement le radieux incarnat de la jeunesse et de la beauté : elle deviendrait vieille fille avant l'âge. Ainsi vous voyez que je suis nécessaire à son bonheur, malgré que, par la plus noire ingratitude, elle m'ait de nouveau livré à mon persécuteur. J'ai eu la chance de conquérir de nouveau ma chère liberté. Dans ma fuite, et poursuivi à outrance par Leuwenhock, je me réfugiai dans la boutique où vous faisiez vos emplettes pour la fête de Noël. A peine y étais-je entré, que je vis arriver avec effroi la princesse Gamaheh. C'est alors que je me cachai, à votre insu, dans une petite boîte que vous veniez d'ouvrir, et qui fut mise dans votre poche avec d'autres objets. Gamaheh n'apprit que plus tard en quel lieu j'avais trouvé asile. A peine m'étais-je échappé, que la puissance mystérieuse de Leuwenhock fut brisée. Tous mes sujets prirent la fuite à mon exemple, laissant dans leurs habits des grains de poivre pour narguer le tyran

« Je dois aujourd'hui, cher Pérégrinus, prémunir votre esprit contre les séductions dont pourra vous entourer cette séduisante créature, dans le but de parvenir à me reprendre. Vous pourriez fort aisément en devenir amoureux...

— Amoureux! moi? s'écria le Pérégrinus.

— Sans doute, reprit maître Floh,—ainsi se nommait le roi des puces;—et de quelle terreur ne fus-je pas bouleversé, en vous voyant hier rapporter dans vos bras, chez vous, cette Gamaheh si dangereuse pour moi, et qui avait pour idée fixe, en vous accablant de câlineries, d'obtenir sa remise en possession de mon triste individu. Je vous remercie bien vivement d'avoir résisté à ses supplications comme si vous n'aviez rien compris à ce qu'elle vous demandait.

— En vérité, à l'heure qu'il est, je n'y comprends rien encore! s'écria Pérégrinus, et, qui que vous soyez, je ne saurais dire quand ni comment j'aurais pu vous sauver de je ne sais quel danger, en vous emportant au fond d'une boîte de joujoux de Nuremberg. Je n'ai vu dans cette boutique ni vous ni la gracieuse dame qui vint me chercher dans la maison du relieur Lammerhirt. Voyons, maître Floh, si vous n'êtes pas une nouvelle création de mon cerveau malade, cessez, je vous prie, de m'abuser par de pareilles fadaises.

— Vous repoussez l'expression de ma reconnaissance, reprit le roi des puces, et j'y vois une preuve de votre générosité désintéressée. Sachez encore que, tant que vous me protégerez ici, ni Leuwenhock ni Gamaheh ne pourront rien contre moi. Mais, hélas! comment pourrais-je compter sur votre appui? vous êtes amoureux, monsieur Pérégrinus, amoureux fou de Gamaheh!

— Allons donc! une folie d'un instant, à laquelle je ne songe déjà plus! » répondit M. Tisz. Et pourtant, comme il sentait le mensonge colorer son visage d'une rougeur accusatrice, il se cacha sous la couverture.

« Pourquoi vous justifier d'un fait qui ne m'est que trop prouvé? répliqua maître Floh. Vous l'aimez malgré vous, et l'orage soulevé par cette passion dans votre cœur n'est pas encore calmé. Je vois que Gamaheh vous entourera de mille séductions dont vous aurez la simplicité de vous croire l'objet, et qui n'auront en réalité d'autre motif que le service qu'elle espère de vous. Le sort de mon peuple est dans vos mains.

— Oui, oui, vous avez, je crois, raison ! s'écria M. Tisz en sortant son nez de dessous les draps. Rien n'est plus dangereux que les femmes; elles jouent avec notre cœur comme le chat avec la souris, et, quand elles nous tiennent dans leurs filets, elles se moquent de nous et nous méprisent. C'est le pressentiment d'éprouver un jour ce sort ridicule qui faisait couler de mon front une sueur froide toutes les fois que je me trouvais en face d'une femme. Mais, puisque vous avez recours à ma protection, ce n'est pas en vain que vous l'aurez implorée, et je jure de ne pas revoir une personne aussi dangereuse pour vous et pour moi. Si vous aviez une main semblable à la mienne, je vous la serrerais en signe de loyauté cordiale. »

En disant ces mots, Pérégrinus étendit sa main au hasard, et la promena sur la courtepointe de son lit.

« Merci, répondit l'invisible interlocuteur. Je n'ai pas de mains à votre service, mais permettez que je me pose sur votre pouce, pour vous offrir un témoignage de mon amitié. » Et presque aussitôt M. Tisz ressentit au pouce de la main droite une piqûre très-vive.

« Diable ! comme vous piquez ! s'écria-t-il ; en vraie puce !...

— Affectueusement, répondit maître Floh. Rien de plus, rien de moins. Et maintenant, pour sceller notre traité d'alliance, je veux vous offrir un petit microscope, fabriqué par le plus habile opticien de mon royaume. Je l'ai ravi à mon tyran Leuwenhock. Il est cent vingt-trois fois plus petit qu'un grain de moutarde, mais rien n'est cependant plus aisé que de s'en servir. Je le placerai sur la pupille de votre œil, et cet œil aussitôt jouira de la faculté de grossir les objets. Vous me permettrez seulement de faire moi-même cette opération en temps utile pour notre intérêt réciproque. Bonsoir ! bon sommeil, monsieur Pérégrinus ! Je suis votre serviteur ! »

XI

M. Tisz s'endormit profondément, et se réveilla fort tard le lendemain au bruit connu du balai d'Aline, sa gouvernante, qui nettoyait le logis. Le pauvre garçon avait grand'peur d'une scène de la part de la vieille fille; aussi, lorsqu'elle entra, fut-il singulièrement satisfait de lui voir une mine bienveillante.

« Dormez-vous encore, monsieur Tisz? » dit-elle d'une voix assez douce.

Tandis que son maître se levait, la vieille bonne marmottait entre ses dents :

« C'est incroyable ce qu'on voit aujourd'hui!

— Quoi donc, ma chère Aline? risqua M. Tisz, dont le cœur battait à l'approche de l'ouragan féminin.

— Un tas de choses! mon cher monsieur, » répondit la vieille d'un air malicieux en poursuivant sa besogne.

M. Tisz ne put y tenir davantage.

« Qu'est devenue, dit-il avec toute la fermeté qu'il put recueillir, qu'est devenue la dame qui se trouvait hier chez moi? lui avez-vous ouvert la porte pour se retirer? avez-vous été lui chercher une voiture de place?

— En voilà, par exemple, un tas de questions fièrement inutiles! s'écria la vieille. Ne savez-vous pas comme moi que cette gracieuse dame a passé la nuit ici? qu'elle s'y trouve encore à cette heure, et que probablement elle n'est pas près d'en déguerpir? »

Pérégrinus, à cette nouvelle inattendue, tressaillit de frayeur et de joie tout ensemble.

La gouvernante, poursuivant sa kyrielle de loquacités, raconta avec une grande volubilité qu'au moment où la dame ouvrait la porte de la rue pour se retirer, maître Swammerdamm, le locataire de M. Tisz, lui avait barré le passage, et, ne pouvant souffrir qu'une si belle dame s'en allât toute seule à une heure si avancée de la nuit, l'avait priée d'entrer dans sa chambre, ce qu'elle avait accepté sans aucune façon. Maître Swammerdamm avait alors fermé sa porte et tiré les verrous. La vieille, ne pouvant résister à sa curiosité, avait regardé par le trou de la serrure. Elle avait vu le vieux Swammerdamm, debout au milieu de la chambre, parler à la jeune dame avec un accent et des gestes si suppliants, que les larmes lui en étaient venues aux yeux. La dame avait pleuré à son tour, et s'était mise à genoux. Alors maître Swammerdamm l'avait relevée, baisée au front et conduite vers le sofa; après quoi il avait allumé un bon feu et placé au coin de la cheminée une bouilloire dans laquelle il voulait sans doute préparer quelque breuvage. Mais, la vieille ayant éternué dans le corridor, Swammerdamm s'était dirigé vers la porte, et elle s'était retirée toute tremblante. Le lendemain, quand elle s'était présentée à l'heure ordinaire pour faire le ménage, elle avait trouvé Swammerdamm debout et prêt à sortir. Il lui avait recommandé les plus grands soins pour une princesse étrangère persécutée, et qui, disait-il, avait cherché auprès de lui un refuge. « J'occupais jadis, avait-il ajouté, un emploi brillant à la cour du roi son père, et je lui dois ma protection. Ayez pour elle toutes les prévenances possibles : vous en serez payée généreusement. » Après quoi il était sorti.

« Eh bien, demanda Pérégrinus, que faites-vous actuellement de vos soupçons injurieux?

— Ils sont évanouis, répondit la vieille. Et, de fait, il n'y a qu'à regarder cette dame pour juger que c'est ou que ce doit être une princesse. Lorsque M. Swammerdamm fut parti, j'allai de nouveau regarder par le trou de la serrure. La dame était négligemment étendue sur le sofa; sa jolie tête appuyée sur une petite main blanche comme la neige, qui jouait avec ses cheveux de l'ébène le plus noir. Elle était vêtue d'une robe de gaze brodée d'argent, et portait des pantoufles d'or. Mais tenez, monsieur Tisz; elle est sans doute encore à la même place, et vous pourrez, comme moi...

— Que dis-tu? s'écria Pérégrinus. *Vade retro, Satanas!*...

— Courage, Pérégrinus! ne succombez pas! » murmurait à son oreille gauche la voix de l'invisible roi des puces.

Mais cette exhortation fut en pure perte. M. Tisz céda bientôt à la tentation.

La belle dame était toujours couchée sur le sofa. Pérégrinus, en la dévorant des yeux à travers la serrure, resta convaincu que c'était bien la princesse Gamaheh, dont maître Floh lui avait parlé. Mais, lorsqu'il l'entendit murmurer : « Pérégrinus ! mon cher Pérégrinus ! » il eut besoin de toute sa force pour ne pas briser la porte et aller tomber aux pieds de cette charmante beauté.

« Souvenez-vous de votre promesse ! lui disait tout bas la voix de maître Floh. Vous aviez juré de ne pas revoir cette enchanteresse ; je pourrais bien appliquer le verre microscopique sur la pupille de votre œil droit ; mais j'aime mieux que vous appreniez par vous-même que cette sirène ne vous attire que pour vous tromper. »

Toutefois, malgré ces représentations, Pérégrinus alla vingt fois de sa chambre à la porte de Swammerdamm, jusqu'à ce que la vieille, qui faisait le guet, lui annonçât le retour de son locataire.

A peine était-il rentré chez lui, que Swammerdamm vint l'y trouver. Ce maussade vieillard semblait rajeuni de vingt ans ; il avait ôté sa vilaine perruque noire, et se glorifiait des cheveux blancs qui lui restaient. Il avait aussi jeté de côté sa vieille houppelande râpée pour se couvrir d'une robe de fourrure ornée de ganses d'or. Il venait, disait-il, informer son propriétaire qu'une dame étrangère de sa connaissance était venue lui demander l'hospitalité pour quelques jours, et qu'il désirait obtenir son agrément.

« Quelle est cette personne ? demanda involontairement M. Tisz.

— Il est juste que je rassure à cet égard votre délicatesse, s'empressa de répondre Swammerdamm. La jeune dame qui me demande asile n'est autre que la belle Dortje Elverdink, nièce du célèbre artiste Leuwenhock. Son oncle est mon ami intime depuis fort longtemps ; mais, comme c'est un homme fort dur, qui maltraite souvent la pauvre Dortje, elle est venue se jeter dans mes bras, à la suite d'une scène violente, et je veux la garder près de moi, jusqu'à ce que j'aie ménagé sa réconciliation avec son oncle.

— Dortje Elverdink ! bégaya Pérégrinus en paraissant rêver.

Et puis Leuwenhock! serait-il par hasard descendant du fameux Anton Leuwenhock, qui perfectionna les microscopes!

— C'est lui-même, reprit en souriant Swammerdamm. On a fait courir le faux bruit de sa mort et de sa sépulture dans l'église de Delft, il y a plus de cent ans. On a agi de même pour moi, en prétendant que j'étais mort en 1680; et pourtant vous me voyez frais et dispos, malgré mon grand âge.

— Ma foi, dit M. Tisz, il se passe en ce monde tant de choses inexplicables, que je puis bien, sans blesser le bon sens, tout croire et douter de tout en même temps. Il se peut que vous soyez le célèbre Johannes Swammerdamm, mort en 1680; mais, quant à ce qui regarde votre Dortje Elverdink, permettez-moi de vous faire observer que vous êtes dans l'erreur. »

Pérégrinus lui raconta longuement ce qu'il savait au sujet de la jeune dame.

« Tout cela est possible, dit Swammerdamm avec toutes les apparences du plus grand sang-froid. Au reste, n'en parlons plus. J'étais un ami de feu monsieur votre père, et je désire que cette amitié se perpétue entre nous.

— Voilà le moment d'agir, » dit tout bas la voix de maître Floh.

Au même instant, Pérégrinus sentit une assez vive douleur à la pupille de son œil droit. Maître Floh venait d'y fourrer imperceptiblement le petit verre microscopique. L'effet fut rapide comme la foudre. Pérégrinus pénétra jusque dans le cerveau de Swammerdamm et lut dans sa pensée comme dans un livre ouvert. Il reconnut que Swammerdamm mentait depuis une grande heure.

« Il me semble, dit Swammerdamm, il me semble, cher monsieur Tisz, que vous avez une puce sur votre cravate. »

Et la pensée de maître Swammerdamm était celle-ci : « Je vois maître Floh! Gamaheh ne s'est pas trompée. »

Pérégrinus recula vivement en assurant que les puces étaient pour lui une société fort agréable.

Swammerdamm, étonné, fixa sur son voisin un regard pénétrant, et se retira.

Maître Floh, resté seul avec M. Tisz, lui apprit à placer ou à retirer à volonté le verre microscopique dont il venait d'éprouver la vertu. « Gardez-vous, au reste, lui dit-il, d'en user trop fréquemment, car, si vous lisiez sans cesse dans la pensée d'autrui, vous finiriez bientôt par mourir de chagrin. »

Tout à coup la porte s'ouvrit, et deux officiers de justice présentèrent à Pérégrinus un mandat de l'autorité qui les chargeait de saisir tous ses papiers, et de le faire lui-même prisonnier. Pérégrinus se récria vainement contre cette odieuse perquisition. Il fallut céder.

Maître Floh resta caché dans un pli de sa cravate.

XII

On ne tarda pas à reconnaître l'erreur qui avait fait arrêter l'honnête étudiant Pépusch par le guet de nuit; mais, comme ses papiers ne se trouvaient pas visés régulièrement, on le garda en prison jusqu'à ce qu'un bourgeois de Francfort se portât caution pour sa liberté.

Le pauvre diable se creusait la tête pour chercher le nom de quelque personne recommandable qui voulût bien venir le réclamer. Au milieu de sa triste préoccupation, une fenêtre s'ouvrit en face de la sienne, et une voix connue l'appela.

Pépusch ne fut pas peu surpris de reconnaître un ancien ami avec lequel il s'était lié aux Indes.

« Par Dieu! lui cria-t-il, les hommes sont bien oublieux! J'ai entendu parler de toi à Hambourg, et je n'ai pas songé à te chercher ici. Tu pourrais bien me rendre un service en témoignant que tu me connais. Cette déclaration me ferait peut-être rendre la liberté. — Ah çà, cher ami, continua Georges Pépusch, on dit de toi de bien bizarres choses. Tu veux faire le héros de philanthropie, et tu vis comme un ours. Tu fais chez toi des galas de famille imaginaires, et tu envoies aux pauvres des mets friands et des vins généreux qui corrompent leur frugalité nécessaire. Tu t'achètes à toi-même des jouets de Nuremberg pour fêter la Weihnacht, et tu les portes ensuite à des enfants dépouillés auxquels conviendraient bien mieux des culottes et des souliers. Ces prodigalités ridicules sont vraiment trop affligeantes. Ces fausses bontés ne peuvent porter que des fruits pernicieux. Aussi je ne t'estime plus, et je ne veux plus être ton ami, jusqu'à ce que tu aies changé ton genre de vie. »

Pérégrinus, choqué de cette mercuriale assez hors de saison, glissa le verre microscopique dans son œil droit, et voici ce qu'il lut dans la pensée du rigide étudiant : « Pérégrinus est bon ; mais le chagrin qu'il a éprouvé de la perte de ses parents lui a dérangé l'esprit. Il est perdu, si je ne l'arrache à son idée fixe. Et pour cela je vais le réprimander durement, par cela même que je suis et veux être toujours son ami. »

« Ami, répondit Pérégrinus après avoir rendu le microscope à maître Floh, je ne t'en veux point pour tes reproches si peu mesurés, car je sais que tes intentions sont bonnes ; mais il faut me pardonner les manies d'une âme chagrine. Ne peut-il m'être permis de répandre quelques fleurs sur mon existence décolorée, toute hérissée d'épines et de chardons ?

— Que parles-tu de chardons d'une façon si méprisante ? s'écria Georges. Ne sais-tu pas que le Distel-Zéhérit est une plante admirable, quoiqu'elle appartienne évidemment à la famille des chardons ? Apprends que j'ai l'honneur d'être moi-même le Distel-Zéhérit, et que je ne renoncerai jamais à mes droits sur le cœur de la fille du roi Sékakis, de la divine Gamaheh ; je l'avais retrouvée, cette incomparable princesse, au moment où une patrouille m'a enlevé et jeté dans cette prison.

— Eh quoi ! dit Pérégrinus, serais-tu toi-même enveloppé dans cette mystérieuse aventure ?

— Quelle aventure ? » demanda l'étudiant avec impatience.

Pérégrinus lui déroula tout ce qu'il savait de cette histoire. Il ne cacha même pas l'apparition de maître Floh, mais il ne dit mot de son microscope.

A ce récit, Georges entra dans une exaltation singulière. « L'infidèle ! la maudite ! » s'écria-t-il. Et, pour vider jusqu'au fond la coupe d'amertume, il fit de nouveau mille questions à Pérégrinus à propos de ce qu'il venait d'entendre, puis il quitta la fenêtre et se mit à donner de la tête contre les jours. Quelques supplications que lui adressât son ami, il ne répondit plus.

Quelques instants après, on vint ouvrir la prison de Pérégrinus et lui annoncer qu'il avait été arrêté sur de faux indices, et qu'il était libre. Son premier soin fut de se porter caution pour l'élargissement de Georges.

A son retour chez lui, il rencontra sur le palier un homme qui braquait une lunette sur la porte de Swammerdamm. Un cercle lumineux, projeté ainsi sur la porte, se rassemblait peu à peu en un seul point qui semblait la percer. Tout à coup un douloureux gémissement partit de l'intérieur de la chambre. Pérégrinus, effrayé, crut reconnaître la voix de Gamaheh.

« Que faites-vous là? dit-il brusquement à l'étranger.

— Ah ! répondit celui-ci en fermant sa lunette, qu'il remit dans sa poche, vous êtes sûrement le maître de la maison. Pardonnez-moi, monsieur Tisz, d'être venu ici sans votre permission. J'étais monté la chercher; mais, votre gouvernante m'ayant affirmé que vous étiez absent, j'ai dû agir, parce que la chose ne permettait aucun retard.

— Et que voulez-vous donc?

— Ma nièce, Dortje Elverdink, s'est échappée de chez moi. On vous a d'abord arrêté comme son ravisseur supposé. Je vous sais innocent de ce délit, et vous offre mes excuses pour le désagrément que vous avez essuyé. Ce n'était pas chez vous, mais chez votre locataire, Swammerdamm, que la petite pécore s'est réfugiée. Elle est seule dans sa chambre. Je ne puis y pénétrer, car la porte est fermée avec soin, et je ne veux pas encore recourir à la violence. Je me suis borné à châtier un peu ma fugitive avec l'instrument que vous m'avez vu remettre en poche tout à l'heure.

— Vous êtes peut-être le diable en personne ! s'écria M. Tisz; mais, à coup sûr, vous n'avez aucun droit sur la princesse Gamaheh, qui est dans cette chambre sous ma protection. Sortez d'ici, sortez au plus vite, et portez ailleurs vos détestables maléfices !

— Tout beau, monsieur Tisz ! ne prenez pas feu si vite ! Vous ne savez de qui vous parlez si chaudement. C'est un basilic, oui, monsieur, qui est dans cette chambre, sous la forme d'une jolie femme. Elle pouvait s'en aller à tous les diables; mais son infamie, que je ne lui pardonnerai jamais, c'est de m'avoir dérobé un trésor inappréciable, maître Floh!... Vous ne comprenez sans doute pas ce que je veux dire... »

A ces mots, maître Floh, bien caché dans la cravate de Pérégrinus, ne put contenir un éclat de rire aigu.

« Ciel! s'écria Leuwenhock, il serait là? Permettez, monsieur Tisz! permettez... »

Et, comme il étendait ses deux mains pour saisir le cou de Pérégrinus, celui-ci le secoua vivement et le poussa vers la porte, qui s'ouvrit au même instant pour livrer passage à l'étudiant Pépusch, suivi de Swammerdamm.

XIII

Aussitôt que Leuwenhock aperçut son ennemi Swammerdamm, il recula jusqu'à la porte de la chambre qui enfermait Gamaheh, et parut vouloir en défendre l'entrée.

Swammerdamm tira sur-le-champ une lorgnette de son gilet; Leuwenhock en fit autant, et tous deux se défièrent au combat le plus singulier que le monde ait jamais vu. Ils s'attaquèrent vigoureusement à coups de regards furibonds. Toute l'escrime des yeux fut mise en jeu par les deux adversaires; chacun à son tour cherchait à éviter le fatal rayon en faisant des retraites et des sauts de côté. La sueur coulait de leurs fronts chauves, ils semblaient deux fous acharnés l'un contre l'autre.

A la fin, Swammerdamm parvint à débusquer son ennemi de la position qu'il occupait, et le fit battre en retraite vers le vestibule.

Georges avait profité de cette diversion pour enfoncer la porte; mais bientôt il sortit de la chambre en criant d'une voix lamentable : « Elle est partie! disparue! »

Et, d'un saut, il se jeta dans la rue.

Pendant que les deux ennemis, subitement réconciliés par leur commune perte, pénétraient tout effarés dans la chamore ouverte, la vieille gouvernante avait entraîné Pérégrinus dans son appartement, où il trouva Dortje Elverink dans tout l'éclat de sa parure et de sa beauté.

« Que je suis aise de vous revoir! » s'écria-t-elle en sautant à son cou avec une grâce enfantine. Pérégrinus se baissa pour effleurer ses lèvres, mais il se piqua aux aiguilles d'or qui attachaient les cheveux de Gamaheh. Cette douleur lui rappela les avis de maître Floh.

« Dites-moi, lui demanda-t-il, n'êtes-vous pas la fille du roi Sékakis, la divine Gamaheh?

— Moi, la fille d'un roi! Non, je ne suis que ton *Aline*, qui t'aime et qui raffole de toi!... »

Puis, tout à coup, elle chancela, ferma les yeux, et Pérégrinus n'eut que le temps de la porter sur le sofa. Elle n'était pas évanouie, mais plutôt plongée dans un sommeil magnétique; car elle se mit à parler d'une voix entrecoupée, comme dans les rêves.

« Gamaheh!... fille du roi Sékakis!... Oui, c'est cela!... j'étais à Famagouste!... une belle tulipe!... Silence!... silence!... »

Elle parut s'endormir tout à fait. Pérégrinus s'arma, pour la contempler, du microscope de maître Floh. Son regard pénétra dans l'intérieur de ce corps si beau : les nerfs et les veines étaient entremêlés d'un réseau de fils d'argent. Dans son cerveau, il vit éclore des fleurs de toute sorte qui prenaient une figure humaine, et qui poussaient des accents plaintifs dans une langue ignorée.

« Ne vous troublez pas, dit maître Floh. Ce que vous voyez, ce sont les pensées du sommeil. Appelez-la par son nom, et faites-lui les questions que vous voudrez.

— Dortje Elverink, m'aimes-tu? demanda Pérégrinus.

— Si je t'aime! Si tu veux être à moi, je me donnerai aussi à toi pour toujours! »

Voilà ce que disait la bouche. Mais Pérégrinus lisait ceci dans la pensée : « Comment se fait-il que mes séductions n'aient pas encore réussi, et que je ne puisse lui ravir maître Floh? Maintenant je suis prise à mon propre piège, et je sens que je l'aime malgré moi! »

Pérégrinus se jeta à ses genoux, et couvrit ses mains de baisers brûlants.

« Mon bien-aimé, accorde-moi un don auquel est attaché le bonheur de ma vie.

— Parle, exige, mon adorée !

— Malheur à moi ! se dit maître Floh.

— Écoute, » continua la belle endormie...

Au même instant la porte s'ouvrit, et Georges parut.

« Le Distel-Zéhérit ! s'écria la jeune fille. Je suis perdue !... »

Et le Distel-Zéhérit la saisit dans ses bras, repoussa durement Pérégrinus, qui voulait le retenir, et disparut avec son précieux fardeau.

XIV

Lorsque Pérégrinus put réfléchir à ce qui venait de se passer, sa maison était déserte et silencieuse. Il eut beau courir du haut en bas et appeler : personne ne parut, et la vieille gouvernante jura ses grands dieux qu'elle n'avait rien vu d'extraordinaire.

Le pauvre M. Tisz se désolait d'avoir perdu la belle Dortje; mais maître Floh lui glissa dans l'oreille de douces paroles pour le calmer :

« Comment pouvez-vous savoir, lui disait-il, si Dortje Elverink a réellement quitté votre maison ? Je crois au contraire qu'elle n'est pas loin d'ici, et que je la sens tout près de vous. Mais, si vous voulez suivre un bon avis, oubliez-la. Renoncez à cette vie solitaire qui vous détraque la cervelle, et allez dans le monde; vous y verrez beaucoup de jeunes filles qui n'auront rien de fantastique, mais en échange tout ce qu'il faut pour assurer votre bonheur. »

Pérégrinus jugea convenable de suivre ce conseil, et, grâce à la vertu du fameux microscope, qui lui permettait de lire dans la pensée de tout le monde, il évita bien des illusions qui ne lui auraient causé que de nouveaux chagrins. Et pourtant il ne parvenait pas à oublier la jolie Gamaheh.

Un jour sa vieille gouvernante entra chez lui, le sourire sur les lèvres et en s'agitant comme quelqu'un qui a besoin de parler.

« Eh bien, qu'est-ce encore? demanda Pérégrinus avec impatience.

— Elle est ici! fit Aline avec mystère.

— Bah! et tu ne t'es pas empressée de m'éveiller au plus vite?

— Mais comment pouvez-vous ignorer cela? Où voudriez-vous donc que fût la princesse, votre fiancée, si ce n'est ici, où elle a retrouvé sa mère?

— Sa mère?... que veux-tu dire?...

— Oui, sa mère, et cette mère, c'est moi-même.

— Allons donc!...

— Mais oui, monsieur Tisz; c'est comme j'ai le plaisir de vous l'apprendre. »

Et la vieille, que piquait une furieuse démangeaison de parler, se mit à raconter à Pérégrinus, qui dressait toutes ses oreilles, comme quoi, dès l'aurore, ayant entendu MM. Leuwenkock et Swammerdamm se disputer à grand bruit dans la chambre de ce dernier, elle était venue regarder par le trou de la serrure; que terrible avait été sa surprise en les voyant se saisir de Pepusch et le rouler aussi menu qu'une tige de chardon; après quoi ils s'étaient efforcés de le faire passer par le trou de la serrure : la moitié de son corps était déjà de l'autre côté, lorsque, ne pouvant plus supporter un si effroyable spectacle, la vieille avait pris la fuite. Un instant après, elle avait entendu un bruyant éclat de rire et aperçu l'étudiant, qui avait repris sa forme naturelle et sortait tranquillement, bras dessus, bras dessous, avec les deux mages. La belle Dortje Elverink, debout sur le seuil de la chambre, l'avait alors appelée pour faire sa toilette. La vieille Aline ne pouvait revenir de son éblouissement à l'aspect de toutes les parures que Dortje tirait à pleines mains des armoires de Swammerdamm. Tout en l'habillant, elle s'était mise à lui parler longuement de son maître, de sa situation et enfin de sa propre famille.

« Vous savez, monsieur Tisz, continua la vieille, que j'aime par-dessus tout à parler de ma marraine, la femme du teinturier. La princesse eut la bonté de s'informer des autres personnes de ma famille. En m'écoutant, elle me lançait de temps en temps des regards perçants qui me faisaient frissonner. Tout à coup elle se jeta dans mes bras en s'écriant : « Oui, vraiment, c'est toi-même ! je te reconnais parfaite- « ment. » Je ne savais ce qu'elle voulait dire. Jugez de ma folle gaieté lorsque j'ai pu saisir enfin le mot de l'énigme. Figurez-vous que la petite princesse s'était persuadée que vous vouliez m'épouser, et qu'elle m'a fait jurer de ne pas accepter votre main. »

Et la vieille se prit à rire, mais d'un de ces rires qui sont le partage des dieux d'Homère. « J'ai protesté, ajouta-t-elle, que vous étiez, au contraire, épris pour ses charmes de la plus ardente passion. Elle m'a aussitôt assuré qu'elle la partageait de tout son cœur ; mais qu'elle mettait une seule condition à sa possession : c'est d'obtenir de vous la restitution d'un petit page noir que vous lui avez dérobé. Ce garçon-là, s'il faut l'en croire, est si petit, qu'il pourrait danser dans une noisette. Si donc vous voulez bien le permettre...

— Allez à tous les diables ! » s'écria Pérégrinus. Et, s'élançant de chez lui, il courut hors de la ville, et ne s'arrêta que sur la lisière d'un petit bois touffu, pour réfléchir à loisir sur sa position. En dépit des séductions de Dortje Elverink, son aversion instinctive pour le beau sexe reprenait le dessus. « Pourquoi, pensait-il, me laisserais-je enchaîner par cette sirène qui ne me poursuit, après tout, que pour me prendre ce démon de maître Floh, que je protége je ne sais trop pourquoi ? Ne ferais-je pas mieux de me délivrer de ce petit monstre et de reprendre ma tranquillité ?

— Voilà une bien mauvaise pensée, monsieur Tisz, dit tout à coup maître Floh, et vous faites peu de cas de l'honneur, qui oblige à garder une promesse. »

Et cet avertissement fut accompagné d'une légère piqûre.

Pérégrinus allait sans doute s'excuser, quand un homme qui accourait à toutes jambes lui sauta à la gorge en criant : « Traître, je te retrouve enfin !... »

Et, tirant de sa poche deux pistolets, Pépusch, car c'était

lui-même, en tendit un à Pérégrinus, et reculant de dix pas :
« Tue-moi, dit-il, ou tu es mort !... »

Pérégrinus répondit froidement que, pour tous les trésors de la terre, il ne se battrait pas avec un ami qu'il n'avait jamais offensé.

Georges, poussant un rauque éclat de rire, fit feu, et sa balle traversa le chapeau de Pérégrinus.

Celui-ci, sans paraître ému, tira en l'air et lança le pistolet loin de lui.

Pépusch, attendri par cette générosité, se jeta dans ses bras en pleurant : « Hélas ! s'écriait-il, elle meurt d'amour pour toi, malheureux ! cours ! sauve-la de son désespoir ! Tout à l'heure il sera trop tard !... »

En achevant ces mots, Pépusch disparut comme un éclair.

Pérégrinus, hors de lui, se hâta de retourner à la ville. En rentrant chez lui, il apprit que la princesse était tombée tout à coup très-dangereusement malade, et que Swammerdamm courait chez les plus fameux médecins de Francfort.

La belle Dortje était étendue presque inanimée sur le sofa. Pérégrinus se jeta à ses pieds, l'appelant des noms les plus tendres, et jurant de faire tous les sacrifices pour la sauver.

« Si tu veux que je vive, dit-elle avec effort, donne-moi ce que je t'ai demandé, et je t'aimerai. »

Pérégrinus, vaincu, porta la main à sa cravate pour y saisir mort ou vif le roi des puces.

Maître Floh, craignant d'être étouffé, sauta de lui-même sur le sein de neige de Dortje en disant : « Je suis perdu ! »

Honteux de sa trahison, Pérégrinus étendit la main pour reprendre son protégé, mais il tomba dans la rêverie...

Tout à coup Dortje bondit sur le sofa; les plus vives couleurs refleurirent sur ses joues pâles; un bruit fantastique de clochettes d'argent commença un doux concert, et la belle fille se mit à danser devant Pérégrinus stupéfait, devant Swammerdamm et le médecin, qui arrivèrent en ce moment.

Maître Floh profita de la stupeur générale pour retourner furtivement dans les plis de la cravate de M. Tisz.

XV

Une foule de badauds faisaient le pied de grue autour d'un cabaret dans lequel s'escrimaient à qui mieux mieux deux personnages assez réjouissants. L'un d'eux, vieillard étique, portait une houppelande noire dont la crasse antique faisait luire les coutures. Tour à tour il s'aplatissait en lame de rasoir ou se gonflait comme une vessie. L'autre, entre deux âges et déguisé en petit-maître, chantait des gaudrioles en faisant le saut du tremplin au bout de chaque couplet.

On se demandait autour d'eux d'où ils venaient, car nul ne les connaissait dans le quartier.

« Celui qui saute si bien, disait l'un, doit être le mécanicien Degen, de Vienne, l'inventeur d'un appareil pour voler.

— Non, disait un autre, c'est plutôt le petit tailleur de Sachsenhausen.

— Allons donc! criait un troisième, le petit tailleur a été brûlé vif. »

Quoi qu'il en soit, cher lecteur, voici l'histoire du petit tailleur de Sachsenhausen.

Il y avait une fois un petit tailleur, doucereux et dévot, qui sortait un dimanche avec sa femme de l'église de Sachsenhausen. Il faisait froid. L'homme n'avait pris à déjeuner que la moitié d'un œuf dur et un peu de café. Il venait de chanter au lutrin, et son estomac se plaignait. Comme il avait été fort rangé durant toute la semaine, sa femme lui permit d'entrer chez un apothicaire pour boire un verre d'élixir.

L'apprenti maladroit se trompa de bocal, et lui servit de l'air inflammable qui sert à gonfler les ballons.

Le pauvre tailleur avala cette drogue infernale, et tout à coup, comme s'il eût eu des ailes, il se mit à monter et descendre du plancher au plafond, par le seul effet de sa respiration.

« Saperlotte! s'écria-t-il, comment se fait-il que je sache danser ainsi sans l'avoir jamais appris? »

Une personne venue du dehors ayant ouvert la porte, un

courant d'air traversa la boutique, souleva le petit tailleur, et l'emporta comme une plume. On ne le revit plus.

Quelque temps après, les habitants de Sachsenhausen aperçurent, par une nuit obscure, un globe enflammé qui éclaira toute la ville, et s'éteignit en tombant. Chacun courut voir ce qui était tombé : on ne trouva qu'un petit tas de cendres ; mais, en le remuant, on découvrit l'ardillon d'une boucle de soulier, un bout de ruban jaune, et quelque chose qui pouvait avoir été un pommeau de canne.

Tout le monde glosait sur ce prodige, lorsque survint la femme du tailleur, qui s'écria tout éplorée : « Ce sont les restes de mon mari ! »

Mais un savant illustre a déclaré que le pommeau de canne n'avait jamais été un pommeau de canne. Il dressa procès-verbal de cet évènement, pour constater, *à priori*, que ledit pommeau était un véritable débris de météore.....

Cependant le maître du cabaret dans lequel s'étaient arrêtés les deux étrangers, s'ennuyant de voir le vieillard s'enfler et s'aplatir sans prendre un moment de repos, apporta devant lui une cruche de vin. Celui-ci la vida d'un trait, et resta sans mouvement. Son compagnon, fatigué de monter et descendre du plancher au plafond, voyant que l'autre avait tout bu, se mit à le battre comme plâtre. Le cabaretier fut obligé d'intervenir, et traita l'homme-volant de misérable saltimbanque.

« Vous êtes un sot et un butor ! répondit l'étranger. On ne traite pas de saltimbanque un maître de ballets de ma distinction. Sachez que j'ai été attaché à la cour d'un prince, et qu'on me nomme le Génie. Quant à cet animal, c'était autrefois un douanier français qui fait aujourd'hui des saignées et des barbes. Je viens de le battre, parce qu'il n'est venu à Francfort que pour m'enlever ma fiancée. »

Le douanier, réveillé par les coups, lançait à son adversaire des regards flamboyants. « Ne l'écoutez pas ! cria-t-il au cabaretier ; c'est un fieffé coquin ! »

L'ex-maître de ballets voulut recommencer ses violences, mais le cabaretier le prit par les épaules et le jeta par la fenêtre.

Après cette expédition, on ne retrouva plus le douanier, qui, s'étant subitement dégonflé, s'était perdu dans la foule.

Mais bientôt un nouveau tapage se fit entendre dans la rue. M. le Génie et le douanier se trouvaient colletés par un étudiant qui ne voulait rien moins que leur tordre le cou, sous le prétexte qu'ils venaient lui ravir la princesse Gamaheh.

« Au secours ! au secours ! » hurlaient les deux étrangers.

Deux honnêtes bourgeois sortirent du cabaret : « Monsieur Pépusch, dirent-ils à l'étudiant, vous vous trompez certainement. Ne faites point de mal à ces deux pauvres diables. Nous ne les connaissons pas, ils ne sont pas de la ville. »

Grâce à cette intervention, les saltimbanques parvinrent à s'échapper des rudes poignets de Georges Pépusch, que les deux bourgeois obligèrent de s'attabler avec eux pour déguster quelques bouteilles de Nierenstein.

L'étudiant ne se fit pas trop prier, trouva le vin bon, et but comme quatre. « Vrai Dieu ! disait-il en frappant la table de son gobelet vide, vous avez mal fait de tirer de mes mains ces deux misérables ; car vous ne savez pas quels scélérats maudits se cachent dans leur peau. Voyez-vous, celui qui se fait appeler le Génie, et qui se donne pour ancien maître de ballets, n'est autre que le génie Thétel ; et celui que vous avez pris pour un douanier devenu barbier, c'est l'épouvantable prince des sangsues. Tous deux sont épris des charmes de la fille du roi Sékakis, et ils unissent leurs maléfices pour enlever la belle Gamaheh au Distel-Zéhérit. Au surplus, ce sont deux fous, car ils ne peuvent ignorer que Gamaheh ne leur appartiendra pas plus qu'à certaine autre personne qui prétend la disputer au Distel-Zéhérit. Le Distel-Zéhérit est la plante la plus rare des Indes ; il doit incessamment fleurir à Francfort, après minuit ; puis sa fleur se fanera aussitôt, mais il retrouvera la vie dans sa mort. Et maintenant j'ai l'honneur de vous annoncer que je suis le Distel-Zéhérit ; ainsi vous pouvez comprendre de quelle légitime colère je me sentais animé contre les deux suppôts d'enfer que vous avez sauvés. »

Les deux bourgeois se frottèrent les yeux, et regardèrent l'étudiant avec une sorte d'effroi stupide.

Pépusch remplit son gobelet jusqu'au bord et continua : « Oui, messieurs, vous me verrez bientôt fleurir sous la forme majestueuse de *cactus grandiflorus*, et je répandrai dans toute cette contrée un parfum de vanille qui vous enivrera.

— Ah çà ! cher monsieur Pépusch, vous me semblez un peu étourdi, et si vous buviez un verre d'eau claire.....

— Je suis étourdi ? c'est possible ; et qui ne le serait, je vous prie, après s'être battu en duel avec son meilleur ami, et s'être lâché à soi-même une balle de plomb à travers le crâne ? Tenez, voilà mes armes ! »

Et l'étudiant tira de sa poche deux pistolets de bois, deux joujoux de Nuremberg.

Les bons bourgeois se prirent à rire comme des bienheureux. Mais Pépusch semblait ne rien voir de ce qui se passait autour de lui. « Qui de vous, leur dit-il, connaît M. Pérégrinus Tisz, et pourrait m'enseigner où je le trouverais en ce moment ?

— M. Tisz était ici il y a une heure, répondit le cabaretier, et il a consommé une pinte de vin de Wurtzbourg. Il paraissait fort préoccupé, et répétait à chaque instant : « Oui, « incomparable Gamaheh ! sois l'épouse heureuse de mon ami « Georges !... » Alors, une petite voix, venue je ne sais d'où, lui a gazouillé : « Allons chez Leuwenhock faire tirer votre « horoscope. » M. Tisz s'est levé aussitôt, et il est parti. »

L'étudiant s'élança de la table, donna un grand coup de poing au cabaretier, et gagna la rue en criant : « Gamaheh ! Pérégrinus ! Sékakis ! »

Les bourgeois et l'hôte haussèrent les épaules. A leurs yeux, l'étudiant était bon à loger bien vite aux petites-maisons.

XVI

Pérégrinus s'était rendu chez Leuwenhock, qui l'avait reçu avec les apparences de la cordialité la plus sincère. Mais le microscope de maître Floh découvrait toute la haine de la pensée intime du dompteur de puces.

« Approchez, Pérégrinus, dit tout bas maître Floh, et voyez votre horoscope sur la table de Leuwenhock. »

Il y avait sur la table un dessin composé de lignes fort déliées, au centre desquelles brillait un point rouge ; et plus Pérégrinus considérait ce point, plus il devenait rouge et prenait la forme d'un cœur humain.

« Vous pensez peut-être, lui dit Leuwenhock, que des lignes de ce dessin je vais tirer sur-le-champ l'horoscope de votre bonheur, et vous allez sans doute me demander par la vertu de quelles combinaisons scientifiques je puis arriver à pénétrer dans les secrets embrouillés du destin qui vous est réservé. Mais je suis en mesure de rassurer d'un mot tous les doutes que vous pourriez élever sur ma puissance magique. Apprenez que je suis l'héritier des connaissances sublimes de l'illustre rabbin Isaac-ben-Harravad, qui possédait entre autres la faculté de deviner, à l'examen du visage d'un homme, si son âme était toute neuve, ou si elle avait déjà servi à animer d'autres créatures. En vous voyant pour la première fois, monsieur Tisz, j'ai conçu de singulières idées. La préexistence de votre âme a été pour moi un fait positif, mais je ne pus démêler immédiatement à quelle créature elle avait appartenu. Il m'a donc fallu recourir à l'étude des astres, afin de m'éclairer sur ce point curieux, et j'ai tiré votre horoscope. Regardez, monsieur, fixez le point rouge placé au centre de ce tableau. Il m'indique que vous étiez, dans votre existence antérieure, caché sous la forme d'escarboucle au milieu de la terre ; mais à la surface du globe, au-dessus de vous, flottait la belle Gamaheh, sous une forme qui lui cachait également le mystère de sa vie. Vous êtes, sans le savoir, possesseur aujourd'hui même de l'escarboucle. Or l'existence complète de Gamaheh est attachée à la manifestation de ce talisman ; jusque-là, ce n'est qu'une créature à demi vivante. Quand l'escarboucle se sera épanoui dans votre sein, Gamaheh reprendra sa vie réelle ; mais je ne puis vous préciser l'époque à laquelle cet événement recevra son accomplissement. »

L'incrédule Pérégrinus ne répondit que par un éclat de rire à la tirade de Leuwenhock. Le dompteur de puces, furieux d'avoir produit un effet si différent de celui qu'il attendait, prit à la gorge son adversaire. Tous deux furent séparés par l'arrivée subite de Georges Pepusch.

Le pauvre étudiant se trouvait dans un état mental déplorable, et se lamentait sur toutes les folies qu'il avait commises ce jour-là. Il craignait par-dessus tout, disait-il, qu'on ne l'eût pris pour un insensé, et que les magistrats fussent avertis de ses extravagances. Il finit par demander à Pérégrinus s'il était bien vrai, comme on venait de le lui apprendre, qu'il fût capable de renoncer si généreusement en sa faveur à l'amour de la belle Gamaheh : sacrifice vraiment incroyable, dans un siècle où l'égoïsme était le dieu de la terre.

Pérégrinus affirma qu'il trouvait plus de bonheur à obliger un ami qu'à posséder les plus riches trésors de l'univers.

« O modèle de l'amitié antique, sois béni dans les siècles des siècles! s'écria Pepusch, et hâte-toi de me conduire toi-même auprès de la belle Dortje Elverdink; c'est de ta main que je veux recevoir une si charmante épouse. »

Comme ils allaient partir, la porte s'ouvrit, et Dortje en personne entra, suivie du vieux Swammerdamm.

Leuwenhoek, cristallisé par la surprise, passa bien vite à l'explosion de la fureur la plus extravagante. « Viens-tu ici te moquer de moi? cria-t-il à Swammerdamm. L'heure de ma vengeance a donc sonné! l'un de nous deux va périr! »

Et comme il s'armait de sa foudroyante lunette, Swammerdamm tira la sienne pour se mettre en défense. Le duel auquel nous avons déjà assisté dans la maison de Pérégrinus parut près de se renouveler. Georges se jeta entre les deux combattants, détournant avec ses mains les rayons funestes des verres concaves. Pérégrinus joignit ses efforts pour calmer les deux adversaires, et parvint à leur faire entendre raison.

Leuwenhoek, pour justifier sa colère, déclara que son indigne collègue Swammerdamm avait, pour lui faire du tort, livré à un inconnu certain verre microscopique dont lui, Leuwenhoek, avait fait présent audit Swammerdamm, en échange de ses prétentions sur Dortje Elverdink.

Swammerdamm jura qu'il n'avait jamais reçu le verre microscopique en question, et qu'il avait d'excellentes raisons de penser que Leuwenhock avait confié ce talisman à des mains perfides pour lui nuire.

« Qu'ils sont stupides ! dit tout bas maître Floh à l'oreille de Pérégrinus. Ils parlent du microscope que vous cachez dans votre œil droit. Ce verre-là est ma légitime propriété, puisqu'il a été fabriqué par un opticien de mon peuple. J'avais droit de m'en emparer pour en faire tel usage qui me conviendrait. Déclarez-leur donc, monsieur Tisz, qu'il est en votre pouvoir. »

Pérégrinus obéit. Les deux mages restèrent interdits en apprenant cette nouvelle, et telle était la puissance du talisman, qu'après bien des *mais* et des *si* tous deux convinrent que la possession de Dortje Elverdink devait être abandonnée au propriétaire du microscope ; qu'en conséquence Dortje serait son épouse, et qu'après sept mois celui-ci choisirait celui des deux mages qu'il préférait, pour lui servir de beau-père honoraire.

Mais Pérégrinus, songeant que la belle Dortje ne consentirait à lui appartenir qu'à la condition de devenir maîtresse de maître Floh, et se rappelant le serment qu'il avait fait de protéger le roi des puces, renonça hautement à devenir l'époux de Dortje.

La pauvre enfant se mit à pleurer, et protesta qu'elle mourrait plutôt que de ne pas être à M. Tisz. Georges Pépusch, se roulant à ses pieds, la supplia de se souvenir des beaux jours de leur vie d'Orient, de Famagouste, de Berlin, etc.

« Allons, Georges, dit la petite femme, ne sois donc plus fou ; ne me parle donc plus ni de Gamaheh, ni de Distel-Zéhérit ; et, si tu veux devenir sage, je serai ton épouse de préférence à Pérégrinus, pourvu que..... »

Elle acheva cette phrase à l'oreille de Pépusch, et Pérégrinus put entendre seulement qu'il s'agissait toujours de maître Floh. Mais tout le monde fut interrompu par l'arrivée bruyante de M. le Génie et du douanier. Ils se ruèrent comme deux tigres au milieu de l'assemblée. Le douanier avait déjà chargé la petite Dortje sur son épaule, lorsque Pépusch lui porta un coup de poing si vigoureux, qu'il fut obligé de lâcher son fardeau. L'étudiant l'étreignit alors dans ses bras avec une telle force, que son corps s'allongea comme une sangsue. Leuwenhock et Swammerdamm, s'étant armés de cannes, faisaient pendant ce temps-là pleuvoir une grêle de coups sur M. l'ex-maître de ballets, qui voltigeait douloureusement à travers toute la chambre : on eût dit que les deux mages faisaient une partie de volant.

Dortje, tout effrayée, s'était serrée contre Pérégrinus, et le suppliait de la sauver de ce tumulte. Celui-ci se hâta de l'emporter dans ses bras, et courut la déposer chez Swammerdamm.

La liberté de maître Floh se trouva de nouveau très-compromise dans ce dangereux tête-à-tête. Et Dieu sait comment tout aurait fini sans le retour de Swammerdamm et de Pépusch. Le premier avait un visage rayonnant de joie. Le second semblait dévoré de jalousie. Pérégrinus se retira pour éviter une querelle. Il alla se promener hors de la ville jusqu'au soir.

Comme il revenait chez lui, triste et pensif, il se trouva tout à coup dans la rue Kalbach. Un homme chargé d'une valise lui demanda l'adresse du relieur Lammerhirt. Pérégrinus lui montra la maison, et, en gagnant son logis, se rappela qu'il devait une somme à ce brave artisan, pour des travaux qu'il lui avait commandés. Il se reprocha d'avoir négligé ce payement, et résolut de s'acquitter dès le lendemain.

XVII

Dans la matinée du lendemain, Swammerdamm alla trouver Pérégrinus, et s'assit au pied de son lit. « Je suis réconcilié, lui dit-il, avec mon ancien collègue Leuwenhock. La nécessité de nous réunir contre deux ennemis communs a éteint le feu de nos dissensions ; et le premier usage que nous voulons faire de notre nouvelle amitié, c'est d'associer notre talent pour tirer votre horoscope, et pour vous l'expliquer d'une manière qui vous satisfera. Cette opération sera la seconde que nous aurons, je l'espère, accomplie avec un glorieux succès, et notre renommée en deviendra éternelle. Vous êtes, mon cher Pérégrinus, possesseur à votre insu du précieux *Tsilmenajah* ou plutôt *Tilsemoht*, talisman qui appartenait au célèbre Néchao, qui fut un des plus anciens rois d'Égypte. »

Pérégrinus, armé du microscope caché dans son œil droit, lut dans la pensée de Swammerdamm que ce mage et son confrère s'entendaient pour lui ravir à leur profit le *Tsilmenajah*, autrement dit l'escarboucle dont Leuwenhock lui avait révélé l'existence.

« J'ai appris, poursuivit Swammerdamm, que Dortje vous aime, et je vous en félicite; ce mariage fera le bonheur de votre vie.

— Je veux le croire, répondit Pérégrinus; mais je ne l'épouserai jamais. J'aime Georges Pépusch, et je ne veux pas d'un bonheur obtenu aux dépens du sien. »

Swammerdamm fixa sur Pérégrinus un regard pénétrant.

« Si c'est là, reprit-il, votre unique scrupule, il ne faut point que cela vous arrête; car Pépusch est déjà instruit que les constellations qui président à sa destinée s'opposent à son union avec Dortje Elverdink; et que, s'il voulait aller contre le sort, il en résulterait pour lui des malheurs effroyables. Il a lui-même déclaré que, soumis à l'ordre du destin, il vous cédait de grand cœur toutes ses prétentions. »

Un frisson fiévreux parcourut les veines de Pérégrinus, en lisant dans la pensée de Swammerdamm que cette fois il disait la vérité. Il se laissa tomber sur son oreiller, et ferma les yeux.

« Informez-vous donc vous-même, continua Swammerdamm, des dispositions de votre ami l'étudiant et de celles de la belle Dortje. »

Puis il se retira. Maître Floh sauta aussitôt sur la mèche du bonnet de coton qui coiffait Pérégrinus.

« Malheur à moi! s'écria-t-il; malheur à moi! Tout est fini!

— Pourquoi gémir de la sorte sur la pointe de mon bonnet? lui dit Pérégrinus. Pensez-vous être le seul à plaindre ici? N'êtes-vous pas bien injuste de croire, après tant de preuves de mon dévouement pour vous, que je céderai cette fois aux insinuations perfides de Swammerdamm? Tranquillisez-vous, je ne veux pas même revoir Dortje Elverdink. »

Maître Floh, rassuré par ces paroles bienveillantes, redescendit sur l'oreiller de Pérégrinus :

« Écoutez, lui dit-il, je vous sais gré de vos bonnes intentions, mais je crois qu'en dépit du mal qui peut en résulter pour moi-même, je dois vous conseiller d'aller immédiatement chez Swammerdamm. Je pressens qu'à cette heure il tire votre horoscope, et que le moment approche où votre existence va entrer dans le point rouge. Je ne puis échapper au pouvoir des deux mages, et je serais un insensé de compter sur vous pour mon salut. Allez revoir Dortje, livrez-moi à un nouvel esclavage, et ne vous servez plus du verre microscopique. Laissez s'accomplir le destin.

— Quoi ! s'écria Pérégrinus; quoi! maître Floh, est-ce bien vous qui, après tant de courage, pouvez me donner un pareil conseil? Non, non, quelque chose qui arrive, je tiendrai la promesse que je vous ai faite ; et pour éviter toute occasion de revoir Dortje, je vais me lever et me rendre chez le relieur Lammerhirt, avec qui j'ai des comptes à régler.

— O Pérégrinus, vous ne connaissez guère, je le vois, combien sont peu stables les résolutions humaines ! Vous ne voulez pas revoir Dortje Elverdink ! mais qui donc, je vous prie, peut assurer que tout à l'heure vous ne serez pas à ses pieds? »

Maître Floh ne se trompait guère. Pérégrinus se leva et sortit pour aller chez Lammerhirt; mais, comme il passait devant la chambre de Swammerdamm, la porte s'ouvrit et il se trouva, sans qu'il sût comment cela s'était fait, au milieu de l'appartement.

« Bonjour, cher Pérégrinus, » lui dit avec un charmant sourire la belle Dortje, appuyée sur le bras du vieux mage.

Georges Pepusch était présent.

« Ne te gêne pas, dit-il à son ami, tu viens faire ta cour à ta fiancée : rien n'est plus juste, et je me retire pour vous laisser libres. Mais, avant que je parte, permets-moi de te déclarer que Georges Pépusch a dédaigné le sacrifice que tu croyais lui faire comme on jette une aumône à un mendiant. Maudit soit ton héroïque sacrifice ! je ne m'en soucie aucunement. Tu peux garder pour toi cette belle Gamaheh, mais prends garde que le Distel-Zéhérit ne vienne planter ses racines dans les murs de la maison, et ne la fasse bientôt tomber en ruines !

— Je ne comprends pas ton injustice, répondit Pérégrinus. Je n'ai jamais voulu courir sur tes brisées ; tu te livres à une jalousie sans fondement. Je n'ai prétendu te faire aucun sacrifice, et, en agissant comme je le faisais, j'obéissais uniquement à la voix du devoir. »

Pépusch, de plus en plus irrité, menaça du poing son ami.

Dortje se jeta entre eux, et, saisissant la main de Pérégrinus : « Ne te fâche point, lui dit-elle, et laisse en paix cet écervelé : je ne l'aime pas ! »

Elle attira Pérégrinus sur le sofa, tandis que Pépusch s'enfuyait en hurlant de désespoir.

Dortje était plus belle que jamais. Pérégrinus, auprès d'elle, se sentait embrasé de désirs, et cependant une sueur froide ruisselait de son front pâle. En regardant la jolie fille, il crut trouver dans ses yeux je ne sais quoi de terne, de vitreux et d'inanimé. Il sentit que de cet être mystérieux s'exhalait une étrange fascination ; il eut peur, s'arracha d'auprès d'elle et gagna la rue en courant.

Maître Floh, toujours caché dans un pli de sa cravate, battait des mains pour se réjouir de cette nouvelle victoire.

En entrant chez Lammerhirt, Pérégrinus ne trouva qu'une jeune fille dans l'atelier du relieur.

« Qu'y a-t-il, monsieur, pour votre service ? lui demanda la belle enfant.

— Je viens, répondit-il, savoir où en est la reliure de mon édition de l'Arioste.

— Ah ! mon Dieu ! s'écria la jeune fille, vous êtes M. Tisz et je ne vous avais pas reconnu ! C'est que vous êtes si changé depuis cette dernière soirée de Noël où vous avez apporté aux enfants tant de jolies choses ! Veuillez attendre mon père, qui ne peut tarder à rentrer ; il sera ravi de vous revoir.

— Mais qui donc êtes-vous? demanda Pérégrinus; je ne me souviens pas...

— Je suis Rosette, la fille aînée du relieur. Vous ne m'aviez vue qu'une seule fois, parce que je vivais auprès d'une tante qui vient de mourir, et mon père m'a rappelée auprès de lui. »

Pérégrinus considérait la jeune fille avec un doux émoi, et il serait tombé dans une profonde rêverie sans le retour de Lammerhirt, qui fut bientôt suivi de sa femme amenant après elle tous les enfants. Pérégrinus fut aussitôt, de la part de cette brave famille, l'objet des démonstrations les plus franches et les plus affectueuses.

Le relieur lui présenta Rosette en faisant l'éloge le plus pompeux des excellentes qualités de cette chère fille, qui remplissait auprès des enfants le rôle d'une seconde mère.

« Elle est, de plus, ajouta-t-il, devenue, en peu de semaines, aussi habile que le meilleur ouvrier, et c'est elle-même qui a doré la tranche de votre Arioste que voici. »

Pérégrinus retourna chez lui, l'âme en proie à des sensations toutes nouvelles. En repassant devant la chambre de Dortje Elverdink, il retrouva la porte ouverte; la petite sirène était couchée sur le sofa, roidie comme un cadavre. Pépusch, Swammerdamm et Leuwenhock étaient assis, consternés et immobiles, aux coins de la chambre. Il passa sans s'arrêter, tout préoccupé de la délicieuse image de Rosette. Il avait hâte de s'enfermer chez lui pour en causer tout à l'aise avec maître Floh.

Mais le roi des puces avait disparu. Seulement Pérégrinus trouva dans le pli de sa cravate une petite boîte sur laquelle était tracé ce qui suit :

« Cette boîte contient le verre microscopique. En regardant avec l'œil droit dans son intérieur, le verre s'en détachera de lui-même pour se placer sur votre pupille. Pour le retirer, il suffira d'incliner votre regard vers le fond de la boîte, en pressant légèrement la paupière. C'est un souvenir d'amitié de la part de maître Floh. »

XVIII

..... La passion de Pérégrinus pour Dortje Elverdink n'était qu'un rêve de son imagination exaltée. Rosette Lämmerhirt lui avait révélé le véritable amour. La défiance étant un jour entrée dans son cœur, il eut recours au microscope, et reconnut que l'âme de Rosette était pure comme un ciel de printemps. Il eut honte de son indigne soupçon, jeta loin de lui la petite boîte merveilleuse, et s'endormit aussitôt profondément.

A son réveil, il aperçut devant lui maître Floh couvert d'un manteau écarlate frangé d'or, et tenant un flambeau.

Il voulut se lever : au même instant une vapeur parfumée se répandit autour de la chambre, et au milieu de ce nuage il se trouva tout à coup assis sur un trône étincelant.

Sa chambre lui parut changée en une salle immense supportée par des colonnes de cèdre.

Au fond de cette salle, le génie Thétel s'épuisait en vains efforts pour déployer ses ailes, et le prince des sangsues murmurait en se tordant : « Gamaheh !... Gamaheh !... »

Au centre de la salle, Leuwenhock et Swammerdamm, assis sur des microscopes, poussaient des cris plaintifs.

Au pied du trône, Pépusch et Dortje étaient couchés sans mouvement.

Pérégrinus, devenu le roi Sékakis, rejeta derrière lui son manteau de pourpre, et l'escarboucle apparut à la place de son cœur.

Une clarté radieuse s'étendit dans la salle.

Le génie Thétel se fondit comme une vapeur.

Le prince des sangsues s'abîma dans la terre, et les deux mages tombèrent au fond de leurs microscopes.

Gamaheh et le Distel-Zéhérit se réveillèrent alors de leur assoupissement, et cachèrent leur visage de leurs mains, pour n'être pas aveuglés par les éclairs jaillis de l'escarboucle.

« Génie Thétel, dit Pérégrinus, le démon t'avait formé du léger duvet d'une pauvre fleur, tu n'étais qu'un fantôme ; retourne donc au néant! Quant à vous, Swammerdamm, Leuwenhoek, vous aviez voulu pénétrer les plus profonds secrets de la nature; mais vous manquez de cœur; vous ne saviez travailler qu'au profit d'une égoïste ambition. La nature s'est vengée de vous en vous livrant à l'impuissance, et elle vous dévoue aujourd'hui à la mort éternelle, à l'oubli.

— Pour vous, mes amis, continua Pérégrinus en s'adressant à Gamaheh et au Distel-Zéhérit, prosternés au pied du trône, venez sur mon cœur. »

Ils s'y précipitèrent tous deux avec amour... Maître Floh sauta sur le sein de la belle princesse... Mais, ô miracle! toute la scène fantastique s'évanouit en cet instant comme un rêve..., et Pérégrinus se retrouva dans sa chambre, pressant dans ses bras la jolie Rosette Lammerhirt...

XIX

Pérégrinus acheta, non loin de la ville, une petite maison élégante et commode. On y célébra son mariage, en même temps que l'union de l'étudiant Pépusch avec Dortje Elverdink...

A minuit, Pérégrinus s'éveilla.

Les parfums du Distel-Zéhérit embaumèrent le jardin; des sons doux et mélancoliques se balançaient dans les airs.

Son cœur se serra, comme au moment de perdre un être chéri.

Le lendemain, Dortje et Pépusch avaient disparu. Le lit nuptial n'avait pas même été foulé.

Mais le jardinier vint annoncer à Pérégrinus un prodige fort remarquable: un *cactus grandiflorus* avait fleuri dans le jardin, pendant la nuit. Malheureusement, le premier rayon du soleil avait abattu ses tiges, sur lesquelles s'appuyait une tulipe jaune et lilas, morte aussi de la mort des fleurs.

Pérégrinus et Rosette descendirent au jardin. La jeune femme pleura sur ces tiges flétries, d'où s'exhalait un faible et dernier parfum.

« Le mystère est accompli, disait tout bas Pérégrinus. Tout est fini.

— Il en est ainsi de toute chose ici-bas, s'écria maître Floh, qui parut sur une des feuilles du Distel. Mais, grâce à la mort de mes ennemis, j'ai recouvré ma liberté, et je retourne au milieu de mon peuple, qui prépare sans doute des réjouissances pour me fêter. Portez-vous bien, je viendrai quelquefois vous visiter. »

Maître Floh a si bien tenu sa promesse, que Rosette se plaint toutes les nuits de son importunité, et lui a déclaré une guerre à mort.

Mais je ne suis pas autorisé à raconter les siéges, les assauts, les blocus, livrés par le roi des puces à la jolie fille du relieur Lammerhirt, devenue madame Tisz, et je n'ai pas appris jusqu'ici de quel côté la victoire s'était déclarée.

MAITRE BERTHOLDE

I

Avant l'invention si remarquable et si généralement appréciée du macaroni, c'est-à-dire dans le courant du ... siècle, je laisse la date en blanc par respect pour les augustes exigences de l'histoire, le roi Alboïn tenait sa cour à Vérone en Lombardie. Ce prince était devenu législateur après avoir été conquérant. On le citait par tout pays pour sa vertu, son humanité, sa justice.

Vers le même temps, vivait, dans un obscur village de son royaume, un paysan nommé Bertholde qui s'était attiré une certaine réputation par sa figure ridicule. Il avait une grosse tête, en forme de ballon, hérissée de rares cheveux roux; son nez était large, épaté, et coloré d'une vive teinte de betterave; sa bouche fendue jusqu'aux oreilles s'armait de dents crochues assez pareilles aux défenses d'un sanglier, et son menton était parsemé d'une barbe mal fournie et rarement peignée. La taille de ce triste personnage répondait par son exiguïté au grotesque de sa physionomie. Ses mains et ses jambes étaient massives; sa peau rude et cornée avait l'aspect d'un cuir mal échaudé. Avec un si fatal extérieur, Bertholde ne pouvait aspirer à sortir de la misère.

Mais, en récompense, son esprit était aussi subtil que solide; c'était le plaisant du village de Bertagnana, où il demeurait. Ses concitoyens aimaient mieux l'entendre parler morale et raison que leur curé; il accommodait leurs différends, quand ils en avaient, mieux que le seigneur et le juge ne les décidaient; et enfin il les faisait rire mieux que les charlatans et les singes qui passaient quelquefois par leur village.

Ce singulier personnage était le cadet de plusieurs frères, et jouissait à peine du nécessaire pour subsister, lui et sa femme Marcolfa, et un marmot qu'ils avaient nommé Bertholdini. Mais, outre que lui et sa femme travaillaient autant qu'ils pouvaient, leurs voisins ne les laissaient manquer de rien, parce qu'ils les aimaient.

Il prit un jour envie à Bertholde de voir la ville et la cour. Ce fut, de sa part, un simple mouvement de curiosité, sans aucune intention ni prétention particulière.

En arrivant sur la grande place de Vérone, il était occupé à regarder le palais du roi, qu'il prenait pour une grande église, quand il aperçut deux femmes du peuple qui se battaient avec un ineffable acharnement.

A travers leurs injures et leurs vociférations furieuses, Bertholde parvint à comprendre qu'elles se disputaient la possession d'un miroir. L'une prétendait que son mari le lui avait volé pour le donner à l'autre; et, à cette occasion, elles se prodiguaient les épithètes les plus outrées qui soient jamais sorties de la bouche de femmes de bas lieu.

Dans le moment qu'elles étaient le plus animées l'une contre l'autre, un officier du palais vint les avertir que le roi, troublé par leur vacarme, voulait juger lui-même leur différend.

Les deux commères se séparèrent aussitôt, comme par enchantement, et dirent qu'elles allaient rajuster leurs coiffures en lambeaux, et prendre un vêtement digne de comparaître en présence de Sa Majesté. Cela fit connaître à Bertholde qu'Alboïn était un bon prince qui écoutait tout le monde, et qui s'empressait à pacifier les querelles de ses sujets. Il vit effectivement que les portes du palais étaient ouvertes, et que les gardes n'empêchaient personne d'entrer. Il entra donc comme les autres, et pénétra jusqu'à la salle d'audience, où le roi était assis sur son trône. Quelques siéges inférieurs étaient destinés pour les plus grands seigneurs, qui ne se permettaient de s'y asseoir en présence du roi que dans les grandes occasions.

Bertholde alla s'asseoir sans façon, quoique le roi fût entouré d'officiers et de courtisans qui tous se tenaient debout, la tête respectueusement inclinée.

Quelques-uns ayant remarqué la grotesque impertinence du paysan, vinrent l'avertir qu'il était indécent de s'asseoir ainsi devant le roi.

« Pourquoi cela? dit Bertholde. Je m'assieds bien dans l'église, où est le bon Dieu.

— Mais ne vois-tu pas, lui dit-on, que le roi est un personnage élevé au-dessus de tous les autres?

— Parbleu! reprit le paysan, il n'est pas encore si élevé que le coq qui est au haut du clocher de notre paroisse, et qui nous apprend d'où vient le vent, et s'il doit faire beau ou pleuvoir. »

On rapporta ces paroles au roi Alboïn; elles lui donnèrent la curiosité d'interroger lui-même Bertholde. On le fit approcher.

« Qui es-tu? lui demanda le roi.

— Un homme.

— Quand es-tu venu au monde?

— Quand il a plu au bon Dieu de m'y envoyer, ou à mes parents de me faire, car je ne me suis point mêlé de cela.

— Quel est ton pays?

— Celui-ci ou tout autre, comme il vous plaira. Pourvu qu'on me laisse vivre du produit de la terre, peu m'importe qui la gouverne, et je ne demande pas seulement comment il s'appelle. Pour le présent, je demeure au village de Bertagnana, pas loin d'ici, et je me suis laissé dire que mes parents y ont demeuré depuis longtemps.

— Tu as donc une famille, une femme, des frères, des enfants?

— Oui, dit Bertholde, j'avais tout cela, quand je suis parti ce matin de mon village; mais s'ils sont au même état où je les ai laissés, ils ne doivent pas faire grand bruit à l'heure qu'il est.

— Comment cela?

— C'est qu'ils étaient tous ensevelis dans le sommeil quand je les ai quittés. »

Le roi Alboïn était une bonne Majesté. Il ne se blessa point du ton saugrenu qui régnait dans les réponses du paysan, et continua ses questions.

« Quelle est, poursuivit-il, la chose du monde qui va le plus vite?

— La pensée.

— Quel est le meilleur vin?

— Celui qu'on boit hors de chez soi, parce qu'il ne coûte rien.

— Quelle est la personne qui nous fait le plus de caresses?

— Celle qui a dessein de nous tromper, ou qui nous a déjà trompés, si elle a envie de nous tromper encore. »

Ces nouvelles réponses ne parurent pas au monarque dénuées de bon sens ni d'un certain esprit, mais Bertholde ayant fini par décocher quelques épigrammes à l'adresse des courtisans et de la royauté, Alboïn lui ordonna de sortir de sa présence.

« C'est en vain, dit Bertholde, que vous me chasseriez; je suis comme les mouches : plus on les chasse, plus elles reviennent.

— Eh bien! lui dit le roi, je te défends de reparaître ici autrement que par la voiture des mouches, sous peine de la vie.

— Soit, » dit Bertholde. Il s'en alla, le nez au vent, et retourna dès le même soir à son village.

II

Le lendemain il revient à Vérone, sur un âne pelé et écorché en plusieurs endroits. Il va droit au palais, entre avec sa monture dans la cour d'honneur, malgré les gardes auxquels il répond qu'il agit de la sorte par ordre exprès du roi.

On le conduit devant le prince. « Sire, s'écrie Bertholde, mettez le nez à la fenêtre : Me voici venu sur la voiture des mouches. Je l'ai laissée en bas à votre porte. »

Effectivement, le malheureux âne, dont les plaies s'étaient ravivées au feu du soleil, pendant la route qu'il venait de faire, était chargé de mouches avides qui lui suçaient le sang. La condition du roi était remplie. Alboïn ne put en disconvenir, et Bertholde fut si bien reçu, qu'il voulait l'envoyer manger à la cuisine du palais ; mais le paysan préféra voir juger le procès des deux femmes qui s'étaient querellées la veille.

Elles commencèrent par plaider leur cause avec non moins de vivacité qu'elles n'en avaient montré sur la place publique. Chacune d'elles amenait une quantité de commères pour témoigner en sa faveur.

Le roi, ayant ordonné qu'on fît silence, jugea que, pour accorder les plaideurs, le miroir en litige serait brisé au pied du trône, et que les morceaux en seraient distribués par égale moitié aux deux femmes.

L'une d'elles y consentit, mais l'autre s'écria qu'elle serait au désespoir de voir perdre un si joli meuble. Alors le roi adjugea le miroir à cette dernière, appuyant ce jugement sur l'autorité du grand Salomon.

La cour de Vérone admirait une solution si habile, si ingénieuse, mais Bertholde hocha la tête et leva les épaules en signe de mécontentement.

« Sire, dit-il, si cela ne fâchait pas Ta Majesté, je t'apprendrais que ton cheval n'est qu'une bête et que ton jugement n'a pas le sens commun. Je vois bien que tu ne connais pas les femmes : ce sont des diablesses à la tête et au cœur desquelles le plus fin n'entend rien. Il y a bien de la différence d'un miroir à un enfant. Notre curé nous a conté l'histoire du jugement de Salomon : mais ce n'est pas ici la même chose, et, si tu veux m'en croire, tu jugeras que ces deux plaideuses n'ont pas meilleure cause l'une que l'autre. »

Le roi se mit alors à faire l'éloge du beau sexe, car il était fort galant, et toute femme à ses yeux était reine, pourvu qu'elle fût jolie.

« Demain, dit Bertholde, qui se permit tout à coup d'interrompre Sa Majesté au plus chaud de son discours, demain je te ferai connaître que la femme est l'être du monde le plus insupportable.

— Si tu en viens à bout, dit le roi, je te promets une noble récompense.

— J'y cours! » s'écria Bertholde, et, remontant sur sa bourrique, il prit le chemin de la plus prochaine hôtellerie. Peu accoutumé à faire bonne chère, il soupa sobrement. Le soir on lui prépara un bon lit, mais il préféra une botte de paille fraîche dans un coin de l'écurie, et le lendemain, dès le point du jour, il courut exécuter son projet.

Après s'être informé de la demeure de celle des deux femmes qui, la veille, avait perdu son procès, il alla la visiter ; elle le reconnut aussitôt pour avoir assisté au jugement du roi.

« Vraiment oui, j'y étais, dit Bertholde, et si mon avis eût été suivi, vous n'auriez pas perdu votre procès. Je viens vous en faire mon compliment de condoléance. Nous autres conseillers, nous allons avoir bien d'autres affaires à juger, mais je ne veux pas vous dire de quoi il est question, avant que cela soit public, de peur que vous ne soyez pas discrète. »

La femme se mit à protester qu'elle était la discrétion incarnée.

« En ce cas, reprit Bertholde, je veux bien vous croire et vous dire ce que le roi a décidé hier avant de s'endormir. Attendu que la guerre a dépeuplé son royaume, et qu'il y a, en ce moment, beaucoup plus de femmes que d'hommes, Sa Majesté veut rendre un édit en vertu duquel chaque mari aura sept femmes.

— Est-il possible, monsieur! s'écria la bonne femme. Est-ce que je ne rêve pas?...

— Non certes, continua Bertholde, nous sommes, vous et moi, fort éveillés, et je vous avertis que, ce soir même, l'édit sera publié; mais jusque-là n'en parlez point. »

La femme jura ses grands dieux qu'elle serait muette comme la tombe. Bertholde s'en alla, riant sous cape, et la femme ne perdit pas un moment pour aller confier le secret à une de ses amies; celle-ci courut le porter à une troisième, et la chose courut si rapidement toute la ville, que de ce secret naquit une émeute en jupons. Les insurgées s'assemblèrent, discutèrent et décidèrent qu'il fallait aller sans retard au palais, pour s'opposer à la promulgation du fatal édit qui allait mettre sens dessus dessous tous les ménages.

Bertholde était déjà au palais quand arriva la députation des bourgeoises de Vérone. Il parut aussi étonné que le roi et toute la cour en voyant une multitude infinie de femmes, la jupe troussée en guerre, et qui criaient à tue-tête, sans qu'on pût rien comprendre au motif d'une telle échauffourée.

Le roi parut sur le balcon de la cour d'honneur. A son aspect, un moment de silence se fit dans la foule. Tous les regards étaient braqués sur lui, la menace à l'œil.

« Eh! qu'est-ce donc, mes bonnes femmes? dit le monarque; de quoi s'agit-il? »

Les femmes, sans lui donner le temps d'ajouter une parole, se mirent à s'égosiller de plus belle, et n'épargnèrent même pas la personne royale. Une espèce de marchande de fruits, le poing sur la hanche et le bavolet de travers, dominant de sa voix celle des petites ménagères, qui faisaient plus de grimaces que de besogne, s'écria : « Ne voilà-t-il pas une belle drogue d'ordonnance, qui prétend que nous n'aurons qu'un mari pour sept! Pardi, notre roi! si vous voulez avoir une douzaine de femmes pour votre satisfaction particulière, faut pas vous gêner; mais quant à nous, c'est un peu différent, nous n'avons pas trop d'un mari pour chacune. Ah! ah! mais vraiment celui de nos hommes qui en prendra une seconde sera accommodé de la bonne manière; celui qui irait à la troisième, serait envoyé garder les poules du curé; et je réponds que pas un n'irait tout entier jusqu'à la septième. Faites de ça votre profit. »

Cette belliqueuse harangue mit le roi dans un burlesque embarras. Il mourait d'envie de rire, et ne pouvait se faire entendre pour dissuader ces effrontées mégères, qui ne parlaient de rien moins que de lui arracher les yeux; lorsque, par bonheur, le commandant général de la milice, instruit du tapage qui menaçait le palais d'un siége en règle, fit arriver des troupes par toutes les rues. La populace femelle, se voyant investie, fut saisie d'une panique générale, et, quoiqu'on ne lui fit pas le moindre mal, la contenance seule des soldats lui fit tant d'impression, que les boute-en-train de la révolte se jetèrent à genoux les premières, et demandèrent pardon avec autant d'empressement qu'elles avaient mis d'ardeur à menacer.

Le bon roi Alboïn profita de cette circonstance pour leur faire un long sermon sur les devoirs du beau sexe et sur la sévérité des mesures qu'encourrait de leur part une récidive. Puis il fit approcher Bertholde, convint qu'il avait eu raison, et que le sexe féminin n'avait en vérité ni raison ni vergogne. L'ordre fut ensuite envoyé aux soldats de laisser les crieuses retourner chez elles sans autre correction que les huées qu'elles méritaient.

Après avoir offert à Bertholde je ne sais combien de faveurs qu'il refusa toutes en disant qu'il n'avait besoin de rien, Alboïn lui demanda s'il n'était point le malicieux auteur de l'émeute de ces dames. Le paysan confessa la ruse qu'il avait employée pour forcer le roi à dire ce jour-là autant de mal des femmes qu'il en avait la veille accumulé d'éloges exagérés.

III

Le monarque de la Lombardie possédait une épouse très-fière et d'un caractère assez souvent difficile. Cette princesse, avertie de la licence qu'avait prise un paysan balourd à l'endroit de son sexe, écrivit au roi un billet où elle se montrait fort piquée, et annonçait qu'elle ne sortirait pas de ses appartements que le coupable ne lui eût été livré, pour subir tel châtiment qu'il serait convenable d'infliger à son audace.

Alboïn se trouva un peu embarrassé en recevant ce billet. Comment concilier l'amical traitement qu'il faisait à Bertholde avec les exigences de la reine, dont il ne voulait pas non plus s'attirer la rancune? Il s'en ouvrit très-franchement au paysan de Bertagnana. « Ma foi, lui dit-il, tu es un brave homme, doué de plus d'esprit que les quatre cinquièmes de mes sujets; je veux te faire du bien, et ce que je veux est une vérité. Mais tu as blessé la reine sans le savoir, et…

— Et la reine, interrompit Bertholde, a la charité de vouloir me faire étriller. C'est trop juste, et je ne voudrais pas la priver du plaisir de cette petite vengeance. Envoie-moi donc auprès d'elle, et ce, tout de suite; Dieu aidant, j'espère bien me tirer d'affaire sans écorchures.

— Va donc, dit le roi; et, en cas de malencontre, console-toi. Si tu reçois quelques horions, je t'accablerai de bienfaits. »

Bertholde se rendit sur-le-champ au pavillon de la reine, et se présenta devant elle avec une assurance qui faillit la déconcerter.

« C'est donc toi, lui dit-elle avec le ton le plus hautain et le plus dédaigneux qu'elle sut prendre, c'est donc toi qu'on nomme Bertholde, et qui te permets de faire aux dépens de tous le bouffon et le mauvais plaisant?

— Gracieuse Majesté, dit Bertholde, je m'imagine que ma figure ne vous a pas été annoncée comme fort agréable, et que vous la trouverez d'une laideur suffisante; mais, du moins, ma figure est à moi; je la tiens ainsi faite de dame Nature, notre mère à tous. Je suis du reste un homme simple, peu curieux de soigner son extérieur, et de se déguiser sous une triple couche de blanc et de rouge comme font certaines personnes que je respecte d'ailleurs infiniment.

— Vraiment, dit la reine, je crois que tu as de la finesse. Prends un siége, et causons. Si je suis contente de tes réponses, je verrai peut-être à te pardonner. »

Comme elle disait ces mots, un valet montra à Bertholde une espèce de petit banc couvert d'un tapis de velours, qu'on avait placé tout exprès à trois ou quatre pas du fauteuil de la reine. Mais ce tapis couvrait un baquet plein d'eau, dans lequel Bertholde eût fait le plongeon d'une manière assez humiliante s'il s'était assis. Quelque secret instinct l'en avertit sans doute, car il dit à la reine, en saluant jusqu'à terre : « Madame, je suis un peu sorcier; je flaire là-dessous quelque manigance, quelque anguille sous roche; et si vous me le permettez, je resterai debout en présence de Votre Majesté, ainsi que le respect me le commande.

— Je vois, reprit la reine, qu'il serait malaisé de vous surprendre.

— C'est un peu mon avis, reprit Bertholde; et je devine si bien une foule de choses, que je présume, à l'heure qu'il est, l'intention charitable de vos dames d'atour, qui me paraissent armées de houssines pour quelque exécution dont je pourrais bien être la victime désignée; mais qu'à cela ne tienne, mesdames; ne vous gênez pas, je vous en prie. On veut me battre? et quoi de plus divertissant pourriez-vous imaginer? Au reste, il faut bien vous dire que je sais laquelle de vous me portera le premier coup : c'est celle de ces dames à qui l'honneur de son mari est le moins en recommandation, et celle de ces demoiselles qui a le plus négligé le sien. »

Aussitôt toutes les dames se regardèrent l'une l'autre : quelques-unes rougirent, les autres se prirent à sourire malicieusement; mais aucune n'osa lever sa houssine sur Bertholde.

« Mesdames, dit la reine elle-même, je suis d'avis que nulle de vous ne souille ses mains à châtier ce paysan; mais comme il ne faut pas qu'il sorte d'ici, croyant nous avoir impunément jouées, je vais le faire étriller par mes gardes. Qu'on le fasse passer entre deux haies de verges, dit-elle à son premier écuyer, et donnez l'ordre qu'il ne soit point ménagé. »

Bertholde prenant aussitôt son parti : « Madame, dit-il, je vois bien qu'on me destine un terrible supplice; je m'y soumets sans murmurer, mais je demande un adoucissement : qu'on ne me frappe point sur la tête.

— J'y consens, dit la reine en se retournant de nouveau vers son premier écuyer; car, après tout, je ne veux pas tuer ce malheureux.

— Allons, monsieur, dit alors Bertholde au premier écuyer, qui s'apprêtait à le conduire dans la salle des gardes, avertissez bien ces messieurs les gardes que la reine veut qu'on sauve le chef; c'est tout ce que je vous demande. »

Cela dit, Bertholde part et entre dans la salle des gardes. Tous les pages, valets de pied et serviteurs de toute sorte s'empressent d'accourir pour être témoins du singulier spectacle de la fustigation du paysan. L'officier de la reine fait la proclamation qui lui a été ordonnée; les gardes comprennent que ne point toucher au chef, c'est respecter le premier de la troupe, et que ne point ménager le reste, c'est rosser les suivants; en conséquence ils tombent à coups redoublés sur les curieux, et avant qu'ils fussent détrompés, Bertholde était déjà loin, sans avoir reçu le moindre coup.

Alboïn rit beaucoup de la façon dont Bertholde s'était tiré d'affaire, et dès ce moment toute la cour trouva ce trait fort spirituel. Bertholde, rappelé auprès du roi, fut très-fêté et recherché et choyé; on lui proposa un bon souper, mais il ne voulut accepter qu'un large croûton de pain amplement frotté d'ail, s'alla coucher sur de la paille fraîche, et, le lendemain matin, revint à la cour aussi guilleret que la veille.

Il continua d'y être bien reçu. Mais un autre original, qui était depuis longtemps dans le palais d'Alboïn, vint troubler son petit triomphe.

Ce personnage s'appelait Fagotti, et était en possession depuis longtemps de divertir le prince et la cour. On sait que, dans ce temps-là, il n'y avait aucun roi qui n'eût un bouffon en titre d'office, et cet usage a subsisté longtemps après la destruction de l'empire des Lombards.

Fagotti devint jaloux de la fortune que Bertholde commençait de faire à la cour; il eut l'audace de se mesurer avec lui, et crut qu'il le surpasserait en plaisanterie, comme il pensait mériter aussi de lui être préféré par le ridicule de sa figure; car Fagotti avait une physionomie vraiment étrange, mais bien moins spirituelle que celle de Bertholde.

« Comment, dit le bouffon d'Alboïn, t'y prendrais-tu pour porter de l'eau dans un crible?

— J'attendrais qu'elle fût gelée, dit Bertholde.

— Bravo! bravissimo! s'écrièrent tous les courtisans de Sa Majesté lombarde.

— Comment, poursuivit le bouffon, pourrais-tu prendre un lièvre sans courir?

— J'attendrais qu'il fût à la broche, » répondit Bertholde. Toute la cour trépignait d'aise et d'admiration.

« Comment, reprit Fagotti, comment t'ajusterais-tu pour n'être ni nu ni habillé?

— Je m'envelopperais dans un filet à prendre du poisson.

— Quelle est l'herbe que les aveugles même reconnaissent sans la voir?

— C'est l'ortie, parce qu'elle leur pique le pied s'ils marchent dessus, et la main s'ils y touchent. »

Bertholde ne répondit pas moins heureusement à toutes les autres questions et subtilités qui lui furent adressées. Le malheureux Fagotti, piqué au vif de se voir battu sur tous les points, passa de l'assaut d'esprit aux personnalités grossières; il reprocha à Bertholde ses bas troués et ses culottes avariées.

« Parbleu! lui répondit le paysan de Bertagnana, ton visage est plus balafré que mes culottes ne sont rapetassées, et je ne troquerais point mes bas, tels qu'ils sont, pour ta physionomie dans l'état où je la vois. »

Au milieu de la chaleur de cette dispute, Bertholde eut envie de cracher. Un commencement de politesse et de civilité qu'il acquérait à la cour lui en fit demander au roi la permission.

« J'y consens, dit le monarque, mais à condition que tu choisiras l'endroit de mon palais où il y a le moins à gâter. »

Bertholde, après avoir hésité quelque temps, prit son parti, et cracha sur le visage de Fagotti. On juge bien que la colère de ce dernier fut extrême; ne pouvant se contenir, même en présence du roi, et abandonnant, pour se venger, toute prétention à l'esprit, il se jeta à corps perdu sur Bertholde; mais celui-ci avait les poings aussi bons que la tête, et pelota Fagotti de telle manière, qu'il n'osa jamais reparaître à la cour du bon roi Alboïn.

IV

Bertholde paraissait ainsi avoir triomphé de tous ses adversaires, lorsqu'un nouvel orage s'éleva contre lui.

Les dames s'avisèrent d'exiger du roi une réparation pour la mauvaise opinion que Bertholde avait donnée d'elles, non-seulement à la cour, mais à tout le royaume. Pour cet effet, elles demandèrent, par une belle et éloquente requête, d'être admises dans les conseils, et d'avoir voix délibérative au chapitre des affaires de l'État.

Le roi ne laissa pas que d'être fort embarrassé d'une pareille demande, d'autant plus qu'elle était appuyée par la reine, quoiqu'elle n'intéressât pas directement cette princesse, qui, par ses lumières et son mérite, jouissait de toute la confiance d'Alboïn, qui la consultait sur toutes choses.

Dans cette grave difficulté, il fit venir Bertholde. Celui-ci, avec son gros bon sens de villageois, lui fournit sans tarder l'expédient que voici :

Le roi fit construire une boîte assez exactement fermée, mais de manière pourtant qu'un animal qui y serait renfermé pût respirer librement. Le monarque lui-même porta la boîte chez la femme de son premier ministre, la lui remit entre les mains, et lui recommanda soigneusement de la garder, pendant vingt-quatre heures, dans un jardin dont elle seule avait la clef, et de la rapporter ensuite chez la reine, où se trouveraient quelques autres dames, que le monarque désigna. Là, on devait ouvrir la boîte en présence de toute la cour, et délibérer sur son contenu dans un conseil où le roi promettait d'admettre les premières dames de son royaume.

Quoique le terme de vingt-quatre heures ne fût pas bien long, la dame ne put résister à la curiosité pendant tout cet espace de temps; elle ne dormit point de toute la nuit. Fatiguée du secret qui lui était confié, elle alla, dès le lendemain, ouvrir la boîte et en vit partir, comme l'éclair, un joli petit oiseau qui disparut avec une telle rapidité, que la pauvre dame, toute stupéfaite, n'eut pas le temps de reconnaître de quelle couleur et de quelle espèce il était.

Il n'y eut donc aucun moyen de cacher la faute qu'elle venait de commettre. Son mari fut forcé d'aller confesser cette honte à la reine et au roi. Les dames furent, de l'aveu même de la reine, déclarées incapables d'être admises au conseil d'État. Leur pétition fut mise de côté, sans qu'aucune d'elles osât s'en plaindre, mais toutes se promirent bien de garder rancune à Bertholde, qui leur avait préparé cette mystification. Elles ne cessèrent de chercher et d'imaginer toutes sortes de moyens pour lui nuire et le perdre dans l'esprit du roi. Il fallait, pour y parvenir avec un plein succès, l'attirer chez la reine.

Un jour que Bertholde amusait le roi Alboïn par ses plus spirituelles plaisanteries, il lui disait entre autres choses : « Prince, je n'ai pas peur de toi, car pourquoi un homme en craindrait-il un autre? Ne sommes-nous pas tous deux pétris de la même pâte? tous deux vases de terre et d'argile entre les mains de la Providence et de la fortune? Elles ont fait de toi un pot de fleurs superbe, verni, peint et doré..., et de moi un malheureux pot de chambre; mais, après tout, la différence n'est que dans la forme et dans l'usage.

On vint dire en ce moment au roi que la reine, se plaignant d'une cruelle migraine, demandait le paysan pour la distraire par quelques contes fantastiques.

« Bertholde, lui dit Alboïn, on te demande encore chez ma femme; tu pourrais bien y trouver quelque déconvenue; vois donc si tu veux t'y risquer.

— Oui, oui, répondit le paysan, j'espère m'en tirer cette fois encore aussi bien que la première : permettez seulement qu'auparavant j'aille faire un tour dans votre cuisine. »

Alboïn le lui permit.

Pendant que maitre Bertholde déjeunait fort sobrement à son ordinaire, un des chasseurs du roi vint apporter deux lièvres vivants. Bertholde les demanda, et comme on savait que le roi lui donnait carte blanche pour tout faire, on n'osa les lui refuser.

MAITRE BERTHOLDE.

Il les mit dans ses poches, et s'en alla, traversant une petite cour qui menait à l'appartement de la reine. Cette cour était gardée par deux dogues monstrueux qu'on ne lâchait ordinairement que la nuit; mais les malicieuses dames les avaient fait détacher, sachant que Bertholde passerait par là, et comptant bien que les redoutables molosses n'en feraient qu'un bouchée.

Mais le rusé paysan s'était méfié de la cauteleuse invitation qu'il avait reçue et du mauvais tour qu'on pouvait lui jouer, et c'était dans ce but qu'il avait pris les lièvres. Dès que les chiens voulurent l'approcher, il leur en lâcha un, puis un second, et ces chiens s'étant mis à leur poursuite, Bertholde passa sans accident jusqu'à l'appartement de la reine, où tout le monde fut bien surpris de le voir arriver sain et sauf et nullement effrayé.

Toutes les dames d'honneur élevant alors la voix, se mirent à l'accabler d'un concert unanime de reproches et d'invectives.

« C'est donc toi, malheureux, lui dit-on, qui par tes maudits conseils a empêché le roi de nous accorder notre requête?

— Mesdames, répondit Bertholde sans s'émouvoir, le roi voulait éprouver l'étendue de votre discrétion, qualité si importante en diplomatie et en matière de gouvernement; j'ai trouvé dans mon sac un petit moyen de la lui faire connaître; si j'y ai bien réussi, c'est plutôt votre faute que la mienne.

— Ah! ah! tu as trouvé cette malice-là dans ton sac, s'écrièrent les dames; eh bien, nous allons t'y faire entrer toi-même. »

Et, sur un signe, quatre grands escogriffes s'emparèrent de Bertholde et le poussèrent dans une garde-robe, où, avec nombre de gourmades et de coups de pommeau d'épée, on le força d'entrer dans un grand sac de cuir, qu'on lia par le haut très-solidement, et dans lequel on le laissa, se proposant apparemment de le faire jeter le soir dans la rivière. Ce sont là jeux de courtisan.

On envoya un sbire pour garder le sac et le malheureux patient.

Le pauvre Bertholde commençait à trouver sa situation bien dangereuse, et rassemblait avec inquiétude toutes les ressources de son esprit pour se tirer du plus mauvais pas où jamais homme se fût trouvé de sa vie.

Il persuada au sbire qu'il était ainsi enfermé pour des raisons infiniment singulières, qu'il lui raconterait volontiers s'il voulait seulement délier le sac pour le faire respirer et lui permettre de parler assez bas pour n'être pas entendu.

Le sbire, soldat fort grossier, le crut sur parole, et, ne trouvant pas d'inconvénient à écouter les aventures de son prisonnier pour se distraire, délia le haut du sac et se mit en posture commode pour écouter.

Bertholde improvisa une longue histoire excessivement compliquée. Il raconta qu'il était très-riche, et qu'on voulait lui faire épouser une demoiselle d'une vertu plus que suspecte ; qu'il aimait mieux être noyé que de faire un pareil mariage, et qu'on l'avait enfermé pour le contraindre ; que, le soir, on viendrait le prendre pour l'y obliger encore à force de menaces et de mauvais traitements, mais qu'il était résolu à tout souffrir plutôt que de consentir à quelque chose qui lui répugnait si souverainement et qui d'ailleurs lui ferait si peu d'honneur.

L'honnête sbire lui objecta qu'il était fort bête de préférer la mort à la possession d'une belle et riche personne, et que l'opulence valait bien un petit sacrifice de vertu. « Pour moi, dit-il, pour moi, pauvre diable, si pareille aubaine m'arrivait, je ne me ferais pas tant tirer l'oreille.

— Prenez-la donc, s'écria Bertholde, car, par ma foi, je vous la cède de bon cœur. Mettez-vous à ma place et épousez la demoiselle. Vous y prendrez d'autant moins de peine qu'elle est sur le point de mettre au jour un marmot. »

Le sbire, enchanté, tira Bertholde du sac et s'y fit clore à sa place, tandis que l'adroit paysan, bénissant Dieu du succès de sa ruse, gagnait sans bruit par des galeries détournées une des petites issues du palais. Comme il lui fallait tromper en passant la surveillance des sentinelles, il s'était avisé de s'affubler en passant d'une robe et d'un voile de la reine qu'il avait trouvés dans la garde-robe. Les gardes furent assez surpris de voir la reine sortir de nuit, toute seule et voilée, mais par respect ils n'osèrent souffler mot, et Bertholde s'échappa. Le lendemain, de grand matin, la dame d'atour de service, ne retrouvant ni la robe ni le voile de la reine, en fit grand bruit. Le sbire avait disparu de la garde-robe, et, quand on ouvrit le sac du prisonnier, on fut très-surpris de l'y trouver, protestant de toute sa voix qu'il était prêt à épouser tout de suite *la demoiselle*, sans qu'on lui fît la moindre violence. Je vous laisse à penser l'étonnement que causa cette scène. Il fallut bien du temps pour arriver à une explication claire et nette. La rouerie de Bertholde fut enfin découverte. Le sbire fut chassé honteusement ; d'autres disent qu'on le remit dans son sac et qu'il fut jeté dans l'Adige, de peur qu'il n'allât ébruiter dans la ville cette sotte aventure.

Les espions du palais, s'étant mis à la recherche de Bertholde, le découvrirent, après bien des peines et des investigations sans résultat, blotti dans un four où il s'était réfugié, sans avoir eu le temps de se débarrasser de la robe et du voile de la reine. Une bonne femme, qui allait cuire au four, fut si surprise d'y trouver un pareil personnage, qu'elle le dénonça aussitôt aux espions, qui le ramenèrent au palais.

La reine était fort blessée de tout ce qui s'était passé. Bertholde surtout lui semblait fort coupable de l'avoir ainsi compromise, en volant ses vêtements pour se soustraire à la captivité, peut-être à la mort. Elle prit au tragique l'insolence prétendue du pauvre paysan de Bertagnana, et mit une telle insistance dans ses récriminations, que Bertholde fut jugé, déclaré criminel de lèse-majesté féminine, et condamné à être pendu.

V

Le bon roi Alboïn était fort chagrin de la tournure qu'avaient prise les choses ; mais il ne pouvait que plaindre le patient sans oser faire grâce, de peur que la reine ne s'emportât contre lui.

« Sire, lui dit Bertholde qu'il exhortait à la résignation,

je conçois vos raisons; et je me souviens d'avoir, une fois en ma vie, consenti, par pure complaisance pour ma femme Marcolfa, à laisser tuer un petit chat, qui était accusé fort injustement d'avoir mangé une livre de beurre, et cependant la chétive bête tout entière ne pesait qu'un quarteron. Il faut bien que les petits pâtissent des caprices des grands. Mais, puisque je dois être accroché, je vous demande une seule grâce, c'est de choisir moi-même l'arbre auquel je serai attaché; car, enfin, ce n'est pas le tout d'être pendu; quand on l'est à sa guise, on est à demi consolé. »

Le roi Alboïn, qui ne le faisait pendre qu'à regret, dit qu'il ne pouvait se refuser à la demande du malheureux Bertholde. Il chargea un bas-officier de ses gardes et deux soldats de le conduire hors de la ville avec le bourreau, et de lui laisser choisir l'arbre qui lui conviendrait; car il faut savoir que, du temps du roi Alboïn, les potences n'étaient pas encore inventées, et qu'on pendait les gens au premier arbre, comme l'on fait encore à l'armée quand on est pressé de punir des maraudeurs.

On juge bien que Bertholde chercha chicane à tous les arbres qu'il rencontra et n'en trouva aucun qui lui convînt : l'un était trop haut, l'autre trop bas; les branches de celui-ci était trop faibles, les branches de celui-là trop fortes; le vert du cyprès était trop sombre et le vert de l'orme était trop gai. Bertholde promena ainsi son escorte pendant quelques jours et visita tous les bois des environs de la capitale. Ils marchaient du matin jusqu'au soir, ne s'arrêtant que pour dîner et souper dans les villages. Bertholde tenait les gardes en gaieté, leur racontait les histoires les plus plaisantes du monde et leur faisait ainsi oublier agréablement l'objet de leur commission. Enfin, quand ils s'en souvinrent, ils se firent conscience de pendre un homme qui les avait tant divertis. Ils lui conseillèrent de s'en retourner à son village, de s'y tenir caché, et revinrent à la ville.

La reine, persuadée que ses ordres avaient été exécutés, se reprocha, au bout d'assez peu de temps, d'avoir exigé la mort du pauvre Bertholde et en témoigna au roi le plus vif regret. Le bon Alboïn, qui savait que le paysan n'était pas mort, ménagea si bien les choses, que sa femme fut la première à souhaiter qu'on ne lui eût pas obéi, et à dire qu'elle voudrait bien revoir Bertholde à la cour. Le roi l'envoya chercher; mais le bonhomme eût grand'peine à se décider; il disait que la soupe et l'amitié réchauffées ne valaient jamais rien; qu'une once de liberté valait mieux qu'un cent pesant d'or, quand de cet or on faisait des chaînes. Mais, enfin, il se vit comblé de tant de preuves d'affection de la part du roi et de la reine, qu'il se rendit à leurs instances; mais il mit dans son marché :

1° Que sa femme Marcolfa et son fils Bertholdini resteraient au village, et continueraient d'y vivre à la paysanne en cultivant le petit quartier de terre qu'ils occupaient à Bertagnana, qu'ils tenaient de leurs ancêtres, et qui avait passé de Bertolazzo à Bertazzo, de Bertazzo à Bertolin, de Bertolin à Bertholde;

2° Qu'il resterait toujours habillé de sa bure villageoise, ou du moins avec la plus grande simplicité, se soumettant uniquement à porter des vêtements non déchirés et des bas sans trous;

3° Qu'on lui permettrait de loger dans une chambre basse, simplement meublée, et de manger toujours son pain à l'ail et sa soupe au fromage.

A ces conditions, Bertholde de Bertagnana consentait à se charger des fonctions de conseiller d'État du royaume de Lombardie. Jamais, dit l'histoire, juge n'a montré autant de lumières ni de sagacité, et jamais ministre n'a donné à son prince d'aussi importants avis.

Malheureusement Bertholde ne jouit pas bien longtemps de sa faveur, quoiqu'il conservât à Vérone le même genre de vie qu'il menait au village. Il était quelquefois entraîné à quelques écarts, comme de boire un coup avec des parties qu'il voulait mettre d'accord pour épargner de grands procès; de se coucher un peu plus tard qu'à l'ordinaire, parce que le roi le retenait parfois jusqu'après le coucher du soleil; enfin, au lieu de labourer la terre, il était obligé de s'occuper d'affaires, d'en raisonner et de se dessécher la poitrine à parler, car il ne savait ni lire ni écrire.

La santé du pauvre ministre ne tarda pas à devenir fort inquiétante. Les médecins lui ordonnèrent différents remèdes, dont les effets contraires achevèrent de détraquer sa machine.

Il mourut.

Le roi Alboïn, dont il fut pleuré, lui fit faire de magnifiques funérailles, et, par reconnaissance pour ses services, on voulut appeler sa famille à Vérone. Il envoya un de ses officiers au village de Bertagnana, chercher Marcolfa et Bertholdini.

La bonne femme du paysan devenu ministre pleurait son mari de tout son cœur; mais, après avoir bien accusé le séjour de la cour de l'avoir tué, elle ne laissa pas que de se résoudre à en prendre le chemin et à y mener son enfant, pour lequel elle rêvait les plus brillantes destinées.

Comme elle avait quelquefois voyagé sur un âne, elle ne fut pas embarrassée de sa monture; mais pour Bertholdini, qui n'avait jamais été qu'à pied, et qui n'était pas encore assez fort pour faire bien du chemin de cette façon, il fut jeté en travers comme un sac, sur le dos d'un autre âne, et suivit, à côté de madame sa mère, la route de Vérone.

Le roi les reçut à merveille, les fit habiller proprement, mais suivant leur état, et leur fit don d'une jolie métairie aux portes de Vérone, en y joignant le riche cadeau d'un coffret tout rempli de pièces d'or.

Ces présents émerveillèrent la bonne Marcolfa, qui, de sa vie, n'avait vu tant d'opulence. Malheureusement, près de la métairie se trouvait un étang, dont les grenouilles faisaient un bruit auquel on n'était pas accoutumé dans le village de Bortagnana.

Bertholdini en fut incommodé, et il imagina un moyen assez neuf pour faire taire les commères aquatiques : ce fut de leur jeter quelque chose à la tête pour les tuer ou les forcer à garder le silence. Le coffret lui tomba sous la main; il prit les pièces d'or et les jeta dans l'étang l'une après l'autre en visant les grenouilles. Il en tua fort peu, les autres crièrent davantage, et Bertholdini dissipa, à cette belle opération, tout l'or des munificences royales.

Marcolfa, s'en étant aperçue, lui fit de grands reproches, et s'évertua à lui prouver que, si on apaisait les hommes avec de l'argent, ce n'était pas ainsi qu'on faisait taire des grenouilles. Le petit Bertholdini voulut bien reconnaître, après beaucoup de si et de mais, que les animaux aiment mieux manger qu'être payés; là-dessus, il prit tout ce qu'il y avait de provisions dans la maison, et s'en fut tout jeter dans l'étang.

Ce second expédient ne réussit pas mieux que le premier. Nouvelles remontrances de sa mère Marcolfa. « Puisque nous n'avons plus de farine, dit-elle à l'enfant terrible, nous serons donc réduits à manger nos poulets? encore, s'ils étaient éclos, le mal ne serait qu'à demi ! mais nous avons peu de poules, et elles ne peuvent pas couver beaucoup d'œufs à la fois.

— Laissez-moi faire, dit Bertholdini, je suis plus gros qu'une poule et je couverai plus d'œufs. »

Cela dit, il va chasser toutes les poules de dessus leurs œufs, qu'il rassemble en un tas, et veut s'asseoir dessus pour les couver; mais malheureusement il en fit avec son derrière une large omelette.

Marcolfa n'y put tenir davantage; elle alla se plaindre au roi des sottises de son fils qui la ruinaient. Le roi en conclut tranquillement que le sens commun n'était pas héréditaire, et, en conséquence, il renvoya la mère et le fils au village de Bertagnana, en leur accordant de quoi vivre avec leur travail.

FIN

TABLE

Un Cœur en loterie 5
Le Spectre fiancé. 54
Le vieux Torbern. 62
Le philosophe Angoba 80
La Fille couleuvre. 225
L'Élixir du Diable 267
La Noix de Kratakuk 302
Le chevalier Coq. 326
Mon ami Pérégrinus. 376
Maitre Bertholde 430

CHEZ LE MÊME ÉDITEUR

COLLECTION
de 20 beaux Volumes in-12, format
DE 400 A 480 PAGES

ORNÉS DE GRAVURES ET SUPÉRIEUREMENT IMPRIMÉS

LA SEMAINE DES TROIS JEUDIS, contes pour les enfants, par M. Jules Janin. 1 vol. 4 gravures. 1862.

LES PETITS BONHEURS DE LA VIE, par M. Jules Janin. 1 vol. 4 gravures par Gavarni. 1862. . . . . 3 fr.

VOYAGE A TRAVERS MES LIVRES, lectures pour tous, par M. Ch. Henry. 1 vol. 4 gravures. 1862. . . . . 3 fr.

CONTES FANTASTIQUES D'HOFFMANN, traduits par Christian. 1 volume avec 4 gravures par Gavarni. . . . . . . 3 fr.

CONTES NOCTURNES D'HOFFMANN, traduits par Christian. 1 volume avec 4 gravures par Gavarni. 1862. . . . . . 3 fr.

LES VOYAGES DE GULLIVER, par Swift, traduction nouvelle. 1 volume avec 6 gravures par Gavarni. 1862. . . . . 3 fr.

LES CONTES DU CHANOINE SCHMID, illustrés de 150 vignettes par Gavarni. 2 vol. 1862. Traduit par Chanoine de Bussierre. . . . 6 fr.

ROBINSON CRUSOÉ, par Daniel de Foë, traduction nouvelle. 1 beau vol. avec 6 gravures par Gavarni. 1862. . . . . . 3 fr.

ROBINSON SUISSE, par Wyss, traduction nouvelle. 1 volume avec 6 gravures.

LE MAGASIN DES ENFANTS, par Mme Leprince de Beaumont, illustré de 150 vignettes. 1 beau vol. . . . . 3 fr.

LES MARINS ILLUSTRES DE LA FRANCE, par M. Léon Guérin. 1 vol. avec 4 gravures.

FABLES DE LA FONTAINE, illustrées de 75 gravures dans le texte. 1 volume.

Mᵐᵉ DE SENLIS

ADÈLE ET THÉODORE, nouvelle édition, soigneusement revue. 3 vol. 8 gravures. 1862. . . . .

LES PETITS ÉMIGRÉS, nouvelle édition. 1 vol. 4 gravures.

THÉÂTRE D'ÉDUCATION, nouvelle édition. 3 vol. 8 gravures.

LES VEILLÉES DU CHATEAU, nouvelle édition. 2 vol. 12 gravures. 6

www.ingramcontent.com/pod-product-compliance
Lightning Source LLC
Chambersburg PA
CBHW070200240426
43671CB00007B/499